第六辑

XIAOSANXIAN JIANSHE YANJIU LUNCONG

小三线建设研究论丛

三线建设研究者自述

主编 徐有威 陈东林

上海大学出版社
·上海·

图书在版编目(CIP)数据

小三线建设研究论丛.第六辑,三线建设研究者自述/徐有威,陈东林主编.—上海:上海大学出版社,2021.3
 ISBN 978-7-5671-3959-6

Ⅰ.①小… Ⅱ.①徐… ②陈… Ⅲ.①国防工业-经济建设-经济史-研究-中国 Ⅳ.① F426.48

中国版本图书馆 CIP 数据核字(2021)第 026039 号

责任编辑　傅玉芳
装帧设计　柯国富
技术编辑　金　鑫　钱宇坤

小三线建设研究论丛(第六辑)
三线建设研究者自述
徐有威　陈东林　主编
上海大学出版社出版发行
(上海市上大路99号　邮政编码200444)
(http://www.shupress.cn　发行热线021-66135112)
出版人　戴骏豪

*

南京展望文化发展有限公司排版
上海东亚彩印有限公司印刷　各地新华书店经销
开本710mm×970mm　1/16　印张40　字数637千
2021年3月第1版　2021年3月第1次印刷
ISBN 978-7-5671-3959-6/F・212　定价 78.00元

版权所有　侵权必究
如发现本书有印装质量问题请与印刷厂质量科联系
联系电话: 021-34536788

本书编委会

主　编　徐有威　陈东林
副主编　崔海霞　张程程
　　　　　　霍亚平　屈晨熙

"记忆与遗产：三线建设研究高峰论坛"合影（2019年11月，湖北宜昌）

"记忆与遗产：三线建设研究高峰论坛"部分与会者考察三峡白马营艺术区（原809厂部）（2019年11月）

"安徽小三线军工史座谈会"与会者合影(2020年5月,安徽合肥)

"安徽小三线军工史座谈会"会场(2020年5月,安徽合肥)

徐有威（右三）和杨祖义教授（右二）参观由卫东机械厂杨克芝（右一）主办的卫东三线文化纪念馆。后排左三为湖北卫东控股集团有限公司党委书记秦光侠先生（2019年11月，湖北襄阳）

徐有威（左三）、青海师范大学石长起教授（右二）和青海小三线企业总经理董义满（右三）合影

徐有威(后排右二)和甘肃兰州的同行合影。前为甘肃省社会科学院王旭东教授(2020年9月,兰州)

徐有威(左一)采访上海小三线后方瑞金医院建设参与者胡庆澧教授(左二)(2020年12月,上海)

目　录

三线建设研究者自述

从参与者到研究者：我与三线建设…………………………王春才（3）
从目击者到研究者：我的第一篇三线建设的研究文章…………宁志一（23）
行进在四川三线建设研究的征途中…………………………江红英（28）
从历史研究到遗产保护：我和三线建设研究…………………陈东林（42）
难忘的峥嵘岁月
　　——攀枝花中国三线建设博物馆诞生记…………………莫兴伟（55）

忆峥嵘岁月　树山橡丰碑
　　——编辑《山橡记忆》的前前后后…………………………马　祥（65）
尊崇历史，唯实求是
　　——湖北小三线原卫东机械厂厂史编纂感悟………………杨克芝（72）
万水千山不忘来时路
　　——国营五〇五七厂建厂50周年文集编纂记………………吴学辉（81）
唤起三线记忆　传承三线精神
　　——遵义1964文化创意园三线工业遗址的保护与利用……何可仁（95）
此生愿做传递三线圣火之人……………………………………何民权（106）
从四川雾山深处走来
　　——我主持了中国科学院光电所遗址开发利用……………周　健（112）

浸润书香,硕果芬芳

——读李洪烈先生《我与三线结书缘》有感 .... 秦邦佑 (120)

从参与者到记录者

——我和三线建设的一生缘 .... 倪同正 (125)

《我们人民厂》出版记 .... 潘修范 (149)

从"近"到"进":我与三线建设的距离 .... 王佳翠 (154)

学术之花盛开于特别的学术情缘之上 .... 王 毅 (164)

我与青海三线核工业705厂的不了情 .... 左 琰 (170)

剑出偏锋:从工业遗产视角切入三线建设研究 .... 吕建昌 (185)

走近三线的心路 .... 李彩华 (193)

我与三线建设研究:四川大学团队所做的工作 .... 李德英 (204)

情牵八闽:我与福建小三线研究 .... 刘盼红 (216)

寻找那些即将消失的三线建设音乐记忆 .... 苏世奇 (228)

巨人肩膀上:我的三线建设研究"速成"之路 .... 邹富敏 (237)

风起心静:关于三线单位居民生活区研究的心路历程 .... 辛文娟 (246)

拓碑:我的三线研究私家思 .... 张志军 (257)

八年磨一剑:我与三线建设研究的不解之缘 .... 张 勇 (266)

我的"三线企业工人"研究 .... 陈 超 (283)

移民史视角下的三线建设研究 .... 陈 熙 (293)

建主题特色干部学院 让三线精神绽放光芒 .... 欧阳华 (299)

我的三线建设研究始于我的家乡安徽宁国 .... 段 伟 (304)

2013年,在申请国家社科基金重大项目的日子里 .... 徐有威 (313)

在三线建设之地结下的三线建设学术之缘 .... 崔一楠 (320)

探寻三线建设的"非城非乡""非古非今"的建成环境 .... 谭刚毅 (325)

从"我们厂"到"我的杂志":三线建设与我 .... 翟 宇 (337)

大山深处的记忆:我拍上海皖南小三线工业遗址 .... 刘 洪 (344)

感知历史　记录三线

——电视纪录片镜头外的三线历程 .... 刘洪浩 （351）
从三线子弟到三线文化传播者 .... 刘常琼 （356）
用照相机镜头记录三线建设，只为那一念之差的缘 .... 李 杰 （365）
我与三线结书缘 .... 李洪烈 （373）
为三线建设研究办微信公众号和网站：我的三线寻根路 .... 余 皓 （383）
千山红树万山云：我为三线建设拍了两部纪录片 .... 钟 亮 （389）
传承三线建设精神：我奔走在杂志、散文和新媒体之路 .... 郭志梅 （401）
噙泪写《归去来兮——一部亲历者的三线建设史》 .... 唐 宁 （409）
永不褪色的那抹军工彩虹
——电影《崮上情天》诞生记 .... 唐 亮 （415）
我在追寻三线历史中的爱与际遇 .... 戴小兵 （428）

心慕笔追：我的三线建设学习之路 .... 方锦波 （445）
蹒跚学步：我的江西小三线建设学习与研究 .... 朱 煮 （454）
皖南上海小三线寻访日记选编 .... 杨华国 （470）
勿忘种树人：我心中的小三线今昔 .... 张雪怡 （485）
跟着徐有威老师从事小三线研究的"四个一工程" .... 张程程 （491）
历史无声处：师门小三线挖掘记 .... 周升起 （502）
曲折中前进：我的广东小三线建设研究 .... 周晨阳 （508）
从无到有：小三线记录者在路上 .... 周曼琳 （521）
从不甚了了到心领神会：奇妙的"小三线今昔"运营之旅 ... 屈晨熙 （528）
"跨界"的我：从身份探寻，到使命担当 .... 袁世超 （536）
从相遇到相知：我与小三线的情缘 .... 窦育瑶 （543）
从旁观者到探索者：一位社会学本科生参与的三线建设研究 ... 蔡茂竹 （550）

《口述上海：小三线建设》后记 .... 徐有威 （564）
《三线军工岁月——山东民丰机械厂（9381）实录》序 .... 徐有威 （569）
《征程——前进中的江西9404厂》序 .... 徐有威 （573）
《尘封记忆》序 .... 徐有威 （579）

《上海小三线在贵池》序 ......徐有威（581）

档案资料与研究

湖北省十堰市档案馆三线建设藏档状况及保护利用
......计毅波　刘明辉　马保青（587）
醉了，又醉了 ......徐有威（592）

书　评

东风浩荡,回声嘹亮:《十堰文史·三线建设专辑》读后感
......张程程　计毅波　霍亚平（599）

《小三线建设研究论丛（第一辑）》目录 ......（606）
《小三线建设研究论丛（第二辑）》目录 ......（609）
《小三线建设研究论丛（第三辑）》目录 ......（611）
《小三线建设研究论丛（第四辑）》目录 ......（613）
《小三线建设研究论丛（第五辑）》目录 ......（615）

后记 ......（617）

三线建设
研究者自述

从参与者到研究者：我与三线建设

王春才

行程十七天　从江苏到四川

1952年，我从家乡的建湖中学毕业，与8位同学一起被保送到扬州华东第二工业学校（简称扬州工专，扬州大学前身）读书。这是国家第二机械工业部办的专门培养军工人才的中专学校，学费、伙食费由学校包干，家里不用掏一分钱。

在学校里，我学的是工民建专业。1954年7月，我在学校里加入中国共产党，年仅19岁。1955年夏天，我响应党和国家号召，服从学校分配，投身大西南建设。

1955年8月1日，我和李安营同学（学校学生党支部书记）带队与180多位同学一起，从镇江坐船至武汉，沿长江三峡去重庆，再经成渝铁路去成都。等船、等车整整走了17天才抵达成都的784厂筹建处报到。那时，新中国正在实施第一个五年计划，苏联

1957年冬天，苏联建筑专家格·阿索特柯夫（右二）与王春才（左一）等工程技术员在成都784厂正在建设的主厂房三层检查施工质量合影（王毅摄）

援助我国156个建设项目,国家第四机械工业部(电子工业部前身)将苏联援助的三个电子厂——784厂、715厂、719厂定点在成都东郊。百废待兴的新中国人才奇缺,我们这一批年轻人就成为建厂骨干。1956年初,厂领导将我从基建科抽出,担任苏联专家格·阿索特尼柯夫的助手。在学校我学的是俄语,我跟着这位教授级的建筑学专家学习了三年的技术,建立了深厚的友谊。

1958年,中苏关系破裂,苏联专家被召回,对于这位良师益友,我至今难以忘怀。半年后,在厂领导的支持下,我将苏联专家的技术建议和讲课内容进行整理,编写成《格·阿索特尼柯夫专家建议汇编》,在系统内部发行。全书共14章,20多万字,有图有文,实用价值高,第四机械工业部建设司将其发到下属单位作为学习教材。我后来升为工程师免于考试,就得益于此。

王春才(左二)向央视记者展示他于1959年编写的苏联专家《格·阿索特尼科夫专家建议汇编》

那时,我担任基建科长、党支部书记,带着400多人的技术建设队伍常年住在工地上,背水泥卸木材,很苦很累,爱人见我又黑又瘦,心疼得不得了。但我们都秉持着一个信念,听党的话,服从组织安排,到祖国最需要的地方去发光发热,努力建设新中国。

扎根大西南　投身三线建设

1964夏天,中共中央召开工作会议,调整了第三个五年计划,加大国防三线建设的资金投入,三线建设被放在第一位。中央批准成立了中共中央西南局三线建设委员会和西南局国防工业办公室,从各地各方调人。经第四机械工业部推荐,我被抽调到西南局国防工办基建规划处工作。直到1965年2月,我到新单位报到之后,才真正了解了三线的含义。

时任四川省国防工办基建规划处长王春才1975年在国防工办组织的基建预决算学习班上讲话

那时的建设方针就是"靠山、分散、隐蔽",把工厂建在大山深处,所以我们也就整天在荒山野岭中战天斗地,远离城市和亲人,许多往事令我难忘。

1966年2月,我陪中共中央西南局国防工办领导田栋梁、第四机械工业部高峻副部长和他的秘书陈国志在四川广元0821基地的建设现场蹲点,住在席棚里三个多月。当地的风沙特别大,被子上总是积上一层厚厚的沙,大家将头埋在被窝里才能入睡。

第六机械工业部四川三线建设筹建处在四川涪陵办公。1968年11月初,我与四川省国防工办综合处王志刚处长和六机部建设司设计处俞大猷处长由涪陵坐船到万县船舶仪表三线厂现场检查工作。五天后,与六机部第九设计院工程技术人员十几个人乘坐一辆大卡车和两辆吉普车,早上离开万县经梁平奔赴涪陵白涛镇长江边的432厂现场。当下午2点多钟,车队经过垫江县时,一伙背着枪的造反派将我们拦住,赶我们下车,抢走两辆吉普车,我们只好全都挤上卡车。山路难行,深夜才赶到432厂。惊险一场,技术人员提心吊胆搞现场设计,影响了建设进度。"文革"干扰破坏了三线建设,此即一例。

1972年,我陪成都军区茹夫一参谋长、西南局国防工办蒋崇璟主任到四川省青川县789厂检查工作。住青川县招待所,因被子上有虱子,领导们就带头脱光衣服睡觉。

三线建设从1964年基本确定，1965年付诸实施，到1980年进入战略调整阶段，并于1983年成立国务院三线建设调整改造规划办公室（简称"国三办"，省级单位），有关省、市相应成立了三线办，具体负责各地区的三线调整改造工作。国三办机构设在成都，后来国家进行机构改革，由于国三办是临时性的，于1993年裁撤。后来考虑到很多调迁项目还没开工，有的正在建设中，于是在1994年决定组建国家计委三线建设调整办公室，是个厅级单位。1994年4月，组织上让我担任国家计委三线建设调整办公室主任，张培坤和吉大伟同志担任副主任。我们齐心努力工作，为三线调整企业服务，例如，我们向财政部、税务总局汇报三线企业困难，落实了退税优惠政策。老处长郭自力同志感慨地说："我们是白发人求黑发人！"这次工作的结果是累计退税140多亿元。

三线建设由于厂址选择不当，带来很多的后遗症。比如说，在陕西凤州大山里有一个厂，有些女职工不来月经，不生娃娃，人的牙齿发红。后来一查，

1983年3月15日，湖北省孝感市市长邓昌德（左二）和国务院三线建设调整改造规划办公室（简称"国三办"）秘书长、国防科工委三线建设调整办公室副主任于锡涛（左一）、国三办规划二局副局长王春才（左三）汇报4404厂进湖北孝感

1987年3月13日,在湖北省襄樊市襄樊宾馆521会议室,电子工业部王宗金副部长(右一)、基建司李泽润副处长(左三)与国三办于锡涛秘书长(右二)、国三办规划二局王春才副局长(右三)、付显文处长(左一)、电子4404厂斯志纯厂长座谈,取得一致意见,支持4404厂、4501厂从山区搬迁到襄樊市、孝感市,在优惠政策与资金上予以扶持

1989年1月14日,国三办规划二局王春才副局长(中)与陕西省三线建设调整办公室宫光安处长(左二)到陕西省凤州山调研7107厂,067基地周同副主任(左)、7107厂张忠兴厂长(右),介绍工厂1981年遭受洪水冲淹,厂房、职工住宅严重破坏。张忠兴厂长就住在这简易的席棚里,门口放着陈旧的自行车。这个厂后来被列入国家脱险调迁计划,搬迁到西安市长安县。生产经营全面发展,职工住上新房

1989年9月13日，国三办规划二局副局长王春才（中）与规划二局郭自力处长（左）赴位于陕西宝鸡市开发区调迁建设的国营电子4404厂视察，听取该厂党委书记邵卫东（右）就新建的主厂房施工进展情况汇报

有地方病，有放射性。建设初期要求搞得快、搞得急，缺乏科学考察，后来这个厂调迁到长安县。兵器564厂建在南川县山洞里，投产后才知道厂址下面有个煤矿，厂房下沉，肖景林老厂长形容工厂患了心脏病。后来该厂列入国家"七五"三线调整规划，迁入成都龙泉驿区。

那段时间，我与三线办的同志们几乎长期在下面调研考察，对困难企业进行关、停、并、转、迁的审查甄别和鉴定。在山沟里的工厂，谁都想搬出来，都想挤到规划里来。省里、部里、厂里经常找我们，可以说门庭若市。但是，国家给你一个项目，多少投资，不是你想搬就搬，得有条件的：第一，厂址险情严重，无法生存和发展；第二，要有产品，不是简单的位移，得有军品或民品的生产任务；第三，要有一点经济实力，有自筹资金；第四，要搬出来，还得要主管部门和所在的省里支持，即大家都要同意。当年三线建设是国家投资，搬迁是计划经济和市场经济相结合，工厂要搬，国家出40%，主管部门出30%，调迁单位出30%。这就是三线调迁企业投资的组成。另外，国家还在税收上予以照顾。比如说,生产的军品不交税,生产的民品交17%的增值税,先缴税务局,半年后退还,这个就是等于免了税。又给投资、又给优惠退税政策的,叫"双给项目",不给投资、只给退税政策让企业在原地自己调整的,叫"单给项目"。

三线建设的调整,自1983年正式启动后,国务院于1985年首批批准了"七五"期间121个国家调整项目,于1986年开始实施。此后,三线调整覆盖全国13个省市区、28个行业,前后延续28年,国家投入了数百亿元政策扶持资金,一共就地调整和搬迁了400多个项目,为这些企业的脱困创造了条件。不少三线企业,取得了二次创业的成功。因此,整个三线建设的开展和调整,是我党老一辈革命家的伟大战略决策,它开创了中国西部地区建设新局面,为国家今天的经济发展打下了坚实的基础,给人们留下了无私奉献、艰苦奋斗的精神财富,留下了可资借鉴的经验和教训,是我们获得前行力量和智慧的思想源泉,值得我们继续认真研究和总结。

王春才(右三)2017年7月7日在成都召开的《三线风云》第三集首发式上

传承伟人精神　为彭德怀补碑

我是1997年5月63岁时退休的。1999年时我得了脑梗塞,两三年后身体恢复了健康后,投入到三线宣传中。由于我对三线方面较为熟悉,有感情,找我了解三线的人也很多。许多老同志去世了,了解当年情况的人越来越少,我自然也就责无旁贷地投入更多的时间和精力。

我是一名工程师,却也喜欢写作,我出版过多部著作,尤其是《元帅的最后岁月——彭德怀在大西南》一书,成为首部反映彭德怀在三线工作经历的著作,再现了元帅的音容笑貌、高尚情操及铮铮铁骨。1998年,女作家原郁在《中国军工报》发表文章,称我是"为彭德怀补碑的人"。

1965年11月30日,受党中央和毛主席的委托,彭德怀顾全大局,为了国家安危,由北京乘火车抵达成都,担任西南三线建委第三副主任。上任伊始,彭德怀在听了有关部门汇报后,他以军事家的眼光,提出西南三线建设要突出"一点、一线、一片",一点指的是攀枝花攀钢大型建设项目,一线指的是成昆铁路,一片指的是贵州六盘水煤炭建设基地和以重庆为中心的常规兵器基地等配套项目。强调突出重点,排纵队集中力量打歼灭战。1966年12月22日,受"文革"冲击,彭德怀惨遭批斗,关押8年后于1974年11月29日在北京301医院含冤去世。

彭德怀在三线虽然只工作了短短一年多的时间,可是他却一心为国为民,以甘为孺子牛的精神,巡视了几十个县市、几十个大型三线工地,解决了不少问题。由于工作关系,我在这段时间能经常近距离地接触到彭总,也深深地被他的人格魅力所折服。

那时每次三线工作会议都是在成都锦江宾馆召开的。每逢开大会,彭德怀都是提前到会,孤单地在台下会场坐着。大会主持人请他到台上坐,他都谢绝了,而是在台下认真听、认真记笔记,从来没有架子。

我还和彭老总一起看过电影。1966年9月15日晚上,与会人员在锦江宾馆看《战上海》电影,我碰巧与彭总在第12排坐在一起。服务员递给他一杯茶水,彭总客气地把水杯让给了年轻的我。当看到影片中解放军冲锋的场面时,彭总扭过头跟我说:"不是这样冲法,这是要吃亏的……"

这位平易近人的元帅给我留下了深刻的印象。我永远都记得他在永兴巷和玉沙路背着手、看批判他的大字报的场景，英雄末路的身影让人感到心痛。我在心中暗暗发誓，以后一定要用笔墨再现彭老总在三线的晚年岁月。

我于1957年开始写作，在报刊上发表多篇习作。在积累素材20年后，在众多老同志的支持下，我采访了近百位知情者，于1986年10月开始撰写长篇报告文学《彭德怀在三线》，叙述了彭德怀忍辱负重、在大西南任职期间工作、视察和生活的情景。1987年元旦起，文章首先在《军工导报》连载，1988年8月，经中央军委《彭德怀传记》编写组审查批准，由四川省新闻出版局安排四川省社会科学院出版社出版。中央军委《彭德怀传记》编写组顾问、彭德怀的夫人浦安修在301医院改稿64处同时为本书题词："人间毁誉淡然对之，身处逆境忠贞不矢。"张爱萍将军为本书题词："逆境受命气犹壮，为民为国心无私。"中央军委《彭德怀传记》编写组顾问、陕西省作家协会主席、《保卫延安》一书的作者杜鹏程身患中风，抖动着手为本书题词："彭德怀同志在三线工作，还未见著作文字记载。《彭德怀在三线》填补了这个历史空白，是传记的重要补充，对读者有重大教育意义。"

本书首版，3万多册书一销而空，是因为彭德怀德高望重、心系人民。大家也渴望了解彭德怀出征三线建设的历程。

四川人民出版社于1991年5月修订再版《元帅的最后岁月——彭德怀在三线》，此稿20万字，列为该社1991年重点出书计划，属纪念中国共产党诞生70周年献礼书目。随后被四川省新闻出版局、四川省新闻工作者协会评为1991年优秀图书，1998年被四川省报告文学学会评为优秀报告文学二等奖。

1994年，峨眉电影制片厂著名编导白宏将《彭德怀在三线》改编成电影剧本，经中央重大影视题材领导小组批准，北京电影制片厂与中共四川省委党史研究室联合摄制了《彭德怀在三线》电影。1996年3月18日在北京人民大会堂举办了隆重的首映式，雷飞成功地饰演彭德怀。文化部原副部长、中国作家协会副主席、中国电影家协会主席陈荒煤因病不能出席首映式。首映式主持人陈晓宏宣读了荒煤老的祝贺信："不仅是对彭德怀元帅建设三线所作出的伟大贡献的真诚缅怀，也是对全体三线建设同志们所取得伟大成就的真诚纪念和鼓舞。"同年4月3日，在四川省委的重视和安排下，在峨眉电影制片厂放映厅举行了《彭德怀在三线》电影放映式，四川省委宣传部席义方部长和省四套

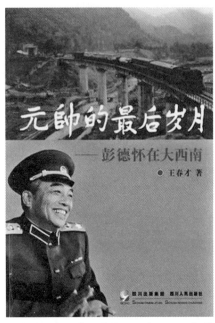

王春才所著的《元帅的最后岁月——彭德怀在大西南》

班子领导观看后一致认为这是一部好电影、正气歌。该电影获文化部授予华表奖提名奖,被四川省评为"五个一"工程奖。

2011年5月,在庆祝建党90周年前夕,四川省开展国家重点公益性文化项目"农家书屋"工程书目的评选工作,《元帅的最后岁月——彭德怀在大西南》入选,由政府出钱买书给"农家书屋",为广大农民读者了解彭德怀元帅的高风亮节提供了一个通俗读本。

学彭总、写彭总是我应尽的责任。抢救挖掘彭总在三线的事迹,为后人的学习研究留下珍贵史料,是我人生中最有成就感的事情之一。

一生勤动笔　深情写三线

三线在新中国的历史上曾是一个充满神秘色彩的词。三线人在不长的时间里取得了震惊世界的成就,但由于保密原因,三线建设的巨大成就,三线人艰苦奋斗、拼搏奉献的精神,未能得到很好的宣传。

随着国际国内形势的变化,三线建设开始进行调整、改造,三线建设的神秘面纱也随之被撩开。多年前,许多人不知道三线建设是怎么回事,甚至有人将"三线办"说成是管退居二、三线干部的管理机构。2000年四川人民出版社出版了我著的《苍凉巴山蜀水情》一书,中国社会科学院历史研究所研究员、作家王春瑜(我的三弟)为该书作了序。2001年3月12日,《北京日报》第16版刊登了王春瑜作的序文,题目为《苍凉记彭总》。文中四处出现了《彭德怀在三线》,报纸印出来后却变成了《彭德怀在三八线》,多加了一个"八"字。我写的彭总不是在朝鲜三八线的事,而是在大西南的事。原来年轻编辑未听说过三线建设,只晓得彭德怀参加抗美援朝时有个"三八线"。这说明宣传三线不够,不怪年轻编辑。

所以,我把宣传三线当作自己义不容辞的责任,不但自己写三线,报社的记者、学者采访我,我也主动向他们宣传三线,支持他们写三线的文章,拍三线的电视和电影。

1991年秋,全国七届政协常委、老作家陈荒煤率全国政协视察团赴贵州三线视察,其所见所闻使这位热血的老人激动不已。回京后,陈老向中央有关领导建议,并在《人民日报》撰文呼吁作家们要创作反映三线巨大成就和精神风貌的作品。他与国家计委有关领导联系后,与我通了电话,赞成我提出的在作家指导下由三线人写三线人、写三线事的创作计划,尽快出文学丛书。我向国务院三线办鲁大东主任等领导汇报后,也得到他们的支持。我随即与黄少云处长组织了《中国大三线报告文学丛书》编委会,我任主编,黄少云与作家陈光华任副主编,28个编委,聘请四川人民出版社李洪烈同志担任责任编辑,特

王春才主编的"中国大三线报告文学丛书"等著作

请作家沈重(四川文学院副院长)担任编审,进行指导。并邀请鲁大东、钱敏、陈荒煤等领导同志担任丛书顾问。云南、贵州、四川、陕西、甘肃、河南、湖南、湖北等省及重庆市三线办组织了800多名三线职工,写三线事、三线人。编委会从600多万字来稿中,精选出160万字的文稿,于1993年编辑成一套四册"中国大三线报告文学丛书",分别是《中国圣火》《蘑菇云作证》《金色浮雕》《穿越大裂谷》,每册40万字,交由四川人民出版社出版。国三办领导要求审稿时,删掉部分保密内容,严防失密。编委会通知作者单位、省三线办对文稿层层把关,进行保密审查,签上审查意见,盖上单位公章。最终由国防科工委保密局审查过关,正式下了批文,四川人民出版社才接受出版。陈荒煤为本丛书作了序——《点燃灵魂的一簇圣火》。

1993年4月9日,江泽民总书记为本丛书题了词:"让三线建设者的历史功绩和艰苦创业精神在新时期发扬光大。"经丛书编委、国家体改委李尔华司长逐一联系,张爱萍、鲁大东、钱敏、吕东、刘纪原、朱育理、蒋心雄、来金烈、王荣生、何光远、顾秀莲、刘淇、王森浩、旷伏兆、于锡涛等16位领导同志也都题了词。四川人民出版社黄葵副社长十分感慨地说:"江总书记与16位首长题词,四川人民出版社自1950年组建以来,还没有见到有这么多领导为一套丛书题词的事。这说明中央首长对出版'中国大三线报告文学丛书'的重视与支持。"

1994年1月14日上午,四川人民出版社、"中国大三线报告文学丛书"编委会、中国人民解放军3536厂在成都军区新华礼堂联合举办了丛书首发式,鲁大东、钱敏、陈荒煤、茹夫一(成都军区副司令员)、徐世群(四川省副省长)、向嘉贵等领导在主席台就座。我代表编委会向大会作了报告,向嘉贵副主任代表国三办向首发式祝贺。出席会议的200多名代表,每人得到一套丛书,参加会议人员手捧丛书排队请鲁大东、陈荒煤、钱敏等在书上签名。

1994年1月14日上午,"中国大三线报告文学丛书"首发式在成都军区新华宾馆隆重举行。丛书主编王春才在大会上讲话。鲁大东、钱敏、陈荒煤、徐世群、向嘉贵等领导出席

1994年7月20日,国家文化部在北京组织了"中国大三线报告文学丛书"研讨会,著名作家、评论家、企业家、作者代表参加了讨论,我向大家作了汇报,陈荒煤、钱敏参加了会议,并作了指示。会后,《中国文化报》刊登了整版文章、图片作了报道。

1994年《求是》杂志第18期刊登了《中国文化报》编辑部主任杨胜生同志的文章《共和国历史的辉煌一章——读〈中国大三线报告文学丛书〉》。摘录如下:

> 这是第一部以文学的形式比较全面、系统地反映三线建设的历史背景、艰苦创业的历程及其光辉业绩和为之"献了青春献终身、献了终身献子孙"的"三线人"的"三献"精神的作品,读后使人对在当时的历史条件下党中央关于三线建设这一重大举措的必要性及其历史意义有了形象的感受。对三线建设在我国国防建设、高科技建设以及在经济建设中将日益突现出的重要作用有了深切的理解。特别是"三线人"在三线建设中所表现出的艰苦奋斗、无私奉献、敢于拼搏甚至为之付出生命的精神和事迹可谓感人至深,将激发人们在社会主义现代化建设中的热情。可以说,这是一部"以高尚的精神培养人"的优秀之作。

1999年,我协助四川省政协文史研究室、四川省三线办主编了《三线建设铸丰碑》一书,33万字,由四川人民出版社出版,全书分为6章,依次是重大决策铸丰碑、裂谷奇迹显神威、春雷一声惊五洲、铸剑锻犁开新天、揽月摘星志凌云、巴山蜀水春无边。

三线建设在共和国的史册上写下了辉煌的篇章。《三线建设铸丰碑》一书,旨在通过对这段历史的回顾,展示三线建设的创业历程和丰功伟绩,弘扬三线人艰苦奋斗和无私奉献的精神。这对在新时期建设有中国特色的社会主义、振兴我国中西部经济、建设更加繁荣昌盛的四川,无疑具有深远的历史价值和积极的现实意义。

1998年,在国家计委三线办主任张培坤、副主任吉大伟和处长李忠德等人的大力支持下,我主编了《中国大三线》大型画册,8万字,900张图片,335页,由中国画报社出版。国家计委常务副主任、国家三线调整领导小组组长甘子玉为画册作了题为"辉煌壮丽的历史画卷"的序。邹家华副总理为《中国大三线》画册题写了书名。

原国三办刘方煜局长、邓肇麟副局长在读了我以前写的18篇三线纪实文学作品,鼓励我出文学专集。于是我又采写了一些文章,例如1994年11月23日,湖北省三线办李庆主任、孝感市委邓昌德书记、曹世佑市长陪我与孟渝处长到安陆县考察核工业309大队险情。宋忠飞队长、潘广焱副队长领我们参观生产民品的平房、队区。这个地方缺水,属雷击区、血吸虫病区,当我见到患血吸虫病的工人还在生活条件那么差的岗位上工作,座谈时,我控制不了感情,低着头哭了。1953年我在扬州读书时曾被查出患血吸虫病,很痛苦,住医院两个月才治好。我很同情那些找铀矿的国家功勋队职工,深受教育。几年后309大队脱险搬迁到孝感开发区,潘广焱队长向我介绍调迁后的喜人变化,于是我又拿起笔,写了颂扬他们的文章。我把多年积累的三线文学创作素材,整理成《日出长江》一书,2004年由中国文史出版社出版。

2006年,中国文史出版社出版了我著的三线纪实文学集《九九艳阳天》,有33节。四川省作家协会主席、著名老作家马识途为我题写了书名。

2010年6月,凤凰大视野摄制组到四川拍摄10集纪录片《三线往事》,编导钟亮首先采访了长期研究三线建设的当代中国研究所陈东林研究员与我,我们从不同的角度讲述三线建设的风雨历程。我与李忠德处长组织了彭州民用三线厂锦江油泵油嘴厂和攀枝花等地参与了拍摄。摄制组到现场采访了不同职业、不同岗位的老三线人,让他们回忆往事,再现当年三线建设艰苦奋斗的工作、生活、生产场景。该片于2010年9月向全球播出,取得了很好的宣传效果。

让我高兴的是,为了迎接建党90周年,有影响的报刊都在关注三线建设的历史。2011年5月24日下午,我接受了《解放军报》记者范矩炜的采访,我回答了范记者的五个提问,2011年5月28日该报刊出。中宣部《党建》杂志冯静编辑通过中国作家协会查到了我的电话,组织采访全国不同行业的120人讲述90年的党史,约我写三线成就文章。2011年7月《党建》杂志刊登了我的文章《默默三线,千古丰碑》。经《中国大纪实》杂志王敬东编辑约稿,2011年7月《中国大纪实》杂志刊登了我写的《东方彩霞——航空工业东方仪器厂脱险调迁纪实》。总装备部《神剑》杂志兰宁远主编约写的专稿已经完成。攀枝花市刘胜利、广安市李天明、傅琳等分别前来采访交谈,让我忙了大半个月,都满足了他们的要求。我为自己退休后,能坚持散步,身体较好,还能为宣传三线尽一点力而感高兴。

艰难中,筹建中国国史学会三线建设研究分会

原中共中央文献研究室(现中共中央党史文献研究院)研究员、三线建设研究会常务理事、文化宣传部副部长宋毅军,与我有亲切的三线情缘。2012年,他向上级有关主管部门写报告,提议成立中国三线建设研究会,得到了有关高层领导的支持。中国国史学会朱佳木会长,批准成立三线研究会分会,推荐军事科学院副院长钱海皓中将担任会长,由中国社会科学院当代中国研究所负责筹建运转。原国务院三线建设调整改造规划办公室副主任、国家电子工业部部长、西南三线建委副主任钱敏与原国家计委常务副主任、国家三线领导小组组长甘子玉支持成立三线建设研究会。两位老领导做我的工作,要我参加三线建设研究会筹备工作。2012年4月,钱敏、甘子玉两位前辈生病同住北京医院,我去看望他们。我对钱部长说:"我年纪大了,77岁了,胜任不了这项工作。"钱部长风趣地回答:"春才,77岁还小嘛!我97岁了,我大儿子钱海皓是您老乡,抗日战争我在苏北盐城扬州工作。海皓1945年在宝应县出生,离您建湖县老家几十公里。他是军事科学院副院长、中将,他也积极支持成立三线建设研究会。您是长期从事三线建设与调整工作的,又出了多本书,熟悉三线,一定要参加。"我当即向钱部长表态,按老领导指示办。他们还把筹划成立三线建设研究会的事,向中共中央政治局原常委宋平汇报了,宋老也表示支持,还答应担任顾问。

回到成都后,我到重庆、陕西、湖北等地的国防科工办、三线办和三线企业进行调研动员,他们表示成立三线建设研究会也是他们的愿望。在湖北省国防科工办及三线办老主任李庆支持配合下,2012年9月18日,在湖北宜昌召开了三线建设研究会领导小组筹备工作会议。

2014年3月23日,在北京会议中心,正式成立三线建设研究会,100多名代表参加了会议,选举产生了理事、常务理事。钱海皓担任会长,齐德学、武力、李庆、温尧忱和王春才担任副会长,郑有贵担任秘书长,段娟、余朝林和张鸿春担任副秘书长。

2012年9月18日湖北省宜昌市均瑶国际大酒店合影(前排从左至右：刘江陵、李庆、武力、王春才、钱海皓、齐德学、刘宛康、杨峰、赖小红；后排从左至右：郭必波、张鸿春、鲍继权、伍炯、殷娟、杨璞、冯有治、沈林红、余朝林、郑有贵、郭志刚、张庆国、顾勇、曹国斌、张双春、郭慧、文纯祥、刘胜利、陈月平）

几年来，研究会成绩显著，建立了中国三线建设网站、编辑出版《三线风云》丛书和《三线春秋》杂志，配合央视摄制《大三线》纪录片，促成多座三线博物馆建立。特别是遵义1964文化创意园是在何可仁董事长策划领导下，进行三线遗址保护开发利用的成功典范。

知难而进，落实成立三线研究会资金

在筹备中国三线建设研究会筹备会议期间，湖北省国防工办原副主任、省三线办主任李庆2012年9月16日陪同我到了宜昌，他很着急，因为省国防工办承担不了会议经费。9月17日，我请宜昌市国防工办鲍继权副主任陪我到了宜昌市的中船重工710研究所，段桂林所长与所办主任陈平在办公大厦门口热情相迎。该所是三线调迁成功的典型，他们在会议室银幕上向我们介绍调迁后科研成果、职工福利等情况，并感谢国务院三线办将他们列入"七五"调迁计划，享受到调迁拨款待遇。当他们听说我们准备召开全国性的三线建设研究会筹备会议缺少会务经费时，立即让财务部给我们划拨赞助款5万元。

中国兵器集团809厂，经国务院三线办批准，从四川涪陵山区迁到宜昌市经济开发区，享受三线调迁双给（给投资、给退税政策）待遇，也是调迁成功的典型。他们成立了湖北华强有限责任公司，是湖北省高新技术企业。2012年9月17日，当王冬民总经理听说我们缺乏会议经费时，在他们公司财务规定对外支持限定3万元的额度外，为我们另筹6 000元，共赞助我们3.6万元。这两家单位的慷慨解囊，一举解决了这次筹备会议的经费问题。

2014年2月春节期间，一些三线老朋友给我打电话拜年，希望我能出面催促三线建设研究会尽快成立。由于会议经费的筹措出现问题，我提出了一个压缩方案，即会期由两天改为一天，参会人员由150人改为100人，这样可以把总费用降下来，便于筹措。2014年2月27日，我与北京当代中国研究所武力副所长通了电话，他很赞成我的方案，并说成立大会将在北京市会议中心召开，由研究所负责接待工作，会务费大约要8万元左右，希望由我来落实。第二天，研究会筹备领导小组郑友贵秘书长，将当代研究所的银行账号告诉了我，我立即开动脑筋，寻找我老家的朋友帮忙。很快，没过三天，我的表侄女、盐城江苏剑桥涂装公司副总经理曹素梅，经张如剑董事长批准汇来5万元。成都四川伟嘉机械有限公司总经理李佳蔚是盐城老乡，汇来2万元。我邀请湖北卫东集团公司董事长顾勇与该公司高级政工师、《卫东人报》总编辑杨克芝出席三线研究会成立大会，顾勇董事长让杨克芝向会务组交了3万元现金。会议经费落实了，2014年3月23日，中国国史学会三线建设研究分会的成立大会顺利举行。三线建设研究会的成立，极大地推动了三线建设理论研究的纵深

2014年3月23日国史学会三线建设研究分会在北京成立

发展和群众性的三线文化活动的开展,取得了丰硕成果。每当回忆这个过程,我感到非常欣慰。

勤出书,助建馆　不遗余力宣传三线

前排左三徐有威、左五王春才、左六秦万祥

21世纪以来,广安市、攀枝花、六盘水、遵义和大邑等地政府和企业,纷纷筹划建立三线建设博物馆,为这段历史保存珍贵的历史物证。2008年5月,攀枝花市文物管理局局长张鸿春、文物专家刘胜利与我交流,得到攀枝花市委原书记秦邦佑的大力支持,他们最初提出要建立一个攀枝花的三线建设博物馆,在我的推动下,最终建成了国字号的中国三线建设博物馆,并请到中共中央政治局原常委宋平为博物馆题写馆名。为了支持攀枝花的建馆工作,我把个人收藏的有关三线的资料、中央首长题词、彭德怀亲笔批注2 000余字的小说《欧阳海之歌》,署名"王川"的彭德怀骨灰单原件等300多件文物资料都捐献给了他们。

其他包括六盘水的贵州省三线建设博物馆、广安的三线工业遗产陈列馆、遵义1964创意园三线博物馆、山西太焦铁路3202工程研究会陈列馆、湖北卫

捐赠仪式

东历史展览馆,大邑三线记忆展览馆也都有我捐赠的物品。

2011年10月10日,我应上海大学历史系徐有威教授之邀,在上海大学历史系发表《我与三线建设》的演讲。2013年12月19—20日,又应徐有威教授的邀请,参加了在上海大学由他主办的全国第二届三线建设学术研讨会。

2012年,我再次修订《彭德怀三线岁月》一书,经中共中央党史研究室审稿批准,中国文史出版社出版。2013年10月第一版印5 000册,一个月脱销了。2013年12月又加印了5 000册。

2017年,经中共中央党史办审稿批准,2018年5月由人民出版社出版了我的新作《巴山蜀水"三线"情》。

2019年2月,105岁著名作家马识途为我的自选集《三线建设的追梦人》题写书名。该书由四川大学历史文化学院李德英教授担任总编,由四川大学出版社出版。全书100余万字,分三辑,第一辑为三线掠影,第二辑为故乡琐忆,第三辑为附录。《三线建设的追梦人》是我有关三线建设文稿的合集,汇集了具有重要历史价值和研究价值的珍贵资料。2019年9月上旬,中共四川省委宣传部报中宣部审批,预计2020年底出版。

马识途题写书名的《三线建设的追梦人》封面

此外,我还十分关注三线题材的书籍出版,或为他们作序题词,或出席他们图书的发行式,如《锦江岁月》《三线风云》《中和风雨行》《卫东记忆》《晋江文集》和李杰的《三线记忆》摄影集、南庆杰的《乌蒙山下军旗红》、陈怀文《难忘的8342特种兵岁月》等。看到这么多的人参与到三线文化的建设中来,一起"为三线放歌,让历史生辉",是多么令人高兴啊!

我今年86岁了,在家人的关照下写稿出书,校勘核改,虽然很累人,但我的心愿是希望能为后人了解三线、研究三线多留下一些东西。作为三线建设的亲历者,这既是我的责任,也是我的追求,更是我心甘情愿去做的事!

(王春才,1965年始在三线建设领导机关工作,1997年退休。历任中共中央西南局国防工业办公室、四川省国防科学工作办公室基建规划处长,国务院三线建设调整改造规划办公室规划二局局长,国家计委三线建设调整改造规划办公室主任,高级工程师,四川省作家协会会员,中国作家协会会员,中国报告文学学会会员。《中国大三线报告文学丛书》主编)

从目击者到研究者：
我的第一篇三线建设的研究文章

宁志一

我的第一篇关于三线建设文章的题目是《论三线建设与四川现代化进程》，撰写于1999年，该文入选"全国党史界纪念新中国成立五十周年学术研讨会"，我本人到北京参加了会议。这篇文章发表于《中共党史研究》2000年第4期。即使以当年的标准来衡量，此文也只是一篇普通的论文，但对于我个人的学习和工作来说却具有承上启下的意义。

四川绵阳当兵时对三线建设的感悟

1974年底我走出家门，从云南到四川当兵，平生第一次乘坐火车走的就是成昆铁路。列车奔驰，带兵的首长告诉我们，我们要去的绵阳，那里三线建设正如火如荼地进行，因为是国防事业不能公开报道。

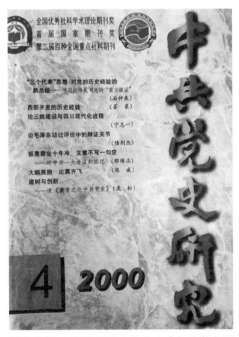

笔者有关三线建设研究论文在《中共党史研究》上发表

这是我第一次听到三线建设一词。指着窗外，首长还告诉我们，这是以铁道兵为主力的30万大军修筑的铁路大动脉。此后一二十年时间，我曾几十次乘坐成昆铁路的列车，走的次数多了，也就不断深化了对成昆铁路的认识。成昆铁路桥隧相连，似缠绕在崇山峻岭间的巨蟒，每次行进其间，都会感慨不已。特别是看到沿线掩映在苍松翠柏间的烈士陵园，心灵受到的震撼难以言表。

1974年至1984年我在150师当兵10年，感到三线建设既神秘，但又是我们身边的事业。四川绵阳有一大批三线企业，当地驻军150师与三线企业有着千丝万缕的联系。"文革"中，150师的一批干部到三线企业主持工作。"文革"结束后，这批干部才陆续回到部队，他们时常讲企业点点滴滴的故事。部队有的年轻干部还与三线企业的女青年结为连理，佳话不断。150师师机关与绵阳著名的长虹机器厂区仅一街之隔，逢年过节，长虹厂领导会到师机关来慰问，师首长也会去长虹厂走访。长虹厂的生产区戒备森严，外人不能进入，我们也仅知道长虹厂生产军用雷达，但从未踏进生产区半步。长虹厂的生活区是开放的，师机关篮球队有时应邀到生活区与工厂篮球队比赛。我在师机关当宣传干事期间，周末经常和战友一起到长虹厂生活区购买日用品，有时还买票到长虹公共澡堂洗个澡。

1983年，国务委员兼国防部部长张爱萍亲临四川绵阳擘画二机部第九研究设计院（简称"九院"）的调迁，并在150师机关大礼堂作3个小时的讲话，我有幸聆听。讲话深入浅出地回顾了三线建设取得的巨大成就，也强调了九院调迁绵阳的必要性。张爱萍特别饱含激情地赞颂了隐姓埋名二十载的国防尖端科技工作者，他讲话时，整个会场里时而热烈、时而无声的场景至今历历在目。自己时常感慨"听哲人一席话，胜读十年书"。特别荣幸的是作为这次大会的工作人员，会前会后，我还近距离目睹了张爱萍和邓稼先的风采。

当兵十多年时间，成昆铁路、长虹厂、九院等元素已经映入了我的脑海中，对三线建设这一神圣宏伟的事业也有了一个初步了解，但真正更全面的认识，是在成为党史工作者之后的事情。

写出了我第一篇关于三线建设的论文

1988年，我从军队转业到四川省委党史研究室工作，研究方向为新中国成立后党的历史。几年时间，在广泛收集史料的同时，我陆续在省级报刊上发表了一些关于"一五计划""大跃进运动""粮食调运"的文章。

20世纪八九十年代,三线企业人心浮动,国家再次投入巨资,将大量企业从山沟里调迁到成都和重庆等大城市近郊,可以说三线建设还是正在进行的一项事业。四川是三线建设大省,对此进行深入的研究,也是工作职责所在。当时读了一些史料,关注学术界种种不同的评价,多次聆听辛文和林凌等著名经济学家的学术报告。我也形成了一些基本的认识:大批三线企业经过市场经济的洗礼,重新焕发了青春活力,正以雄健的步伐迈向新世纪。

1999年,中央党史研究室、中国中共党史学会为纪念新中国成立50周年,在全国征文并召开学术研讨会。我将一段时间以来形成的基本认识,撰写出论文《论三线建设与四川现代化进程》,参与征文。

这篇文章之所以能入选全国学术研讨会,有两点原因:一是世纪之交,党中央作出西部大开发战略决策,文章适应了当时的热点。二是没有套用刻板的学术论文范式,而是用清新活泼的文风来叙述,增强了可读性。如对毛泽东、周恩来等老一辈革命家的决策特点,我将其表述为:"如果说毛泽东激情似火,大局观清晰,意志坚强如钢,不可遏制;那么可以说周恩来、邓小平等一批中央领导冷静似水,信念坚定,充分利用制度优势,将毛泽东的宏大意图落实为绵密细致的工程部署。"我还写道:"无论是万里长征还是千里跃进大别山,毛泽东的军事决策具有大开大合、充分利用广阔空间的特点。新中国成立后,毛泽东对总是在一线、二线打圈子做项目不太满意,三线建设是毛泽东在更广阔的空间范围配置生产力要素的一次尝试,也是毛泽东军事决策思维特征的延续。"文章中还特别突出了长虹厂"军转民"取得的巨大成效,写道:"长虹彩电风靡全国,是名副其实的彩电大王,长虹股份成为证券市场市值最高的股票。"

我到四川省委党史研究室工作多年,在省级的刊物上也发表了一些文章,但迟迟未能在国家级的刊物上发表文章,这与研究水准不到位、写作水准不到位有关。在《中共党史研究》上发表文章,了却了多年的夙愿,虽然带有一点偶然因素,但仔细想来也是多年积累的结果,是一个水到渠成的事。此文也可视为自己学术生涯的新起点。

继续撰写以三线建设为主题的文章

三线建设是一个热门历史文化课题。几百万建设大军,有着强烈的怀旧情结,以各种形式回忆当年战斗情景。经济学学者对典型案例进行学术探讨。企业家对遗址遗存的开发利用,要研究当年历史信息。文学家创作了大量诗歌、小说、报告文学、影视作品。

作为党史的专业研究者,涉足三线建设这一历史文化课题时,我给自己的定位是在广泛阅读史料的基础上,尽量以多变的文风,写有深切感悟的文章。归纳起来有以下几个方面:

一是宏大叙事、激情四溢。三线建设之所以有着强烈的吸引力,是因为铸就了国家安全盾牌,具有神秘、神圣、史诗般的特质。我以散文的笔法,撰写了《论三线建设的史诗品质》一文。此文以成昆铁路的修筑为例,突出了雄奇的山川河流、巨大工程的壮阔美感。史诗以英雄为核心,我写道:"近30万铁道兵参加修筑成昆铁路,牺牲人数2 000多人,相当于1公里牺牲2人。当已经注入悲壮激越英雄气质的成昆铁路映入人们眼帘时,人们感觉乘坐的不是一般的列车,会有一种气势恢弘的强烈震撼,生命的豪放张力也会直接袭上心头。"

二是条分缕析、缜密论述。三线建设作为历史课题,许多疑点、难点要考证,因此在撰文中严谨的逻辑分析方法必不可少。2008年四川汶川"5·12"大地震,龙门山沿线的一批三线企业受重创。翻阅这批企业定点史料,确实没有看到对地震风险评估的文字。但当年有的重大项目定点时,对地震风险评估还放在了特别突出的位置。于是我在《四川三线建设布局》一文中,对062航天工程和攀枝花钢铁厂两个重大项目的选址过程中,对地震风险因素的评估作了详细的考证论述。

三是正视矛盾、辩证阐释。三线建设波澜壮阔、跌宕起伏,由各种错综复杂的矛盾所构成。其中一个矛盾就是"文革"动乱对三线建设的巨大冲击,但许多重大项目又是在"文革"建成。在《"文革"中的三线建设》一文中,我对这一矛盾现象作了阐述:"广大建设者对毛主席无限忠诚、与帝修反争时间抢速度而不懈奋斗;周恩来、李先念为代表的一批正义力量仍然在坚持工作。"文章写道:"如果我们把三线建设形象比喻为一艘航行在大海中的巨轮,'文革'就如同滔天巨浪,巨轮遇到了滔天巨浪随时有沉没的危险,周恩来就如定海神针将巨轮引向新航程。"

2016年我退休后,参加了一些学术活动,感到学界对三线建设人物方面的研究重视不够,如四川省委党史研究室承办的几次大型学术研讨会,入选论文中关于人物的篇目不多。我想如果将研究的着力点放在人物方面,也许更容易出彩。我在一些学术研讨会或学术讲座上作交流时,讲不同层面人物的特质,如将中高级领导干部的特质概括为"他们大多数人在战争年代经受过血与火、生与死的考验,具有很高的政策水平和领导艺术水准,年龄大多在五十岁左右;当三线建设重任落在肩上时,他们义无反顾再启程。"讲共同特质的同时,又穿插典型人物的传奇经历,往往能够引起共鸣。

学海无涯,人生苦短。多年来,每当有一点新感悟,并变成文字的时候,身心会非常愉悦。有时也会为囿于知识结构、写起来感到力不从心而苦恼。我最大的体会就是研究写作的过程,也是不断学习提高的过程。三线建设者艰苦创业的精神更时时激励自己克服困难,写好文章。

(宁志一,四川省中共党史学会常务副会长、四川省委党史研究室原副巡视员)

行进在四川三线建设研究的征途中

江红英

1990年我从四川大学历史系研究生毕业来到四川省委党史研究室,到2020年,已工作了30年。除了中间有6年调到西南交通大学从事教学工作外,其余时间都在从事中国近现代史、中共党史,特别是四川地方党史研究工作。因为工作的原因,逐渐了解了三线建设,特别是三线建设与四川的关系,也才有机会从事与四川三线建设研究有关的工作。

一、三线建设是四川独特的党史资源

四川位于中国内陆的西南腹地,单看地图,有人会以为这块以盆地为主的地方,过去交通不便、信息不通,居住在这里的人们是否会变成井底之蛙?如果不是因为学习和研究历史,我可能也会这样想。但是,经历了几十年的学习、研究,我发现了一些极为有趣的事实,这些事实足以说明四川在中国近现代历史上、中共党史上、改革开放史上都有着极为重要的地位。举几个例子,1910年,在四川发生的保路运动成为辛亥革命的导火索,最终引发了清王朝的灭亡;1926年,在国共第一次合作的大革命高潮中,发生在四川的泸顺起义,由共产党人掌握武装延续半年之久,成为南昌起义的先声;1935年和1936年,红军长征,在四川的红一、红四方面军以及红四方面军和红二、红六军团,在四川实现了两次会师,置之死地而后生,最终摆脱国民党围追堵截,实现了从土地革命走向抗日前线的战略转移;1950年,四川成为国民党及其军队在大陆最终败亡之地，蒋介石企图以此地为"复兴"基地成为泡影；1964年，中央决策实施三线建设，四川的攀枝花成为毛泽东主席最为牵挂的地方，他说"攀枝花建不成，我睡不好觉"；1977年，为了解决吃饭问题，四川广汉西高公社的农民就开始"包产到组"，使四川和安徽一样，成为农村改革的先锋；1978年，党的十一届三中全会前，四川就开始在全国率先实行国营企业扩权试点，拉开了中国国企改革和城市经济体制改革的序幕；1980年，四川广汉向阳公社正式挂出"广汉县向阳乡人民政府"的牌子，成为全国第一个撤销人民公社的地方，为结束当时《中华人民共和国宪法》确定的中国农村人民公社"政社合一"体制提供了实践与经验……

当然，上面提到的这些事例只是四川党史上的有限篇章，它与其余大量篇章一起汇集成海，成为党的历史的重要组成部分。从党的成立到现在，四川地方党史呈现的主要是四川地方党组织在党中央领导下，在革命、建设、改革各个历史时期开展的各项工作，具体体现为贯彻落实党中央决策部署而进行的实践探索和经验总结，涉及广泛的领域。每个领域都有无数的课题需要研究，已有研究成果的领域还需要深化研究。面对众多的研究内容，无论是单位机构还是研究者个人，都无法做到面面俱到，都不得不做出取与舍的选择。

我供职的单位中共四川省委党史研究室仅有30余人，除行政管理、后勤保障人员外，能够完全从事党史研究工作的人员很少，这样的薄弱的力量还必须布局到对各个历史阶段的四川党史研究，以承担党史部门存史修史、指导把关、资政育人的职能职责，完成上级机构安排布置的各项党史工作。因此，在时间、精力、能力都有限的情况下，四川省委党史研究室的历任领导都主张不能到处铺摊子，只能抓重点，做到既履职尽责、又能出工作亮点。因此，面对四川党史的丰富矿藏，要做的只能是先去开采挖掘那些大家最关注、最有价值的宝藏。那么哪些是大家最关注、最有价值的宝藏？它们在哪里？如果说要有一个衡量标准，可能最重要的在于这几个方面：一是发生在四川的具有全国影响的党史事件和人物，比如红军长征在四川这样的大事，朱德、邓小平和陈毅这样的大人物；二是这些重要的事件和人物要涵盖各个不同历史时期，在各个历史时期具有典型性、代表性；三是对这些重要事件和人物的了解还不够、研究还不充分，必须深入研究；四是单位和个人有研究条件和资源利用优势。四川省委党史研究室作为一个职能机构，优势体现在可以组织其他力量参与研究,同时还可以协调动员其他部门提供便利,还有比外地研究者更有利的资料征集优势。重重标准筛选下来,重点研究对象首先只能集中在有限的几个主题上。而社会主义革命和建设历史阶段,对四川而言,最为重要的并且在全国有影响的事件莫过于三线建设了。

四川成为三线建设的重点省份,最重要的原因在于其独特的地理位置和环境。位于中国西南部的四川,各种资源丰富,地形地貌复杂,由于三线建设是在"准备打仗"的历史背景下进行的一场大规模的建设,实现"靠山、分散、进洞"的企业布局有得天独厚的条件,相对于中国东中部地区和西部边陲,这里不靠海不靠边,是天然的战略后方。正因为此,过去抗战时期这里能成为大后方,所以到20世纪60年代,这里也能成为三线建设的重点区域。三线建设期间,从1964年到1978年,国家工业投资的1/8、国防军工投资的1/4投入到了四川。这时候重庆还属于四川,因此,包括重庆在内的四川东南西北各地,都有三线企业布点,建成了350个以国防科技为主的企业单位和科研院所[①],形成了独立完整、门类齐全的交通能源、基础工业及国防工业体系,实现了党中央提出的在西部纵深地区建设一个比较完整的战略后方基地的目标。同时,三线建设改变了我国生产力布局,使四川经济社会面貌发生了巨大变化:四川成为中国新兴工业基地,基础设施有了质的改观,一大批工业城市和企业群崛起,人民生活水平有了明显改善,对改革开放后四川的发展产生了深刻影响。

可以说,三线建设这个国家重大战略与四川关系重大,既是全国有影响的党史重大事件,又是四川党史的重大事件,是四川社会主义革命和建设时期党史的独特资源,在四川党史宝藏中占据重要地位。因此,研究三线建设与四川之关系,对于四川党史部门来说,是题中之义,也势所必然。

二、把研究四川三线建设提上议事日程

进入20世纪90年代,中央党史研究室指导地方党史部门,在完成编写地方新民主主义革命时期党史基本著作的基础上,把党史研究的重点逐渐从新

---

① 何郝炬等编:《三线建设与西部大开发》,当代中国出版社2003年版,第115页。

民主主义革命时期转向社会主义革命和建设时期。这一时期,四川省委党史研究室在继续进行新民主主义革命时期专题研究并出版新民主主义革命时期四川党史资料丛书的同时,也开始部署开展社会主义革命和建设时期的专题研究。当时的室领导班子安排部署了搜集整理编辑系列"中共四川地方史社会主义时期专题典型研究资料集辑"。这套丛书计划按历史事件发生的先后顺序逐一出版。我那时刚刚参加工作,被分在单位的科研处,因为能力有限,又缺乏经验,大概只能为此跑跑腿,做一点点事务性工作。受各种因素影响,这套书只出了几本,涉及四川城市接管与社会改造、四川对资本主义工商业的改造、四川粮食问题等,四川三线建设这一选题还没有提上省委党史研究室的议事日程。在这期间,四川党史系统中,攀枝花在三线建设研究上已有了较大进展,编印了数百万字的攀枝花建设资料集,但全省党史部门还没有全面开展三线建设的研究。

2009年初,我在西南交通大学教了6年书后,又被动员再次回到四川省委党史研究室从事四川地方党史研究。我被安排在二处,这个处的职能职责主要是负责社会主义革命和建设时期的四川党史资料征集和专题研究,负责撰写《中国共产党四川历史(1950—1978)》(简称《二卷》)。这个时候,时任二处处长的宁志一老师已经开始从事三线建设研究,并写了不少论文。在写作《二卷》过程中,我们深感四川三线建设资料以及研究的不足,因此,主张要深入开展四川三线建设研究。当时的室主任吴得民同志也高度重视并支持二处开展四川三线建设研究。为此,室里专门给省财政厅打了一个《关于编纂〈三线建设在四川〉专项经费申请报告》,解释"四川三线建设时间长、涉及面广,建设中的许多问题要进一步加深认识,有许多历史经验教训需要总结。但目前全国范围内三线建设进行系统研究的成果还不多,还没有一套完整的四川三线建设史料",因此准备将搜集整理四川三线建设史料列为2010年的一项重要工作任务。但估计因为当时财政相当紧张,这一报告没有下文。与此同时,二处全力以赴撰写《二卷》,之后又接续参与撰写《中国共产党四川90年简史》等工作,也难以腾出精力来开展其他工作。就这样,四川三线建设研究一事又被搁置下来。

2012年,四川省委党史研究室主任陈荣仲同志上任后,再次把开展四川三线建设研究提上议事日程。为此,他还给省委分管领导做了汇报,得到了支持。2013年,他专门带着我们所有的处长一起到攀枝花调研,查看了许多三线建设遗址遗迹,并特别要求已是副巡视员的宁志一老师和我着手搜集关于三线建设的相关资料。2014年,我在任党史研究室副主任后,分管社会主义革命和建设时期的党史业务工作,陈主任要求我牵头制定详细的可操作方案。经过反复思考、研究,3月10日,省委党史研究室给各市州党史研究室下发了《关于编辑出版〈三线建设在四川〉资料丛书的通知》;9月下旬,组织召开了四川三线建设资料丛书编辑整理工作会;10月9日,又下发了《〈四川三线建设资料丛书〉编纂方案》。该方案明确指出了编纂的目的意义:"收集和整理三线建设资料,研究四川三线建设历史,既是我们四川党史工作者的职责所在,也有利于我们更好地理解四川建设和发展规律,有利于推动四川由经济大省向经济强省跨越、由整体小康向全面小康跨越,有利于发挥出党史以史鉴今、资政育人的作用,启示当前和今后四川经济社会的改革与发展。"同时,该方案对丛书规模与内容、编写进度、编纂规范等都作出了要求。

根据该方案,《四川三线建设资料丛书》为多卷本,省委党史研究室负责省卷本,成都、自贡、攀枝花、泸州、德阳、绵阳、广元、巴中、雅安、眉山、资阳、凉山、遂宁、内江、乐山、南充、宜宾、广安、达州市19个涉及三线建设的市州党史研究室负责本市州分卷编纂工作。各卷收录内容的多少由各市州自行决定,原则上是力争要反映出当地三线建设的全貌。内容较多的可分为上下册或上中下册,内容很多的可按数字序号或专题内容分册编排。书稿编纂完成后,由省委党史研究室审定,并统一出版印刷版式。方案在体例和内容上提出的要求是:每卷可分为五个部分,字数在20万字以上:第一部分为照片,收集具有重要史料价值的人物、文物、旧址的照片;第二部分为综述,2万字左右,对当地三线建设(包括地方小三线建设)整个历史过程和全貌进行客观概述和分析评论;第三部分为文献汇编,包括省委和地方党、政、军、群众组织的有关决议、电令、信函、报告等记载当时历史情况的文字材料,收录的文献资料应与原件校对、核实,凡涉及的重要人物、事件以及错讹或不易为读者理解的地方都需加注说明;第四部分为报刊、回忆、口述资料(每部分如内容多,也可单独另设为一个部分);第五部分为大事记,依照时间顺序,扼要叙述该专题历史发展的过程,做到大事不漏、记事简明。在进度安排上,要求各市州在2014年基本完成资料搜集整理工作;2015年上半年完成综述与大事记撰稿;2015年10月完成全书书稿,交省委党史研究室审定;2015年底,基本完成丛书各卷的出版工作。该方案还要求各市州党史研究室要争取当地党委的重视和支持,认真严谨地开展当地三线建设专题资料的征集、整理、汇编工作,为三线建设的深入研究夯实资料基础;要通过开展该课题培养党史研究人才,通过横向联络,合理分工协作。我们当时认为,这个方案考虑还是比较周全的,甚至考虑到,使用首次公布的档案资料应得到有关方面批准,要合法合规;为避免资料的收集出现交叉重复,室里还要求二处负责联络协调,在丛书的编纂过程中组织召开工作交流会,并随时解决编纂过程中出现的问题,以减少不必要的人力、物力浪费。

此后,以"四川三线建设资料丛书"的编纂为龙头,四川三线建设研究在省委党史研究室的牵头下,在四川19个涉及三线建设的市州党史部门渐次展开。

三、组织《三线建设在四川》资料丛书编纂

编纂丛书的事推开不久,陈荣仲主任就到省政协去工作了。接任的王承先主任继续大力推动此事,我也继续具体负责编纂工作。为了编纂这套丛书,室里专门成立了编纂委员会,由当时的室主任王承先同志任主任,其余室领导任副主任。丛书省卷本独立于各市州卷本之外,由王承先主任亲自担任主编,负责总协调与统筹;我担任副主编,负责全书体例结构、框架内容、选稿统稿;党史二处的戴忠东、赵黎、王癸鳕三位同志分别负责搜集查阅不同部门的档案以及编辑、校对等编务工作,黄婷婷同志负责撰写综述。

当时室主要领导让我负责这个项目,我一方面想到资料搜集整理的工作难度比起撰写原创文稿要小多了,室里的很多同志都能干下来;另一方面也想通过这个项目锻炼年轻同志以及没有从事过研究的同志,让他们深度了解和参与研究的过程,说不定能培养几个专家出来。尽管大家明白此事重大,但因为过去基本没有从事过搜集整理资料以及研究工作,还是感觉万事开头难。为此,我专门带大家去了两趟省档案馆,从目录着手,学习档案查阅流程,熟悉如何查找、调阅、摘录、复印档案资料等。

在查阅档案的过程中,大家遇到最难的问题是与档案原制发文单位的沟通。档案馆里保存的档案是否可以查阅是有相关法规约束的。按照规定,我们要查阅的档案需要经过原制发文单位同意。为此,我们做了大量沟通协调

工作。王承先主任亲自带着我和二处的同志去了一些部门,其中在省国防科学技术工业办公室,两家单位的领导和同志们专门在一起开了个座谈会,共商三线建设研究大计。最麻烦的是原来制发文的单位很多已经在历次机构改革中撤销了,比如西南三线建设委员会、省委工交政治部、省生产委员会、三线建设领导小组等等,为此,我们首先得搞清楚这些已撤销的单位其档案后来归属哪个部门,是哪个部门把这些档案移交给省档案馆的,然后再找这些部门沟通协调,由这些部门开具介绍信后去查阅。许多单位给予了我们大力支持与帮助,比如省委办公厅、省政府办公厅、省发展和改革委员会、省住房和城乡建设厅、省国防科学技术工业办公室等等。尤其是省档案局的同志,不厌其烦地为我们查档的同志提供服务,前前后后大约近一年时间。

  在解决档案查阅问题的同时,我花了不少心思考虑怎么编辑。虽然总方案确定应该有五部分内容,但实际操作过程中,为了避免重复,比如照片,同时也因为有些内容需要以市州内容为基础,比如大事记,因此,我们省卷本内容做了一些调整,也让市州根据自身实际做调整。为了少走弯路、提高效率,我先对大家准备查阅的档案目录进行初筛,之后对大家查回来的档案进行分类,最终确定了全书的结构与分类。除了"总序""综述"和"后记"外,主体内容分为机构决策、规划计划、国防工业、基础工业、交通运输、地方保障、"文革"影响、调整改造八个部分,既考虑到三线建设在四川展开时间上的纵向排列,也考虑到三线建设在四川各领域不同内容的横向排列。经过艰苦努力,114万字的上下册《三线建设在四川》省卷本终于在2016年底编印出来了。

  与此同时,室里连续几年把编纂各市州的分卷作为考核各市州党史工作进展的一项重要内容,各市州本也在陆续编辑成书,并与省卷本一致,内部印刷。不过,各市州的编纂进展参差不齐,原因当然是多方面的,原以为2015年差不多能完成的任务,实际上到今天还在持续着。我们要求各市州完成的初稿必须上报给省室,由我们审核提出意见修改后才能付印。各市州的稿子报来后,我常常因为各项其他工作缠身,没有时间和精力细看,但在体例结构、内容布局上总还是要提些意见。我们的副巡视员宁志一老师做了大量的审稿工作,给我减轻了很多压力。到现在,陆续编印面世的市州卷已经有12个(绵阳、德阳、自贡、宜宾、泸州、攀枝花、广安、达州、眉山、乐山、遂宁、凉山),有几个市州已经编出来但还没有印,还有几个市州正在编。在内容上,市州卷虽然总体上以档案文献为主体,但一些市州还增加了报刊、回忆口述等资料,比起省卷本显得更加灵活、生动、丰富。这些市州卷有些1册,有些上下2册,最多的攀枝花卷达5册,各卷相加总字数已经超过了1 000万字。以我的了解,这套资料丛书应该是目前国内三线建设资料中规模最大的。这套丛书的编印,既为我们四川党史部门深入开展四川三线建设研究奠定了扎实的基础,也为研究三线建设的专家学者提供了宝贵的资料来源。

《三线建设在四川》丛书部分成果

四、助力三线建设研究

在推进这一丛书编纂的同时,室领导决心动员各方面力量参与到三线建设研究中来。我当时已在室里分管党史研究业务工作,因此,作为助手,我全力配合领导的决策部署,积极推动安排各项相关工作落地落实。回过头看,有两项工作很重要。

第一项工作是助力组织召开学术研讨会。2014年11月,王承先主任任省委党史研究室主任后,立即接续前任陈荣仲主任的工作,把组织三线建设研究学术研讨活动作为一项重要工作。当年12月25日,省委党史研究室就与攀枝花市委、市政府在攀枝花联合召开了"四川党史界纪念三线建设50周年学术研讨会"。这次研讨会征文范围主要在四川党史界,共收到论文61篇,其中54篇入选研讨会,入选论文作者和攀枝花市各界代表共100人参加会议。研讨会反响很好,特别是王承先主任提出了每年召开一次三线建设研讨会的打算特别鼓舞人心,让大家充满了对三线建设研究的信心。没想到的是,下一次研讨会居然接踵而至。

刚刚翻过年过完春节,攀枝花市委副书记专门来到我室,找到我们商量在

2014年12月25日,"四川省党史界纪念三线建设50周年学术研讨会"会场

攀枝花建市50周年之际,联合召开一次学术研讨会。双方议定要扩大主办单位,要邀请全国各地的专家学者参会,在上一次会议基础上提升规模和档次。这一次研讨会,通过我们联络协调,双方共同努力,主办方增加了中央文献研究室主管的毛泽东思想生平研究会,中国社会科学院主管的三线建设研究会。征文范围扩大到全国,又收到了大约三四十篇论文。这其中比较特别的是:通过我们室的努力,中央文献研究室和中央党史研究室给予我们大力支持,分别派出陈晋副主任和吕世光副主任到会指导并讲话,十几家涉及三线建设的省、市、自治区党史部门提供了当地三线建设总体情况的研究论文。全国三线建设研究会会长、军事科学院原副院长钱海皓中将不仅出席会议并讲话,还专门撰写了论文。全国三线建设研究会秘书长郑有贵同志给予我们大力帮助,包括他本人在内的一些知名专家如中国社会科学院的陈东林、董志凯等学者为会议提供了论文并参会。我也撰写了论文《三线建设与西部大开发中的中央统筹与地方执行关系》,并指导二处的同志撰写《四川三线建设研究综述》。

2015年3月2日,在攀枝花建市50周年之际,120多名来自全国各地的专家学者和相关领导齐聚攀枝花。说是研讨会,会议实际上采取了论坛的形式,让与会者充分感受了攀枝花的阳光和气度。会议期间，按照王承先主任的要求，我们联络攀枝花市委宣传部，利用电视台的人员和设备，专门对外地参会的一些专家学者进行了采访，请他们谈当地三线建设研究情况，录制了宝贵的口述视频资料。会后，室里安排由王承先主任挂帅、宁志一老师牵头负责，以"中共四川省委党史研究室和四川省中共党史学会"的名义，把上述两次研讨会的参会入选论文编辑成《三线建设纵横谈》一书，由四川人民出版社于2015年8月公开出版。

2017年1月，刘晓晨同志接任已于2016年5月调离省委党史研究室的王承先同志，成为我们室的新任"一把手"。她仍然继续把召开研讨会作为推动三线建设研究的重要抓手，我作为副手也继续参与推进相关工作。我们征询了几个三线建设重点市州相关领导和部门的意见，最终确定把当年的研讨会放在绵阳。刘晓晨主任认为，三线建设研讨会的主题应该每次有所不同、有所侧重，历史一定要与当今时代结合起来；同时，还要在研讨会的形式上下功夫，进一步宣传好三线建设这张四川党史"名片"。因此，当年7月17日召开的研讨会名称最终确定为"'从三线建设到军民融合发展'专家论坛"。因为

2015年3月2日，"中国三线建设研讨会"会场

是"论坛",所以按照中央和省委对举办"论坛"的规定,绵阳市又做了大量申报工作,特别是绵阳市委、市政府下属各部门为会务工作出了大力。这次论坛征文通知发出后,与上次研讨会一样,得到了积极响应,共收到121篇论文,我也和黄婷婷同志一起撰写提交了《四川三线企业调整改造的举措》一文。经过评审,81篇论文作者收到了会议邀请,加上会议主办方和承办方,论坛规模达到120多人。刘晓晨主任多次给我们的上级部门中央党史研究室和中央文献研究室汇报,均得到大力支持。中央党史研究室派出吴德刚副主任与会讲话,中央文献研究室派出张爱茹同志代表室领导与会讲话。会前,绵阳市委党史研究室的同志们即以论坛筹备组的名义,加班加点编辑,将入选的81篇论文印刷成册,使论坛代表们在到达绵阳之时就得到了这本精选的论文集。

两次研讨会和两次论坛形成的论文集

鉴于我们室里的工作任务十分繁重、人手长期短缺,三线建设的研讨论坛改为两年一次。2019年,我们和以往一样,继续征求三线建设重点市州的领导和相关部门的意见,德阳市踊跃承办了当年的研讨会。我们积极汇报争取,已经完成机构改革的上级部门——中央党史和文献研究院七部成为主办单位之一。七部的领导和同志们最终敲定了论坛的主题,因此,这个12月16日召开的论坛名称为"'三线建设与新中国发展'专家论坛",契合了当年庆祝新中国成立70周年的系列活动。这次论坛收到了来自13个省、市、自治区的作者的107篇应征文章，经过评选，其中66篇文章入选。这次论坛德阳市委、市政府作为主办方之一，高度重视，承办的几个德阳市级机关的同志们抢时间很辛苦。德阳市委党史研究室的同志学习绵阳同仁2017年的做法，一样赶在论坛开始前印制好了精美的论文集。

上面几次学术研讨会或者论坛，尽管名称不同，但实际上都是关于三线建设的研讨活动。我作为省委党史研究室的分管领导，从制定方案到分步实施，从征文选题到论文评选，从邀请专家到议程安排，从会议材料到会务善后，参与了全过程，负责带领同志们一起落实好领导的决策部署，推进三线建设研究、特别是四川三线建设研究向纵深发展。我作为研究者个人，也尽力挤出时间撰写论文，投入到三线建设研究队伍之中。

第二项工作是助力《四川三线建设简史》的编写。编纂《三线建设在四川》资料丛书的目的当然是为了开展四川三线建设研究，有了扎实的资料基础，原本空想的《四川三线建设史》就有了写作基础。因此，2015年，王承先主任提出要把编写《四川三线建设史》提上议事日程。在制定2016年室里的工作要点时，《四川三线建设史》编写被纳入一项重点任务。撰写这样重要的书稿，并不是人人都能胜任的。因此，王承先主任召集室务会商定，由宁志一副巡视员担纲带领二处的同志完成这项任务，我仍然是分管领导，要求我负责统筹协调把关。宁志一副巡视员当年5月即将退休，因此，在他办理退休手续之际，室里又专门与他约定，返聘他带领二处同志完成《四川三线建设史》书稿的写作。宁老师不负重托，很快拿出全书提纲报室务会审定后即开始写作。大部分书稿宁老师亲自撰写，由二处同志撰写的初稿也由他负责修改，到2017年底基本成稿。我前前后后大概花了一两个月仔仔细细看了一遍，提了一些修改意见。宁老师再次修改后，送出去征求相关专家学者和各市州党史部门的意见。原国务院三线调整改造规划办公室主任王春才同志阅读后提出了修改意见并提供了一些史料，广安、雅安、达州、眉山、乐山、宜宾、南充市委党史研究室也分别提了一些修改意见，接替王承先同志任职的室主任刘晓晨同志也要求进一步修改完善。2018年，宁老师一直忙于完善书稿，我们经常在办公室里就书稿的问题进行讨论，我也再次仔细阅读了他修改的书稿，又提出一些修改意见。室里在做工作安排时，也将原本计划在2018年底出版的这本书推迟到

2019年出版，以求更加完备。2019年11月，这本修改后定名为《四川三线建设简史》书的内部印刷版终于出版了。这是第一本全面展示和反映四川三线建设的著作，既有宏观规划决策的论述，又有微观层面案例的叙述；既有纵向每个阶段的时间划分，又有横向各个层面的分类，并且从叙述历史到把握时代，对三线建设与四川城市化进程作了深入的叙述分析。宁志一老师为此付出了大量心血，二处的同志在宁老师的带领下做了不少辅助性工作，我作为单位主管此事的负责人，也在拟定提纲、修改书稿、审核把关以及统筹协调事务性工作中尽了自己的职责和力量。

五、几点感想

如果不是上海大学历史系徐有威教授多次热情约我回顾一下我们开展三线建设研究的情况，我应该不会专门为此写这篇文章。但是，一旦动手，思绪便在键盘的敲落声中翻飞。回顾这些年在推进四川三线建设研究过程中所做的一些工作，还是有许多感慨，既有工作的成就感，也有不尽如人意的遗憾感，都需要加以总结，以便今后能够更有力地参与并助推三线建设研究。

首先，我感到单位与机构是开展三线建设研究的重要依托，其中领导的重视又是关键。我个人参与四川三线建设研究，是基于我供职的单位要开展这一工作；能够开展四川三线建设研究，是基于一任又一任领导对此的重视；能够编纂资料丛书、举办研讨论坛、撰写专题著作，是基于单位与机构的职能职责与党委机构的社会影响力。比如编纂《三线建设在四川》资料丛书，从省里到各市州，各级地方财政予以保障；比如召开研讨会、举办论坛这样的大型活动，除了党史部门，各市州的地方党委、政府都发挥了极为重要的作用，提供场地、食宿，组织接待等。这些作用，是专家学者个人所难以承担的。

第二，专家学者的广泛参与是推进三线建设研究的重要基础。大家都明白，一个人纵有再大的力量，但也是有限的，只有把更多的专家学者组织起来，才能组成三线建设研究的强大队伍，才能让三线建设研究取得更多的成果。我们组织的几次研讨活动，既造出了推进三线建设研究的声势，更为推进三线建设研究搭建了一个平台，聚集起全国各地的专家学者广泛参与。我自己就是在这些活动中结识了一些优秀的专家学者,并得以从他们分享的成果中受益。有了专家学者们的广泛参与,有了他们提供的专题研究论文成果,推进三线建设研究才能取得实质性进展。

第三,三线建设资料征集和研究还应该继续加强。从全国范围看,三线建设研究方兴未艾,越来越多的专家学者加入这一研究行列中。我认识的好几位教授,比如上海大学历史系徐有威老师、四川大学历史文化学院的李德英老师,他们原来并不做三线建设研究,但现在不仅他们自己做,还带领着自己的一茬又一茬的学生做,还组织一大批全国范围内的青年才俊做,展现出三线建设研究的无限前景。我和四川党史部门同仁在推进四川三线建设研究的过程中,深深感受到资料的挖掘还远远不够。尽管编纂了《三线建设在四川》资料丛书,但我们只是挖掘了资料宝库的一角,而将之运用于研究的力度则更加不够。尽管我在前面已经分别叙述了四川党史部门这些年推进四川三线建设研究取得的成果,但研究力量的不足、资料征集的困难、研究成果的不丰、成果质量的参差,都是客观现实,这些都是令人遗憾的事情。但不管怎么说,我们有了基础。对我们四川党史工作者来说,充分挖掘这一独特的党史资源,仍然是需要锲而不舍继续努力推进的事业。而我个人,也将继续行进在四川三线建设研究的征途中。

(江红英,中共四川省委党史研究室副主任)

从历史研究到遗产保护：我和三线建设研究

陈东林

我是共和国的同龄人。上高中一年级时发生了"文革"，几年后毕业分配，正好赶上难得的招工，因为姐姐妹妹都上山下乡了，我被照顾分配到北京一家人民防空构件厂当工人，生产抵御原子弹爆炸袭击的防空洞大门，是"备战备荒为人民"的行业。九年时间，从搬运工、车工、钳工一直干到车间主任。那时候，对三线建设一无所知，只是上中学时听到曾经在国家计委工作的父亲和在北京矿冶研究总院工作的舅舅，颇为神秘地谈起去一个叫"渡口"的地方出差，一去就是几个月甚至一年。后来，才知道那个地方就是攀枝花。

1978年恢复高考，我有幸考上了复校招生的中国人民大学。报考志愿时，"文革"中被下放到农村劳动的父亲来信说：千万不要报文科！然而我却坚决地报了历史系。一个强烈的欲望，就是弄清楚刚刚过去的"文化大革命"都发生了什么事。

从中国人民大学毕业后，我和苗棣（现为中央广播传媒大学教授）、李丹慧（现为华东师范大学教授）、李向前（现为中央党史研究室研究员）、孟宪成同学（已去世）一起进行着"文化大革命"史的研究，主编出版了《中国文化大革命事典》（日文版），奠定了当代中国史研究的基础。

1990年，经过中央批准，邓力群同志正在筹划一个研究、撰写国史的国家机构——当代中国研究所。他了解到我们的研究后，将我调入当代中国研究所，从此成为正规军。

到所之初，在第三编研室（研究"文化大革命"时期），历任助理研究员、副研究员、研究员、编研室副主任。其后第一、二、三编研室合并为第一编研部（研究1949—1976年时期），我担任主任，"文化大革命"史研究都是作为重点。2002年，按照时期划分的编研室改为按照专业领域设立的政治、经济、文化、外交研究室，我担任经济史室主任，从此专攻当代中国经济史。当时，就有一个疑惑，难道"文化大革命"这十年，我们的国家都在动乱？那么我们的经济建设是如何维持并且取得了中共中央《关于建国以来党的若干历史问题的决议》（以下简称《历史决议》）中所说的"有所发展"的？

1993年冬天，在国家计委原副主任房维中、甘子玉两位老领导支持下，我和程中原、杜蒲、刘志男得以到国家计委（今国家发展改革委）办公厅查阅"文革"时期经济档案。三个月的时间，如入宝山，收获极大。第一次看到了包括毛泽东、周恩来、邓小平、陈云、李先念等老一代革命家批示手迹、讲话记录的珍贵档案，如1964年4月邓小平主持中央书记处会议听取国家计委汇报"三五"计划的讲话记录；如1964年9月第一颗原子弹爆炸前夕，周恩来为在三线地区建设第二个核反应堆基地给毛泽东的紧急信，及毛泽东的批示；如1965年2月、3月罗瑞卿关于在三线地区部署核武器、导弹、喷气战斗机、核潜艇等国防军工尖端武器研制基地给毛泽东和中央的两次报告，以及邓小平的批示。从中，我了解到许多过去不曾知道的重要经济活动和重大战略决策。三线建设是第一个重大收获。当时，学术界和社会上对于这个历时三个五年计划、涵盖13个省市自治区、建成两千多个大中型企业的三线建设重大战略，对其建设过程都所知甚少，遑论决策内幕。由此，我开始了三线建设研究，发表多篇论文，2003年在中央党校出版社出版了国内外第一部三线建设史研究专著——《三线建设：备战时期的西部开发》，被人谬誉为三线建设史研究第一人。一直到现在，三线建设仍然是我退休以后主要从事的研究领域。下面，分四个部分回顾自己的三线建设研究历程。

一、撰写第一部三线建设研究专著《三线建设：备战时期的西部开发》

看到了国家计委那些宝贵的档案，我就开始查阅有关三线建设的论文，竟然鲜有所获，这更促使我有了强烈的冲动——研究三线建设，揭开神秘的面纱。我向小学时的学兄宋宜昌建议，合作写一部三线建设史的研究专著。他曾经在陕西一家三线兵工厂长期当工人,父亲是一位德高望重的革命老前辈,曾任西北局三线建设副总指挥,后任国家计委主任,主管过三线建设调整改造。宋宜昌在中国科协工作,是个自学成才的怪才,懂得几国外语,发明了一种英语学习方法,出版过科幻小说《北极光下的幽灵》,还独自撰写出版了《沙漠之狐隆美尔》和《世界海军史》等皇皇巨著。宋宜昌很快就拿出了几万字的三线建设史一章初稿,但我还在收集资料阶段。他说,我等不了,你独自干吧!于是,我步上了踽踽独行的三线建设史研究之路,没想到这本书让我写了十年。

第一个困难,是缺乏资料。公开发表的论文,只有1987年阎鸣放发表的《三线建设述评》一篇文章,宏观介绍了三线建设的战略背景和实施,不乏对问题和失误的批评。其他有关文章,都是讲20世纪90年代三线建设地区和企业调整改造的经验和措施,如军转民、搬迁布局等等,基本没有涉猎三线建设战略起因和决策。十年后,我有幸在北京宽沟招待所和四川、陕西等一些省级老领导座谈,才知道这些当时的高中层干部,对中央为什么要搞三线建设,也不甚了了。他们就是一个信念,坚决执行党中央、毛主席的战略决策。

我决定从采访三线建设的老领导入手。室主任程中原介绍了他的同乡,江苏新四军的老同志,后来担任西南三线副总指挥、电子工业部部长、国务院三线领导小组副组长的钱敏同志。在北京木樨地部长楼家中,他不辞劳苦地向我讲述了三个多小时,激情满怀,欲罢不能,以至于钱夫人出面要他休息。后来我又约中央广播传媒大学口述史中心的同志录像,没想到这竟然成为钱老去世以后唯一一个三线建设亲历回忆音像珍贵资料。钱老那浓重的无锡口音,虽然有不少话语听不甚懂,但感受到的激情燃烧的三线岁月,至今萦绕耳边。钱老热情地送给我一些三线建设文件资料和画册,并且介绍我去联系国防科工委三线中心的吉大伟同志等请教。钱老是我研究三线建设的引路人。

以后,我和当代中国研究所的同志,就三线建设的评价问题,又采访了当年中共中央西北局三线建设副总指挥、中央政治局原常委宋平同志。那时,他已经是95岁高龄了,但仍然思维敏捷、记忆清晰。他首先从解决东西部经济不平衡、高度肯定三线建设战略说起,毛主席提出要搞三线建设,要准备打仗,要修成昆铁路,这样就把一线、东北、沿海最好的工厂,特别是独生子就一家

2017年7月,国务院参事室三线遗产调研组向宋平同志汇报后合影(前排左起:宋平、宋平夫人陈舜尧、国务院参事王静霞,后排左起:陈东林、国务院参事室副主任蒋明麟、国务院参事徐嵩龄、国防科工局文化总监罗东明)

的,要搬到内地去,所以三线的搬迁加快了西部的发展。我看三线建设实际上是解决了工业的布局问题。然后,宋平同志也指出了三线建设存在的问题:提出"山、散、洞",靠山、分散、进洞,就是到深山中去。我当时一看就说,军工进山反而不隐蔽了,在城镇是看不清楚,但到山上去,没有人烟,一切都摆在上面,都暴露了,我说这不是办法。真正的隐蔽是分散在中小城市里,这要汲取经验教训。我到陕西南部的洞里去看,洞里很困难,设备潮湿,通风都有很大的困难。最后,宋平同志从现代工业城市布局的高度提出了自己的看法:我觉得要用三线建设搬迁的经验。一个厂在大城市好像觉得不起眼,占了地方,技术含量也不高,搬到其他地方就成了宝贝。搬去后,当地不仅有了工业,还带动了服务业,配套了,三线建设的经验可以值得大城市借鉴。

采访的老同志,还有当年负责全国三线地区物资供应的原国家经委主任袁宝华同志。这些老同志的宝贵回忆,不仅对三线建设研究事业是重要的支持,对我个人的研究也是时时刻刻的鞭策,使我不忘初心、牢记使命。

第二个困难,是对三线建设的评价。当时,彻底否定"文化大革命"教育活动刚刚过去不久。对三线建设,人们的批评甚多。1981年4月9日《人民日报》发表特约评论员文章《论经济建设中的"左"倾错误》,直接否定三线建设说:大小三线建设在林彪的"山、散、洞"错误方针指导下,投资过多,使用不当,效果很差,损失浪费巨大。1981年6月中央作出的《历史决议》对三线建设的重大战略,也并无提及(后来才知道,高层也有不同评价意见)。记得在一次学术界座谈会上,只有我一人认为三线建设功大于过,其他专家学者都一边倒地予以否定。这种情况直到21世纪之初,西部大开发引起了学术界对三线建设的再次关注,多数研究者的评价,仍然是把三线建设当作教训来介绍。

这时候,我已经动笔完成书稿的撰写。我感到,对三线建设的评价,有两个关键问题绕不开,第一个是当时究竟有没有敌人突然袭击的危险?第二个是三线企业究竟产生了积极的经济效益,还是浪费大于成就?对于三线企业的经济效益,是一个需要大数据统计的课题,以我个人能力是无法完成的。我决定从第一个问题入手。经过艰辛的查阅和广泛的联系,终于在美国国会档案馆找到了1964年美国国务院专家罗伯特的绝密报告,报告建议在中国第一颗原子弹爆炸前夕,对中国核基地实施打击。访美学者李向前在文章中,对围绕这一文件,美国从总统到国防部长的举棋不定多次研究商议,有详细的介绍。然后,我在中央档案馆,找到了1964年9月我国第一颗原子弹爆炸前夕,周恩来主持中央专委会研究,为在三线地区建设第二个核反应堆基地给毛泽东的紧急信及毛泽东的批示。事实说明,当时中国确实存在遭受敌人突然袭击的严峻可能性,而且

1964年9月,周恩来为第一颗原子弹爆炸和在三线建设第二个核基地给毛泽东的紧急信

中央对美国这一袭击企图有所了解,三线建设的决策正是其必要反应,而不是对战争威胁估计过于严重的"心血来潮"个人决断。于是,我在书稿中,强调了三线建设从国家安全角度的必要性,并且分析了中央和毛泽东当时对战争打得起来和打不起来的两种可能判断。从这个角度上,我在书稿中对三线建设予以了充分肯定。至于三线建设的经济效益,在后来的研究中,经过调研及借鉴其他学者的研究成果,也得出了大多数三线企业效益是好的结论。

2002年,书稿完成,出版并不顺利。第一次作为约稿交给中国青年出版社一位领导。过了半年,答复是此书没有什么价值,市场也不看好。惶惑之际,我的大学学弟、中央党校出版社总编辑胡建华伸出了援助之手。他们经过审读,决定于2003年出版。出版后,市场反应竟然出奇的好,很快销售一空,孔夫子旧书网竟然标价200元一本,还有复印本出售。我深深地感到,三线建设背后有几百万名的建设者和家属,如同他们默默无闻地参与三线建设一样,在关注着这段历史、这本书。该书在学术界也获得了好评,被当代中国研究所评为优秀科研成果。还有三线建设研究学者称之为"研究三线建设的必读书"。但我有自知之明,我只是"近水楼台先得月",能够看到档案,又在老同志指引下先走了一步。该书成书较早,现在计划较大幅度修订充实后由四川人民出版社再版。

二、推动成立中国三线建设研究会

2010年,我主持承担了所重点课题《1966—1976年国民经济研究》,决定到西南三线建设的龙头——攀枝花去调研。同行除了课题组的王瑞芳、冷兆松、段娟等学者外,中央文献研究室的宋毅军研究员听说后,自告奋勇地要求参加。宋毅军是当时研究三线建设决策领袖的第一人,写了许多关于毛泽东、周恩来、刘少奇、邓小平、李富春等关于三线建设活动和思想的文章。他能参加,自然是求之不得。在筹划行程中,宋毅军提出,应该成立中国三线建设研究会。我自然十分赞成,但又考虑到条件不一定成熟。因为我们都是北京的学者,多数人的研究是纸上谈兵,必须有大三线的同志支持和参加,此事才可以成立。但宋毅军性子急,他给当代中国研究所所长、中华人民共和国国史学会常务副会长朱佳木写了信。朱佳木表示赞成。于是,带着这个使命,我们前

笔者调研攀钢引进氧气设备遗址,与攀枝花市委原书记秦万祥合影

往了攀枝花。

在转机的成都机场,我遇到了三线建设史的传奇人物——王春才。他不仅是西南三线建设的决策亲历者,因工作关系经常接触当时任西南三线副总指挥的彭德怀,而且是80年代实施三线建设调整改造战略的骨干,担任国家计委三线办公室主任。我过去久闻王老其名,但从未谋面。我紧紧握着他的手,心想,成立中国三线建设研究会终于有了台柱子。

果然,王老一出面,一呼百应,各地三线建设亲历者和研究者纷纷参与。其间遇到了经费困难,也是王老出面筹措解决。很快,中华人民共和国国史学会三线建设研究分会在北京会议中心成立。2015年,又在攀枝花召开了第一届全国性的三线建设研讨会。

中国三线建设研究会成立以后,主要成绩是在攀枝花、六盘水、遵义、大邑举办了多次全国性的三线建设研讨会;帮助成立和批准授牌了攀枝花、六盘水、遵义、大邑、德阳、十陵、江津、涪陵、晋中等九家三线建设研究会研究基地,

2018年10月,中国三线建设研究会部分同志在四川绵阳江油中国涡研院松花岭基地旧址调研合影(由右至左:焦天佑、王春才、陈东林、郑有贵、何民权、傅琳、马新林、吴学辉、秦邦佑、刘洪浩、王建平等)

出版了文选《三线风云》(1—4辑)、杂志《三线春秋》;和中央电视台联合摄制播放了10集电视纪录片《大三线》。这些工作,主要是在王老策划下进行的,我作为副会长也协助做了一些具体工作,在这里就不作为个人经历来详细说了。我只想强调一点,遇到王老,在他的支持和指导下进行三线建设研究工作,是我的幸运,从此开始了一个新局面。有人谬夸我和王老是三线建设史研究的南北各一人,我在此必须声明,这种说法绝对不可成立。王老过去是我的老师,永远是我的老师。

三、编辑三线建设档案

大兵未动,粮草先行。搞研究,首先要有档案资料。从开始研究三线建设起,我就努力收集三线建设的档案,主要是中央高层三线建设决策档案,作为在北京的国家级研究单位,这不仅是有优越条件的权利,而且也是为全国三线

2019年7月,在四川大邑召开中国三线建设研究会第二届会员代表大会期间合影(右起:郭志梅、温尧忱、武力、陈东林、刘常琼)

建设研究者了解、使用这些档案服务的一个义务。

　　这里,必须郑重介绍在三线档案资料收集方面我的合作者——上海大学历史系教授徐有威。他是我研究三线建设的第一个合作者。早在中国三线建设研究会成立之前,徐有威教授就组织和主持在上海大学召开了两次实际上带有全国意义的学术研讨会,请我参加,可谓开先河者。他的优势是比我年轻15岁,年富力强,积极肯干,办法和点子多,而且把三线建设研究当作第一事业来倾尽心力。我和他,有一个自然分工,我致力于中央高层三线建设决策档案,他致力于小三线档案。

　　我在三线建设研究中收集到的中央档案,主要有三方面来源:一个是前述在国家计委三个月查阅抄录的档案;第二个是我在当代中国研究所承担主编的国家项目《中华人民共和国史编年》各卷编写中,历年在中央档案馆经过批准查阅抄录的档案;第三个是老同志、老领导如钱敏、王春才等提供的档案文件。这些档案,十分珍贵,我早就想拿出来与三线建设研究者分享。但是这些档案多数当年标明有密级,虽然距今已经四五十年,无密可保,也必须取得解密手续才能出版。而当年发文的单位,现在大多数已经变迁,有的根本不存在了,解密手续谈何容易。这就需要中央一个权威部门来认定批准出版。

2010年,这个机会终于来了。中央党史研究室科研局局长陈夕主持申报国家社科基金重大项目"中共党史资料的研究、收集和整理"。她征询我意见,"中国共产党与三线建设"可否作为一个子项目资料集,我自然求之不得。项目批准下来后,在陈夕的规划和总主编下,同时编写的还有董志凯主编的《中国共产党与156项建设》等其他几种资料集。成立了丛书总编委会,由曲青山(今中共中央党史和文献研究院院长)任总主编。

我担任《中国共产党与三线建设》的主编,同时约请王春才担任顾问,徐有威、宋毅军担任副主编。该书经过三年的收集整理和编写,2014年终于出版,分综述、历史概况、资料文献、研究文章、大事记五个部分,全书共65万字。这是有关三线建设研究的第一部公开出版的资料集,对于三线建设研究的价值很大。特别是资料集中收录了毛泽东、周恩来、刘少奇、邓小平、李富春、罗瑞卿、薄一波等中央领导人的有关讲话、批示、报告等,不少是首次发表。对于三线建设者了解中央三线建设的战略决策形成,起到了重要的指引作用。

与此同时,徐有威教授也在紧锣密鼓地进行小三线建设资料集的收集和编写,成就斐然。他不仅取得了2013年度国家社科基金重大项目"小三线建设资料整理与研究"的立项,而且和我一起主编了由上海大学出版社出版的六辑《小三线建设研究论丛》(2015—2021年出版),共计300万字左右。他主编的小三线政府档案和企业资料汇编,也将陆续出版。

我今年已经70岁了,再继续进行三线建设资料整理和研究,感到力不从心。不少人约我参加这方面工作,我都敬谢不敏。徐有威教授的丰硕成果,不仅在小三线建设资料收集整理是第一人,而且弥补了我主编《中国共产党与三线建设》留下的缺憾——没有收录三线建设地方档案。我为此由衷地感到高兴。

四、参与三线建设工业遗产保护和利用

作为一位历史学者,本来是应该习惯于和故纸堆打交道。但是当代史却不同,它是刚刚过去的历史,而且是在发展中的历史。我起初研究三线建设历

史时，很少关注三线地区和企业的现状。但是随着时间的过去，我在接触三线地区建设者和企业时，一个强烈的心绪越来越跳动欲出——今天的西部三线地区，相比东部地区，仍然比较落后，许多三线建设者也存在着各种困难。三线建设研究，如何为今天的三线地区和三线人服务？

2016年初春，国务院参事、著名遗产专家徐嵩龄，通过电话联系到我，说想了解三线建设的基本历史概况和工业遗产现状。于是，我在国务院参事室，为各位参事做了一个关于三线建设历史的两个小时汇报。在座的，还有国务院参事室副主任、攀枝花第一代建设者蒋明麟，国务院参事室研究员、当年贵州三线建设规划设计技术员王静霞等国务院参事。大家听了我的汇报后，一致认为，三线建设是一个共和国历史上值得大书特书的事迹和群体，三线工业遗产值得进行保护和利用。经过国务院参事室批准，成立了徐嵩龄任组长的三线遗产调研课题组，我和国防科工局专家罗东明（现为新闻宣传中心文化总监）作为特邀专家参加。王春才因为年纪大了，只参加了起初的一段调研。

从2016年到2019年，我参加的调研组调研共有8次，每次一周到十天。

笔者2017年在甘肃某地"中国核城"404基地调研

第一次是2016年7月，起点攀枝花，途经西昌、乐山、成都、彭州、德阳，以绵阳为终点，调研了攀钢和攀枝花市、西昌卫星发射基地、峨边核动力基地、锦江油泵油嘴厂、东方汽轮机厂、绵阳58所、风洞中心等企业和地区。第二次是以重庆涪陵816工程为起点，途经遵义1964文化创意园、061基地、平坝黎阳发动机基地、云马贵航基地，以六盘水煤炭基地为终点。以后各次，包括湖北、河南、陕西、甘肃、山东、江西各省。共调研了三线地区的企业、地方100多处，多数都召开了座谈会，听取汇报，共商遗产保护利用事宜。这是我第一次全面地了解三线建设遗址和遗产，收获极大。

通过调研，大家感到，三线工业遗址和遗产，具有重要的政治价值：是新中国艰苦创业精神的典型代表，对于弘扬爱国主义教育有重要现实意义；具有重要的经济和文化价值：许多遗址和遗产，仍然荒废，依山傍水，风景优美，气候宜人，可以改造为博物馆、文化产业园，发展旅游和休闲事业。据此调研组写出了报告，向国务院领导同志提出，并得到了批复。此后又向宋平同志当面做了汇报，并通过他，向国务院负责同志递呈关于保护和利用三线建设遗产的建议，国务院领导同志作出了重要批示。

这里，我必须特别感谢宋平同志对三线建设研究和遗产保护利用的重要关怀、支持。早在2013年，攀枝花市即开始筹划建设中国三线建设博物馆。应国史学会三线建设研究分会请求，宋平题写了"中国三线建设博物馆"馆名，因为已近百岁，手发抖，他写了同样的四张，让同志们挑选哪张字好一些，还说哪个字写得不好，可以集其他字。博物馆同志要赠送他攀枝花本地产的苴却砚作为纪念，他却坚决拒收。以后他还为10集电视纪录片《大三线》题写了片名，并接见了攀枝花市委书记等同志。

以上这些，当然不是我个人的研究经历，而是体现了老一代革命家和三线建设前辈对三线建设研究的关怀和重视。

三线建设研究事业从20世纪80年代到现在，已经取得了雨后春笋般的大发展。许多中青年专家学者承担了国家级、省部级课题，研究从资料收集整理出版，到研究论文和专著；涉及的学科从历史学、经济学，到军事学、社会学、文艺学、建筑学、外交学；研究的成果从图书、报告、电影、电视文献片到遗产保护利用的文化园区建设。可谓百花齐放，百家争鸣。

最后,我借此机会,提出一些希望。我个人认为,今后还可以在以下方面进行突破:"艰苦创业、无私奉献、团结协作、勇于创新"三线精神的形成和代表典型;三线企业的科技创新、制度创新总结;三线企业的军民结合优势和需要克服的困难;三线遗产的普查和文化旅游开发模式、成功经验;三线建设历史资料的普查、分类及数据库建设。

(陈东林,中国三线建设研究会副会长、中国社会科学院陈云研究中心副主任)

难忘的峥嵘岁月
——攀枝花中国三线建设博物馆诞生记

莫兴伟

2015年3月3日,是一个值得铭记的日子。

这一天,攀枝花这座英雄之城历史上第一个博物馆——攀枝花中国三线建设博物馆正式建成开馆并试运行。

攀枝花中国三线建设博物馆开馆仪式会场

当天,攀枝花建市50周年暨三线建设博物馆开馆仪式在博物馆广场举行。中共中央组织部原部长、中国三线建设研究会顾问张全景,军事科学院原副院长、中将、中国三线建设研究会会长钱海皓,中共中央文献研究室副主任、毛泽东思想生平研究会会长陈晋,中共中央党史研究室副主任吕世光,中共江西省委常委、组织部部长、中共攀枝花市委原书记、市人大常委会原主任赵爱明,原中国人民解放军铁道兵第二指挥部副司令员、原渡口市革委会主任、市

三线建设研究者自述 | 55

委第一书记顾秀,中共陕西省委第一巡视组组长、陕西省人民政府原副省长、中共攀枝花市委原副书记、市人民政府原市长吴登昌等老领导及各方嘉宾共计1 000余人出席仪式。中共四川省委常委、宣传部部长吴靖平宣布三线建设博物馆开馆。攀枝花市市委书记刘成鸣致辞。

这一刻,英雄的攀枝花终于有了英雄的文化符号和象征,多少三线建设者为之热泪盈眶,多少攀枝花儿女为之骄傲自豪。

三线建设是一段波澜壮阔的时代记忆,也是特定历史条件下几代人独一无二的中国式记忆。攀枝花市是一座因三线建设而诞生的城市,是国家三线建设的龙头、核心和成功典范。波澜壮阔、激情燃烧的三线建设给攀枝花镌刻上了火红的时代烙印,留下了丰富而珍贵的红色遗产。为了全面反映和展示共和国波澜壮阔的"备战备荒为人民,好人好马上三线"的三线建设历史,弘扬"艰苦创业、无私奉献、团结协作、勇于创新"的三线精神,2010年初,攀枝花市委、市政府启动了"三线建设博物馆"的筹建工作。2011年4月,四川省文物局正式批复同意建设"四川攀枝花三线建设博物馆"。2012年6月,四川省发改委正式立项批复同意四川攀枝花三线建设博物馆(攀枝花博物馆)可行性研究报告。

2014年2月,"三线建设博物馆"主体工程动工。同年4月,博物馆机构正式设立,名称为四川攀枝花三线建设博物馆,我也是此时作为博物馆的首任馆长加入这一艰辛的建设的历程中。

四川攀枝花三线建设博物馆工程历时五年,被列为省重点建设工程,并连续四年列为市重点建设工程。这一工程得到了市委市政府的高度重视,不但成立了三线建设博物馆领导小组,由市政府主要领导任组长,所有相关部门全力配合,还指定由市城市投资有限公司作为总代建单位,市文广新局作为业主单位开展具体工作。博物馆建设过程艰辛而漫长,历经赵爱民、刘成鸣、张剡三任市委书记,张敏、刘建明两任分管副市长,以及市文广新局四任局长。博物馆主体建筑施工期间,正值酷暑,时任市委书记刘成鸣、市长张剡、宣传部长沈钧、副市长张敏等市领导每个月都到施工现场进行办公,当场解决实际问题。在文物的展览陈列深化阶段,由于所有人都没有博物馆布展经验,市领导就多次召集相关专家学者进行研讨,大到展陈整体框架,小到具体文物陈列方

外观工程在建中

式,都反复进行集体讨论,力求汇聚最大能量的集体智慧,达到最优化的展陈效果。尤其值得一提的是博物馆的展陈大纲设计,最初的设想就是讲述好四川三线建设情况,重点陈列攀枝花三线建设内容。但在多次专家研讨和论证会上,原国务院三线建设调整改造办公室主任王春才、中国三线建设研究会副会长陈东林等专家学者均提出希望攀枝花在展陈大纲设计上应从全国三线建设层面进行布展考量,为今后争创中国三线建设博物馆做准备。最终,这一提议被攀枝花市委市政府采纳。

如今,攀枝花中国三线建设博物馆整个展陈站在全国的视角和高度,放眼全国三线建设的13个主要省、区,全面展示和反映中国三线建设的历史全貌。展陈以"铭刻峥嵘岁月,熔铸历史丰碑"为主题,内容包括全国三线建设的历史背景、党中央的决策发动、13省区三线建设的展开情况、三线建设推动发展的中西部城市和重点项目、三线建设的重中之重——攀枝花的开发建设、三线建设的调整改造和成就、三线建设的精神传承七大板块。所有参观者置身馆中,内容完整,层次清晰,展线流畅,这不能不说是集体智慧的精彩碰撞和绝妙体现。

虽然博物馆从筹备至落成历经五年时间,但文物征集工作的开展,是从2013年下半年才正式启动的,文物布展工作真正进场,已经是2014年8月了。

2015年3月是攀枝花市建市50周年的重要日子,博物馆按计划将在这一具有重大历史意义的时间免费正式对外开放。此时,博物馆的主体工程还未完成,既要保证工程工期,又要力求工程质量,大家承受的压力可想而知。

然而作为三线精神的传承人,建设着弘扬三线精神的博物馆,岂能在压力面前轻易言败？成昆铁路修建,攀钢七一出铁,太多三线建设历程中英雄的事迹都提醒着我们,压力就是动力,迎难而上,勇于创新才是新三线人应有的品质。在市委市政府的统筹下,展场建设与文物征集布展齐头并进,与时间赛跑,向困难挑战。

如果说展场建设是一项时间紧、任务重的体力挑战,那么文物征集布展更像是一场头绪繁多的智力竞赛。距离全国三线建设的发起已经过去了五十多年时间,其间经历了时代变迁、人事流转,不少历史文物已经湮没在时光的流逝中,许多历史亲历者更是流散到了全国各地,要寻找他们,不光要付出精力和时间,还需要借助许多现代化的搜寻手段,更何况博物馆展陈是立足反映整个中国三线建设的恢弘历史,这段历史贯穿了中国13个省、自治区,想要搜集相关的文物资料,意味着几乎要跑遍大半个中国,这是一项何等艰巨的任务啊！

在领导小组的统筹组织下,市委办和政府办联合下发了《关于征集攀枝花三线建设时期文物和本土文物的通知》,明确具体职责和任务,全市各县区、市级各部门全力积极投入到文物征集工作中去。与此同时,市文物局成立了文物征集小组,市档案局成立了文史资料和图片档案征集小组,市电视台成立了口述历史拍摄和影视资料征集小组,面向全国进行专项征集。三线建设史是攀枝花的成长史,更是几代攀枝花人共同的历史情怀,经过前期大范围的普查、登记和广泛宣传,短短一年时间内,文物征集小组就在本市征集到9 000余件具有历史纪念意义的文物。其中不但有攀钢、攀煤、十九冶等各大企业和部门的无偿捐献,还有不少亲历者捐献的传家珍藏。攀枝花市原市委书记秦万祥听说攀枝花要修建博物馆,毫不犹豫地把珍藏多年的、他称之为"老伙计"的草帽、水壶和工作服等宝贝捐献给博物馆,还专门为此写了组诗送与博物馆。档案征集小组在中央档案馆的大力支持下,征集到了毛泽东、周恩来、朱德、邓小平、李先念等党和国家领导人亲笔批阅的三线建设文件19件,涉及三线建设的老照片6 000余张。视频征集小组从全国1 000个候选人中选择了

布展

120个最具代表意义的人物,从一线工人、中层干部到大企业负责人,到省市相关三线建设参与者、亲历者,到国家部委相关领导,甚至到三线建设专业研究学者。拍摄小组对120人进行了采访,制作形成高清口述历史资料共计8 000余分钟。这些珍贵的文史资料,成为三线建设博物馆的馆藏珍品。

  在文物征集过程中,留下许多珍贵的记忆,萦绕心间,难以忘怀。其中印象最深的一次经历,是来自某天在电视面前的惊鸿一瞥。作为博物馆文物征集和展陈布展负责人,也许是机缘巧合,那天正在为展品单一而发愁的市文广新局姚荣祥书记,突然被电视里传出的声音吸引了目光。那是CCTV4一档叫作《远方的家》的节目,正在介绍河北一位名叫张长生的农民,他的爱好是收藏真实的飞机,并且还自己建立了"盐山县民间航空博物馆"。当看到张长生藏品中的教练机时,姚书记眼前一亮,因为那正是三线建设时期建设者们使用的真实历史实物。于是文物征集小组迅速地锁定了目标,一定要找到这位民间奇人。虽然网络已经将世界缩小为一个地球村,但真要在茫茫人海中找一个人,还是有相当难度的。征集小组首先通过网络找到了张长生所在河北省沧州市盐山县孟店乡张仁庄的村支部书记电话,谁知电话打过去却扑了个空,

军工文物入场

村支部书记表示村里确有其人,却常年在外,很少回家,无法提供联系方式。无奈之下,征集小组各出奇招,分头努力,最后是从中央电视台该档节目的编导那里得到了张长生的电话。经过反复联系,终于取得张长生的信任后,征集小组前往河北与其接洽面谈。张长生已经是颇有名气的飞机收藏家,与不少著名博物馆都有过合作,如何说服他为名不见经传、尚在筹建过程中的四川攀枝花三线建设博物馆捐赠藏品?征集小组为此付出了艰辛努力。张长生平时喜欢喝点酒,征集小组就硬着头皮陪他喝酒,边喝边开诚布公地与其谈心,向其介绍博物馆建设的情况,倾诉文物征集过程中遭遇的困难。终于,几天之后,张长生点了头,应允捐赠一批文物,其中包括歼5飞机发动机等珍贵物品,那可是20世纪六七十年代我国主要战斗机的发动机,是货真价实的三线建设文物。

文物征集工作虽然辛苦,但最具挑战性的工作,却是博物馆的展览陈列工程。博物馆的建立,从筹建伊始就是以"十大精品工程"为立足点的高标准、高追求工程。但是一方面因为时间的限制,另一方面因为攀枝花市本地也没有博物馆建设经验的专业人员,经过千辛万苦,多方接洽,直到2013年底,才专门邀请到了云南省博物馆的专家团队进行大纲撰写和展陈指导。经过多达

视频征集小组在北京采访

8次的研讨和修改，博物馆展陈大纲终于在2014年3月定稿。此时，展陈工程已经开始进入招标阶段，三个标段，两次开标，标段之间相互独立，却又需要保持整体统一和协调。招标结束已经是7月底了，按照工期进度，10月份必须要进场布展施工。留给设计公司设计和我们修改论证的时间只有两个月。虽然展陈设计方案也经过20多次的修改完善，但由于缺乏实地踏勘和实际经验，在布展施工时还是进行了大规模的变化和调整，直到10月底才确定下来。

上海大学历史系徐有威教授是国内研究小三线的专家，2013年度国家社科基金重大项目"小三线建设资料的整理与研究"的首席专家。他闻讯我们的博物馆在建的情况后，马上告诉我们小三线建设是三线建设的一个重要组成部分。按照国务院国防工业办公室的定义，小三线建设的决策是1964年决定、1965年开始建设的。小三线旨在生产团级以下轻兵器，武装民兵和地方部队，战时支援野战军作战。截至1981年，在全国28个省市区，已经建立兵军业268个企事业单位，255家已投产，在建工厂9个，仓库3个，研究所1家。小三线全体职工28万人，设备37 000台，累计投资31.5亿元，上缴利润12.6亿元。其中上海在安徽南部和浙江西部投资建设的81家小三线企事业单位，从业人员超过7万人,名列全国所有省区市之榜首。小三线建设的研究自从2013年之后,开始逐渐得到中国史学界的高度重视,成果累累。

　　由此徐教授建议我们在我们的博物馆中,特别增加一个小三线建设的专题。他愿意免费提供他的相关小三线的研究成果、资料和相关文物等。对此我们非常高兴。一个小三线建设博物馆,从此成为我们博物馆的重要组成部分,成为全国28个省区市的千千万万小三线建设者数十年流血流汗应得的历史丰碑。

徐有威教授在攀枝花中国三线建设博物馆的小三线建设专题馆

　　按照计划,2015年3月3日,博物馆就要建成对外开放。此时,博物馆的主体建筑才刚刚封顶,外围场地建设、设施设备安装、主体建筑内外装修、展陈布展施工、景观绿化、大件文物运输等所有标段的工程全部同步展开,工地每天有近600余人在忙碌,光是保障整个工程的顺利推进,就是一项多么繁琐而精细的工程。为此,领导小组每周召开工作推进会,市、局领导亲自坐镇现场指挥,确保了8个标段同步施工、交叉作业顺利开展,高效而有序。为了赶时间、抢进度,有的工程实行三班倒,24小时不停工。临近春节,市委书记刘成鸣同志专门安排代建公司杀了一头大肥猪送到工地,慰问大家。春节期间,我们的工作人员只休息了两天就取消休假,平时的节假日就更不用说了。当时,有记者到工地采访,问大家苦不苦、累不累时,我们的工人回答说:"再苦没有三线建设时期苦,再累没有三线建设者累!"在为博物馆成立而操劳的日子里,正是因为所有建设者们的齐心协力、艰苦付出、团结拼搏,才让攀枝花中国三线建设博物馆最终如期向所有人敞开了大门。开馆当天,四川省文化厅王琼副厅长参观完博物馆后,无不感慨地说道:"攀枝花人是用三线精神建起了一座三线建设博物馆!"

博物馆的建成是攀枝花市文化建设的重大成果,弥补了四川省工业类博物馆的缺失,在四川省博物馆行业乃至全国都占有较为重要的地位。在短短的一年多时间里,博物馆先后引起了社会各界人士、各类新闻媒体的广泛关注。全国政协副主席、九三学社中央主席韩启德,全国政协副主席、科技部部长万钢,中共中央组织部原部长、中国三线建设研究会顾问张全景,中国人民解放军陆军司令员李作成上将,中国军事科学院原副院长、中国三线建设研究会会长钱海皓中将,中央文献研究室副主任、毛泽东思想生平研究会会长陈晋,原国家计委三线调整改造办公室主任、中国三线建设研究会副会长王春才,中编办原主任张志坚,四川省省长尹力,国际自驾游博览会亚太旅游协会主席凯文墨菲等领导来宾,和全国各地三线建设老同志先后参观博物馆,给予博物馆高度评价,并为博物馆题字留言;来自国家博物馆、首都博物馆、故宫博物院、南京博物院的国内知名文博专家对博物馆的展陈也进行了评审,专家组一致评价:博物馆主题突出、特色鲜明、一流水准、精彩纷呈。

2016年4月11日,博物馆获国务院办公厅批准,正式冠名为"攀枝花中国三线建设博物馆"。2016年7月2日,国务院参事调研组徐嵩龄一行12人莅攀对博物馆进行了专题调研,重点调研了三线建设遗产保护与利用的情况,调研组一致认为,攀枝花是中国大三线建设时代具有代表性的城市,已成为三线建设的符号和代名词,攀枝花中国三线建设博物馆所收藏的历史文物内容丰富、种类繁多,是目前全国三线建设文化遗产保护与利用的龙头和成功典范。

截至2020年,攀枝花中国三线建设博物馆共接待各类观众200万余人次,博物馆不断得到了各级领导、行业内专家、学者和三线建设者的充分肯定,引起了社会各界对三线建设历史文化的极大关注与认知。近年来,博物馆先后获得"全国中小学爱国主义教育基地""四川省爱国主义教育基地""四川省中国共产党史教育基地""四川首批统一战线中国特色社会主义教育基地""四

"中国国史学会专家团三线建设与发展攀枝花调研座谈会"会场

川省青少年社会实践教育基地""全国中小学研学实践教育基地""四川省科普基地""四川十大历史文化地标""四川省首批廉洁文化教育基地""全国工业博物馆联盟副理事长单位""四川省金熊猫奖先进集体"等荣誉称号。攀枝花中国三线建设博物馆已成为全市最亮丽的文化名片和最有影响力的文化阵地,知名度享誉全国。

　　时间的脚步永远向前,永不停步,但有时它会以奇特的方式,留下属于自己的烙印。在攀枝花,一座三线建设博物馆的落成,凝固了50年的时间。在这座博物馆的建造历程中,一场与时间赛跑的奇迹,一次从白纸到精彩的设计,让我这个亲历者再一次感受到了"艰苦创业、无私奉献、团结协作、勇于创新"的伟大的三线精神的深刻内涵。她将在我的生命里永远留存。

　　如果说三线历史是攀枝花的根,那么三线建设博物馆的建成,留住了我们的根;如果说三线精神是攀枝花的魂,那博物馆建设过程中的艰辛、曲折和奋斗,已经告诉我们,我们的魂,一直在发扬、在传承!

（莫兴伟,四川攀枝花中国三线建设博物馆原馆长）

忆峥嵘岁月　树山橡丰碑
——编辑《山橡记忆》的前前后后

马　祥

一

山西橡胶厂（以下简称"山橡"）是我国60家轮胎定点生产企业之一，也是华北地区唯一一家军民结合的橡胶加工企业。山西省国防工办 [68] 工办字16号文件中清楚地说明，我们的山西橡胶厂是华北小三线军工配套项目，工程代号为"144"，通信地址为"山西省霍县第12号信箱"。

山西橡胶厂于1966年选址筹建，1967年开始全面建厂，1976年山西橡胶厂由基建正式交付生产。经过十年的自力更生、艰苦创业，终于在一条荒凉偏僻的山沟沟里建起了一座华北地区唯一的一座军民结合、产供销一体化、初具规模的轮胎生产企业。

随着经济体制改革的不断深入和发展，特别是在国家把企业推向市场，国民经济由计划经济转为市场经济的时候，由于山橡在解放思想、转变观念、深化改革、转换机制等方面，步子迈得不大，难以跟上经济体制改革迅猛发展的新形势，与社会主义市场经济很不适应，造成内部经济责任制夭折，吃"大锅饭"的现象重新抬头。加之国家紧缩银根、原材料价格暴涨以及"三角债"的困扰、落后的设备逐年老化等因素，致使企业的生产经营活动逐渐陷入困境，经济效益严重滑坡。1997年全面停产2007年山西橡胶厂实施国家政策性破产。

曾经的荣耀

如我写的一首诗歌。《山橡·你还记得吗》最后一小节描述的那样：

老同事啊,老战友!
别难过,莫忧愁,
两行泪,再回首,
挺起胸,挥挥手,
再见吧,大狼沟!
一腔热忱四十载,
化作涓涓细水流。
有多少往事在你身边回旋,
有多少事迹让人展歌喉,
我要高唱一首赞美的歌,
——《永把山橡记心头》。

这就是我要编辑出版《山橡记忆》画册的初衷。

二

曾经显赫一时的山橡在中国地图的板块上已经消失,然而为山橡的兴衰奉献了一生的老前辈们,以及他们的子孙们在各个地方为了生计而勤奋地忙碌着。为了不忘山橡的那段美好时光,为了不忘山橡厂那轰轰烈烈的劳动场面,为了不忘山橡那段沧桑经历,为了让山橡人的子子孙孙了解自己的父辈们当年在三线建设中奉献青春的那段往事,为了将普普通通的山橡人的光辉形象载入史册,我将自己在山橡几十年工作的积累和同事们珍藏的老照片收集起来,历时两年多的时间,编辑出版了这本《山橡记忆》画册,奉献给大家,作为亲历者奉献三线事业的永久纪念。

子弟学校的孩子们

2015年10月18日征集照片的通知一发出,很快几百张照片从四面八方汇集而来。内容有企业曾经的辉煌,有广大职工辛勤劳作的场景,有党、政、工、团的政治文化、文艺、体育生活,有下一代的成长足迹,它涵盖了企业的方方面面,组成了一部山橡史诗画卷,每张照片都经过精心筛选、扫描修饰、编纂说明、分类排版,直到付梓成册。每个环节都要付出辛勤的劳动,为此我动用全家人之力,历时两年余,这本《山橡记忆》画册终于和大家见面了。当你拿到这本画册时,手中仿佛捧起的是一颗赤诚、滚烫的心;当你打开这本画册,你定会见到许多朝夕相处几十年、又分离了几十年的熟悉面孔,相互间会有说不完的话,会有今生忘不了的情。你会从心灵深处发出最衷心的祝福,祝愿今天的山橡人以及他们的子孙们生活得永远幸福安康。

画册中的每一幅照片,再现的是一个跳动的音符;每一个画面,谱成的是一部浑厚的生命交响曲。香醇的音韵唤起的是历史的回音,铿锵的歌声追回的是山橡人失落的记忆,《山橡记忆》画册值得珍藏,山橡人的精神值得珍惜!

三

2017年11月26日,《山橡记忆》画册在太原市平阳路6904招待所与大家见面。来自北京、天津、青岛、呼和浩特、临汾、运城以及太原、晋中等地的200余名山橡厂老同事参加了新闻书发布会。它的出版发行给山西橡胶厂的广大职工带来了无尽乐趣,给大家的业余生活增添了丰富的色彩。

编书的过程是辛苦的,当时看到眼前那一大堆的老照片,真是蛤蟆吃天无从下口,由于年代久远,这些照片有的模糊不清、有的斑驳折损,要想从这一堆泛黄且带有斑痕的老照片中,选编成一本质量完美的画册谈何容易,一时间丈二和尚摸不着头脑,深感压力之大。转而又想,这些通过网络、信息、电话、短信征集到沉睡在主人影集里的宝贵老照片,有的是从北京、有的是从东北牡丹江、有的是从山东济南、有的是从内蒙古呼和浩特不远千里汇集而来的,已经实属不易,我们再不能从艺术和完美的角度去挑剔。那个年代由于条件所限,拍摄技术欠佳,能始终固守这片热土,立足身边的故事,记录下来的,那就是我们的时光印记。想到这里,我动员全家老少三代齐上阵,各尽所能,见缝插针,打字、扫描、修片、改稿、分析、校对,全家人没有一个不出力的。每当我遇到困难一时滞后不前的时候,总能在微信上看到大家的热情鼓励和一声声的问候:"马师傅,您辛苦了,要劳逸结合,多多保重啊!"看到这些沁人肺腑的祝愿,一股暖流顷刻间流遍全身,在大家的亲切鼓舞下,我不管严寒酷暑,编稿改稿,熬到深夜是常有的事。

在编辑过程中,我常常是为了一张照片的来龙去脉打电话、发微信,还要了解清楚其具体内容、拍摄时间与地点、人物的姓名,等等,每个版面的安排、组合、顺序、位置,都要经过反反复复、颠来倒去地拼对,完成这一复杂的编纂过程,书稿样本共计出了18个版本才达到了今天的标准。通过编辑《山橡记

和轮胎在一起的日子

忆》，让我觉得技术高低、机器好坏，远远没有情怀重要，照片质量虽然欠佳，但我用情感再现山橡雄姿，我用真情记载三线战士难忘的历史。

《山橡记忆》的出版，是经过我们全体编委人员的共同努力以及广大山橡人的大力支持和我全家人的辛勤付出，对国家、对社会、对小三线建设、对山西橡胶厂的广大职工做了一点点微薄的贡献，是给山橡这块被人遗忘的丰碑上描绘了浓重的一笔。社会各界及山橡人的大力支持是我奋进的力量，我永远不会忘记他们，在此我深表感谢：感谢中国摄影家协会副主席张桐胜先生书写《编者感悟》；感谢霍州市副市长朱源洪在百忙中为《山橡记忆》画册题写书名，原厂子弟学校校长孔自立为该书撰写前言，新华社图片总监、山西省摄影家协会副主席马毅敏为本书写出序一，原厂党委组织部部长孟三炎忙里偷闲写下序二；感谢湖北省宜昌市809厂副总工程师、厂工会主席杨贵轩为该书提供三线建设资料，山西橡胶厂老工人刘跃芳等55名同志为画册提供资料和历史照片。在画册成型之后，上海大学历史系徐有威教授给予了热情指导和建议，使编辑工作更加进一步完善。

在《山橡记忆》画册发布会上,《山西日报》《山西晚报》《山西经济日报》《山西画报》《人民摄影报》《临汾日报》与山西黄河电视台、霍州市电视台等8家新闻媒体的10名记者到会做了采访,《山西画报》2018年第1期以四个版面的篇幅刊登画册图片进行报道。

《山橡记忆》画册已被山西省霍州市档案馆、山西省沁源县三线记忆展览馆和贵州省六盘水市三线建设博物馆等馆藏。

《山橡记忆》出版后媒体报道

《山橡记忆》的出版,在山西橡胶厂的广大职工群众中引起不同反响,许多留言特别令人感动:

刘建平(记者)——一位80岁高龄普普通通的退休老人,一生热爱摄影,用图片记录了山沟里一个三线企业四十年从生到灭的过程,终于在他80岁生日的时候,画册《山橡记忆》结集成册付梓出版了。他的孙女儿说,编书的辛苦,爷爷体会最深。有句励志鸡汤说:你见过凌晨四点的北京吗?我们不在北京生活,爷爷常常看见凌晨三四点并州城的晨光。这本从初稿到定稿的样册本,足足有三十多斤。

王翠萍——《山橡记忆》得到了小三线研究专家的赞许,让人心好激动。这表明我们这个群体没有被人遗忘,"祖国不会忘记,人民不会忘记"我们在大狼沟的艰苦岁月,努力奋斗了前半生也值了,《山橡记忆》的出版也让我们这一代小三线的建设者们感动一次吧!

代梦奇——《山橡记忆》的出版不仅仅是三线山橡人的历史总结,也是全国三线企业一个时代的历史永恒的记忆。

朱丹萍——历时近千个日日夜夜终将把小三线职工无私奉献的精神留给社会、留给后代,让小三线建设者们的献身精神得以流传并发扬光大。

张玉莲——一串串温馨美好的故事,轻轻的抚摸着往昔的岁月。今天的山橡,虽然不复存在,但《山橡记忆》的诞生却再一次唤醒了山橡人的记忆和彰显了山橡人的纯朴善良及勇于奉献的尊贵。一张张泛黄的老照片,一个个动情的老故事定格在山橡人的心灵深处和魂牵梦萦的故地,看到一个个熟悉的面孔,拉近了五湖四海的我和你,深切惦念每一位工友,回忆起往昔的快乐和甜蜜。

马毅军——看到照片再细细回味,匆匆一晃20年,岁月的痕迹,虽然刻在脸上,心中却始终荡漾着山橡的青春记忆。抓拍的是瞬间,讲述的是故事!

曹松龄——马师傅,您的辛苦和努力换来三线厂的青史留名,三线人的功绩也载入史册,安慰辛苦奉献了一辈子山橡人的心,功德无量!

刘跃芳——《山橡记忆》的出版是马师傅在被遗忘的山西橡胶厂这块丰碑上又描绘了浓重的一笔!

程晓珊——山橡历史的传承人,马老先生用镜头记载山西橡胶厂,记录了中国一个时代三线企业工人的生活现状。

斯魔——画册让我很感动,看着画册热泪盈眶,捧着画册手都在抖。

山橡,将是每个山橡游子永远的精神家园。

(马祥,历任山西橡胶厂工会副主席和通讯科科长,政协霍州市第一、二届委员会委员,霍州市文学艺术联合会会员、委员,临汾地区文学艺术联合会会员,临汾地区摄影家协会理事等职。曾在国家、省、地市级报刊上发表各类作品1 000余篇(幅)。1983年加入中国摄影家协会山西分会;1984年加入山西省新闻摄影学会;多次获省、市级模范通讯员称号;曾经被《中国摄影家大辞典》和《山西政协委员名录》等收录)

尊崇历史，唯实求是
——湖北小三线原卫东机械厂厂史编纂感悟

杨克芝

2012年9月18日，"中国三线建设研究会筹备领导小组工作会议"在湖北宜昌均瑶大酒店结束之时，我受卫东控股集团（前身为湖北省小三线军工企业国营卫东机械厂，军工企业代号846）董事局顾勇主席委托，从湖北襄阳带专车赴宜昌迎接钱海浩、王春才、李庆、郑有贵、李永、段娟一行6人莅临湖北卫东调研和考察。就这样，1946年出生的我开始接触了三线建设研究——准确地说，仅仅是开始了对846厂历史资料、历史文物的收集、整理和记录；仅仅以一个三线建设亲历者（1970年复员进厂）和厂史忠实记录者的身份出现在公众面前。

现将七年来感悟到的点点滴滴，以"责任与担当""求全与完整""唯实与求是"为题简述如下。

责任与担当

子曰："日月逝矣，岁不我与。"
国营第846厂1964年11月正式

杨克芝（笔名柳波）主编的湖北襄阳小三线原卫东机械厂的回忆录《卫东记忆》

建厂,55年过去了,即使是建厂初期"没有选举权"的学徒工,亦是双鬓染霜,满头华发。从全国各地老厂抽调来襄的技术、生产骨干,大多去了另个世界。幸存的,痴呆、健忘、口齿不清、生活不能自理的则大有人在。2015年9月由上海大学历史系徐有威策划拍摄《千山红树万山云——小三线青春记忆》五集纪录片时,我带领凤凰卫视大视野摄制组走访88岁高龄的劳动模范郭国民,郭老激动得颤抖着说不出一句完整的话语;被采访后的76岁的方恒清,接连几个晚上被自己哭醒;建厂初期第一个进厂的大学生青国治,连连鞠躬感谢我们采访得正是时候:"再晚一点就怕……"建厂初期的学徒工韩光华,在《卫东记忆》向他约稿时,小脑萎缩,记忆力严重衰退,但他以顽强的毅力,几易其稿,终未放弃。感人的一幕幕,既为我的担当进一步加大了动力,也更加坚定了我责任的初心。

　　本人退休前,仅仅是卫东机械厂的一个工会干事,因为三线研究会的成立,让我有了责任和担当;是四川锦江油泵油嘴厂陆仲晖、倪同正主编的《锦江岁月》系列,给了我启迪和榜样。于是,我萌发了在主编内刊《卫东人》的"主业"之外,从事一点为小三线记史、为846厂树碑、为卫东人立传的"副业"。《卫东记忆》的筹备、编纂,起初其实并不是组织上的旨意,而是我主动请缨、毛遂自荐的。2013年4月8日,在我递交的《关于编纂〈卫东记忆〉的报告》中这样写道:"我想在我的有生之年,效仿司马编一本卫东的《史记》……如能得到董事局和顾主席的首肯,我将鞠躬尽瘁、无怨无悔地精心组织和竭力编纂。"

全国第二届三线建设学术研讨会合影(上海大学,2013年12月19—20日)

　　"崭露头角"。2013年12月19—20日,由上海大学历史系徐有威教授主持的"全国第二届三线建设学术研讨会"在上海大学召开,我有幸以《湖北的小三线建设——以846厂为例》为题进行了大会交流。获中国社科院当代中国研究所陈东林研究员的厚爱,8000余言的该文被中央党史研究室陈夕研究员总主编《中共党史专题资料丛书》、陈东林先生主编的《中国共产党与三线建设》(2014年由中共党史出版社出版)一书收录。《从国营846厂的变迁看湖北小三线的建设》一文,作为该书唯一一个三线企业的研究专题,让846厂的历史在三线建设史中获得了一席之地,荣幸至极。也是在这次研讨会上,顾勇主席代表卫东控股集团董事局宣读了《关于成立"中国三线建设研究会湖北卫东小组"的决定》,聘请王春才、陈东林、宋毅军、倪同正为顾问;荣誉组长徐有威;组长杨克芝;秘书长秦光侠;后勤部长顾勇。从此卫东步入了有序的三线研究之轨道。

"名正言顺"。2014年3月23—24日。在北京会议中心召开的"中华人民共和国国史学会三线建设研究分会成立大会"上,我有幸被选为研究会理事(2016年增选为常务理事),名正言顺地成为一名三线建设的"研究员"! 成立大会召开之际,我们集团送上了3万元的"贺礼"(之前还为《三线风云》第一辑出版赞助了5万元),尽了微薄之力。

湖北襄阳小三线原卫东机械厂《卫东记忆》(杨克芝主编)出版发布会合影
(2014年10月,湖北襄阳)

"小有斩获"。2014年10月18日，由我主持历时近2年编纂、38万字的《卫东记忆》发行仪式在襄阳隆重举行。王春才、李庆、徐有威、宋毅军、刘洪浩、张鸿春、刘卫平、陆仲晖、刘常琼、李杰、傅俊海、张燕等三线建设研究的教授、专家、学者和八方宾朋云集襄阳庆贺。中国三线建设研究会、工信部、中国科协、解放军总装备部、湖北省国防科工办等上级机关和兄弟单位的贺信缤纷而至；春才王老、胡在银将军等致辞盛赞，让我深受鼓舞、深感荣幸！在这前后的日子里，还参与了中国三线建设丛书的编校工作，在倪同正主编的第一辑、张鸿春主编的第三辑、周健主编的第四辑《三线风云》中担任副主编；组织和参与了徐有威策划、凤凰卫视拍摄的5集纪录片《千山红树万山云——小三线青春记忆》和中央电视台刘洪浩执导的10集专题片《大三线》的拍摄；为湖北省和襄阳市政协，为襄阳市委《辉煌70年奋斗新时代》文集，为襄阳电视台《改革开放40年》专题片，为襄阳市、襄城区、襄阳市城市规划等3家展览馆，为四川大邑雾山三线记忆小镇展览馆等提供了文稿、资料和三线文物。

"老骥伏枥"。目前我正在努力烧红、烧旺"三把火"：编辑出版《卫东史略》(已经翻阅了846厂全部的档案资料，整理出文字资料约160万字)；筹备"卫东历史展览馆"(已收集藏品8 000余件)；对846厂的三线遗存(工人礼堂、电影放映室、职工食堂、红色墙体标语、毛泽东巨幅油画像)的重点文物保护和申遗。

位卑不可忘宗，力单更需潜行。"小车不倒只管推！"——这就是我杨克芝心目中的责任和担当。

求全与完整

俗语："凡事两头难，万事古难全！"

求全。我认为，查找厂史资料、搜集展品文物，要学习韩信点兵的招数，多多益善。只有拥有丰富的"食材"，才能做出合口的"佳肴"。当然，这就必须"自讨苦吃"。在2014年10月之前主编《卫东记忆》的时候，由于初出茅庐，只能以概求全。该书大致地分为"情系卫东""孙冲记忆""叱咤风云""历史作证""重铸卫东"五个章节，将员工的回忆录、口述记录、工厂发展、模范人物、军工简志(1964—1989；1986—2005)等煨成了一锅大杂烩。但值得庆幸的是,《卫东记忆》仅仅以"内部资料"印制3 000册,没有公开发行。

"见贤思齐"。有幸接触上海大学历史系徐有威教授主持的国家社科基金重大项目小三线研究项目后,深深被徐有威教授的精神打动。我经常表扬徐有威教授,说在他那里只有一个字——干!特别是受到这个团队在搜集、整理小三线建设历史档案资料中的勤勉、严谨、求全的工作作风感染,给了我编辑《卫东史略》的勇气和信心:力争求全,将一个完整的846厂史留给后人。

《卫东史略》计划以20个专题,分4册出版。这20个专题分别是:工厂沿革(4.5万字),基本建设(7万字),产品产量(2万字),产品价格(1万字),党政领导(2万字),干部任免(3万字),机构设置(1.5万字),人员结构(1.4万字),荣誉称号(3万字),教育工作(4万字),文娱体育(3.5万字),安全文化(3万字),厂规厂纪(2.5万字),五七道路(3万字),天灾事故(2万字),统计年报(4.5万字),重大事件(6万字),文献资料(25万字),编年史记(70万字),重铸卫东(1.5万字)。

"勤能补拙"。为了求全,放弃节假日,甚则通宵达旦,翻阅了846厂所有的原始档案。没有具体统计有多少宗卷,只知道一间房屋的年度报表,两间房屋的党群文件,三间房屋的行政档案……都给我翻了个遍,并逐一摘录、输入为文档资料,重点的文件,还拍照留存。

"完整"。是在求全基础上的另一个层面——尽力将每一个专题、每一个事件完整地记录下来——

例如:"天灾事故"专题,很多不起眼的事故在档案中没有记载,我就向爱写工作日记的总工程师刘辉松求教;向主管安全工作的邹振斌讨要大大小小的事故记录。

又如:"统计年报"专题,由于交接手续的不完善,有好几年的报表没有着落,我就跑到统计局和上级主管部门寻找。

再如:"人员结构"专题,建厂初期,在"好人好马上三线"感召下,在"全国一盘棋"的统筹下,1965年12月底,"南河农具厂"(卫东机械厂的前身)号称从88个单位调入404人职工。"88""404",准确吗?我们不厌其烦地查资料、访问原单位人员:武汉江岸机修厂72人,湖南衡阳516厂34人,山西长治342厂26人,304厂18人,西安804厂43人……逐个落实,终将有一个明确的答案。调查还在进行,答案即将揭晓。

湖北襄阳小三线原卫东机械厂技工学校老物件

同样,在搜集展览馆展品的过程中,也尽量以求全和完整为目标。例如"国营八四六厂技工学校"这个预展区,目前就从不同的渠道、不同人员手中收集到了批准文件、木质校牌、收费许可证、课桌、绘图仪器、绘图板、绘图铅笔、丁字尺、三角板、曲线板、三棱尺、教学模型、教学挂图、教学幻灯、工卡量具、准考证、体检证明、录取通知书、油印机、试卷、作业本、毕业证、毕业分配介绍信、优秀学生证书、实习补助标准、历届学生名单、教职员工(含实习教师)名单、历届毕业班合影照片等等,还有实习用的机床、加工的零件,甚至连同粉笔、橡皮擦、绘图墨水等都收集入库。基本达到了一应俱全的完整。

工厂有一块20厘米厚的实弹试验用的铸钢靶板,这个靶板是供"40—45 MM反坦克破甲杀伤两用弹"和"平炉炼钢出钢口穿孔弹"穿透试验用的,上面弹孔密布,弹痕累累,被我视之为展览馆的镇馆之宝。可是,当我们赶到靶场,只有靶板支架,重达数吨的靶板却不翼而飞了。"被盗了?""当废品卖了?""埋地下了?"……走访了历届靶场班长,均无答案。经过分析,要运走这块靶板,没有吊车绝对搬不动,不可能被盗;查找废品处理记录,靶板没有被运出厂。因为原靶板所在地铺设了水泥地坪,大家一致认为是被埋在地坪下面了。于是,先走访钩机司机,答案否定;决定请勘探人员勘探……就在此时,柳暗花明,顾勇主席在生产调度会上获知,靶板放进了"销毁塔"内,被废品利用了。于是,变废为宝的靶板即将重见天日,成为卫东展览馆的镇馆之宝!

杨克芝(左三)陪同三线建设研究者参观湖北襄阳卫东控股集团
(2014年10月,湖北襄阳)

唯实与求是

毛泽东语:"世界上怕就怕'认真'二字。"又曰:"实事求是。"

写史的人,必须拥有唯物、唯实的正气;必须拥有宁为玉碎,不为瓦全的骨气。既然写史,就要保全写史人的良心,让每一个历史情节都能经得起历史和后人的检验!

写史,要尽量杜绝使用"大概""大致""也许""估计""可能"等字眼。例如:在《卫东史略》引录的所有文件,绝对保证每一个文件的"发文单位""文号""文件标题""发文日期"等四个基本要素齐全,缺一不可。达不到四个要素的,尽量继续查找,实在查找不到,宁愿弃之不用。在记事过程中,尊崇孔子"述而不作,信而好古"和章学诚"据事直书,善否自见"的修志方针,对值得赞扬的,绝不"文过饰非""锦上添花";对值得批评的,绝不添油加醋落井下石。尽量不使用情感词,始终站稳第三者的立场,平铺直叙。至于道听途说三人成虎戏说之类的东西,更要来者必拒!

在编纂过程中,经常会遇到一些棘手的问题。例如:846厂曾经调入一位大学生,好学上进,入了党,当上了劳动模范,从科员、科长逐步提升为技术副厂长。但后来出现了这样那样的毛病,被调离工厂。他的这段光荣历史写不写?我的回答是一个字:"写!"又如:即使是在"文革"时期,工厂的生产任务照样月月保质保量完成(军工产品不允许"超额完成"),恶性事故为零。对于"文革"中846厂的业绩写不写?我的回答还是一个字:"写!"

"求是",就是刨根问底。在写史中显得重要,在鉴别文物时更显得重要——在卫东展览馆征集的展品中,有不少文物需要考证。如:有一个黑色国漆、铜件装饰的古香古色文件柜,柜体上贴有三张繁写体的标签——"武汉市总工会,第0006号""江岸店员工会,No:0021号""武汉市江岸区工会,财字No:0430"。这样一个文件柜,怎么会来到远在襄阳的846厂?柜体上的三张标签谁先谁后?带着疑问,我们开始了刨根问底的求是。答案是846厂的祖宗武汉江岸机修厂在1965年7月9日从武汉整体搬迁过来的,另外,诸如"846厂是不是全国第一个被批准建厂(1964年11月8日)的小三线企业?""毛主席的巨幅油画标准像是谁画的?哪一年画的?""1944年日本制造的车床是怎样落户864厂的?""巨大的铝制碾槽是干什么用的?""28个半的转业干部是怎么回事?""12级的高干张凡、13级的高干李敬堂为什么会在846厂居住数年?他们的具体身份是什么?""1948年参加革命工作的吕光明(原846厂

杨克芝(右)和徐有威教授参观贵州六盘水水城集团
(2015年1月22日)

厂长,已故)为什么享受不了离休待遇?""高呈祥的'右派'被摘帽后为什么不补发工资?""'百步穿杨'的故事是不是真正的发生在孙家冲(846厂所在地)?""龙脊山半腰的'刘秀洞'是不是王莽赶刘秀的遗迹?"等数不尽的"疑难杂症",都必须逐一把脉会诊!截稿为止,大多数已经水落石出,小部分尚有悬而未决,极个别仍在云雾山中。

虽然岁月流逝、时光如梭,但只要只争朝夕、物我两忘,我们的目的就一定能够达到!

"撸起袖子加油干!"砥砺前行吧,中国三线建设的研究员同志们!

(杨克芝,男,1946年生于河南唐河杨户村,2020年11月去世。1966年高中毕业于现湖北潜江城南中学(现潜江一中),1968年服役于铁道兵,1970年退役进入卫东机械厂任工人、工会宣传文体干事和劳动服务公司劳资主管等职。2002年退休,2005年返聘任《卫东人》报责任编辑、主编至今。曾当选为襄城区人大代表,担任过襄樊市工会学会副秘书长、《三线风云》丛书副主编等。爱好书法、集邮、摄影、制迷、写作等。曾用柳波、柳雪、柳絮、常倩等笔名发表《聪明的偷情女》《花甲学艺》《老骥伏枥照汗青》《顾勇和他的"顾氏管理法"》《摄影漫谈ABC》《怎样制作人名谜》等50余万字各类作品)

万水千山不忘来时路
——国营五〇五七厂建厂50周年文集编纂记

吴学辉

一、萌发初衷

国营五〇五七厂是三线建设时期原兵器工业部1966年部署在重庆地区的100毫米高炮生产的专业铸造厂。第二厂名为"国营晋江机械厂",下文中简称的"晋江厂"即国营五〇五七厂。

工厂建成后,也同时生产122毫米、152毫米火炮以及战车等军工产品部件。到2016年,已是工厂建厂50周年的时间了。在半个世纪的风雨历程中,五〇五七厂人筚路蓝缕、艰难前行,为部队生产了大量火炮与战车等军工产品;军转民后,也同时开发生产了大量的民用产品,为国防工业和国民经济的发展做出了显著的贡献。

在当时的技术与设备条件下,铸造生产的劳动环境是相当艰苦的。我在这个厂里工作了近38年,同所有在厂职工一样,热血青春、理想抱负都奉献给了工厂。没有几代三线军工人的艰苦奋斗、奉献牺牲,哪有今天的国强军强、岁月静好。

工厂实施三线调迁后,遗留在山沟里的老厂已不复存在,大量房屋设施空置在荒野中,逐步凋敝腐损。工厂调整并迁到巴南区大江工业集团后,五〇五七企业代号被取消了。随着企业改制组合及市场经济的演变,目前新厂区也破产待处理,大量生产设备停转闲置,职工下岗分流或提前退休,走向

施工

社会自谋生路。

虽然新老厂那些荒废的厂房宿舍及闲置停运的设备因时代和科技的进步被历史淘汰,但它们曾经浸润着五〇五七厂人的血汗,创造过显著的辉煌,凝聚过五〇五七厂人为国防军工建设所作出的成就和贡献。过去的一切不能随着工厂的消亡而灭失。

人们常说"时间能改变一切",但万水千山不忘来时路。

五〇五七厂虽然不存在了,可曾经的五〇五七的人还在,心不散。每当我们回首激情燃烧的火红年代,那些黝黑锃亮的机器设备、幢幢矗立的房屋建筑、连绵起伏的山山水水,总让我们魂牵梦萦,生发无尽的情思和怀想。

彰往而查来,显微而阐幽。当年几代五〇五七厂人艰苦奋斗、无私奉献,革命加拼命、拼命干革命,这种精神是伟大的三线精神,应当传承下去。我们三线人在国防军工建设的这段历史应当记录下来,让历史告诉未来,让精神传之后代。由此促使我萌生了组织相关人员编纂出版工厂历史文集资料的初心。

二、践行使命

2015年6月,经原同班组师弟郭方全同志介绍,我加入了中国三线建设研究会的"中国三线家园"QQ群。群员们对三线建设历史的回顾、探索、研究热情感染了我,回想我厂搬迁后,遗留在重庆市江津区夏坝镇的老厂是一块保留较好的三线建设工业遗址，于是便撰写了《关于设立重庆三线建设工业遗址博物馆的建议》，这一建议得到三线研究会的高度重视。

在群里，我先后结识了何民权、倪同正、杨克芝、陆仲晖等许多三线企业的朋友；也先后认识了陈东林、艾新全、田姝、张勇、刘洪浩、刘占国、徐有威、傅琳、李代峰等三线建设研究的专家学者。他们对我筹划编辑厂史的想法，都给予了热情的支持和实际而真诚的帮助。

会议文件

2015年10月8日，在江津区召开三线建设研究暨夏坝工业遗址创建研讨会前夜，我去拜望时任中国三线建设研究会副会长、原国家计委三线建设调整办公室主任王春才老领导。因为1996年时，我在参与工厂脱险搬迁工作中认识了王春才主任。正是在王春才主任几次亲自到夏坝老厂作现场调查研究后，我厂脱险调迁才最后列进了国家的计划。

此后因工作原因，我与王老再无联系和往来。但是让我震撼和感动的是，

一张永不退色的照片（后排左二为王春才，右二为吴学辉）

三线建设研究者自述 | 83

2015年10月11日，参加"江津区三线建设研究夏坝工业遗址创建研讨会"代表合影

甫一见面，王老立刻就叫出了我的名字，并亲切地拉着我的手，把2015年5月16日我同工厂负责搬迁工作的甘性明副厂长和计划员党玉霞拜访王老时，在王老书房的合影照片送给了我。阔别20年，王老对我还有如此清晰的记忆，照片也作了精心备注，保存如新，真是难能可贵！随后王老询问了五〇五七厂老厂现状情况，特别对我想要编辑工厂50周年厂史的设想给予了仔细的指点和建议。已届82岁高龄的老同志，还把三线建设的事如此地挂在心上，能对他所接触的千万人中我这个普通的三线人有如此的记忆，能不让我震撼和感动吗？

这次研讨会上听取了中国社会科学院当代中国研究所陈东林先生和重庆市相关部门负责人和专家学者的发言，给我很大鼓舞和启发。

由此想到，既然夏坝地区的三线工业遗址存在建馆的可能性，那么一旦建馆，五〇五七厂的厂史等有关历史资料和各种文物，就是必不可少的入馆资料。结合王老对我编纂工厂厂史想法的热情鼓励和指导支持，让我坚定了编辑工厂50周年厂史的决心和信心！

研讨会后，我即将准备收集工厂有关文物文献资料汇编的基本设想，与受邀参加研讨会的本厂代表陈志强、李治贤、郭方全、杨晋琥、张学琼、吴汉涛等同志通报商量。

当时，大家觉得工厂已不存在，要进行这项工作，又没有原厂级领导支持，困难很大。如果我敢牵头，可以试一试。我想：所谓盛世修志、传承文明，积物存史、昭示后人。五〇五七建厂迄今50年了，因为我们无愧于五〇五七厂、也无愧于三线建设那个特殊的年代，大家一起把这段历史记录编写出来，既是历史见证，又可供当今和后世研究、挖掘。咱们五〇五七厂的人工作环境这么差都走过来了，只要大家拿出我们曾经敢想敢干的精神，支持我，这点血性和担当精神我还是有的。在我鼓动下，大家基本认可和统一思想后，厂史文集编辑工作就初步确定下来了。

会后连续两个月的实践中，我不断与本厂散居在全国各地能找到的新老同志电话联系，谈我的设想，千方百计游说、解释、鼓励。除个别同志外，均得到了较好的回应和支持。

11月8日，我草拟了《关于还原五〇五七厂历史风貌的工作意见》，跟陈志强、李治贤、郭方全、陈年云等几个骨干同志在QQ上传阅、电话中商量后，大家都有了信心，也开始分头联络，展开动员工作。

11月19日，我联系好原工厂子弟廖晓忠同志，确定在重庆市璧山区青杠工业园区内廖晓忠同志自办企业"重庆众青齿轮有限公司"里，正式召开首次编纂工作商讨会。

青杠商讨会邀请了时为重庆党史研究室二处处长艾新全，二处副调研员俞荣新，江津区委宣传部副部长、区委党史研究室主任陈宗明，江津三线研究会会长何民权，央视《大三线》摄制组常规兵器摄制负责人刘占国（重庆广电纪实传媒工作人员），重庆楚马风电科技公司副总经理、原四六八厂三线子弟吴一航，重庆南岸渝发食品厂总经理、原五〇五七厂协作单位江钢厂职工刘忠放，天宏集团重庆分公司总经理、原六一七厂三线子弟万洪春等同志与会，请领导和专家给我们的编纂工作提供建议和指导帮助。

璧山青杠商讨会议后，编纂工作经向原工厂历任厂级领导通报情况后，首先得到老三线建设者厂长田学良、党委书记涂建勋、总工程师吴永俭（家住上海）、总会计师郭祖祥（家住四川彭州）、总工程师陈志强、党委书记陈年云（家住成都温江）、副厂长王书杰等原厂级领导的热情支持，同时带动了其他厂级领导也陆续参与进来。他们纷纷拿出原已写成的回忆文稿或着手撰写新的文稿，为厂史文献资料的编纂增加了更加丰富的内容。陈志强总工、陈年云书记

2015年11月19日,在重庆璧山青杠工业园区"重庆众青齿轮有限公司"举行"筹备工作商讨会"代表合影

还直接参加到编辑小组中工作,成为五〇五七厂建厂50周年文集编辑工作的中坚力量。

此后直到文集编纂完成和出版社拿出初稿样书,编辑小组前后召开了六次工作会议,使编辑工作不断向前推进,各种稿件和图片资料也陆续收集起来。

实实在在地讲,从萌生编辑工厂历史文集的念头开始,我的思想和主要精力就放到了这项工作上。随着职工们各种稿件和图片的陆续到来,校核、修改、交换相关意见、分类编排,甚至重新帮他们写过,再把这些文稿打成电子文档,占去了我每天大部分的时间,那时基本上每晚在下半夜2点以前都坐在电脑前做这些事情,没有好好地睡个囫囵觉。

人是要有点精神的。因为编纂建厂50周年文集的倡议是我发出并挑起了编纂工作这个头的,因此我下决心要在当年度把文集编纂出来、成功出版,以纪念五〇五七厂建厂50周年。大家的积极性调动起来了,再苦再累,我都必须带头拼命干。所幸自己的身体都承受了下来,也许这就是信念转化为精神力量的作用吧。

2016年8月9日,文集资料电子文档完成初稿后交给了出版商樊武群总

2015年12月24日,在重庆大江信达车辆公司铸造公司举行"商讨五〇五七厂建厂50周年史料征集会议"代表合影

2016年6月25日,在巴南区渔洞财富大酒楼召开"五〇五七厂建厂50周年史料编辑工作会议"代表合影(郭方全供图)

2016年8月6日,参加"五〇五七厂建厂50周年史料编辑工作情况汇报会"后留影
(李治贤摄)

经理。8月18日,我携李治贤老师赶赴成都,与陈年云同志汇合后,第二天在樊武群总经理工作室里,我们与樊武群总经理共同协商,对文稿进行了集中修改。考虑到有限的出版资金来之不易,迫于无奈,我就忍痛大力压缩削减了第四卷图片专辑中的一些图片,然后与樊武群总经理正式签订了出版协议。

为保证文集早日出版,8月21日晚上,我提着二十多斤重的纸质样稿,在无法购买到当晚的客运火车和汽车票的情况下,高价搭乘成都东站的私家黑车回重庆,结果被这辆黑车以成都方向"羊儿客"给的钱不够、车子没油也有毛病了为由不能再走,甩在了内江客运站,几经论理吵骂也不管用。考虑时间已至半夜,饥肠辘辘是小事,样稿在身,责任重大,倘有散失,那就是大麻烦了。我只好让步,最终说动黑车司机把我送到高速公路边,另花高价搭乘了一辆过路车才回到永川家中。

经我与老妻刘世碧几天几夜的认真仔细校核后,又背着样稿到重庆,于8月26日上午召集李治贤、陈志强、郭方全、明德才、吴汉涛五同志在李治贤老师家中再次集体审看样稿,并对文集各分卷商定好正式书名。当天即由李治

五〇五七厂50周年文集总编吴学辉　　《晋江风采》主编陈志强　　《晋江记忆》主编陈年云

《晋江影迹》主编李治贤　　《晋江风采》主编明德才　　《晋江影迹》主编郭方全　　《晋江文韵》主编吴汉涛

五〇五七厂建厂50周年文集主要编辑人员

贤老师把审看修改完成的电子文档发回给了成都樊武群总经理处。

书稿由樊武群女士交给团结出版社后,在樊武群夫妇的斡旋努力下,仅用了两个多月的时间,书号就下来了。他们随即积极主动地协助我们对文集各卷进行校核订正和封面的设计,并抓紧在12月24日保质保量完成了1 200套共6 000本的印刷任务,并连夜驾车从成都赶到重庆,保证了25日文集首发式和厂庆活动的如期举行。

三、职工支持

五〇五七厂虽然在1999年就撤销番号,九九归一并迁入重庆大江工业集团。但由于我们工厂是专业铸造厂,产品素以"傻、大、黑、粗"著称,生产环境和工作条件则以"脏、苦、重、累"为特点,连劳改犯都不愿意在这样的工厂工作。但五〇五七厂人就是特别能吃苦,特别能战斗,即使在这样艰辛劳苦的工作环境下，职工和邻里之间的交往与感情方面，都保存着远比现今城市中浮躁凡俗风气要纯真、朴实得多。人情味、认知性、和谐度都相当高，也容易交流沟通。对五〇五七老厂的回忆和念想，是职工家属们经常回顾的话题，也是我敢于撑头编纂厂文集的基础。

1966年建厂以来，历届厂领导相当重视工厂的思想文化建设，由此培养和锻炼了大批有相当写作能力的文化骨干和文学、文艺爱好者。在工厂，我相继在十多个部门工作过，与很多员工和文化骨干分子有着比较密切的联系和交往。

所以，当我号召和组织大家共同回顾还原工厂历史原貌并积极投稿和提供物品、照片时，许多普通职工都参与进来，支持力度也大。

当我们需要资金出版书籍、号召大家捐资捐款赞助时，尽管因种种原因，在整个搬迁入大江工业集团九个三线厂中，我厂职工的工资收入和退休金是最微薄的，许多职工家庭经济都相当拮据，处于集团公司倒数第一的档次。尽管这样，为编辑出版工厂文集的筹资募捐消息发出后，先后有七十多户人家，包括两家已经移民海外的职工，他们从50元到数万元不等，踊跃出资捐款。特别是原晋江修造厂（厂属大集体）党支部书记邹平孝同志，当时已患癌症住院，她母女两人都各自捐赠100元，让我们感动不已！可惜到文集出版时，邹平孝同志已不幸去世了。

在大家的支持下，募捐总金额达145 611元，最大力度地为我们编纂工作和文集出版解决了资金方面的困难。

此期间，许多同志无偿为编辑工作出力跑路、提供各种方便；协助打字、复印资料等等，使我们的编辑工作顺利地开展下去。特别是在山东大学任教的本厂子弟李毅嘉教授特意请假十天，专程从山东大学赶来协助我们编辑文稿；本厂子弟、幼年就患有高位截瘫而行动不便的田丽芳老师也拖着病体上云篆山来帮助我们打字校对文稿。

粗略统计，开展厂文集编辑工作以来，大家出资出力，直接或间接参与、支持这项工作，以及文集出版后踊跃购书的职工家属达400多人。

四、社会支援

收集、编纂工作起步后，为尽量做好这项工作，我将这一举动及时向三线建设元老王春才老先生作了汇报,得到王春才老先生的高度重视和支持,给我寄来许多参考资料,还转达了中国社科院陈东林先生对我们编纂厂史工作的高度关注之意,并经常打来电话关心问询、指导编纂工作的开展。

同时经与《三线风云》主编倪同正老师通报交流情况后,倪同正老师十分热情地给我指导、指点,又寄来了《三线风云》第1、2期。同时,又协助联系他同事、成都锦江厂陆仲晖站长给我邮寄来他们编纂的全套《锦江岁月》和《中和风雨行》等撰写记录三线历史的书籍;还让湖北杨克芝先生给我寄来《卫东记忆》等许多三线工厂编纂的书籍资料。

同时,重庆三线研究会艾新全先生等朋友们也对我们的编辑工作十分关注和支持。他们都先后几次参加我们的编辑工作商讨会,为我们出谋献策。四川广安的傅琳先生,在我们参观广安三线博物馆时,也为我们提供了相关资料,让我们开阔思路和视野。与此同时,央视《大三线》摄制组的刘洪浩、刘占国先生,四川外国语大学张勇教授除了自己关心过问我们的编辑情况和推荐相关文章外,也将上海大学徐有威教授等主编的关于小三线建设的书籍赠送给我以做参考。

2015年12月5日,我在参加贵州遵义召开的"中国三线建设遗产价值与

倪同正、陆仲晖、张勇寄来的参考资料

品牌建设研讨会"会议期间,王春才老先生、陈东林先生、倪同正老师、杨克芝先生等许多同志都对我们的编纂工作给予了关心、指导等热情帮助。

这些三线建设研究知名人士和专家、学者的关心支持,让全体编委会成员信心大增,也使直接参与工厂50周年文集的编纂人员干劲十足,大家不辞辛苦,在办公条件不具备、设备简陋的情况下,冒着重庆严酷的高温,从2016年7月中旬进驻巴南区鱼洞云篆山一处农家乐,奋战近一个月,于2016年8月9日完成了文集的全部初稿编辑工作。

五、文集简介

《重庆大三线建设史料丛书·国营五〇五七厂建厂50周年文集》全书总体涉及的时间从1966年7月至2015年11月,跨度50年有余。内容体裁上有"厂史(含有关附录)、个人回忆录、诗词歌赋和散文小说、照片与三线物品图集"等。

编纂体例上我根据收集到的文献资料和个人文稿图片的内容题材、文章体裁,参照史志编纂的基本要求,认真审稿组稿,分类谋篇布局,使各卷内容基本相当,不至于厚薄差距过大,然后交主编(责任编辑)审阅润色,编纂成册。由此形成四卷五册的《国营五〇五七厂建厂50周年文集》。

为尽量保质保量系统地编好文集,我们规定并执行了稿件征集与编纂五大原则,即内容真实性原则、传递正能量原则、人员广泛性原则、资源全面性原则、史料多样性原则。

编成后的各卷分类如下:

(1)第一卷为厂史专篇,卷名《晋江风采》。分为三篇九章及两个附录,共260 588字,为正厂史。

第一篇为工厂1966—1999年取消五〇五七厂工厂番号为止。其中1986年以前的厂史主要在原1973年"革委会"时期编写的《国营晋江机械厂建厂史》和1986年编写的厂史基础上修正补充改写而成。

第二篇为工厂并迁入大江工业集团后改制为二级单位的铸钢分厂时期(2000—2015)的大事记。

第三篇为50年来五〇五七厂员工获得厂级及以上荣誉称号人员的"光荣榜"。

2016年9月26日,王春才为五〇五七厂建厂50周年文集题写"晋江丛书留记忆,文韵影迹展风采"的墨宝

附录两篇:《国营晋江机械厂建厂史》和《国营5057厂子弟学校校史》为原件照录。

(2)第二卷为职工回忆录,卷名《晋江记忆》,分为上下两册。上册共22.8万字,辑入文章51篇;下册20.6万字,辑入文章46篇。全卷分七辑刊辑录了职工家属和本厂子弟个人撰写的三线时期生产、工作;思想、文化;学习、生活等方面的回忆性文章。

(3)第三卷为文学类专篇,卷名《晋江文韵》。分为四章,共144 766字。辑录了晋江人所写的诗词歌赋、小说散文等文艺作品,包括富有历史底蕴的七八十年代厂办报刊诗词钩沉,共计158篇。

(4)第四卷为图片专辑,卷名《晋江影迹》。分为五章,共6万余字。从征集的六千多张图片和其他物品照片中,辑录一千余张编成。这些五〇五七厂人的摄影作品和实物报刊书画照片,留下了一个个历史瞬间,一个个青春倩影,一幅幅亮丽画卷,使人记忆犹新,较为全面地反映了工厂50年来所经历和走过的基本历史足迹。

(吴学辉,重庆市人,中共党员,大学文化,高级企业经营管理师。中国国史学会三线建设研究分会常务理事,《三线风云》编委会副主编。1969年,重庆第四十六中插队下乡,1971年进入兵器部国营五〇五七厂工作,历任车间副主任、团委书记、厂办主任、运输处长、厂搬迁工程指挥部副部长等职。1972年9月出席四川省革委/成都军区国防工办"抓革命、促生产积极分子代表大会",为青工代表。2016年主持并总编国营五〇五七厂建厂50周年文集(四卷五册)。该文集已被国家博物馆、国家图书馆、攀枝花中国三线建设博物馆、八路军太行纪念馆、重庆图书馆、贵州社会科学院、青岛档案馆等单位收藏。2017年承担"成都·大邑雾山三线记忆小镇"三线文化进乡村,对成都依山农业开发公司改造利用原中科院光电技术研究所遗址进行有关三线文化元素设计打造工作,为《大邑雾山——三线记忆展览馆》名誉馆长。期间主编《三线人诗书影画作品选》、副主编中国三线建设研究会《三线风云》第四集等)

唤起三线记忆 传承三线精神
——遵义1964文化创意园三线工业遗址的保护与利用

何可仁

一人一秉性，一城一气质。放眼世界，每一座城市、每一条街道都饱含着一段历史，沉淀着特有的文化，并以其独特的气质为城市代言。然而随着城市现代化进程的加快，一些具有深厚历史底蕴的城市遗迹和相生相伴的历史文化，在不断变迁的城市改造中逐步淡出人们的视野。如何保护难得的文化遗存、激活曾经的历史记忆、打造个性化和差异化的特色城市文化品牌，是我们当前急需研究和解决的重大课题。

在遵义，大家熟知的长征文化、土司文化和白酒文化都是这座城市的文化标签和人文景观。但鲜有人知，遵义的三线建设历史和特有的三线文化同样充满着温馨的文化质感，以激动人心的故事诉说着遵义半个世纪以来的历史变迁。下面，我给大家分享的故事便从遵义市区的一条道路开始。

一、遵义有条上海路

老地名是历史的载体，刻录着几代人曾经的历史和记忆。上海路如今是遵义市中心城区的一条主要城市干道，站在路边的梧桐树下，你会把这条街道与上海大都市联系在一起，也难怪上海《新民周刊》的记者在一篇题为《遵义是一座离上海最近的城市》文章中发出这样的感慨。

上海路最初叫青年路，是1958年"大跃进"时代修建在城市北郊的一条泥土碎石路,当时它身处乡野荒山,人迹罕至,毫不起眼。1964年,中央做出"备战备荒"的三线建设决策部署,以上海华通开关厂、人民电器厂为主体的10余家装备制造企业和近万名上海籍干部、职工便来到了这片荒芜的青年路,在这里开山放炮、平整场地、修建厂房、开辟道路,建起了西南最大的国家大型低压电器生产企业——长征电器基地。

改造前的上海路

直到1976年,全长3 000多米、宽12米的混凝土路经由道路沿线的长征电器企业数年分段建设才全面完工。随着长征电器基地的蓬勃发展,工厂扩建占用了附近村庄的土地,失去了土地的村民开始走进工厂,改变了耕地务农的劳作方式而成为工厂工人,路两侧的茅屋也逐渐被红砖小楼房替代,排列整齐的厂区、家属区、托儿所、学校、商店位于道路两旁,形成了一条崭新的城市街区。

来自上海的人们在给遵义带来先进装备制造企业的同时,随之而来的还有大城市的生活方式和文化理念,上海与遵义文化生活的结合,形成了这条街道别样的文化风韵。当时遵义本地人发现,只要走在这条路上,经常能听到地地道道的上海话,车来人往的都是上海人,大上海的吃、穿、用品很快都会在这条路上呈现出来,有的还在这里加工、出售,成为引领遵义风尚的街区。久而久之,大家便习惯性地把这条路叫成上海路,道路两旁的梧桐树也成为上海路具有标志性的亮丽风景。

上海路蕴含着独特而丰富的文化韵味,承载着特殊时期的历史记忆。50多年来,上海路整条街道浓缩着一段遵义现代工业发展和社会变迁的历史。上海路的命名,也是对那些千里迢迢从上海来到遵义、投身三线建设的建设者最好的纪念。

二、城市化进程中历史文化的灭失

一座城市的历史文化、人文精神的传承都需要有载体,即使峥嵘岁月不再,鳞次栉比的红砖房、郁郁葱葱的梧桐树……这些带着浓浓历史文化的印迹,依旧深藏在遵义城市的记忆之中。

随着国家经济建设迅速发展,遵义实施了"退城进园""退二进三"等工业布局和经济结构调整,伴随着三线企业的结构调整、产业升级和异地搬迁,长征电器基地下属企业大都搬离了原来的厂址,位于城区的厂房大多数被拆除,一些有价值的工业文化遗迹正面临损毁和灭失。

在上海路,长征电器基地原有的红砖厂房消失了,大多被作为新的房地产开发项目,建起了一幢幢高楼;街道两侧高大的梧桐树也因扩宽路面而被移植;大街小巷残存的老建筑和等待拆迁改造的家属区,似在无奈地向路人倾诉着那段大干快上、拼搏奉献的故事。

城市化建设不可避免地会带来历史建筑和历史记忆的丢失。历史虽已成过去,但文化不能"失忆",假如我们连城市的记忆都失去了,又去哪里寻找回家的路呢?看着曾经雄踞全国五大低压电器基地、上万名职工工作和生活过的上海路,承载着城市历史记忆的标志性的红砖厂房和家属楼,被钢筋水泥高楼大厦渐渐替代,在那里"献了青春献终身,献了终身献子孙"的长征人有着一种深深的失落感,迫切渴望能保留一片当年抛洒青春和热血的厂房,保护这座城市的工业文化遗迹,保存上海路独特的历史文化记忆。

长征电器公司

三、"1964"的诞生

保存历史遗产,保留城市记忆,不仅是怀旧情怀,更是传承历史,让城市文化历史延续下去、福泽子孙后代是我们无可旁贷的责任。"让废旧的厂房焕发新的活力,让遵义的工业历史文化得以延续,让三线精神得以传承",正是遵义1964文化创意园创建的初衷。

借鉴国内外保护工业遗址并进行新的开发和利用的成功案例和经验,2012年5月,长征集团公司领导班子首次提出了利用三线建设遗址的长征电器十二厂建设以三线文化为主题的文化产业园的设想。这个设想得到了时任市政协副主席谭剑锋的大力支持。2013年2月,长征集团公司领导班子中的市政协委员提交的《关于建设遵义三线博物馆及文化创意产业园的建议》提案,被列入遵义市政协十大提案,在市政协第四届第二次全会上引起了广大政协委员的共鸣。2014年6月,遵义市政府正式批准建设三线文化创意园。项目名称最后确定为"遵义1964文化创意园"。1964年是三线建设元年,用"1964"来命名这个老厂房改造的文化创意园区,承载着时代变迁和历史发展的记忆,是对三线建设历史最好的保护和传承。

按照遵义市政府"把园区建设成为遵义市最具影响力的文化创意产业园

笔者(左一)与遵义市政协副主席谭剑锋(右)就1964园区建设情况进行交流

遵义市领导听取园区规划设计方案汇报

区、弘扬三线精神的爱国主义教育基地、5A级旅游景区、中心城区最重要的文化新地标"要求,结合老厂房的实际情况,我们提出了"保留三线遗产、传承三线精神、提升艺术气质"的规划思路,确立"创意、时尚、休闲、怀旧"四大主题。创意,即老厂房、新空间,园区内设有工业遗存的体验空间,是时尚和创意的聚集地,根据三线工业特有的历史背景,结合文化创意产业发展现状,倾力打造从工业到艺术的LOFT空间。时尚,即时代记忆、潮流生活,园区注入了诸多时尚元素,变成了一个集休闲、文化、娱乐等功能于一体的时尚集聚地。休闲,即创意慢生活、时尚休闲地,园区舒适惬意的环境,让游客在旅游之余,品味生活,放松身心。怀旧,即展未来忆过往、品文化阅人生,园区内设遵义三线建设博物馆,这也是遵义首个系统、全面、记录、陈列和展示遵义三线建设辉煌历程的场所,其意义十分重大和深远。

遵义三线建设博物馆

围绕"创意、时尚、休闲、怀旧"四大主题,1964文化创意园划分为文化创意区、三线建设博物馆、旅游休闲区、艺术广场区、管理服务区五大功能区,主要包括三线建设博物馆、遵义市融合创新展示中心、1964美术馆、创意办公、多功能厅、梧桐树广场、岁月广场以及主题酒店等。

1964园区于2015年2月正式动工,在项目建设过程中,特别是2016年春

1964美术馆　　　　　　　　　　1964文化创意园旅游休闲区

旅游休闲区-A1区（油漆车间）历史照　　旅游休闲区-A1区（油漆车间）现状照

节至园区试开园这段时间，园区施工管理人员"5加2""白加黑""晴加雨""斗严寒战酷暑"，发扬三线人"艰苦创业、勇于创新、团结协作、无私奉献"的精神，夜以继日坚守在园区、战斗在园区，为推进园区全面建设工作尽心尽职、辛勤工作，最终按要求的时间节点全面完成一期工程，并于2016年5月7日顺利实现试开园。同时园区宣传推广和招商工作同步进行。通过对遵义市两城区目标企业、商户的市场调研、走访，摸清遵义市在文化、创意、旅游、餐饮、娱乐等方面的现状和需求，制定了园区业态方案和园区招商方案，从园区的地理位置、园区竞争优势、发展前景及业态布局等方面向企业、商户宣传推广，实施精准招商，在园区建设期间全面完成了园区招商工作。试开园时，这个建成于老厂房旧址上的文化创意园的企业入驻率已达100%。

现在走进遵义1964文化创意园，高大整齐的红砖厂房、蒸汽机火车头、随处存列的生锈旧机器设备……仿佛让人置身在一股特殊年代的氛围中。这里还有一家家清新淡雅、品味独特的音乐酒馆、咖啡馆、茶社等，这些商店让老工厂透露着现代生活的时尚气息。在1964园区驻足歇息，人们将沉浸在一种历

建设中的遵义1964文化创意园

史与现实、上海与遵义的时光交融之中。

四、遵义1964文化创意园硕果满满

遵义1964文化创意园自开园以来，得到中央、省、市、区各级领导的关心和支持，先后有中宣部、国家文化部、国家旅游局、国务院参事等领导亲临园区视察和指导工作。上海、浙江、江苏、四川、重庆、云南、甘肃、陕西、青海等省市部门领导到园区参观、考察和调研。据不完全统计，开园以来，1964园区已累计接待各界人员120万余人次，组织各类活动200余场，国家、省、市媒体先后对园区进行了报道，园区影响力已从遵义迅速向西南乃至全国扩展，先后获国家部委、贵州省、遵义市、区各级党委、政府和中国三线建设研究会等授予的"中国三线建设研究会研究基地""三线建设论坛指定基地""第四批国家工业遗产""全国中小学生研学实践教育基地""贵州省文化产业示范基地""贵州省科普示范基地""遵义市爱国主义教育基地""遵义市文化产业示范园区""遵义市科普教育基地""遵义市青少年教育基地""遵义市职工教育培训基地""遵义市青年之家""2017年度中国文化创意产业十大特色园区"等荣誉。

在三线遗产保护与利用研究方面，1964文化创意园取得了显著的成果。2017年11月，成功主办全国三线遗址与旅游开发研讨会，征集论文60余篇，26个省市的数十家企业和机构、140名三线建设老领导、专家、学者参会；2019年，委托贵州省三线建设研究院开展"遵义三线遗产保护和利用"课题研究，并向遵义市委提交了《遵义三线遗址保护和利用的建议》，有效保护和利用遵义三线建设遗产资源；2019年9月，以"三线岁月"为主题，组织摄影师到遵义三线企业采风，隆重举办"庆祝新中国成立70周年暨纪念三线建设55周年摄影展"，让广大群众走进遵义三线建设那段轰轰烈烈的岁月，用心回顾新中国走过的那段波澜壮阔的历史。

1964园区还结合党建工作，强化使命担当，将遵义三线建设的历史和文化资源与党建工作有效结合，依托"遵义三线建设博物馆"打造了"1964党员政治生活馆"，这是遵义首家党员政治生活馆，为各级党组织和广大党员干部，提供一个独具特色的党性教育场所，激励广大党员干部，牢记嘱托，感恩奋进，以坚定的理想信念，夺取全面建成小康社会决胜阶段的伟大胜利。以"1964党

遵义1964文化创意园获得的部分荣誉

遵义1964文化创意园举办的全国三线遗址与旅游开发研讨会合影

员政治生活馆"为原型的"搭建党建创新载体打造党员政治生活新地标"成功入选第五届全国基层党建创新典型案例,已在人民网和中国共产党新闻网刊登。

得益于遵义1964文化创意园的建设和重大影响,一个以三线建设历史文化为主题的省级历史文化街区诞生了。2019年7月26日,省人民政府印发了《省人民政府关于同意将遵义市老城、高桥历史文化街区列为贵州省历史文化街区的批复》(黔府函〔2019〕78号),批准将遵义市老城、高桥历史文化街区列为贵州省历史文化街区进行建设和保护。其中,高桥历史文化街区就是在遵义长征十二厂的基础上,依托遵义1964文化创意园原址原貌进行全厂区保护利用,通过功能置换、空间置换,打造集三线建设遗存资源保护、文化创意、艺术交流等复合功能为一体的街区。

建设1964文化创意园,初衷是为了保护工业文化遗产,让废旧的厂房焕发新的活力,让遵义的工业历史文化得以延续,让三线精神得以传承。目前,一个以1964园区为核心的历史文化街区诞生了,这是历史的轮回。站在历史与未来的交汇点上,1964园区担负着承前启后的历史使命,她为保护历史文化而生,同时也是一粒种子,为历史文化的发扬光大而生根发芽、开花结果。这

蓝天白云下的遵义1964文化创意园

是遵义1964文化创意园留给人们的启示,也是对工业文化遗产、工业历史文化保护与传承的探索。

现在,1964不仅仅是一个园区,更是一个品牌,是诞生于园区的一个文化品牌。我们正按照建造一个园区、创建一个品牌、发展一个产业的目标,在保护三线遗址、传承三线文化、弘扬三线精神中扬帆起航,成为贵州走前列、西部有位置、全国有影响力的文化产业示范园区。

(何可仁,遵义长征产业投资有限公司党委书记、董事长)

此生愿做传递三线圣火之人

何民权

应上海大学历史系徐有威教授之约，回忆一下我参加三线研究会的经历。记得2014年2月春节，我到成都看望住在四川大学我大哥家的母亲，顺便和我大哥何民安一起走访王春才老领导。在去王老家的路上，我向大哥讲述与王老认识的经过。

那是在2001年6月，还在职的王老因公事到重庆市走访调研几个三线建设企业，来到位于江津区德感镇的我们重庆齿轮箱有限公司，与公司工会主席聂磊交流中得知有一位爱好文学的职工写了《三线子弟》回忆文章，叫何民权。王老当时提议想见我，聂磊主席同意并带王老到我的办公室，当时我是负责公司后勤部门工作的，其工作地点为厂区外面的山上，因为山高路远，人称"西勃利亚"。

聂磊主席带王老到我的办公室说明来意。我说是写了一篇回忆文章《三线子弟》，只在厂报和江津市地方刊物发表过。他问是否有底稿，可否给他。我就取出给他。没想到，王老将此稿投送2004年4月6日由国防科工委三线调整协调中心及《国防科技工业》杂志社联合举办的"二次创业，再铸辉煌——'三线调迁'20周年"征文，而且更没有想到的是竟被评选为二等奖。发奖大会是在西安召开的。王老怕我不知道，问聂磊主席要了我的办公室电话，一问果然没有收到奖金、奖杯和奖状。后来王老通过组委会了解到是重庆市经信委一位王处长参加会议代领了，因为王处长不认识我，所以东西还在王处长那儿。王老将王处长的地址和电话给了我，我按照王老给我的地址取回了奖品等。由此我和王老建立了忘年交。

王老家住六楼,见面后他问我468厂发展情况,我一一回答。他向我介绍创作《彭德怀在三线》的过程及出版社编辑不了解彭德怀任过三线建设领导,错将书名改为《彭德怀在三八线》的趣闻。临走时,王老赠送我一本《彭德怀在三线》留念。

笔者(左)和王春才(中)在一起

2014年1月6日中午,我接到王春才老领导电话,告知我他正在筹备成立中国三线建设研究分会,并邀请我作为三线子弟代表参加。

那一天接到电话后我一直都很兴奋,我在心中呼唤:三线人终于有了自己的家了,经过与北京筹备处段娟(中国社科院当代中国研究所副研究员)的数次联系,填写了参会申请表发给段娟,在本单位重庆齿轮箱有限公司姚永奎常务副总经理和公司工会刘静主席支持下,我如期来到北京参加了中华人民共和国国史学会三线建设研究分会成立大会。由于飞机晚点三个小时,到达北京会议中心时已经是1月22日晚上22点30分,看到段娟等接待处人员这么晚还在等我们,备感亲切。

办完报到手续后我来到住宿房间,心情久久不平静。我在心中对去世的父亲说我也代表您来参加您奋斗一生的三线人之家成立大会了。通过参加这次大会,我才知道,三线建设是以毛泽东为核心的党的第一代中央领导集体,针对当时严峻的国际形势,为了加强战备,建设内地工业基地而作出的重大战略决策,以西部祖国腹地为转移目标,以国防科技工业为主,从1964年至1984

年,历时20年,涵盖13个省和自治区,投入2 000多亿元和上千万人力的宏大工程,特别是钱海浩将军关于成立三线建设研究会的说明和朱佳木等专家学者的发言,让我对三线建设的起因、过程和发展有了更深刻的认识和了解。我为自己和父母一生中能参加到祖国这项宏大建设大军中而感到自豪。

笔者(右)参加中国三线建设研究会成立大会

2014年3月23日是全国三线人值得纪念的日子,中华人民共和国国史学会三线建设研究分会在北京会议中心召开成立大会。大会由中华人民共和国国史学会三线建设研究分会筹备领导小组组长、军事科学院原副院长、中将钱海浩同志主持。中国社会科学院副院长、当代中国研究所所长、中华人民共和国国史学会副会长李捷同志委托当代中国研究所副所长、中华人民共和国国史学会秘书长张星星同志代致贺词。国家国防科工局财务司司长龙红山同志出席会议并讲话。中国社会科学院原副院长、当代中国研究所原党组书记、所长、中华人民共和国国史学会常务副会长朱佳木到会讲话。大会通过了章程,选举产生了第一届理事会会长、副会长、秘书长、副秘书长、常务理事、理事,会后合影留念。在这次会议上我当选为中国国史学会三线建设研究会理事。

2014年5月29日,我代表江津三线建设研究联谊会接待原国务院国家计委三线建设调整办公室主任、中国三线建设研究会副会长王春才带领下中国传媒大学三线建设口述历史项目小组郭晓明一行三人,他们是来重庆船舶工业公司考察的。根据重庆船舶工业公司行程安排,他们去位于重庆市江津区德感镇临峰山下的原三线建设军工企业重庆齿轮箱有限公司采访。重庆齿轮箱有限公司前身是国务院第六机械工业部国营永进机械厂(代号:468厂)是由辽宁大连造船厂内迁包建的厂,1982年更名为四川齿轮箱厂,1997年更名为重庆齿轮箱有限公司,是全国唯一专业生产制造船用齿轮箱工厂。郭晓明先后走访了江津增压器厂和原红阳机械厂,他们很想听一下三线外人对三线建设企业的看法,王春才老领导就推荐我寻找一下。我介绍说,江津当地一家做印刷的民营企业老板刘炳煜,虽然不是三线企业的员工和后代,但对三线企业有着深厚的感情。"这个人你们应该见见,"王老说,此人不是三线人却心系三线,是三线建设对西部社会与文化发展的佐证,是弘扬三线精神的另一种体现。郭晓明对他进行采访后写了《三线"外人"的三线情怀》采访记。同日王春才老领导还应邀参观了江津聂荣臻元帅陈列馆,刁福久馆长亲自接待并讲解,王春才老领导留下参观感言。

2014年6月21日,应王春才老领导邀请,我自费参加由中华人民共和国国史学会三线建设研究分会和中国社会科学院世界社会主义研究中心联合主

参观江津聂荣臻元帅陈列馆合影

办、中国社会科学院当代中国研究所承办的"纪念三线建设决策50周年暨三线建设与中国特色社会主义经济建设道路"研讨会。

  这次会议在北京中国社会科学院当代中国研究所会议室举行。中共中央文献研究室原常务副主任杨胜群研究员,中国军事科学院原副院长、中国三线建设研究会会长钱海皓中将,第二炮兵原副司令员、中国两弹一星研究会会长张翔中将,国家物资总局原局长王俊等出席会议并发言。来自中共中央党史研究室、中共中央文献研究室、中国社会科学院、中国人民解放军军事科学院以及部分中国三线建设研究会的代表60余人参加大会,代表们围绕三线建设决策历程、三线建设历史功绩、三线建设经验总结、三线建设现实启示等主题展开研讨。与会者指出,三线建设是1964年以毛泽东同志为核心的党的第一代中央领导集体,针对当时的严峻国际形势,为加强战备、建设内地工业基地而作出的一项重大战略决策。三线建设建立了强大的西部国防工业基地,也在西部地区建成了一批工业交通基础设施和新兴工业城市,促进了内地省区的经济社会繁荣和科技文化进步,初步改变了东西部经济发展不平衡的布局;三线建设中形成的"奉献祖国、艰苦创业、团结协作、开拓创新"的三线精神,是中华民族伟大复兴不可或缺的精神财富,是当前践行社会主义核心价值观和实现中国梦的强大精神引擎。大家认为,要以纪念三线建设决策50周年为契机,多角度、全方位地加强三线建设的研究和宣传,继续深入挖掘三线建

参加纪念三线建设决策50周年研讨会

设的宝贵经验和精神财富,为坚持和完善中国特色社会主义道路,实现中华民族伟大复兴的中国梦,发挥更加积极的作用。我受邀代表江津三线建设研究联谊会到北京参加纪念三线建设决策50周年座谈会,并在会上介绍江津三线建设史的概况。

  2015年1月8日,我积极响应并参加为纪念三线建设决策50周年,国防科工局所属《国防科技工业》杂志与中华人民共和国国史学会三线建设研究分会联合举办征文活动圆满结束,我的应征作品《西南三线子弟》在该次征文活动中获得二等奖。据悉,该次应征作品的内容既有对当年火热的三线建设往事的回忆,也有对三线建设、三线调迁及新时期改革发展成就的讴歌,对三线建设历史意义和战略意义的思考与探讨。很多单位将征文活动当作是一次很好的爱国主义和军工传统教育的机会,对活动进行了很好的组织,很多年轻人通过征文活动了解了本单位发展的历史,了解了三线建设的历史,加深了对三线精神的理解,进一步激发了立足岗位,为建设先进国防科技工业、实现民族伟大复兴"中国梦"而不懈奋斗的决心和信心。征文活动虽然结束了,但三线建设的历史功绩和三线精神将永远被人们铭记!

  (何民权,笔名明泉,中共党员。1958年9月17日出生于辽宁省大连市中山区,1970年响应毛主席号召随父母支援三线建设,由辽宁省大连造船厂内迁移民到四川重庆江津原六机部(船舶工业部)所属国营永进机械厂(代号468厂,1982年改名为四川齿轮箱厂,1997年更名为重庆齿轮箱有限责任公司),2018年9月17日正式退休。现任中华人民共和国国史学会三线建设研究会副秘书长兼三线建设遗址与旅游开发部部长,重庆明泉三线文史收藏馆创始人)

从四川雾山深处走来
——我主持了中国科学院光电所遗址开发利用

周 健

中国科学院光电所位于四川大邑以西约25公里的雾山,地处成都平原向西部高原过渡的丘陵地带。筹建于1965年,1969年开始进行大规模建设,代号6569工程(以下简称6569)。1973年4月长春光机所进行人员分迁,并于同年7月投入科研试制工作。1975年6月划归中国科学院。1977年开始我国第四代778光电经纬仪的研制工作,并于1985年成功研制出国内首个具有激光、红外和电视三种自动跟踪和测量手段的778光电经纬仪,并成为获得国家科

20世纪70年代末机械加工车间工作场景

研技术特别奖的项目。1980年开始了自适应光学研究,并组建了国内首个自适应光学实验室。1986年在世界上首次将自适应光学应用于激光核聚变装置(ICF),美国1994年才开始应用于"国家点火装置"原理样机,并称是中国率先使用。目前该团队是国际上最大的自适应研究团队。1979年,光电所开始在四川成都市南部双流修建新址,并于1988年完成整体搬迁工作。建所40多年来,是中科院"创新2020"首批整体择优支持研究所。

自20世纪60年代末6569开建以来至20世纪80年代末搬迁以前,工程所在区域雾山乡可以说是车水马龙、热闹非凡,建设期间包括承担主体建筑的省建三公司,附属建筑的民工营,仅民工营就有三百余人。6569有正式职工一千多人,包括家属达五千余人,生活区除了宿舍,还有中学、小学、幼儿园、医院、食堂、冻库等,在当时的社会经济条件下,雾山乡因为有三线建设项目落地是优越于其他乡镇的。

1988年,6569完成整体搬迁以后,大面积的建设工厂区、生活区、宿舍、医院、学校等闲置下来,总面积近5万平方米,资产移交当地国资部门。20世纪末及21世纪初,对部分资产进行了处置,有的被当地群众购买,有的被部分成都退休职工购买,厂房被外地企业收购,但因地处山区,配套设施也不完善,大多处于闲置状态。当时的收购价格也相当便宜,一套50平方米住宅的价格在2 000元以下。

雾山旧貌

笔者是心苑林业合伙人之一。家父1971年至1973年曾参与6569工程建设,担任民工连长,从小就常听父亲提起参建6569经历,而且很有自豪感和荣誉感。笔者大学毕业以后,曾在政府部门上班,后辞职下海,从事建筑业十余年。随着都市工作节奏加快和环境污染加剧，产生了向农村创业的念头，受党的十八大精神鼓舞，2013年初驱车去了父亲经常提起的6569旧址。

去雾山的交通已有很大改善，全新柏油路，驱车出县城30分钟就到了。6569完全符合当年三线建设的选址条件，依山傍水，靠山分散扎大营，整个山区云雾缭绕，空气十分清新。6569留下的建筑依旧，虽然大部分都有了新主人，可新主人都因为价格便宜才买下来，并不打算使用或居住，只是作为一项投资而已。宿舍分布在道路两侧，厂区依稀在河对岸山边，呈点状分布，也就是当时戏称的"羊拉屎"。学校、医院、食堂、冻库等都是呈点状分布，经历了"512"和"420"地震，没有一丝受损痕迹，当时建设者一丝不苟的工匠精神可想而知。

建筑与环境相当的不协调，当时我的心情是沉重的，光电所已经搬走多年了，可建筑是搬不走的，当年父亲奋战的情景是可以想象的，实在是太可惜了。

我仔细察看以后，立即组建了投资团队，结合十八大以后中央农村政策，从市场的角度进行论证分析，决定组建股份制公司——心苑林业投资开发雾山。

2013年11月，心苑林业拍下了原雾山火电厂地块，取得国有土地面积39亩，该地块原为6569配套火电厂，建筑大多已拆除，因当时拆迁人员为了建筑场内的废钢筋甚至还挖了几个大坑，连原建筑基础钢筋也拆走了，剩下的只是一片废墟。

雾山旧貌

无独有偶,地块拍下以后,心苑林业开始制定近期发展规划,准备分阶段组织实施。有几位收购原生活区建筑的投资人闲不住了,主动打电话征求意见,希望心苑林业能将其回购。回笼资金,也可以小赚一笔。心苑林业先后收购了原6569医院、单身宿舍、冻库、食堂等,每平方米价格在600元左右。

2014年,心苑林业经过详细分析和论证,制定了近期发展目标,以回购部分老建筑为主体打造乡村度假酒店(雾山农场),以拍卖地块为主体建设雾山河畔度假可售物业和雾山医养中心。

2015年1月,雾山农场建设启动,为了节省投入,也为了让当年的三线建设留点记忆,农场建筑部分采用回购的6569建筑,在保留原风貌的基础上进行功能再生改造,包括餐厅、客房、美术馆、书吧、室内体育馆等,在周围的流转山地200余亩种植有机蔬菜、水果,养殖跑山鸡,用山泉酿酒,手工制作雾山老树茶等,并改造原有排污设施,增加排污设备,达到国标排放标准,于当年10月1日开业迎宾。

雾山农场体育馆

美术馆外貌

据统计,截至目前农场共接待游客20万余人次,2016年12月被四川省旅游局评为五星级农家乐,职工人数达30余人,其中当地村民就业达70人,举办或承办各类全国省市、县级比赛及活动100余次,如全国1/4山地马拉松、省围棋比赛大邑站、成都市运动会定向越野赛等,还结合当地旅游资源开展李花节、李果节风情自拍大赛,举办风景油画展、养生讲座、音乐会等,建立省蜀都书画院、民建画院、致公画院授牌写生创作基地等,设立西南科技大学生命科学院校外实践基地、成都工业学院工业建筑遗产保护实习基地等、成都市委组织部"微党校"党员实践基地和新华社大邑县三线记忆展览馆党员工作站等。

经过五年多的运行,原老百姓收购的红砖房每平方米由600元增至5 000元,村民一居室房屋年租金由原来的每年1 000元增至6 000元,而且供不应求,提高了当地村民的收入,受到村民的高度认可,经济效益和社会效益明显。

雾山农场休闲地产外貌

2016年9月,雾山河畔度假物业规划获大邑县规委会通过,建筑风格采用部分三线建筑元素(如红砖、金属栏杆等)。2017年1月,雾山河畔破土动工并于同年8月取得预售许可,销售状况良好。

雾山医养中心与专业医养机构达成合作意向,规划打造成医养示范基地。

王春才为雾山农场题词

2016年1月,中国史学会三线建设研究分会副会长王春才先生一行视察雾山农场。王老20世纪80年代曾担任国家计委三线办主任,是三线建设者和三线研究的专家。王老一行察看了雾山农场以后,给予了很高的评价,他认为雾山农场是三线遗址再利用的典型并产生了很好的经济效益和社会效益,并欣然题字:雾山老瓶装新酒,三线遗址换新颜。

王老先后多次造访雾山农场,并邀请央视《大三线》摄制组进驻拍摄。2017年7月,三线研究会"6569光电所改造利用研讨会"在雾山农场召开,拟将雾山农场发展模式对外推广,会后授牌"中国三线研究会雾山文创基地"。雾山农场增补为三线研究会常务理事单位。2017年8月,大邑县相关领导在心苑团队的建议下,将雾山定位为三线记忆小镇。

三线研究会的充分肯定大大增强了心苑团队开发三线遗址、建设山村的信心,心苑林业确立了公司发展理念:传承三线精神,建设美丽乡村。以"有一种回忆叫三线,有一种生活在雾山"为内容,以"打造完美假日生活"为目标扎根雾山,实现都市人的回归。

2017年10月,党的十九大报告中提出振兴乡村战略、健康中国战略、三产融合、田园综合体等内容,心苑团队多次组织认真学习,并参加民建大邑支部学习及邀请十九大代表讲课作报告,深刻领会十九大关于乡村发展精神,做健康生活运营商,提出了共建雾山河畔森林综合体的宏伟目标。

雾山农场规划布置图

雾山河畔森林综合体包含食、住、娱、游、养、医六大板块。

食:主要解决食品安全、环保有机、利用山区优势发展山地种植和林下种植,已与省市农科院建立合作关系,根据土壤和气候特点与当地村民成立合作社,公司+基地+农户合作模式,种植山药、竹笋、魔芋等,建立初加工和深加工体系。工厂化生产和手工作坊相结合,游客可参与制作体验,实现三产联动,农民增收。

住:在现有五星级农家乐和雾山河畔度假物业的基础上,组建专业团队负责为现有农家乐群落设计提档,形成高端民宿聚落。引入高品质特长人群,利用现有民宅或新增部分集体经营性建设用地,打造主体客栈聚落(如围棋、摄影、绘画、手工等)让游客有多种居住体验,最终能住下来、留下来,带动乡村经济发展。

娱:倡导健康的新型娱乐模式,包括徒步、农耕体验、艺术创作、文化院坝,山区社团活动,雾山农场创客中心等。组建创作团队,创作以雾山为原型,以一代三线人奉献精神参加雾山6569建设,二代三线人传承三线精神,参与振兴乡村战略为主线的长篇小说,并以此为题材拍摄电视剧。实现绿水青山就是金山银山的目标。

游:观光游、森林养生游、深度体验游相结合,与周边道教文化、佛教文化、庄园文化等融合,引入欧洲山地运动模式,让雾山森林动起来。

养:提供健康管家式服务、高端康养住疗服务,养生与养老相结合,真正实现都市人的回归。

医:打造雾山医养中心,引入专业医养管理机构,让雾山原住民和新住民无后顾之忧。

雾山河畔森林综合体,需要大家的积极参与,需要当地村民参与,需要社会各界有识之士、精英人士参与,共同建设美丽乡村。目前参与共建机构包括宝贝走天下、阿齐拉教育、山美特体验式培训、正安文化、雪狼团军事体验营等,参与的部分专业人士有画家江福建、建筑师刘晋川、音乐教师梁华、体育教师董川立、雕刻艺术家李军等。

心苑林业为了传承三线精神,树立品牌意识,以6569为主体注册商标并向商标局申请成功,包括食品系列、客栈系列、运动系列、服装系列、旅游用品系列,打造高端品牌,彰显当年6569光电所的高科技品牌,让6569遗址在美丽乡村建设中起到很好的示范效应。

思路决定出路。心苑团队的梦想,传承三线精神,再用五年时间,雾山河畔森林综合体必将会完美呈现,向党的二十大召开献礼。

6569遗址开发利用实践并没有结束,心苑团队意志更加坚定、目标更加明确,原6569学校旧址改造、老场镇打造、老厂区改造等,已在筹备之中。更为重要的是,心苑人对三线精神的深刻领会,一代三线人的奋斗精神,贯穿到美丽乡村建设的伟大实践中。

2017年12月,心苑团队部分成员驱车参观了攀枝花中国三线建设博物馆、贵州遵义1964文化创意园、重庆涪陵816地下核工程等,看到当年一代三线建设者的足迹,重温当年火热的建设场面和钢铁般意志,部分成员甚至流下激动的泪水,想当年如此艰苦的工作和生活条件尚能有如此伟大的业绩,今天还有什么困难不能克服呢?为期一周的参观学习,让团队成员深受鼓舞,参观体会由王老提议在中国三线网上转载。2019年7月中国三线研究会第二届代表大会在雾山农场胜利召开。雾山三线遗址改造利用模式受到与会代表一致好评。

三线精神在振兴乡村战略中的具体体现就是实现城乡融合发展,建设美丽乡村。形成三线遗址+旅游+文化+农业的发展格局,实现产、城、人、文四位一体。

(周健,1970年生,四川大邑县人。民建会员。中国三线建设研究会副秘书长。高级工程师。1990年毕业于西南科技大学。2014年牵头组建股份制公司,投资开发中科院6569光电所遗址,打造"雾山河畔森林综合体"。2017年7月中国三线建设研究会授牌"大邑雾山文创基地"。)

浸润书香，硕果芬芳
——读李洪烈先生《我与三线结书缘》有感

秦邦佑

"一篇好的文章胜过无数说教。"2020年8月28日，由上海大学历史系徐有威教授主办的"小三线今昔"公众号，推出了一篇《我与三线结书缘》一文，作者是四川人民出版社编审兼编辑室主任李洪烈先生。笔者在四川大邑三线记忆小镇曾与李先生相遇，虽然没有面对面地直接交流，但总有一种亲切的感觉，何况李先生所写的事，与三线有关，于是就迅速转发到"三线视点家园"群里。顿时许多人给予了点赞，笔者也仔细地进行了拜读，读罢此文，受益匪浅：浸润书香，硕果芬芳。

李先生虽然从未在三线企业工作过，但他与"三线"却结下了情结和书缘。李先生从小耳濡目染了三线建设那"备战、备荒、为人民""深挖洞、广积粮、不称霸""好人好马上三线""献了青春献终身，献了终身献子孙"的三线记忆；长大后，所见所闻了三线企业和铁路建设那些感人的故事，给他的印象是"神秘，荣耀，外加艰险。"由此，"三线"便在李先生的脑海中挥之不去，也在心中日夜缭绕。

大千世界，人之相遇就是缘。20世纪80年代末期，一个偶然机会，李先生有幸认识了国务院三线建设调整改造规划办公室规划二局局长、中国作家协会会员王春才（以下简称王老）。相遇是缘，相识是心，相交是情。李先生与王老相识来源于王老的著名作品《彭德怀在三线》，那时候，王老正准备将此书修订再版，又悉知李先生在四川省出版部门做图书编辑，并且适逢建党70周年组织图书选题,两人一拍即合。

是缘总会关情,是心就会动情。从那时起,李先生就对王老充满了敬仰与向往。三线精神也成为他日后编审的动力。浸润着王老心血的《彭德怀在三线》一书,在李先生的编审下修订再版问世,与之前的初版本相比,该书增加了约10万字,将一个忠心耿耿、身处逆境仍忘我地为战备、为三线建设操劳的元帅形象跃然纸上!

书是心中的启明星,书是人们的营养品。《彭德怀在三线》一书图文并茂,以生动朴实的文字叙述了彭德怀在逆境中忍辱负重,在担任西南三线建委副主任期间工作、视察、生活的情景,再现了其音容笑貌、高尚情操、坦荡胸怀及铮铮硬骨。《彭德怀在三线》出版后,荣获1991年四川省优秀图书奖、优秀报告文学奖,2005年被选为国家重点公益性文化项目"农家书屋"图书发行。

李先生与王老长期友好合作,编审的一本又一本涉及三线内容的书籍接连面世——《中国大三线报告文学丛书》和《金色浮雕》《穿越大裂谷》《中国圣火》《蘑菇云作证》四部报告文学集。特别是《中国大三线报告文学丛书》的出版,得到了中央领导同志领衔,十几位正部级领导的题词,两位革命老人

2012年11月28日,四川人民出版社编审李洪烈(左三)与《三线风云》编委会主任王春才(左二)在四川人民出版社签订出书合同。主编倪同正(左四)、编委陆仲晖(左一)出席

亲笔作序,这在新中国出版史上,也是鲜见的。作为开先河者、编者之一的李先生很是欣慰。从那时起,他与三线的书缘真正结下了。《中国大三线报告文学丛书》,1993年获四川省优秀图书奖。

从此,李先生对编三线书的感情依然不减,热度大大地增加。先后又推出了40万字的《中国大三线》精装本,并且赫然收入"全国精品书柜"之中;《三线建设铸丰碑》一书,被"共和国50周年四川文史书系"收录;《苍凉巴山蜀水情》、再版的《元帅的最后岁月:彭德怀在三线》和《元帅的最后岁月:彭德怀在大西南》等图书声名远播;《三线风云:中国三线建设文选》(第一、三、四集),使三线文化有了抒发方向。李先生成为三线文化的传播者,让社会各界人士加深了对三线建设的高度认同起到了推波助澜的作用,赢得了各方的赞誉。

笔者很难详细统计出李先生所编审的有关三线的书籍有多少万字,但那些出版物无垠的字里行间,却承载了他穿越时空的韵味和默默无闻的耕耘和付出,最终集三线于大成,让人知晓了他珍藏三线情怀的秘密,着实令人敬佩和羡慕不已。

宝剑锋从磨砺出,梅花香自苦寒来。李先生所编图书曾荣获中国图书奖、

2013年1月24日,四川省委宣传部副部长朱丹枫(左三)与新华文轩出版传媒股份有限公司总编辑张京(左一)、原国家计委三线建设调整办公室主任王春才(左二)、四川人民出版社第六编辑室主任李洪烈(左四)座谈

鲁迅文学奖、全国优秀畅销书奖、"首届全国党员教育培训教材评选"精品教材一等奖、四川省"五个一工程"优秀图书奖、四川省社会科学优秀成果一等奖、四川省优秀图书奖等。李先生把编"三线"书当成一种滋味,为"三线"而编,为"三线"而歌,不仅注重了编审的方法,更注重了个性的发挥,对编审"三线"书有如此追求,真是难能可贵,人们铭记在心。

由李洪烈担任责任编辑或副主编的部分三线建设的图书

每一本值得品味的"三线"书籍,无不是笔者心灵长途上的旅店,供笔者栖息。每一处文字都引起了笔者的共鸣,让人读后享受到了快乐和满足。

李先生与"三线"结书缘,由来久矣。他的这篇回忆文章,准确、深刻地将他编审的思路和内心的感受表现了出来。进入了他心灵的空间、注入了他灵魂深处、激起了他心中的波澜,让笔者也不经意间陷了进去,有一种"别有一番滋味在心头"的感觉。

阅罢此文,好似交了一位挚友,又像是享用了一顿大餐。从中领略到了李先生的文风,语言平实、结构紧凑,洒脱飘逸、从容深邃,娓娓道来、层层递进,引人入胜、耐人寻味,令笔者大开眼界、兴趣盎然。读文章就像品茶,细细品味,唇齿留香,品茗李先生的文章,感悟到了三线文化散发着的迷人魅力,笔者愿能继续与"三线"书籍为伴,领略更多"三线"精彩故事。

（秦邦佑，男，1958年生，中共党员，高级政工师。现中国三线建设研究会常务理事、宣传联络部副部长。1985年开始对外发表新闻作品，先后在新华网和《人民日报》《经济日报》《解放军报》《工人日报》和《半月谈》《瞭望周刊》等中央和省部级媒体《重庆日报》《重庆晚报》《重庆商报》发表了几百篇作品。其中，50多篇获全国省市好新闻奖。《宏伟深远的战略决策——透析三线建设的重大战略意义和深刻的现实启示》一文荣获由《国防科技工业》杂志与中国三线建设研究会联合举办的"难忘激情岁月——纪念三线建设50周年"征文大赛一等奖。《人情·关系·网》荣获《中国军工报》举办的全国"护神杯"有奖征文大赛一等奖）

从参与者到记录者
——我和三线建设的一生缘

倪同正

口述者：倪同正（四川原锦江油泵油嘴厂厂长办公室副主任）
采访整理者：张程程（上海大学历史系硕士研究生）
采访时间：2020年8月9日
采访地点：上海市杨浦区长阳路1080号曼莎咖啡馆

含泪拍老厂（李杰摄）

还是那条路,
还是那个厂,
只是人都去哪啦?
拍下,拍下,
把记忆带走,
把叹息留下。
落叶飒飒有归处,
春风年年绿枝丫!

——倪同正《重返锦江老厂有感》(2015年3月5日)

作为一个共和国三线建设的参与者,我能够有机会将自己的经历和体会来与外界交流,责无旁贷,也是我的荣幸。在此,非常感谢上海大学历史系徐有威教授的精心安排,感谢他的研究生张程程同学冒着酷暑为我做这个口述的整理工作。

一、参与者:三线建设经历回顾

我参加三线建设是在1968年12月,那时我在上海柴油机厂技工学校即将毕业。当时毛主席提出要加快发展三线建设,特别是在当时我国面临国际国内的严峻形势,这就使得毛主席在1964年提出的三线建设战略显得更加迫切,从而使这一战略被推到了一个新高度。在这种情况下,我们就作为生力军被分配到了四川。当时那边的工厂厂址还没有选定,所以我们就全部留在上海柴油机厂实习。直到1970年5月,位于四川彭州的锦江油泵油嘴厂(以下简称锦江厂)开始破土动工,需要大量的人员过去参与基本建设,边基建边生产,于是,我们就分批奔赴四川现场。上柴厂前后一共去了700多人。我们是第三批于1970年10月份去锦江厂的。去了之后,很多设施都还没建,所以就需要我们参加基建劳动。我当时就被分到一个基建连里当排长,一个排下面有三个班,各有分工,团体协作。因为三线建设的口号是"靠山、分散、隐蔽",这是国家的一个方针,所以我们就沿着山坡造房子,车间都造在相对平整的平地上,还有其他的设施也都在造,造了整整一年。因为当时提出三线建设要抓紧,要"跟帝修反抢时间",所以经常晚上突击加班,加班是没有报酬的,每人就是发两个馒头,那时候肉很紧张,能有菜包子或者萝卜丝猪油渣包子吃,就非常不错了。

就在这样的情况下,我们的工厂也就逐步建设起来了。在1970年7月1日的时候,工厂在临时厂房里造出了产品,谈不上什么经济效益,主要考虑的是政治效应,用来鼓动上海地区的工人过去支援三线建设,所以后面也有许多工人无条件地拖家带口就过来了。那个时代每个人的干劲都很足,经常进行政治学习,有什么困难都自己克服。但我们的基本生活都是有保障的,与农民比起来那要好多了,像白糖、肥皂、草纸这些日用品在当地都是没有的,都得从上海运来。这种物资匮乏的状态在今人的脑海中简直是无法想象的。

1972年10月建厂投产后的厂区全貌

就是在这种背景下,我们完成了厂区的建设并投入生产。但是进入改革开放后,国家从计划经济向市场经济转型,就意味着我们内地的三线厂要直接和沿海的工厂同处一条起跑线,比质量,比价格,很显然我们是处于劣势的。因为我们在内地进行生产的成本是比较高的,而且工厂地处偏远,运输成本也很高。我厂在20世纪90年代的时候想引进德国博世公司的柴油油泵来打造我们的拳头产品,那么工厂就能有条生路,所以当时我们厂集中精力去搞这个项目。但是后来中央负责同志从全局考虑,认为德国人要价太高,就把我们这个项目砍掉了。为了服从大局,锦江厂牺牲小我,到20世纪90年代后期日益举步维艰,工厂开始减员增效。我在1997年6月办了内退,提前退休回沪。

我在锦江厂工作了将近30年,所以走的时候是非常不舍。我们整个的青春时代都在那边度过,从单身到成家到有孩子,一个小家庭在慢慢地成长,也适应了那边的生活。改革开放给中国社会带来了翻天覆地的变化,许多三线厂都出现了"一江春水向东流"的现象,我也就随着这个潮流回上海了。但是,在四川度过的岁月已在我的脑海中留下了深刻的印记,无法忘怀。工厂在2003年的时候最终破产了,人员全部被买断工龄推向社会,厂房被收购。作为早期的建设者,内心自然非常酸楚。我厂一位老工程师多年后重返老厂看到一片破败的景象,不无伤感地说,锦江厂好像就是自己一手养大的孩子,突然夭折了,内心的感情是真的放不下来。这话我至今仍然记得非常清楚。

二、追寻者:三线建设研究的心路历程

(一)献礼锦江:编写《锦江岁月》

工厂虽然不在了,但是我们锦江厂还有一个退休人员管理站,它的站长陆仲晖和我一直保持着联系。我原来在厂里的技工学校当过9年教师,后来又调到厂办工作,一直干到退休,所以我对厂里上上下下、大大小小的事情相对比较熟悉。离厂前我编过工厂30年大事记,送了一本给退管站留个纪念。2004年的某一天,陆仲晖闲来无事翻阅了那本大事记,他萌生了一个想法:能不能为我们厂编一个厂史。之后他就来信询问我的意见,我说这是一个好事情啊!其实我也早就有这方面的想法,我在退休前的1995年,就曾经邀请一批老同志,请他们写一写锦江厂选址的经过。老同志们的回忆录让我了解了建厂选址的来龙去脉,也为后来编写《锦江岁月》打下了基础。

锦江厂是我们这代人一砖一瓦建设起来的,它不仅仅是一家工厂,更是我们曾经的生活家园。往事历历在目,记忆犹新,所以陆站长和我说起编写厂史的事情时,与我一拍即合。但我当时还在打工上班,我请他先去征稿,他把经我修改后的征稿启事打印了上千封信寄给锦江厂职工,我在上海也开始约人写稿。由于在此之前我有过一些编书的经历,同时我上面说的关于早期建厂的历史我已经搜集整理过一部分,因此编这本书我感觉还是有点把握的。也许是机缘巧合,2005年5月,我打工的那家单位发生了变故,我们这批年龄偏

大的员工就被辞退了。这对我来说是个机会,在与老厂阔别八年之后,我又回到了锦江厂。

陆站长告诉我信寄出了好多,但是回复的只有几封,我说不着急,我们再想办法。首先,我对《锦江岁月》的编辑原则做了个设定。我认为,对一家工厂来说,最重要的是它的发展过程,这几十年做了什么,取得哪些成就,特别是在生产经营方面做了哪些工作,留下了哪些经验教训,这些是主要的,不能都是花絮,否则就没有太大的历史价值了。所以围绕这个主题,我就有的放矢地去寻找一些对象,动员他们写稿。但是有的人不愿意写,生怕被人误解为自我吹嘘,不好意思;还有些人想借机宣泄一下情绪,把当年的人与人之间的一些恩怨数说出来,一吐怨气。针对这一情况,我们也定了调子,就是不搞大批判。这样也就排除了干扰,使组稿能够比较顺利地进行下去。我大概花了一个多月的时间四处约稿。我除了找一批干部之外,还找过一些技术员、产品研发人员、销售人员,动员他们有针对性地写回忆文章。我还专门找到原来的厂长,请他写当年引进项目的事,这是一件全厂瞩目、决定了工厂命运走向的大事,也是我们这本书必须给数千锦江人一个交代的核心内容。厂长曾为这个厂投入了巨大的心血,但是最后没搞成功他就退休了。当一班年轻领导接班后,根本无法阻挡工厂的颓势,没几年,就把厂折腾完了。他心里很难过,但是职工对他很不满意。因为我们厂搞三线改造用的是企业自筹资金,几年后才列入国家三线调整名录,享受了退税政策。当时政策还没下来,前后投入5000多万元在离成都市不远的新都县开了一个分厂。原打算把之前提到过的引进项目安排到这个新厂的,因此这个新厂建造得比较"高大上"。但是因为引进项目的落空,这个新厂几乎没用上就拱手被别人低价收购了。而全厂职工为这个项目上马,勒紧了裤腰带,生活待遇上没有得到多少实惠,故而对他有很大的怨气。有人对他会否参与写稿有疑虑,但是在我和他说完之后,他很快答应了邀请,不到几天时间就交来了稿件。看来,他也很想抓住这样一个表白的机会,把他的想法告诉大家。后来其他的同志也都积极配合,甚至有一家职工老少三代都投了稿的。我把手头现有的三十多篇文稿打印装订了10本,分别寄给一些外地锦江人阅读。身居上海的一批原厂级领导传阅了这本"样书"后,脑洞大开,他们专门开了座谈会,并把他们的发言稿整理成文,寄到四川。到了2005年8月,我们已陆续收到散居在全国各地的职工来稿一百多篇,计40多万字。我把全书分为七章,分别是"厂址风云""工地战歌""火红年代""多彩家园""情系锦江""心音回响""附录"等,其中涉及厂史、生产经营、产品技术、改革发展、经验总结等方面的稿件达80余篇,基本符合我们最初编书的设想。

《锦江岁月》样书底稿

"抛砖引玉"的样书

这其中还有一个小插曲,当时书的初稿出来后,我就想找一位比较有名望的专家来为我们写序,于是我就想到了王春才。我在厂办工作的时候,买过几十套"中国大三线报告文学丛书",这套丛书对我产生很大影响,主编就是王春才。他原来是国家计委三线办主任,通过这套书,三线建设这个话题才开始逐步进入大众的视野。但是怎么才能联系到王老呢?我就打电话给四川省作家协会,作协同志把作家沈重的电话给了我,于是我通过沈重得到了王老的电话,拨通电话才发现王老是江苏人,和我差不多是同乡,这样大家说起话来也就很亲切了。之后陆站长、我厂的原副总工程师刘宗岳和我一起带着书稿去拜访王老,王老了解情况后很爽快地答应为我们写序,并很快把他写的序言《岁月留痕》寄了过来。从那时起,王老一直和我们保持着联系,对锦江厂退管站搞的一系列文化活动给以极大的关注与支持。序言落实了,在对书稿作进一步的修改和完善后,于2005年10月中旬交广告公司继续改错排版,我就回上海了。转过年的2006年3月,我又回川,督促印刷厂印制。3月26日,退管站在彭州"在水一方"度假村隆重召开了《锦江岁月》新书发行会,王老和其他一些领导亲临现场祝贺,彭州电视台摄制组还到现场采访,为我们留下了珍贵的镜头。4月9日,陆站长率四川锦江退休人员歌舞队从四川来到上海,在上海柴油机厂俱乐部礼堂又举办了一次载歌载舞的发行会,王老也专程莅

2006年3月26日,《锦江岁月》四川发行式全体人员合影

沪与锦江人一起共庆《锦江岁月》的发行。

  《锦江岁月》第一集出来之后,很多老职工都后悔没有投稿,纷纷问退管站还要不要稿子。陆站长说要,你们拿来啊。于是,根本不用动员,大量的关于锦江故事的文字源源不断汇集到退管站,还有大量的照片。在这种情况下,2007年《锦江岁月》续集就开始筹编起来。因工作量太大,我就找了原厂工会办公室主任方大庸,请他过来一起参与编辑。我们把回忆录和照片分开处理,照片单独编成一本画册,取名《锦江情韵》。用图片展现工厂历史,内容更丰富、更直观,也更受职工同志们的欢迎,许多人以自己的照片能入选画册而感

2006年4月9日,《锦江岁月》上海发行式在上海柴油机厂俱乐部举行

荣耀。回忆录就编成第二集,其结构和第一集大体相同,有个体参与工厂建设的经历,也有工厂生产、研发、科技、管理等方面的内容。每一本书都设有"悼亡追思"专栏,这个章节的内容很能打动读者。另外,还保持了三线二代的专栏,他们的文稿也很有可读性。《锦江岁月》第二集和《锦江情韵》画册同样在四川和上海两地发行,再次掀起一股怀念锦江岁月、畅叙锦江情谊的热潮。两集问世之后,大家都觉得可以暂告一个段落了。但是到2008年的时候发生了震惊中外的汶川地震,当时我正在广西梧州打工。我在网上看到有关锦江厂子弟的一些信息之后,我就在网上注册了一个百度贴吧,参与的锦江人就像滚雪球一样越滚越大,逐步形成了锦江人的网络交流平台。同时我还创办了新浪博客"三线锦江人",发表了大量的锦江文稿和活动视频、图片,把锦江人的文化活动信息向更大的范围扩展,也由此结交了许多三线朋友。2009年春天,退管站准备为业已消亡的工厂建一座纪念碑,我在上海主持了碑文的集体创作。我把来自全国各地的诗稿糅合成一首浓缩了锦江厂史的四言诗,用传真发到退管站,由退管站把诗稿转交成都文化名人、锦江厂销售科营销策划大师陈历谋修改韵脚,由锦江书法家李文超抄写在石碑上,经石匠刻字上色,终于在2007年5月10日退管站举行的纪念汶川地震一周年的大会上隆重亮相,成为锦江遗址上一道独特的风景。人们兴奋地拍照留念,锦江人的感情得了进一步的凝聚和提升,在这种情况下,陆站长就和我商量说要不再出一本《锦江

2009年5月10日,"锦江魂"碑落成时的正面照

2009年5月10日,"锦江魂"碑落成时的背面照

岁月》,于是,我和方大庸再次担纲,一部60万字的《锦江岁月》第三集在2010年10月呈献给了锦江人和社会各界,反响依旧热烈。与前两集不同的是,第三集增加了"友朋篇"专栏,共收录25篇三线友人的文章。作为编者的我,能够借助这个平台,把锦江人融入三线文化的大交响之中,一起唱响"三线之歌"而感到无比欣慰!

锦江厂是三线建设浪潮中的一朵浪花,它具有一定的代表性。锦江厂从规划筹建到投入生产,从发展壮大到调整改造,直到最后的衰落破产,这一过程其实也是许多三线企业的命运轨迹。但是,锦江人却在沉沦中奋起,用皇皇巨著告诉世人,厂破人在,精神不灭!正如王春才在他给《锦江岁月》写的序中说的那样:他们做了一件功在当代、利在千秋的好事,发动职工把那一段英雄的历史、如歌的岁月记录下来,值得提倡,这是一种历史责任感。

《锦江岁月》的发行,为职工提供了一个寄托情感的载体,也可以说是一笔思想财富。有些职工是一边看一边流眼泪,还有的老职工拿到这本书之后,爱不释手,通宵看完。因为书中写的都是他们曾经经历过的生活场景,唤醒了他们尘封已久的记忆,因此特别能引起他们的共鸣。《锦江岁月》的流传,也为其他三线厂的修书续史提供了一个可资借鉴的样本,引发了三线厂编著回忆录的热潮。特别是王老不遗余力地为我们这本书做宣传,逢人就向他们推荐这本书,使《锦江岁月》不胫而走,在三线企业圈内引起很大反响,带动了一大批三线企业回忆录的问世。比如锦江厂的邻居中和机械厂(军工913厂)闻风而动,积极筹备出版了他们的回忆录《中和风雨行》,湖北卫东集团出版了《卫东记忆》,重庆5057厂出版了《晋江文集》,湖南浦沅工程机械厂出版了《浦沅魂》回忆画册……"一花唤来百花开",锦江人为三线文化的繁荣,做出了自己的贡献,这也让我们引以为荣。

回顾延宕六年编写《锦江岁月》的日子,多少次沪蜀两地来回奔波,熬夜改稿;多少次唇干舌燥,应辩释诘;多少次彻夜难眠,不得不吃安眠药来强迫自己入睡。然而,看到人们捧书而读、如数家珍的样子,我又觉得非常快乐了。我曾经写过一首《编〈锦江岁月〉有感》:

岁月悠悠万事休,烟消云散复何求。

梦醒只恨良宵短,花落才知春难留。
雪泥鸿爪寻旧迹,浮光掠影会风流。
莫道人生老将至,夕阳犹照锦江楼。

《锦江岁月》(第1—4集)

这首诗很能表达我当时的心境。而编著《锦江岁月》的历练,为我日后承担更大的使命,埋下了伏笔,这个收获,值!而退管站的工作人员张玲,不知加了多少班,在电脑上输入了140余万字;陆站长为出版经费的筹划也是绞尽几多脑汁!我想,能让自己倒下的工厂,在精神上复活,更值啊!

(二)回望三线:编写《三线风云》

就在编写《锦江岁月》第三集的同时,我已在网上搜集了不少三线文章,内容涉及一些关于三线建设的历史背景、中央决策以及一些三线厂在调整改造中的突围,这个过程看完之后我感觉是惊心动魄,真的不亚于一场战争。我把这些文章进行了梳理,同时通过各种渠道去寻找这些文章的作者,和他们取得联系。当时我就想出一本综合性的三线题材方面的书,最初我将其命名为《三线春秋》,因为春秋两个字,表达了一种历史的演变,有一种沧桑意味在里面。我把自己的想法告诉了王老,也跟陆站长说了一下我的这个计划,还请锦江厂书法家李文超给我写了"三线春秋"这四个字。当时我是准备先在网上搞一个博客,这个博客就叫"三线春秋"。通过这个博客来继续收集三线文章。虽然后来博客没办成,但三线方面的文稿已积累不少。

2011年5月,我又回川,准备把家从老厂搬到彭州市区"512"地震灾后重建的安置房居住。期间,我仍在整理《三线春秋》的书稿。对这本书,能否做好,我心中没底。于是在8月28日,由锦江退管站在丹景山组织了一次该书编辑工作汇报会,四川省青年作家刘常琼(晓露)带领一批专家学者和王老一起到彭州参加汇报会,我对书的主题思想、篇章结构作了详尽的介绍。大家讨论热烈,参会的四川大学一位教授对书名表示异议,认为"春秋"两字涵盖太大,一本书难以容纳那么深广的内容。所以我在2011年11月回沪后就把书名改成了《三线烟云》。那以后,我在上海一边打工、一边在不停地摆弄书稿。

2011年8月28日,由锦江退管站组织在彭州丹景山向王春才及四川省作协、传媒公司汇报《三线风云》的构思与篇目

大概在2012年春夏之际,听王老说,有两位北京的退休学者建议由他牵头成立三线建设研究会,希望能把全国的三线研究者归拢在一个旗帜下,使三线建设历史的研究,能够在更大的范围向纵深展开,更有效地整合研究队伍,交流研究资源,共享研究成果,使三线建设的思想遗产,为国家的经济发展和西部大开发战略提供借鉴。王老不负众望,开始了他筹备研究会的历程。同时,他也经常询问我书稿编纂的进展情况,还进一步嘱咐我就近向上海大学历史系徐有威教授请教。于是,我给徐教授写了一封信,现转录在此:

> 徐老师:您好!近年来,反映三线建设题材的书籍、纪录片、电影、电视剧出产不少,但影响远远不够。如何向当代公众较为全面地介绍中国三线建设的历程、现状及影响,为历史留住记忆,使我萌生了将平时搜集到的有关文章资料编辑成书的想法,并得到了王春才同志的支持。去年夏天在彭州由王老及一些作家学者对本书的大纲和内容进行了评议,基本肯定了本书的选题。最近,王春才同志不顾年近八旬的高龄,奔走于北京、攀枝花、重庆、湖北等地,积极筹备成立中国三线建设

研究会,目前已有近百家三线企业表达了参加的意愿。该会由中国社科院当代史研究所与攀枝花市共同发起,拟于年内在北京举行成立大会。特聘宋平、钱敏、甘子玉等为顾问,会长由钱敏之子中国军事科学院副院长钱海浩担任,副会长为中国社科院当代史研究所副所长武力担任。目前王老正在成都起草研究会章程。王老来电告知拟将本书作为向研究会成立的献礼,催我尽快搞出样书。严格地讲,我编此书有点不自量力,无论学养与文字能力都还相差甚远。王老嘱我一定要向徐教授请教。故不揣冒昧,写下此信。现将书稿目录发您一阅,恳请徐老师不吝赐教。

(1)请徐老师从专业的角度看本书是否有出版的价值,它能否达到揭秘历史、留住记忆、激励后人的目的。(2)本书的结构是否合理,篇章上需作怎样的调整,版式有何见教。(3)如果徐老师认为基本过关的话,本书至关重要的序能否请徐老师操刀。王老在权衡之后也觉得由历史学者作序更为合适,不知徐老师是否能帮这个忙。润笔自不在话下。(4)本书现已整理好前六辑,约45万字,第七辑还在整理之中,约6万字。故全书还得作删减,估计在47万字左右,另搞8个彩页照片,软封面,大32开或小16开本,初印2000册。目前尚无投资商。因此请教徐老师,以您的经验和社会关系,上海有无出版社或书商对此类题材感兴趣,有无可能申请到文化基金的资助。2014年是毛泽东隆重推出三线建设战略方针50周年,或可成为此书出版的由头。如果上海没出路,就只好到北京试试运气了。我对这方面知之甚少,还望徐老师多多指教。(5)欣闻徐老师不久前组织了中国首次三线建设研讨会,未经咨询就将此消息收入本书,现得寸进尺,还想向徐老师讨一张会议照片,不知能否如愿。好,先写到这里,期待您的答复。

谢谢!

倪同正
2012年8月1日

接我信后,徐教授给予书稿充分的肯定,对如何编辑做了热情的指导,但对于作序一事未能应允。他谦虚地说自己情况掌握得不够,他只是对小三线建设比较熟悉一些，希望我另做打算。不管怎样，他的指导，提升了我的信心。进入2012年9月，一天我接到王老通知，说中国三线建设研究会筹备会议将在湖北省宜昌市均瑶国际大酒店召开，军事科学院原副院长、三线老领导钱敏的儿子钱海皓任筹备组组长，也将出席会议。王老叫我赶快把书稿做10本样书，寄到宜昌会议上。我当时在一家公司的仓库当保管，没法请假，只好每天晚上加班加点编辑书稿，累得引发了带状疱疹，背上的刺疼让我寝食不安。但为了赶时间，也就顾不得许多了。说起来也是在和时间赛跑，2012年9月18日，他们上午9时开会，样书在8时40分左右快递到会场。王老向与会的专家学者推荐了这本书稿，与会的专家学者都表示赞许，也得到了钱海皓的认可。所以说，要是没有王老的力推，这本书也很难问世。因为王老站的位置比较高，视野宽阔，人脉也广，具有很大的号召力。经过这次会议的商讨，《三线烟云》的出版也被正式排上了议事日程，同时确定由我担任主编，由王老担任编委会主任，统领出版事宜。由中国社科院当代中国研究所来把关。之后我就开始对书稿做进一步的细化，而王老在筹备研究会的同时，为出版经费开始张罗。

王老从湖北回四川后，就把这本书的出版事宜交由原"大三线报告文学丛书"的出版单位——四川人民出版社来完成，并由原"大三线报告文学丛书"的责任编辑李洪烈担任本书的责任编辑。我开始与出版社进行网络联系，书稿的排版校改进展顺利，责编李洪烈老师工作非常顶真，经常提出各种质疑，我就设法与作者联系，寻求答复。本书副主编、湖北卫东集团厂报总编杨克芝也对原稿进行校勘，他的纠错本领非常出色，连资深编辑李洪烈也对他啧啧称赞。2012年11月，出版社希望我过去帮助处理整理、审稿、校对等事宜，但是当时我还在上海打工，月收入有2700元，比我的退休金要高出许多，我一时也非常犹豫，我爱人也不同意，而且那时候也要快发年终奖了，对我来说确实是一笔不菲的收入。但我思来想去，还是决定把工作辞了，全身心地投入到书的出版工作中，因为对我而言，钱固然重要，但获得一本书的正式出版机会是千载难逢的。

到了这本书大致成型的时候，书名又发生了变化。2012年11月12日，王老打电话征求海军参谋部编研部作家、北京振兴盐城咨询委员会常务副秘书长季阳林的意见，因他是江苏建湖县人，是王老的乡友。他坦诚地说，国家三线建设成就巨大,但书名缺乏应有的气势,可以再斟酌一下。随后王老又电话咨询了他的三弟、著名历史学者、杂文家王春瑜的意见。王春瑜认为国家三线建设是在国际风云变化、国内"文化大革命"的风雨中进行的,很不容易,将"烟云"改成"风云"会更好一些。我听后,非常兴奋,连称改得好,一字之差,气势立显,就这么定了。王老也立即邀请王春瑜、季阳林两位学者担任本书的顾问。几经波折,书名最终确定为《三线风云》。在这期间,我遵王老嘱,把书稿打印后寄给北京中国社科院当代中国研究所,请武力副所长和陈东林老师审阅。武力对全书结构作了重大调整,对某些文稿作了具体指导。东林老师则把研究所到攀枝花、广安等三线地区考察后写就的多篇学术论文补充进来,增加了本书的学术分量。不久,东林老师发来了评审意见,为本书申报书号铺平了道路。他的评审意见如下:

> 倪同正同志选编的《三线烟云》书稿,真实地反映了1964年三线建设决策确立到1990年代三线调整改造时期的历史场景。其中既有三线建设战略决策和历史背景的研究分析,又有对三线建设的调研和总结经验教训。特别突出的是,主要选用了三线建设亲历者的回忆和反思,反映了三线建设的崇高奉献精神,三线建设者的艰苦创业和勇于开拓历程,许多历史事实是现在的年轻人所不知道的。书稿内容观点正确,文字生动,分类基本准确。因此,该书稿的出版,不仅为学者和宣传工作者研究、评介中华人民共和国史上这一特殊时期提供了口碑史料,而且适应了当前繁荣社会主义文化的需要。我认为值得出版。
>
> 陈东林
> 2012年10月8日

2013年4月,这本书正式出版发行,随即引来不小的反响。当时,本书副主编、贵州省六盘水地方志办公室主任余朝林与王老协商,打算借助我们这本书的样板去打造他们自己的《三线风云·贵州省六盘水专辑》,王老没意见,我也是顺水推舟,助他一臂之力。之后不到半年的时间,余朝林主编的这本《三线风云》第二集也就应运而生了。2014年之后,随着中国三线建设研究会的成立,三线建设的学术研究和文化活动呈蓬勃之势,我继续收集有关三线的文

2017年7月7日,《三线风云》第三集首发式(左起主编张鸿春、编委会主任王春才、编委刘常琼、责任编辑李洪烈、副主编倪同正)

稿备用。2016年,四川攀枝花市文物局长张鸿春申请到一笔费用,他愿意拿来再编一本《三线风云》。于是,《三线风云》第三集于2017年7月7日在成都举办了首发式。2019年7月8日,《三线风云》第四集在成都心苑林业开发公司董事长周健的支持下,在大邑雾山三线文创基地隆重发行。至此,《三线风云》共出版四集约260万字、198张彩图、284篇文章,其中研究论文48篇、回忆录105篇、创业与调迁发展50篇、三线文化活动报道71篇、三线遗址保护开发利用10篇,为全社会了解三线历史、讲好三线故事、弘扬三线精神提供了一套具有历史研究价值、社会教育价值和文化传承价值的品牌文集。

与《锦江岁月》相比,《三线风云》的格局要大了许多,它对整个三线建设的历史有一个全面的反映。有对国家政策演变的梳理,也有各个企业在三线建设历史浪潮下的努力与探索,同时还收录了学界的研究论文,等于打造成了一本普及三

《三线风云》(第一集)

线建设历史知识的大众读本。在本书的出版过程中,整个编辑团队对内容进行了仔细的核对,特别是责任编辑李洪烈对书中的每一处数据都进行了细致的甄别,确保了数据的真实性。因此,《三线风云》丛书的丰厚内容,被许多学者广泛引用于撰写研究论文,这也足以体现出这套丛书的价值和意义。

(三)后浪涌起:协助陈超博士研究三线建设

2013年2月26日,在锦江人的百度贴吧上出现了一位新加坡大学在读博士生"陈小超"关于三线建设研究的求助信息。我看到这个信息之后,就请他先把简历和联系方式发给我,之后我们就通过电子邮件的形式进行了沟通。因为当时很多锦江厂老同事都对这件事情感到有点意外,他们非常奇怪这样一位来自新加坡的博士为何偏偏对山沟里的三线建设感兴趣。当我把我和陈超的沟通内容在贴吧里公布后,大伙才知道陈超原本就是中国人,只不过是去新加坡读博士而已。他选择这个研究主题仅仅是写博士论文之用,没有其他的用意,因此才使得一些老同志放下了戒心。相反,有部分锦江老人将他视为一种希望,希望借此能够获得更多人的关注,从而在退休待遇、社会保障、医疗服务等方面得到政府更多的关心。这显然是超出陈博士的能力范畴的,当然这种心情也是可以理解的。

那时我主编的《三线风云》已经在川开印,我正要打算去四川。于是,我就和陈超约好了在四川见面。当时我爱人在贴吧里看到消息说我把陈超带到了四川的家里觉得不是很妥当,对我有意见。不过我觉得人家就是一个学生,从国外跋山涉水过来做调研也不容易,所以我还是安排他住到家里了,这样也方便交流沟通。在陈超来访期间,我也随时把我和陈超的行踪发布到贴吧,让大家知晓。没想到,陈超的来访引起了网友对于三线建设看法的热议,我把当时写的陈超来川调研简记附在这里,让大家了解更多一些的情况:

> 3月22日中午,在成都接到小陈后即回彭州我家,行李放下,即去退管站查资料,花100元购买了一套四册《锦江岁月》,与陆仲晖交谈了解有关情况,他对我厂退管站肩负的多重职能深感惊讶,认为陆站长是个能人。当晚我与小陈讲解锦江四本书,推荐有关文章,并送了一本锦江厂志给他。他当晚1点半才关灯。

23日，在小区外1公里处的农家乐桂香苑开座谈会。早先就已通知了几位同志前来开会，气氛热烈，尤其是80年代工厂企业整顿后机加工车间的"定额风波"引起小陈的极大兴趣。中午小陈买单，花了300多元。当晚，原厂工会干部李和清请客，非常丰盛，曹靖华也在请之列，但李和清只顾跟小陈交谈，别人也很少插嘴。

24日，李和清让她丈夫叶夫义开车送我、陈超、陆宝根到老厂参观考察，厂区未去。喊宝根去是请他到锦江三村拿钥匙开王明康家门的。让小陈看看当年支内人员回城后舍弃在这里的家具用物，从而体察二次迁徙的三线人的辛酸经历。不想一路上小陈与宝根谈得很投机，二人约好翌日再谈。10点半去913厂骆津华家，与他父亲交谈，了解913建厂及生产情况。12点许告辞，我们一行去关口李和清的朋友饭馆吃饭，李和清买单。饭后驱车进山，看了小鱼洞地震遗址后到湔江、岷齿寻找二厂遗迹，拍了一些照片就打道回府。

25日上午，小陈去宝根家，我去退管站办点事。中午请小陈与宝根一起来吃饭。下午，我又与小陈骑自行车去彭州中和新城拜访913厂张恩儒、杨国刚两位老人，进一步了解该厂工人群体的一些情况，两位老人有点谨慎，讲话吞吞吐吐，作了一些介绍，5点许返回。当晚我与新都王朋联系，明日到新都采访他与曹永林。

26日8点半，我们乘小区班车去彭州客运中心，心急之中我忘了带昨日预购的去新都的车票，川号手机因充电也拉在了家里。补票上车，10点半到新都曹永林（曹胖）家，小陈与这位当年拥有500多人、历经三位正职主任的偶件车间管生产的车间副主任攀谈起来，曹谈笑风生，诙谐幽默，俨如当年在车间与大家嘻嘻哈哈的样子，让小陈大开眼界。11点许，王鹏赶到，他用椒盐普通话向小陈解释当年机加工车间的定额风波，曹胖也在一边分析补充，小陈觉得收获甚丰。中午，王鹏请我们到饭店用餐，曹胖带了一瓶"锦江魂"酒，王因开车，滴酒不沾，曹胖心情不错，一人喝了半斤多，我与小陈也喝了不少，一瓶完了，老曹意犹未尽，又拿来一瓶，我们劝不住，又饮了一些方始罢休。饭毕，老曹脚步蹒跚，坚持要送我们去钟楼车站，说难得碰到小陈这样的小伙子，一定要送到车站。一路不停嘱咐小陈，将来当官了一定要对老百姓好，当教授的话要多为基层的工人说话,从饭桌到车站,至少说了十几遍,老曹面醉心不醉啊!下午5点到家,我与小陈似也有醉意,两人倒头便睡,7点才醒,我已煮了稀饭,炒了一个乌笋丝,将就吃了,又与小陈就他的博士论文的主题交换了看法,11点才收拾洗澡休息。

27日上午,我把小陈送上去成都的车子,他要在成都会几位老师,然后去重庆、西安等地的三线企业继续调研,为他的论文搜集资料。至此,小陈在川的考察暂告一个段落。

陈超此行原本是想做一个三线厂工人群体政治的课题,结果走访之后,觉得无从下手。军工企业管理严格,国家对这种企业一般都是不计成本,工人利益是能够得到保障的。与工人利益有冲突的情况,只会存在于我们这类民用企业,因为我们生产的产品比较单一,成本控制比较严格,所以有时候会有工人利益和企业管理制度出现冲突的现象。但是这种情况也不多,即使有这种情况发生,大部分也都能够通过工厂管理机制的合理调节加以解决。所以经过一番了解之后,陈超也陷入一种苦恼当中,经常深夜还在和他的导师、校友探讨这方面的问题。

2013年6月27日至7月2日,陈超再次来到锦江厂调研。这次来,他已把重点放在三线企业的社会结构上了。我和退管站为他安排了好几批各类人员的访谈,带他到锦江厂厂区参观,并为他提供了许多工厂档案及资料,让他能

2013年6月30日,陈超(左一)与原锦江厂党委书记于学文(左二)和原热处理支部书记谭毅交谈

够全方位地了解我们厂的各方面情况,然后他就写了一份调研报告。这时候徐有威教授在上海大学组织召开了全国第二届三线建设学术研讨会,邀请了陈超和我去参加。陈超把在锦江厂了解到的情况写了一篇英文论文,在会上汇报交流。他的汇报在会上引起了热烈的反响。有位专家就问他说:你是一位北方人,年纪又轻,怎么会对这些工人的生活状况有这么细微的了解。这时候我插话说:因为他深入到了上海工人的家庭,看到了上海人的家具、服饰、生活用品、生活习惯等,特别是有一位车间的支部书记,把自己十多年的工作笔记借给他去看。你想一位支部书记的工作日记,那里面对这个小社会里发生的所有事情都会详尽的记录,因此陈超才会掌握如此之多的细节。

会后,我又在上海找了一批人给他开座谈会。经过广泛深入的调研,陈超对自己的博士论文重燃信心。在他写作论文期间,他又提出了很多问题,退管站的陆站长和我,还有之前我提到过的那位支部书记谭毅都向他提供了热情的帮助。最终在各位专家的指导和三线亲历者的协助下,他写出了论文,标题就是《带标签的族群:一个三线企业的社会结构》,发表在英国《劳动史》(*Labour History*)杂志2016年第5期上,其中部分章节内容由四川德阳的三线学者周明长教授翻译成中文,在国内发表。他的论文比较明确地勾勒出了一个带有普遍意义的三线企业社会结构,特别是对三线企业人员结构的三大组成部分:包建厂支援过来的、当地知青招工进厂的、复员军人安置进厂的这三类人之间的互相关系和彼此影响进行了深入细致的分析。所以从这个角度来说,他是

陈超(左二)在上海采访锦江厂工人

填补了我们在这方面研究的空白。几年后，他的博士论文由美国一家出版社出版，成为全球第一部用英文出版的三线建设专著。

在协助陈超开展三线企业的调查过程中，锦江厂作为一个三线企业典型代表的意义也被放大了，有的老同事跟我开玩笑说：现在我们厂在国际上扬名喽！来喝酒庆祝一下哈（四川话）。所以从这个方面来说，陈超的博士论文不仅仅是为其学术生涯奠定了基础，同时也对提高锦江厂知名度作出了贡献。我后来编《三线风云》第三集的时候，就约他写了一篇《主动转移、备战疑虑与能力积累——三线建设研究在西方文献中的新视角与新观点》的文章，介绍了国际上对中国三线建设研究情况的综述。他很快完成了文稿，也让我们拓宽了眼界。所以说，协助陈超开展三线建设研究的过程，也是我一次绝佳的学习机会。

（四）抚今追昔：开展三线文化活动

我参加的三线文化活动归纳起来，大致有以下这几项：

第一个是组织、参与三线建设主题的电视纪录片的拍摄。自从认识王老以来，我们已经参加过多次三线主题的纪录片录制活动。最早的一次是2006年11月16日，受中国教育电视台委托，重庆电视台《迁徙的人·三线建设专集》摄制组，经王老介绍在上海大柏树锦江之星宾馆采访了我。我陪了他们两天，去了我原来的单位上海柴油机厂，拍了我在上海打工的情况。还到工农新村我一个同事石宝星的家里组织了一次群访活动，好几位同志都上了镜。我又带他们去采访了其他几个单位的三线人。为抓紧时间，他们的设备又重，同事仇志良让他的儿子开小车协助摄制组外出采访。我还请吴镝导演把锦江厂退管站写进了本片的鸣谢单位。因为，我始终把这些活动看作是锦江人的集体参与，锦江厂破产后，锦江标志就只能由退管站来代表了。该片播出后反响很大，仇志良同志在片中说的一句话"当年，为了让毛主席睡好觉，我们就去了"这话很有代表性。

2010年6月11日，凤凰卫视"凤凰大视野"栏目组到四川拍《三线往事》纪录片，这次规模较大，一共拍了10集。我当时正好在四川编《锦江岁月》第三集，王老带着钟亮导演一行专程来彭州锦江厂拍摄。我事先根据导演的要求，安排了几位老同志接受采访。采访结束后，大家还到"锦江魂"纪念碑

2010年6月11日,《三线往事》摄制组在"锦江魂"纪念碑前合影(左三倪同正、左五王春才、左七陆仲晖、左八钟亮)

前合影留念。接着,退管站陆站长也组织了一批人在新都接受采访。这部纪录片锦江人出镜较多,播出之后在海内外引起很大反响。与《迁徙的人》一样,《三线往事》在正面叙述之外,也把关注的目光投向了三线人的历史变迁和生活现状,他们在坚守历史责任之时,也不忘对三线人的命运寄予了人文关怀。

2013年12月18日,我们到上海大学出席全国第二届三线建设学术研讨会,攀枝花电视台闻讯赶来为我们做三线口述史,我也接受了采访。后来他们剪成一部30分钟的录像,放在攀枝花中国三线建设博物馆的音像馆供参观者收看。我花了300元钱,请人制作后把它转上腾讯视频,传播面大了,对于宣传三线、宣传锦江人起到良好的作用。

2014年9月,央视刘洪浩导演开始谋划拍摄《大三线》。这个作品的涉及面非常大,王老作为该片总顾问,全程参与了拍摄组织和后期事务。我也应邀参与其中。导演和我说:这次倪老师一定要出镜。我说我不要,我已经出镜过两部作品了,加起来的镜头估计有十几分钟了,这已经很多了,应该让其他同志多露露脸。所以这部作品没有我的镜头,但是我在组织方面花费很大精力,采访大纲就写了三页纸。我还写了两副对联送给他们,送给摄制组的是

"用事实说话,让信仰回归",送给刘导的是"洪波拥丽日,浩歌越云天"。果不其然,《大三线》在2017年9月11日在央视国际频道"国家记忆"栏目播出后,收视率一度达到全国同时段电视节目排行榜第二名,又一次在全国范围内掀起三线热。一曲三线建设的浩歌,唱响在中华大地,三线建设者的历史功绩,再次映入人们的视野。

我的另一个较大的活动就是协助其他三线企业出书。比如最近,我就在协助贵州的三线厂永恒精密电表厂编辑出版企业回忆录《永恒岁月》,我和主编黄苫仙从去年以来双方来回的电子邮件就达100多封,他们的书名和封面设计我都参与并提出了意见。

《中和风雨情》

2018年夏,中国三线建设研究会大邑雾山文创基地准备编印三线人诗书影画作品集,在半年时间里,为编审事宜,我与主编吴学辉之间的QQ和微信联系短信就达4.4万多字,简直可以出本小书了。还有中和厂(913厂)出的《中和风雨行》,他们内部争执不下,我多次给他们调解。他们为了回忆录的书名也在贴吧上讨论得热火朝天,最后书都要印了,名字还没有定下来。后来在北京出席中国三线建设研究会成立大会的时候,我和陆仲晖站长还有杨克芝就一起讨论起这个问题,我写了"中和风雨行"这个书名,征询王老意见后,他也觉得这个名字比较合适,于是找来中和厂在北京开会的代表杨国刚,就把我们定下的书名请他带回去征求编委们的意见,他们厂的同事们都一致同意,用了这个书名。当他们的《中和风雨行》出版后,我还特地写了一首诗发到他们厂的贴吧上表示祝贺。

2017年7月,遵王老嘱咐,我到四川大邑雾山与成都心苑林业公司董事长周健联系,促成了中国三线建设研究会大邑文创基地的建立,并协助他们搞了一系列的三线文化建设。例如我在成都,为他们组织了一次《雾山河畔》电视剧主题思想研讨会,同时还协助他们筹备三线记忆展览馆和《三线风云》第四集的出版。我把珍藏多年的资料无偿捐赠给了他们。我1975年结婚时候的手表、自行车、收音机,上海人的"三转一响"除了缝纫机都给他们了,还有我从上海带到四川的蜂窝煤炉子、煤油炉、20世纪80年代初生产的日用肥皂、60年代的小宣传画、"文革"期间的人民画报和100多册图书也都送给了他们。

2014年,在上海大学历史系徐有威老师的举荐下,我写的《锦江之歌——一个三线企业的传说》在《国家人文历史》杂志刊出。2016年我又写了一篇《让三线建设的遗产价值大放光辉——锦江油泵油嘴厂退管站开掘三线建设文化遗产价值的情况介绍》,被《三线风云》第三集和其他一些杂志收录。两篇文稿对锦江厂史和锦江群体参与三线文化建设的成果作了较为概括的介绍,在三线圈内受到一些关注。有次在遵义开会,遇到宋平同志的公子宋宜昌,当他听说我是锦江厂的,很感惊讶地对我说:"论三线企业,你们厂还排不上什么号,没想到你们搞出这么大的动静,不简单!"说毕他主动邀我合影留念。这看似普通的一句话,却是许多锦江人坚持不懈努力的结果,参与其中的我们,是该感到自豪的。

目前,我与上海的三线建设者正在进行上海三线文化展陈馆的筹备工作,我们已经征集到大概一千件左右的物件。这项活动也得到了上海小三线的同志们的鼎力支持,特别是上海小三线联谊会的群主、原上海胜利水泥厂党委书记任光森同志的支持。我相信,我们上海的大小三线的同事们一起努力,一定会为上海的三线文化留下一席纪念之地的。

2020年1月18日,上海三线文化展陈馆第三次筹备会议出席人员合影(前排左一为笔者,后排右四为上海大学历史系徐有威教授)

三、且歌且行：不忘历史，面向未来

三线建设在今天已成为一段历史，我们既是这段历史的参与者、缔造者，也是这段历史的见证者、记录者。我曾在《三线风云》第三集的后记中写过一段话："作为生命的个体，我们都将化为尘埃，而人民创造的历史是不朽的。能为当代中国三线建设这部丰厚历史留下些许印记，我们从心底感到欣慰。""随着时间的推移，对三线建设的回顾、反思、研究、开发，未有穷期，或将成为国内外学术界关注的一个新领域。而三线建设研究能否逐步发展成为一门新兴学科，值得期待！让我们一起继续努力！"有朋友问我今后有什么打算，我想在这里用我2019年1月31日写的《跨年夜有感》作为回答吧：

愚翁不倦记青史，拙笔勤耕存故今。
岂让沙尘湮古道，何愁风雨摇驼铃。
灯影烛光伴长夜，月落星沉迎黎明。
回望屐痕深或浅，来年还作"三线"行。

（倪同正，1949年生于上海。1970年由上海柴油机厂支内赴四川锦江油泵油嘴厂参加三线建设。历任厂技校教师、厂办副主任，退休后返沪定居。编有大三线工厂回忆录《锦江岁月》和中国三线建设文选《三线风云》等）

《我们人民厂》出版记

潘修范

江西人民机械厂远眺

出一本书不容易,要结集140多人写240多篇文章,出版90万字、600多幅照片的《我们人民厂:江西"小三线"9333厂实录》(上下册,上海人民出版社2015年版)(以下简称《我们人民厂》)一书,更非易事。

因为自1968年从学校到军工企业的江西人民机械厂几十年情结未解,因为想把人生最好的时光定格,因为不想让小三线历史在疾如旋踵的社会巨变中泯灭,我们准备用"口述历史"的形式记录人民厂,以反映那非常时期一家军工厂的真实面貌。最初的想法是写成一组类似于"十日谈"的短文,分十个方面,每篇千把字。

适逢2015年举办"纪念人民机械厂建厂50周年活动",遂意图将口述历史用征文形式先发在网络上并与人民厂人2015年4月25日的1 800人大聚会同步筹备。筹备组负责人孙中遂要我负责文章的筹集、出版,赵仁才负责网络发布。我对征文不强求文采,唯愿实录。人民厂人在一年时间里,重新拾笔回忆既往,网上阅读、评论和拾遗补阙者如同滚雪球,几代人念兹在兹,心潮涌动,追忆逝水年华,留雪泥鸿爪,献吉光片羽。

倏忽五十载,抢救小三线建设史料迫在眉睫,时不我待。我们有责任将历史的真实,哪怕是一个厂的创业、奋斗、贡献和反思留驻下来,供后人一叶知秋。因此,除了动员同仁撰写外,还登门拜访老领导、老同事,记录话语,整理成文。譬如,我们采访老厂长,老厂长很激动,说我的照片资料你们不看没人看,要讲的话再不讲也没人会讲了。一年后,当我们拿到样书赶去医院,交在病危中的老厂长手上时,他摩挲着《我们人民厂》,泪水滴滴滚落。

征文集齐,在以何种方式出书、发行上,有不同的意见。不少人意欲交印刷厂印制,给厂里人看看、留个念想即可,费用也少。确实,目前的回忆类资料大多遵循此例,自家流播。而我不同意,自起办始便认定:要么不做,要做就做最好的。必须将书稿交给正规出版社,既作为图书也成为文献,让国家各级图书馆收藏,供社会读者借阅,为历史留存。我甚至表示,若费用不足,余下的缺口由我个人补上。令人感动的是人民厂人热情高涨,自发捐款,集腋成裘,将千人大场面的纪念活动和出书费用全部解决。因此,《我们人民厂》附页公布了为"纪念人民机械厂建厂50周年活动"的全体赞助人名单。

笔者在江西小三线企业人民厂工作

2014年9月,我捧着厚厚一叠

文稿到上海人民出版社联系出版事项。出版社领导和有关专家都很支持。出任国家社科基金重大项目《小三线建设资料的整理与研究》首席专家、上海大学历史系徐有威教授为该书撰写了序言说:"这本由江西小三线人民厂主编的回忆录,全景式地展现了人民厂作为一家典型的小三线军工厂的前世今生。这使得小三线建设的研究者,得到了极有价值的文献资料。这对我们深入研究江西小三线乃至全国小三线建设历史,有着极大的贡献。因为它改变了小三线研究者无米之炊的窘境。"他肯定《我们人民厂》"是全国范围第一本回忆录的正式出版物"。

之前在组稿过程中,我们还特地到徐有威教授家当面咨询和请教当时的小三线研究情况,以便进一步明确《我们人民厂》一书的编辑方向,得到了徐教授的诸多指点,并为我们写下了序言。

接下来则是我们与出版社交涉,甚至"为难"编辑的过程了。

首先,我婉言谢绝了出版社推荐的"艰难的征程""光辉的岁月"等回忆录的书样。取书名《我们人民厂——江西"小三线"9333厂实录》,其意有三:一是人民厂在江西小三线中颇有名气,全厂上下平日总把"我们人民厂"挂在嘴边;二是此书名容量大,概括力强;三是书名看似通俗,却不落窠臼。事后,偶然看到恢复高考后的复旦大学中文系也出了一本《我们这一届》的书,这岂不异曲同工?副题"江西'小三线'9333厂实录"则点明本书性质。每家"三线厂"均有国家规定的代号,人民厂代号是"9333厂",在国防工业序列已永久固定。至于"实录",我感到唯有此词才能涵盖众多又难以规整的文章于一体。

除了书稿90万字,我还提出附加五六百张工厂照片。这让编辑颇为作难:书非画册,怎能印这么多照片?我细加说明,既然名为"实录",大部分文章若有照片佐证,便更具可信度。何况,当年各军工厂都有保密制度,不得随意拍照,导致影像资料奇少,能用大量的历史照片刊于书中,尤显珍贵。之后,我按照文章内容安排相关图片,再用高精度扫描仪将林林总总黑白小照全部制成电子版本,一张张放大、裁剪。这很费眼神,亦埋下祸根。待全书合成,一共采用600张照片,赢得图文并茂。

我听二审编辑吐露:你们的书内容很丰富,但没细分,好比买了一篮菜,放一起煮成了大锅菜。然而,全书一审已通过,若推倒重来,工作量大且不说,

举办人民厂知识竞赛

时间也难以保证。但若不改,又违我心愿。为不落下遗憾,我和编辑咬咬牙,连夜把稿子全部拆散,重新排列,分"筚路蓝缕、艰苦创业""幕府山中、自成社会""耳濡目染、继往开来"三大板块,统领工厂13个方面,达到全书框架严整之目的。待到二审结束,我却因日以继夜风寒加疲劳,患肺炎急诊住院。

全书文稿挦齐,三审已过,我仍不放心,再和同事毛小兵将书稿一拆为二,你一半我一半地逐字逐句审校。为赶时间,2015年春节无休,每天十小时"捉字"。年初六,两人交换书稿,再轮番扫一遍。出版行规是"三审三校",我们做到"七审七校",目标是精益求精,几无差错。

春节过后,是排版阶段,我提出要去排版公司实地校排。编辑说你不用去,请放一百个心,何况排版公司在南京,来去不便。我仍担心图文排列有误,自费乘火车去南京。车停苏州,突然右眼视网膜垂下道道水墨般的黑痕,顿时几近失明。到达南京,只能在电脑桌前用左眼和操作员一帧帧图文对位。原计划两天的工作量,紧赶着在天黑前完成,补上漏洞。随即连夜回上海,第二天去医院已是眼底出血视网膜剥离,立即住院。此后,半年内四进四出眼科病房,最终施行眼科大手术"玻璃体切割术"才得以保全视力。

至于封面设计,我直接跟美术编辑商量。美编提出了四五个封面图案都被我否定了。我希望封面上有人民厂全景俯瞰照片,要体现"窥豹一斑"之效果。书名"我们人民厂",我提出要用扁宋体,以体现20世纪的时代风格。美

我们的大作

术编辑徒叹棘手:这种字体字库里面没有呀,最后只能手工画出来。

轮到最后印刷,我拿着准备的纸样要求内页不能太白太亮,要有点黄有点厚,既与全书风格统一,又不能正反图文透页。出版科长伤脑筋:你们这种纸我们没有呀,总不能为你们一本书而去特制吧?我在表示理解的同时跟他一起比较、选择了相近的纸型。记得有句话是这么说的:凡成功之事容不得东漏一点西漏一点,处处漏水便导致"竹篮打水一场空"。

最终,《我们人民厂》一书按照大家的心愿出版、发行。最让我得以安慰的是上海人民出版社责任编辑跟我握手道别时笑道:以后别人再要出回忆类图书,我们以这本书为样板书来推荐。

(潘修范,1951年出生。1968年从上海市格致中学初中毕业分配进江西"小三线"人民机械厂,在总装车间做装箱、点铆、搬运、木工等工作。1977年任人民厂工会图书馆专职管理员。1992年4月返回上海,先后在上海龙华工业公司、华东理工大学华昌聚合物有限公司从事企管工作)

从"近"到"进"：我与三线建设的距离

王佳翠

一、神秘代码

20世纪70年代中期出生在贵州三线企业大门外的我，从小只知道这个厂与当地的其他烤焦厂、水泥厂、氮肥厂等不一样。首先它们的名字是数字代码3423，名字同为数字代码的还有061、3420、3653、3531、3536、3194、3264等厂以及3427、3417两所医院。它们的邮政通讯也很神秘。当地是××县××乡××村××组。而3423厂的通讯代号为凯山209信箱。最后随着厂矿与当地联系的不断加强。当地一些重要的信件例如大学入学通知书等也通过这个地址送达。其次厂里的员工也不一样。当地的水泥厂等工厂的员工几乎都是本地人。而这些代码厂则是每天操着南腔北调方言的人。据说有一些还毕业于北大和清华。他们的子弟也不进入当地学校上学，各厂都有自己的子弟学校。那时候这些厂子弟学校的各种设施和师资等远远超出当地学校。当地小学生上学需要自带凳子，教师队伍以代课老师和民办教师为主，流动性很大。而子校规模虽然小，但教室里桌凳齐全，并且还有电灯。

小时候在我们眼中，厂里的生活是极其令人羡慕的。20世纪80年代遵义农村停电是家常便饭，但三线厂的供电是专线，很少停电。即使停了电，也会自己发电。厂里用的是自来水，而我们都是去井里挑水。大人忙的时候，十来岁的半大小孩就需要两个人去抬水。后来厂附近的村民也沾厂里的光，用上了他们的电和自来水，结束了经常停电和挑水的日子。

那时候当地农副产品比较匮乏,而厂里每隔一段时间就会供应各种时令水果和肉类。还有他们从北方运来的面粉制作的馒头是最令人馋的,我们当地自家种的小麦制作出来的馒头在色香味上很难和北方馒头相比。小时候,精神生活与物质一样匮乏。但厂里一月会放几次露天电影。尤其是夏天的夜晚,十里八乡的村民都会自带凳子来看电影。厂里家属区还有一台电视机,每天晚上都会定时播放节目。

那时候当地的交通基本靠走。厂里有一辆吉普车。司机唐伯伯是一个极其友善的山东大汉,大家都叫他"老唐"。附近村民需要急用车时他都会帮忙。一次邻居盖房时不小心从房顶跌下,伤得很重。需要立即送市里的医院,幸亏唐伯伯帮忙及时送到医院,邻居捡回了一条命。那时当地的通信基本靠吼,没有北方的大喇叭,在队里最高的山(我们称之为敲钟坡)坡顶有一口钟,据说最开始用于出工和收工。后来包产到户之后,非紧急事件一般不敲钟。厂里的办公室大楼坐落于一座山的半山腰。每天早、中、晚上下班时间会定时响军号。那声音的洪亮远远超出了敲钟坡的钟声。所以到后来队里有紧急事情的时候就借厂里的大喇叭,渐渐的钟就彻底废弃了。

3423厂办公大楼

3423厂大门

儿时的三线记忆是围墙里的一群外来人、梧桐小道、红砖房、露天电影,还有一种叫落地拱的建筑……

但是大学四年的历史专业学习,我接触到的教材没有提到过三线建设。对这些代码越发好奇了。1998年大学毕业时,这些企业的开放程度比以前高了很多。同时操着吴越方音的上海籍员工陆续回沪了。有几位毕业于哈尔滨工业大学等名牌大学的同学进了061系统工作。我渐渐地知道了除了061的代码工厂外,长征电器等也是外来的工厂。他们和061系统的工厂有很多相似之处,明白了当地最好的那所医院为什么叫大连医学院(后更名遵义医学院,现遵义医科大学)。

二、课题与专著

2013年5月我主持了贵州省哲学社会科学一个关于三线建设的课题,于是开始收集三线建设的资料,在收集的过程中也认识了不少三线建设研究者和经历者。

在安顺〇一一航空基地进行调研时,中航工业贵航三〇三医院的不言桥上的镌刻文字震撼了我。它见证了三线企业的发展历程,是三线建设的一个缩影,也诠释了三线精神。三〇三医院1967年始建于安顺市平坝县夏云镇夏云关阿花山脚,1971年开诊,后于1999年医院整体搬迁至贵州省安顺市平坝县县城,是平坝境内最大的一家集医疗、教研、预防、保健为一体的二级甲等综合医院。医院内有一座桥,名为"不言桥",是一座精神丰碑,印证着建设者的奋斗足迹。与三〇三医院巍峨的大楼相比,显得极为微小,这座普通得再不能普通的钢筋水泥小桥,如果不了解其历史,相信不会有人对它感兴趣。桥栏上镌刻的文字,让我那一次调研记忆深刻。这座桥在三〇三人的心中,无疑是一座精神的丰碑,它是历史的见证,是三线精神的见证。

不言桥

"桃李不言,下自成蹊"源自《史记·李将军列传》。是说桃李顶风冒雪,开花结果从不宣扬,而是以鲜花和果实赢得人们的青睐,趋往的人多了,树下被踩出一条路来。这种献身精神和执着追求,为三零三人所敬仰。

为了响应毛主席建设大三线的号召,一九六七年九月二十三日在平坝夏云关阿花村的一片荒坡上建起了三零三医院。从此,几代三零三人的青春献给了这片热土,默默耕耘,无私奉献。

三十年后,计划经济向市场经济转轨,给三零三人以前所未有的冲击。三零三人再一次体现了他们人生价值和人格风范,没有惊慌失措,没有怨天尤人。在极端艰难困苦的条件下,倾其所有,共赴危难,为国分忧,为民解难,为三零三医院的生存和发展,克服一切艰难险阻,靠职工入股,借贷,自筹资金贰仟余万元,在平坝城关创建"以创伤急救"为特色的股份合作制综合医院。是非功过,自有后人评说,一切尽在不言中。

新桥落成,立此为志。

公元一九九八年九月二十三日
农历戊寅年秋分
贵航集团三零三医院

三〇三医院

三〇三医院的不言桥

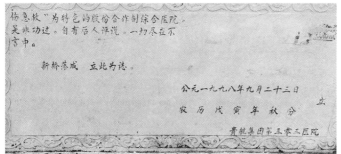

不言桥桥栏的镌刻

安吉厂大门、宿舍楼

安吉厂废弃防空洞　　　　　　　安吉厂子弟学校

  2013年8月，贵州省三线建设博物馆在贵州省六盘水市开馆，这是一个以三线建设为主题的博物馆。当时正值暑假，借此机会我在六盘水学生的带领和帮助下，跑遍了六盘水的各大煤矿企业。六盘水是三线建设西南地区的主战场，重要的煤炭基地、钢铁基地，是三线建设滚滚浪潮中诞生和发展起来的一座新兴的工业城市。此次六盘水之行不仅了解了六盘水市成为贵州省第二个省辖市过程，更重要的是让我感受了艰苦奋斗、无私奉献的精神。尤其是我在汪家寨矿区看到他们的工作环境和生活环境时，我感觉我们应该把这些故事记录下来，让更多的人了解三线建设、记住那些三线建设者。

  2014年，我主持了财政部支持地方高校专项资金资助遵义师范学院乌江流域研究中心项目"遵义三线建设研究"。在研究中得到了当时中国社会科学院当代中国研究所副所长武力老师的精心指导，王春才老人为我提供了许多研究线索和遵义三线建设的珍贵图片。

汪家寨煤矿平峒井口,汪家寨煤矿运煤车

那些支内的三线建设者在当时国际风云变幻的大背景下,党中央、毛主席作出了建设大三线的战略决策,从沿海发达城市、从祖国四面八方汇聚到一起。他们背井离乡,扎根在大山深处,风餐露宿,呕心沥血,短时间内,在构筑起强大军工系统的同时,也为当地社会经济的发展作出了不可磨灭的贡献。三线建设过去半个多世纪,今天已经很陌生了。然而,对于经历过那个时代、在那"特殊战场"上挥洒过青春和汗水的老一辈来说,却有着特殊的意义,至今难忘。

贵州钢绳厂(代号八七厂)是三线建设时期扩建的三线企业,主要生产钢绳。厂报编辑部谢主任自己编著了《贵州钢绳厂历史发展概况》。我在调研的时候他向我提供了手稿,希望有机会能公开出版,让更多的人了解钢绳厂。他们对企业,对职业的那份情感,真的令我感动。

 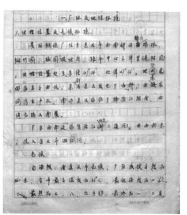

《贵州钢绳厂历史发展概况》手稿

2015年7月,我的课题研究成果"乌江流域历史文化研究丛书"之一《遵义三线建设研究》终于完成了。在该书的创作过程中,武力研究员、王春才老人百忙之中给予了指导。遵义市政协文史与学习委员会、汇川区政协、遵义医学院、长征电器集团办公室主任苏建义等相关工作人员给予了大力支持。书中所用图片除署名以外,其余均为自己所拍摄。

专著完成之后,我怀着忐忑的心情请王老帮我作序,王老欣然同意,并为该书作了名为"三线建设铸丰碑"的序言,真是让我喜出望外。

《遵义三线建设》封面及序

三、蹭会,不断扩大的三线建设朋友圈

2013年10月,学校邀请湖南师范大学历史文化学院莫志斌教授来我校讲学。在得知我对三线建设感兴趣后,莫教授向我提供了小三线建设研究专家、上海大学历史系徐有威教授的联系方式。但是我一直未敢冒昧打扰。同年11月5日我在重庆出差,巧遇重庆大学人文社会科学高等研究院正在举办"城市史研究的新疆域:内陆与沿海城市的比较研究"研讨会,其中的专题二"城市与乡村、创意城市:比较研究"即为三线建设专题,作为不速之客蹭了一次会。上海大学历史系徐有威的《上海小三线与媒体的互动初探:以生产和婚姻为例》、杭州师范大学胡悦晗的《地缘、利益与关系网络:三线建设后期的工厂

搬迁——以J厂、H厂迁厂事件为例（1982—1987）》和四川外国语大学张勇的《三线建设企业：一种介于城市和乡村之间的单位社会》引起我的兴趣。通过这次蹭会，不仅了解全国三线建设的研究动态，开拓了研究视野，更重要的是认识了徐有威老师、张勇博士等三线建设研究专家。

2013年12月19—20日"第二届全国三线建设学术研讨会"在上海大学举办，我有幸受徐老师邀请参会。该会议是为了纪念三线建设决策50周年，由上海大学、中共上海市委党史研究室、中国三线建设研究会（筹）主办，上海社会科学院历史研究所协办。来自中共中央党史研究室、中共中央文献研究室、中国社会科学院、中国科学院、中共上海市委党史研究室、上海社会科学院、复旦大学、华东师范大学、解放军南京政治学院上海校区和上海大学等单位的70多位专家、学者和三线建设亲历者出席了会议。面对如此多专家学者，我有些紧张，并不打算发言。但是作为贵州唯一的参会代表，徐老师鼓励我在大会上作了《贵州三线建设研究综述》的报告。在此次会议期间，认识了倪同正老师和陈东林老师等三线建设研究的专家学者。

自2013年上海三线建设研讨会之后，就有了更多的交流机会。2015年12月和2017年11月在遵义召开了"中国三线建设遗产价值与品牌建设"和"中国三线遗址与旅游开发"研讨会。通过这两次会议，我的三线朋友圈不断扩大。我认识了贵州社会科学翟宇博士、清华大学刘伯英老师、同济大学左琰教授、南京大学周明长博士等，同时也拓展了三线建设研究的视野和眼界。

2016年7月31日，我参加了六盘水三线建设的文化价值与改革发展研讨会。这次会议除了来自全国各地的专家学者，还有数百名三线老建设者和三线好儿女及"三线"百名学子等。此次会议在三线建设研究的深度、广度，尤其是对三线建设者的关怀，给我留下了深刻的印象。

笔者在六盘水三线建设研讨会上作报告

四、赶在消失之前

随着经济建设迅速发展，遵义实施了"退城进园""退二进三"等工业布局调整,遵义三线企业也面临结构调整、产业升级和异地搬迁。在这个过程中,三线建设时期遗留下来的老厂房、老矿区、旧设备正在损毁和消失。而这些"旧物件"却记录着一个时代的历史足迹和辉煌,浓缩着一段工业发展和社会进步的历史。

为了传承三线精神,保护和利用遵义三线企业一些有价值的工业文化遗产,"遵义1964文化创意园"将历史与未来有机地融合在一起,合理利用现有三线企业厂房和场地,对遵义三线建设工业文化遗产进行保护和利用,向人们展示三线建设那段可歌可泣的历史。正如遵义1964文化创意园何可仁董事长在遵义三线建设研讨会上所讲的那样——传承是一种责任。

长征集团旧址(现已拆除)

原长征厂家属楼(现已拆除)

贵州钢绳厂列车进库

为了拍摄贵州钢绳厂(八七厂)列车进库装货的图片,我是几经周折,之前只知道八七厂有一条铁路专线,并未见过列车进库房。有一天在厂里调研时,正好遇到列车进库,但是工作人员就是不让拍摄。第二次我带上了单位开的介绍信,等了好长时间终于等到列车又进库,但是工作人员仍然以没有保卫科科长签字为由拒绝拍摄。后几经周折找到保卫科科长,说明意图,验过身份,又等了一段时间才拍到了这张照片。

遵义某三线企业的防空洞(现已消失)

三线建设是一段历史,也是一座丰碑,让人激情,使人感叹。时间飞逝,岁月如歌。当年那些三线建设者都已经步入老年。希望自己能够继续讲好三线故事,传承三线精神,也希望更多的人关注三线建设、倾听三线故事。

(王佳翠,遵义师范学院历史文化与旅游学院教授,主要从事三线建设和贵州地方史研究)

学术之花盛开于特别的学术情缘之上

王 毅

一、三线建设学术研究之缘起

2012年9月,在炎炎烈日下,我走进西南大学历史地理研究所,从此开始了异常艰辛的读博之路。2013年9月,一年已经过去了,我为自己选了一个自我感觉比较容易完成的题目《明代三峡地区方志研究》,为此我已经准备了近一年的资料,撰写了近万字的开题报告,本以为一切会按照自己的计划进行。

在开题前两个月,我拿着已经准备好的开题报告去请教我的博士生导师蓝勇教授,本以为老师会提点建议或者表扬一下,却怎么也没有想到,蓝老师说了一句:"你研究三线建设吧。"我当时一下子愣住了,不知所措,忍不住连问了三句:"三线建设是啥?"那是我第一次听到三线建设这个词,当时的我真的不知道三线建设是什么,我没有直接肯定地说研究三线建设,也没有立刻拒绝。

走出历史地理研究所后,我心里很难受,不知道该如何开始撰写博士论文开题报告。去中国知网搜了一下,心里更难受,研究三线建设的论文太少了,研究三线建设布局的更少,当时只找到了一篇,就是段伟教授的《甘肃天水三线建设初探》(《中国经济史研究》2012年第3期)。这篇文章是我读的第一篇有关三线建设的论文。段老师的这篇论文写得很好,从历史地理学的角度研究了天水三线建设企业的选址和布局。后来有幸于2019年11月在宜昌"记忆与遗产:三线建设研究"高峰论坛会议上认识了段伟教授并与他就三线建设的一些相关学术问题进行了交流。这是后话。

当我最后决定听从蓝老师的建议研究三线建设时,开始在西南地区的各个图书馆、档案馆等地搜集资料。功夫不负有心人。2015年我终于完成了博士学位论文的撰写,在西南大学顺利通过了博士学位论文答辩。很感谢我的博士生导师蓝勇先生,在艰辛的求学之路上能遇到他,这是我的幸运。从论文的选题、资料收集、提纲修缮到初稿修改、预答辩到送外审,都有老师的智慧和心血。特别感谢侯甬坚教授、杨伟兵教授、马强教授、杨光华教授、马剑老师、朱圣钟老师等,在答辩会上提出的宝贵意见。

2015年6月30日,笔者西南大学博士学位照

笔者的博士论文在2016年被评为重庆市优秀博士论文

二、从川渝地区三线建设走向川陕地区三线建设

2017年9月23日,我参加了陕西师范大学西北历史环境与经济社会发展研究院举办的"资源利用的实例整理和环境思想国际会议",会上作了题为"历史地理视野中的三线建设研究"的学术报告。该学术报告得到了侯甬坚教授的认可,我决定跟随侯老师进入陕西师范大学中国史博士后流动站学习,有幸成为侯老师的博士后。

《陕西地区三线企业内迁职工社会生活问题探析》发表于《贵州社会科学》2019年第12期

在站期间,我多次去西北历史环境与经济社会发展研究院学习,参加研究院举办的学术会议。期间在2019年8月23日,参加了"黄土高原民众生存状态的历史考察国际学术研讨会"。

在该次会议上,我提交了论文《陕西地区三线企业内迁职工社会生活问题探析》。会上听取了博士后合作导师侯甬坚教授、陕西师范大学西北历史环境与经济社会发展研究院院长王社教教授、副院长方兰教授、河南大学吴朋飞副教授等各位专家的意见,该文修改后于2019年12月刊于《贵州社会科学》。

在站期间,我多次参加侯老师组织的年终学术报告会,并在会上有幸结识了潘威老师、穆盛博老师、费杰老师和蓝图、张博、宋亮、韩宾伟、胡海铅、刘旭峰、李盛、小林雄河、苏绕、扁阳阳、高冠楠等师弟师妹们,在和他们的学术交流中收获不少。

此外,我经常通过邮件或短信向侯老师请教研究过程中遇到的一些问题。在侯老师的悉心指导下,我决定转变研究思路,拓展研究领域,从川渝地区三线建设转向川陕地区三线建设,开始研究更多的"问题",从而突破了自己的研究瓶颈,让三线建设的研究更上了一层楼。在站期间,我先后申报成功了中国博士后科学基金第63批面上资助项目"三线建设与川渝地区工业布局研究"(2018M633449)、陕西省博士后科研特等资助项目"三线建设与川陕地区工业布局研究"(2018BSHTDZZ11)、国家社科基金青年项目"三线建设与西南地区工业布局研究"(19CZS073),并在《当代中国史研究》等权威期刊发表论文。

在异常艰难的2020年,我终于完成了博士后出站报告的撰写,以视频会议的形式顺利通过了答辩。出站报告答辩会进行了三个多小时,很感谢徐有威教授、贾二强教授、黄正林教授、刘景纯教授及周宏伟教授在答辩会上提出的宝贵的修改意见。同时,我特别感谢陕西师范大学西北历史环境与经济社会发展研究院副院长方兰教授，在中期考核时从经济学的角度给我提供的一系列写作意见；特别感谢陕西师范大学西北历史环境与经济社会发展研究院院长王社教教授、西北历史环境与经济社会发展研究院办公室主任薛滨瑞老师、陕西师范大学博士后管理办公室吴晓杰老师，感谢他们对我在站期间的帮助；很感谢我的家人和四川外国语大学马克思主义学院院长钟谟智教授、副院长王正宇副教授及同事们对我博士后工作的支持与帮助，在他们的帮助下，我才能得以顺利出站。

博士后能顺利出站，最感谢的就是我的合作导师侯甬坚教授。跟随侯老师学习了两年多，收获很大。我特别喜欢老师曾说的一句话："一名学者能进步多少，主要是看自己能否定自己多少。"其实，不管是生活还是学术研究或者其他，我们都希望得到的是"肯定"，不愿别人否定自己，更不愿自己否定自己。若真能如侯老师所言不断地"否定自己"，那么我们终会拥有同别人不一样的学术胸襟、学术情怀及学术成就。

三、三线建设学术研究之成果

从2013年开始，我已研究三线建设近7年了。这7年时间里，在老师们的指导和大家的帮助及自己的努力下，取得了一些成果。我先后在《光明日报》《中共党史研究》《党史研究与教学》《当代中国史研究》《贵州社会科学》《理论月刊》《军事历史研究》《山西档案》《西南交通大学学报》《三峡大学学报》和《重庆交通大学学报》等期刊发表论文近30篇。其中，2015年刊于《军事历史研究》的《三线建设中的重庆军工企业发展与布局》一文，是学界第一篇探讨重庆三线建设军工企业发展与布局的论文，该论文以档案资料为基础，从历史地理学的角度探讨了三线建设中重庆军工企业的发展与布局，文章认为三线建设中重庆军工企业的发展以新建大口径炮、炮弹厂为主，重点改扩建七个常规老兵工厂。三线建设中重庆军工企业在布局上："大分散"与"小集中"相结合，沿江绕城呈梅花状散点分布，体现了国防工业布局的战略性与安全性原则。

2015年5月，我在《党史研究与教学》发表了论文《三线建设中重庆化工企业发展与布局初探》，该文探讨了重庆地区三线建设化工企业的发展与布局,认为三线建设时期内迁的橡胶、塑料、油漆、制药等化工企业,使重庆化学工业的门类进一步齐全,并增强了重庆化学工业的实力。三线建设中的重庆化工企业,整体上沿江分散分布与小区间内集中分布相结合,初步形成重庆化学工业的分布格局,即市区沿江地带的多品种综合性化工区和长寿—洛碛化工区。

2017年9月和2018年1月,我先后在《西南交通大学学报》刊发了论文《三线建设中川渝地区冶金企业发展与布局探析》和《三线建设中川渝地区国防企业发展与布局》,分别探讨了三线建设中川渝地区冶金企业和国防企业的发展与布局。

2020年6月,我在《当代中国史研究》发表《四川三线建设企业布局与工业发展刍议》,研究了整个四川地区(包括重庆)三线建设企业布局与工业发展,认为在"靠山、分散、隐蔽"的布局方针下,三线建设企业以成都、重庆为轴心,沿铁路线呈H形分布,基本遵循了工业布局的客观规律,将中央的布局方针同四川地区的地形地貌结构有机地结合起来,在特殊年代达到了战略防御的目的。

在研究三线建设工业布局时,我关注三线建设企业的搬迁及其带来的一系列问题,如内迁职工的工资福利待遇问题、内迁职工的社会生活问题、随迁子女的入学教育问题等,并先后在《中共党史研究》《当代中国史研究》《山西档案》等期刊发表了《三线企业的搬迁对内迁职工生活的影响——以重庆的工资、物价为例》《三线建设时期重庆地区内迁职工社会生活问题探析》《三线企业的搬迁对随迁子女入学教育的影响——以重庆为例》等论文。

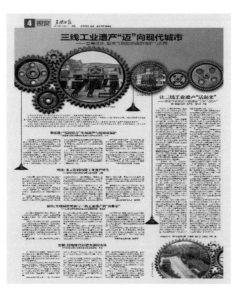

《重庆:多元化利用使工业遗产重生》发表于《三峡日报》2019年12月4日

同时,我还关注了三线建设工业遗产和个案研究。在三峡大学冯明老师的邀请和四川外国语大学张勇老师的帮助下，2019年11月我参加了由三峡大学主办的"记忆与遗产：三线建设研究"高峰论坛，会上作了题为《重庆地区三线建设工业遗产的改造与利用——以天兴仪表厂为例》的学术报告，引起了《三峡日报》记者的关注，探讨了整个重庆地区三线建设工业遗产的重生。

在该次会议上有幸结识了刘自兵老师、冯明老师、翟宇老师、崔一楠老师、周明长老师、吕建昌老师、李德英老师、李彩华老师、黄巍老师、张杨老师等三线建设方面的专家学者，同他们进行了交流，加入了三线建设研究的大家庭。

在个案研究方面比较欠缺，原计划博士后出站前去考察一次陕西的三线建设企业，已经确定好了要去考察的企业，也已请好了特别的向导。无奈，天不遂人愿，受疫情影响，未能实现，很是遗憾。

三线建设值得研究的问题比较多，比如三线建设与城市化发展、三线建设厂社结合、三线建设企业对周边生态环境的影响等。未来，我将会更深入地研究以陕西地区为中心的西北地区三线建设，并将其同西南地区进行比较，从而从宏观、中观、微观三个方面系统总结整个西部地区三线建设布局与工业发展，进而为西部大开发提供借鉴，做到真正的有用于世。

（王毅，甘肃环县人，四川外国语大学马克思主义学院副教授、硕士生导师。嘉陵青年学者，重庆市优秀博士论文获得者。曾经主持国家社会科学基金项目、中国博士后科学基金项目、陕西省博士后特别资助项目、重庆市社科规划项目、重庆市教委科学技术研究项目和重庆市高等教育教学改革研究项目等10余项；参与省部级及以上课题10余项。在《光明日报》（理论版）和《中共党史研究》《党史研究与教学》《当代中国史研究》《贵州社会科学》《理论月刊》等期刊发表论文近30篇。论文曾经被人大复印资料、中华人民共和国国史网等全文转载）

我与青海三线核工业705厂的不了情

左 琰

  青海之美,是高原之美,是山峦棱角分明的素描,是湖水蓝绿退晕的渲染,是生灵自由不羁的灵动。
  青海之美,也是人民之美,唯有这高原之美,才能在广阔的野性中孕育出青海人民勤劳勇敢的品质和自然质朴的生活。
  青海之美,还是工业遗产之美。就在大通705厂那已经荒芜但还存有大体量构造的工业遗产当中,我似乎还能感受到三线建设时青海工人们对国家建设、对生活、对未来的豪迈情怀。
  不论高原之美、人民之美还是遗产之美,这些无可复制的魅力无一不是时间的连续积淀所形成的。被青海之美所感动,更要为守护青海之美而努力。
  ——摘自2014年青海705厂工业遗产保护设计营同济学生黄瓒的感言

  20世纪60年代,国家为应对复杂的国际政治局势以及发生大规模军事冲突的可能性,在广大的西部地区建设工业基地。青海的军事工业、核工业以52、56、221、701、704、705、706、805、806、535等工厂为代表,这些企业为中国第一颗原子弹、第一颗氢弹的试验成功做出了巨大的贡献,为后人留下了一批"三线"军工遗产。然而随着国际形势的变化和三线建设的结束,20世纪90年代大批三线军工厂面临转产改制或倒闭破产,昔日厂房处于弃置状态。这些承载着几代人梦想、奋斗和记忆的历史空间在产业转型和城市发展中逐渐被人遗忘,亟待抢救性保护与再利用。

　　青海光明化工厂(代号705)就是其中一例。这个坐落于青海大通县老爷山脚下的昔日三线军工企业虽已倒闭荒废多年,却有着鲜为人知的显赫护国战功。为了应对冷战时期严峻的国际形势,705厂集当时国家最强的资金设备和技术人员于1965年而建,由化工部直接管理,为中国核武器生产提供自主研发的重水原料,改变了之前重水全依赖苏联进口的局面。然而20世纪80年代中随着我国加入国际原子能委员会,国家对重水产品实行了限产和关停政策,国家计委1985年发函明确提出转产民品问题。705厂先后贷款数千万元建设了六条民品线,却连年亏损。工厂开始限减产,20世纪80年代末关闭了重水生产线,报废了生产装置,国家将生产重水的基地转移到别处,1996年705厂正式宣告破产。

三座高耸的塔楼是当年三车间的冷却塔,为全厂制高点

　　感叹命运的安排如此神奇,将远在东海之滨上海的我与辽阔壮美的青海紧紧联系在一起,而这个纽带就是工业遗产保护与活化利用,青海705厂成为这个纽带上的重要触媒。自2013年第一次走进705厂至今,已过去整整七年,而正是这个厂引发了我们对共和国这段三线建设历史的了解,展开了对三线工业遗产价值的认知及其保护利用的研究,也结交了当地几位为保卫这段国

家记忆和工业遗存而默默奉献一生的守护英雄。705厂开启了我们对三线工业遗产研究和保护之路,其大致走过了三个阶段。

一、2012—2014年:705厂前期宣传和保护启动

这个阶段主要任务是为青海当地政府宣传705厂的遗产保护价值,并通过公共讲座、与当地政府职能部门圆桌会议及联合国内几家著名高校师生赴青海当地举办工业遗产保护设计营等方式来推进社会民众对705厂的价值认知和未来转型的思考。最初的起因是中国建筑学会室内设计分会青海专委会杨来申主任于2012年底向青海省相关部门提交了一份关于705厂去留问题的提案——《青海工业文化博览园策划建议书》,打响了青海705厂保护战的第一枪。接着2013年11月由他和蒲仪军博士的引荐,我与日本建筑师学会前会长乔治国广教授受邀第一次前往青海大通,为当地县政府各级领导和西宁师生举办了一场工业遗产保护和再生大型论坛,县政府高度重视,派出了县常委宣传部长孙桂萍来主持演讲,与会者300多人,会场反响热烈,大家对工业遗产保护和利用这个理念都感到新鲜和振奋。

2013年大通工业遗产保护讲座后演讲嘉宾与县政府、当地业界人士合影

2013年演讲嘉宾与县政府领导座谈汇报

　　为了进一步推动705厂的转型和盘活，2014年7月我与杨主任共同策划联合大通县政府举办了针对705厂保护和再生的设计工作营，邀请到了清华大学、同济大学、天津大学、东南大学、哈尔滨工业大学等国内著名高校的专家学者和学生们集聚大通，在短短的八天时间里在厂区展开现场记录和调研，并根据当地城市经济和生态环境的发展特点为政府出谋划策。设计营期间，学者和政府有关职能部门开展了圆桌会议，充分交流和讨论这些军工企业存在的现状问题、保护困境、发展政策及前景，对705厂的历史地位和再生价值有了更深的认识。设计营最后为韩生才县长作了汇报，为政府提供了五组视角不同而富有创意的再生设计策略，圆满完成了预期的目标。设计营的成功举办意义深远，在规模、方式、专业性和社会影响力等方面，都在青海历史上尚属首次，为推动青海工业遗产保护与再生迈出了坚实的一步。

　　此次设计营得以顺利举办，离不开各方的支持和帮助。我和杨来申主任各有分工，我负责高校联络、营员组织和专业安排，杨主任团队负责所有师生在当地的食宿和交通、工作场地安排及对接政府落实资金。杨主任热情好客、侠胆义肠，其手下的刘芸善解人意、耐心细致，负责设计营全部师生的食宿和交通等后勤工作，尽力保障设计营的有序展开。此外蒲仪军博士也分担了部分设计营后勤联络和接待工作。

设计营得到了青海省大通县委、县政府的大力支持，韩生才县长、孔佑鹏副县长、何斌副县长、孙桂萍宣传部长等都先后参与听取了师生的汇报，给予我们工作上的便利和资金支持；青海省政府参事、住建厅原副厅长李群、住建厅总工程师熊士泊以及青海省勘察设计协会理事长王涛非常关注设计营的动态，他们全程参加了开营和闭营活动，李群参事积极组织省级建设、文史、文物、规划、大通县领导、705厂等在内的相关部门领导与学者座谈研讨，包括青海省文史馆名誉馆长谢佐、西宁市规划局总规划师廖坤、西宁市文物管理所所长曾永丰、省经信委材料工业处处长袁荣梅、黎明化工厂军品部长单正军、大通县东部新城指挥部办公室主任马云及省美术家协会会员朱树新等其他嘉宾。谢佐馆长文史渊博，在晚餐上即兴作赋一首：

老爷山下苏木莲，文化走廊经北川。
诸君来青保遗址，再生蓝图步前贤。
莫道破产七零五，老爷娘娘二名山。
鹞子沟与察汗河，诸君功成衣锦还。

设计营最后的方案汇报会邀请到同济大学《时代建筑》杂志主编支文军教授和联合国教科文组织亚太地区世界遗产培训与研究中心李昕主任两位与会做出点评和指导，青海大学土木工程学院陈柏昆院长和韩秀茹老师为设计营的老师专家提供了学术论坛的场地，此外全程协助设计营交通服务的西宁光影野外科考服务公司张炳宏以及青海省土木建筑学会、青海省勘察设计协会、青海省房地产业协会以及新华社驻青海记者站、央视驻青海记者站、青海广播电视台、青海新闻网、西宁广播电视台、西宁晚报等多家媒体给予了设计营支持和宣传。

参加本次设计营的高校师生和学者都非常重视和投入，毕竟到大西北偏远地区的青海来做实地调研机会难得，加上705厂是国内比较罕见的三线军工遗存，所以整个八天的设计安排紧凑高效，短短的几天里完成测绘调研、中期汇报、小组讨论、熬夜绘图到最后汇报，大家忘我的工作和辛苦付出最终为当地政府带来了许多合理化建议和设计策略。

参加的师生有清华大学的刘伯英副教授和许懋彦教授以及学生董笑笑、

蔡长泽、张之洋，天津大学的徐苏斌教授及学生张家浩、张雨奇，东南大学的董卫教授及学生马建辉、任佳前，哈尔滨工业大学的周立军教授及学生刘晓丹，同济大学：规划系的张松教授与学生黄瓒、张萌，建筑系的朱晓明教授与学生田国华，陆地副教授与学生胡鸿源，陈易老师的学生蔡少敏以及我和我的三位研究生——姜新璐、刘春瑶、叶长义，兰州商学院的苏谦副教授及学生姜珍珍、苏子聪，青海建筑职业技术学院的王刚老师及学生李青青、万马仁青、王浩、田启晶。全部师生分成五个设计组和一个记录组。

设计营的举办因事先准备充分加上大家的共同努力，圆满地画上了句号，

2014青海大通工业遗产再生设计营成果汇报会全体师生与嘉宾合影

学生在705厂调研测绘

705厂许存武厂长在讲解厂史

部分师生在705厂前的农田里

大家都感到意犹未尽,留下了珍贵的记忆。清华大学刘伯英老师认为大家想象力非常丰富,他和许老师带领的小组策划将此厂转型为反恐特警的培训基地,尽量避免与他组雷同。"我觉得这次设计营的主要意义是给大通留下一些好的想法,帮助大通能够下决心把705厂作为一个工业遗产保留下来,了解它的价值,对它今后的再利用有一些基本的认识,并不在于我们设计有多深入"。同济大学的张松老师认为此次设计营把学校打散后分组是一个不错的工作方式,大家在一起开展调查和设计方案讨论,彼此的交流可以深入一些。徐苏斌老师则认为这次设计营是一次非常重要的跨学科、多角度的尝试和探索。陆地老师将工业遗产的粗犷美看作是一种独特的技术工业美、原生的美。"这种时光美的确对任何人都有效,即便没有任何的历史文化功底一样能够打动你。"

天津大学的张家浩彼时加入设计营的身份是新博士生,如今他早已博士毕业并已成为一名高校教师,研究方向仍然是延续导师徐苏斌老师的工业遗产保护和利用。他虽以往参与导师课题也调研过一些工厂,但705厂涉及的核工业、军工厂的身份透着一种神秘,牢牢吸引着他,"我们组在概念方案上试图通过工厂本身具有的神秘特质与基地特性,将农业景观旅游、军工探秘、休闲娱乐和爱国主义教育等多种业态进行复合,打造多元化的、既与保护工业遗产不违背又与城市发展相协调的保护模式。"他后来回忆道。

学生们来自不同城市和学校,虽然相处短暂,但彼此真诚的交流和协同奋战不仅提高了他们的专业研究能力,也建立了深厚的友谊。学生刘春瑶入营时还是同济一名准硕士生,如今她将很快获得美国建筑遗产方向的博士学位。她回忆道:"这里面有的人成了我最亲的同学,有的人成了我的室友,有的人成了旅行的伙伴,而不在身边的人在偶尔跨过遥远的距离发发信息点点赞,人虽远,情不减。"正如杨来申主任说的那样,经过老师和同学们不懈的努力,人们从原来的不明白、不支持、不理解转变为支持和赞赏,并理解我们活动的意义了,就这一点也说明我们的工作没有白做,我们的辛苦没有白费。

参加在青海大学举行的"2014中国工业遗产保护与再生论坛"演讲嘉宾和领导等合影

设计营教师代表与大通县委书记、县长讲解欧洲工业遗产再生案例

设计营期间指导教师代表与青海当地职能部门领导、文化界座谈交流

二、2014—2017年：705厂专著出版

2017年左琰、朱晓明和杨来申所著的专著由科学出版社出版

2016年4月，一次偶然的机会，科学出版社上海分社的许健主任联系约我书稿，我便萌生了要将705厂作为一个典型案例编写出版，让更多的人了解三线建设的历史并关注三线工业遗产保护问题。在许主任的鼓励和支持下，我联合同事朱晓明教授和杨来申主任一起共同完成此工作。作为2014年705厂设计营主要策划和组织者，我和团队记录了设计营的全部进展过程和终期汇报方案，而这部分内容构成此书的核心内容，此外三线建设的历史、意义和评价由朱老师梳理，而原厂领导、技术人员等口述访谈则由杨主任负责落实。这本三线著作以705厂为案例将理论和实践相结合，在许主任的努力下于2016年获得了国家科学技术学术著作出版基金的资助而顺利出版。

该书以2014年设计营的成果为基础，通过大量文献查阅增加了青海三线建设特别是化工历史的梳理以及705厂的建厂历史背景，并借鉴国外冷战遗产保护的经验来探索三线工业遗产的未来出路。时隔两年多，我在整理设计营资料时一直在思考如何看待这次设计营的意义、如何看待705厂这些残垣断瓦背后更深层的价值。直到2016年巴西里约奥运会上女排勇夺金牌的那一刻，我突然明白了，原来它就是一种新时空下的新三线建设。如果说当年是从内地带着设备技术和人才去支援边疆，是物质、有形的支援，那2014年的工业遗产再生设计营是沿海和大城市的教学科研力量以及口述史访谈带着新思想和观念去支援的，是无形和精神上的支援。在写作中，我越来越清楚编写本书的意义和担当，是要把青海的三线精神找回来，把环境和事件背后所蕴含的"两弹一星"精神找回来并传承下去。工厂遗址活态化保存只是一种手段和方式，重要的是给曾经燃烧过青春和热血的一代人及他们的后代一个说法，给

政府一个参考,给社会大众一个重温历史的载体。挖掘和总结三线历史,让我们强烈地感受到了一代人的奋斗精神,就像女排精神的回归是制胜法宝,这是当前和谐社会所需要的,也是重铸伟大中国梦的信仰基础。

本书邀请到两位重要人物写序,他们是中国科学院院士、同济大学常青教授和青海省住建厅原副厅长李群。作为省府参事的李厅长在序中提出了一个发人深省的问题:"当我们把相距西宁市百公里之外的海晏221厂和核爆轰试验场作为爱国主义教育基地时,有否想过这个距西宁40公里的705厂也是当时核工业建设的重要组成部分,也曾为中国的核工业发展出过大力做过巨大牺牲?"他站在青海省核工业发展的角度对705厂的历史价值作了高度肯定,为705厂的身份认定推波助澜。

本书专门辟出一章记录了对705厂光明人的访谈,这也表明了我们作者对于环境和人一起保护的立场和态度。"记忆是当下鲜活的情感现象,而历史是对过去有选择的、批判性的重构。属于集体的记忆既是个体碎片的叠合,更是有甄别的传承,这些记忆也必然影响了后代个体,用以观照现实。试图构筑一部整体的705厂史无疑极为困难乃至无法实现,705厂的记忆不过是从中采撷了一些碎片而已,但倘若能从中理解光明人的内在精神,研究的目的就已经达到了。"(参见书中第202页)

2015年5月705厂原职工居住区成立业主委员会

705厂原职工分成第一代和第二代光明人，他们差不多都是随着大中型化工企业移民来此的职工、徒工、退伍军人以及他们的后辈。孩子们长大后也基本进厂，延续成为企业的一代产业工人、技术人员，直至1996年705厂破产。被访谈者中，长者近九旬，年轻的也出生于20世纪60年代末，他们个人的经历分别横跨了中苏友好、三线建设、"文革"、拨乱反正、改革开放、高考求学、下岗"买断"、突围青海等关键阶段，职业上分为技术专家和普通工人两类，基本能反映705厂的运转特征。先后接受我们访谈的有1956年毕业于苏联列宁格勒苏维埃工程学院化工系无机专业、曾任705厂革委会生产组组长的90高龄老人洪小灵，原705厂厂办主任王斌（2016年去世）及原705厂供气208车间工人的王斌妻子，原705厂仪表车间工人谢萍，曾任705厂化验室实验员和司机的"光明帮"群主邹国兴，原705厂子弟学校教师、光明二代的杨春生，原705厂一车间工人、光明二代的李长平，原705厂供销科副科长王松岐，天津大学化工系毕业、原705厂科技开发科科长纪子博，原705厂长许存武以及刘志新、于和生等，这份无形的精神遗产将作为历史档案保存给后代子孙，让他们铭记过去。

　　我的研究生刘春瑶、姜新璐、张飞武、程城为本书做了大量工作，包括收集和整理资料、翻译美国冷战遗产报告、整理和绘制部分插图、后期视频制作等，在他们的协助下，本书的质量有了较大的提升。

2016年8月与705厂老职工访谈（左起：李长平、王松岐、杨来申、刘志新、于和生、刘芸）

三、2017—2020年：持续关注705厂动态

2017年为配合新书出版，我们特别在上海和青海西宁两地组织了两场新书发布和交流会。第一场依托同济丰富的专业资源和社会影响力在学界和设计圈里举办了一场新书发布和研讨会，得到了同济大学《时代建筑》杂志编辑戴春老师负责策划的"Let' talk"平台的支持和宣传。到会者包括了学者专家、设计师和在校学生40多人，除了我和朱晓明老师作为本书作者外，还邀请了曾参与设计营的同济陆地老师以及著名出版人和城市批评家王国伟老师等与会座谈，学术氛围浓厚。我们对于时间和地点做了精心安排，选取了2017年7月1日党的生日这个特殊日子，并将活动举办地安排在由老厂房成功改造的同济大学明星建筑师（也是我的领导）章明教授的原作设计公司，环境与新书主题非常贴合，也令每个到访者耳目一新，印象深刻。

2017年7月1日，上海新书发布会在章明老师主持的原作设计公司举行

第二场新书发布会于7月7日在西宁市中心一个环境清幽古朴的茶室空间里举行。我和同济大学《建筑遗产》杂志编辑蒲仪军老师带着研究生程城又一次来到青海。与会者包括社会各界代表，有"青海文化名片"之称的谢佐先生、清华大学的刘伯英老师、青海省勘察设计协会理事长王涛以及宋贵宾秘书长，705厂光明人代表纪子博、杨春生、马应孝、王国柱、李长平，青海建筑职业学院王刚和马贵老师，青海大学应全杰老师，西宁市委党校领导、青海监狱文化博物馆李成清馆长及柳安智科长，兰州赞助商张明娟经理等，《青海日报》记者作为媒体代表也参加了此次研讨会。与会者畅所欲言，交流看法，将工业

遗产保护上升为一种文化遗产的保护来看待,很快达成了一种共识。

趁这次在青海举办新书发布会之际,刘伯英老师、705厂原技术人员纪子博、杨主任、蒲老师以及我和程城一行人又来到705厂参观,相隔三年后又故地重游,思绪万千。除了主大道边的野草比以前长得更茂盛外,整个厂区与三年前相比变化不大,依然静默荒凉。庆幸的是这些建筑没有被拆除,它们静静地老去,无奈地等待着它们未知的未来。我们此次带了无人机将整个主厂区和两个附属厂航拍了一遍,回沪后剪辑完成了一个6分钟的视频于我所在的建筑与城市规划学院网站上正式发送。

2017年7月7日,新书发布会在青海西宁举行

2017年11月我邀请了杨主任、纪子博一起与我和程城参加在贵州省遵义市1964文化创意园举办的中国"三线"遗址与旅游开发研讨会,会上我介绍了705厂的研究成果和新书出版情况,并在会场播放了705厂的视频,向中国三线研究会的王春才会长、何民权部长等几位领导以及中国社科院陈东林研究员等介绍青海三线工业遗产的研究情况。

值得一提的是书中被采访的705厂光明二代杨春老师在西宁新书发布会后成为我在青海的又一个真挚的朋友。他很小就随父母迁居青海705厂,后为705厂子弟学校教师。父亲正当壮年时因公殉职,年仅40岁。作为705厂二代,他的命运与705厂的命运紧紧地联系在一起。现年58岁的他经历了705厂的破产倒闭、改制转产、废弃破败的悲惨历程,他近些年不遗余力地利用各种渠道向青海省有关部门递交提案,2018年为抢救性开展青海三线工业遗产保护与再生利用的提案与省发改委、省文化旅游厅、国资委督促落实。在这几年中,他曾三次向青海省经信委(现工信厅)提交工业遗产保护申请,但都未被批准。2019年又向青海省国资委提交了一份705厂翔实的产权变更说明,希望省政府能重视并妥善解决705厂全体留守人员的安置问题。当获悉2020年9月第四批工业遗产核查组前往705厂核查时,杨老师作为原厂职工为核查组专家详细介绍了工厂历史和原建筑功能,令他们不虚此行,了解了705厂不为人知的故事和实情。此次705厂能否获批第四批工业遗产名录未得知,但其作为青海核工业发展的重要组成部分已得到了核查组专家的一致认可。

在杨春生老师的引荐下,我于2018年认识了青海原子城(221基地)的核二代梁益福老师,也有幸和他成为好朋友。705厂与221基地关系密切,后者的中子源制造所用的重水就是由705厂供应,因此705厂与221基地一起共同构建了青海核工业生产链,为中国核工业的发展做出了重大贡献。梁老师和杨春生境况相似,也是从小随父母来到青海,在221基地一分厂102车间工作,从事核武器核心铀部件加工。自2016年开始梁老师自费在全国采访核一代

2019年7月,笔者与梁子团队、杨春生夫妇、杨来申在青海原子城生活区大礼堂前合影

老人，挖掘和整理221基地的历史文化，与同为221基地工作的徐金环老师一起打造了全国公益平台《梁子故事》，发布了相关文章和文献资料500余万字，策划创作的3集纪录片《代号221》于2019年9月在央视九套及全国各电视台播放，尽自己的全力将核工业建设二代人身上的"两弹一星"精神弘扬下去。2019年，我和学生程城与杨主任、杨老师一起又一次去了原子城，在梁、徐两位老师的带领下参观了221基地几个厂区和生活区，留下了深刻而难忘的印象。

705厂，这个在冷战时期应运而生的国防军工厂像一个叱咤风云的老将军，骄傲地婆娑着胸前的勋章，在和平年代却因国家产业调整和体制改革等因素倒在自己的国土上，令人扼腕叹息。尽管历史已翻过了一页，但身可倒、魂犹存，前辈们在国家危急时刻毅然赶赴西部建设边疆，不畏艰难困苦，为国家的安宁和富强做出了伟大的奉献，这种崇高的品质就是国家提倡发扬光大的"两弹一星"精神，我们被深深打动了，它促使我们站出来，有义务和责任去为保护和利用好这些工业遗存而奔走呐喊，让我们的子孙后代在铭记这段难忘的历史的同时也为西部大开发献计献策。

一次青海行，一生青海情。

最后，向所有顶天立地、无私无畏、经历过三线建设岁月的高尚灵魂致以我们最崇高的敬意！

（左琰，同济大学建筑与城市规划学院教授、博士生导师）

剑出偏锋：
从工业遗产视角切入三线建设研究

吕建昌

一、前期姻缘

我研究三线建设有两个因素（或说"缘分"）。首先，我是三线建设亲历者，我曾经在上海皖南小三线后方瑞金医院工作八年；其次，我从研究文化遗产转向三线工业遗产，而工业遗产属于文化遗产之一部分。我从复旦大学分校历史系本科毕业，又到复旦读历史学硕士，所学专业都是历史、考古与博物馆。毕业后一直在上海大学任教，教学与科研方向都在传统的历史文化遗产领域，后来才扩展到工业遗产领域。

20世纪七八十年代，欧洲的工业考古已蔚然成风，为保护世界工业革命的纪念物，在实践中开创了工业遗产保护之路。20世纪90年代以后，欧洲的工业考古运动向全世界扩散，工业遗产概念已经为国际遗产界认同。此时，中国正进入改革开放的高潮。随着城市化发展进程加速，工业化改造力度加强，如何处置老工业城市中的旧厂房成为一个突出问题。"推倒重来"的"大拆大建"政策，导致无数重要工业历史建筑被毁。国内一些有识之士在借鉴发达国家实践经验基础上，率先在社会上发出要保护工业遗产的呼声，并对老旧厂房进行改造利用的实践。进入21世纪后，工业遗产保护成为我国建筑遗产界热门的话题。我在研究文化遗产中，也关注到了工业遗产保护这一热点，于是就逐渐将研究兴趣转向工业遗产。正是研究视野的转向，把我引上了与三线建设相关的研究。

2006年,国家文物局和江苏省政府在无锡联合召开"中国工业遗产保护论坛",拉开了国家主导工业遗产保护的序幕,民间自发的工业遗产保护运动也正式登上舞台。三线建设作为共和国历史上探索社会主义工业化进程的一重要个阶段,引起多学科的关注。《国家地理》杂志2006年第6期刊载了一组关于工业遗产的文章。其中,中国社会科学院当代中国史所陈东林研究员的《三线建设:离我们最近的工业遗产》一文,引起我的关注,在脑中留下了一个悬念。我从中学一毕业就被分配到上海皖南小三线后方瑞金医院参加工作,同大多数三线建设亲历者一样,人在三线单位工作,但对于三线建设的整个历史背景并不了解。三线企业有保密规定,我们作为三线职工,从不打听军工生产的事,即使后来我离开安徽回到上海读大学,也不再关心三线建设的事。

2006年,国家公布了2010年将在上海举办世博会的消息,吸引我从传统的历史文化遗产研究领域扩展到城市的工业遗产。获悉上海浦西的江南造船厂旧地将要被改造利用为上海世博会园区,2007年,我申请到上海市教委关于世博会与上海文化遗产保护的项目,重点是研究怎样处理那片工业旧址和工业厂房。在前期成果的基础上,2009年我申请到国家社科基金一般项目,研究关于城市化进程中的工业遗产保护问题。我以工业遗产博物馆为抓手,探讨化解工业城市发展与工业遗产保护的矛盾问题。

2010年3月,上海大学历史系的同事徐有威教授开始研究小三线。他得知我是从皖南小三线回来的,专门采访了我。徐教授后来采访了很多小三线亲历者,据说我是第一位被采访的小三线亲历者。这次采访的采访稿《我在小三线医院的8年——原后方瑞金医院政工科科员吕建昌访谈录》后被由徐有威教授主编的《口述上海:小三线建设》(上海教育出版社2013年版)收录。当时我正在赶着完成一个国家社科基金课题,无暇顾及小三线之事。直至课题结项后,我才回过来了解三线建设及其研究的状况。

二、申报课题

2017年7月下旬的一天,我正在重庆武隆旅游,突然接到我校文科处一位老师从上海打来的电话,告知我报送的国家社科重大项目课题指南入选了。

全国哲社办在每年的国家社科基金重大项目申报之前，都会向全国高校与科研机构等单位征集当年的项目选题。为此，我校文科处都会在每年报送"课题指南"之前，组织教师积极准备选题，并请资深专家对报送的选题进行预审，争取入选"课题指南"。而在国家社科重大项目"课题指南"公布后，学校又组织校内有经验的专家对教授们提交的申报书进行预审。学校组织的两次预审，有效地提高了教授们获得重大课题的成功率。本人在获得重大课题过程中，深深体会到学校组织的两次预审功不可没。

从武隆回来后，我从网站查阅2017年度国家社科基金重点项目课题指南，其中一个题目"三线建设工业遗产保护与创新利用的路径研究"，与我报送的题目一字不差，说明我报送的选题及其初步设计的研究内容都得到评审专家的认可。当初设计这个题目是从五个方面构想的。遗产类的研究，内容太丰富了，由于遗产的多种类、多层次性，遗产的保护利用可以从多个角度切入，各个学科都可以介入，也可以是文理交叉的跨学科研究。就我个人的知识结构和资料积累，从历史学、工业考古学、博物馆学介入相对较为容易，但仅仅这三方面的研究不足以囊括三线工业遗产保护利用的全部要义，亦难以全面而深刻地包含其整体内容，因此必须组织一个团队，成员中要有不同学科背景的专家参与，协同作战，知识互补。在各位同事的热情帮助下，我设计的研究框架是一个综合的文理交叉学科系统，由五个子课题支撑，以历史学领衔，包括经济学、旅游地理学、建筑学（与城市规划）、遗产保护和博物馆学等研究领域。为此，我携手国内高校中相关学科的专家学者，组成重大项目课题组团队，向全国哲社办投标。

就个人申报的经历，有两点可以同大家分享：

第一，研究的内容设计，要与课题指南题目高度契合。研究框架构成整个研究内容的各方面，这是最基本的。因为课题指南中的题目是我报的，那么在提出课题指南中设计的大体研究内容，就应该成为我设计投标申请书的核心内容，因为评委认可课题指南中的题目，实际上也基本认可了其中的大体研究内容，那我的投标申报书研究框架就可以依据课题指南中设计的研究内容进一步展开和深化。在我的国家社科基金重大项目开题报告会上，评委们一致认为我的申报书"文本"好，所以能够在五个单位的激烈竞争中胜出。其他四个竞争单位虽由各自强大实力的专家教授领衔，但研究团队和设计的研究框架,各偏重于单一学科,或以旅游地理学为主,或以历史学为主,或以文化遗产为主,而我研究框架包含的五个子课题不仅具有紧密的内在逻辑关系,而且在遗产保护利用方面,突出多学科交叉,文理跨界,这相对于单一学科为主的研究架构,就具有一定的优势了。

第二,首席专家的前期研究成果是基础。虽我涉及三线建设研究是近年之事,但是涉入工业遗产保护研究已有十多年,从承担上海市教委重大课题研究开始,以后又申请到国家文物局重点课题和国家社科基金一般项目等,研究内容都与工业遗产保护有关。从2007年到2017年的重大课题申请之前,我先后发表了十余篇C刊论文,出版了两本专著,其中《近现代工业遗产博物馆研究》(学习出版社2016年版)一书,有幸入选2015年国家哲学社会科学成果文库。这些成果是我以前的资料积累与研究所致,尤其在2010年、2011年的暑假期间,我从北到南,再到西南,先后考察了沈阳、阜新、大连、北京、天津、唐山、青岛、无锡、南通和四川成都、重庆、武汉、大冶等地,访谈相关人员,参观工业遗址等,了解当时分布在我国东部沿海及北方和中西部重要工业城市的工业遗产保护利用状况。记得在成都时,由当时的四川省文物局博物馆处李蓓处长引荐,找到了广安市文物管理所王成平所长,并去广安考察了广安三线建设博物馆。博物馆尽管面积不大,仅为约100平方米的一间小平房,陈列设计也极为简陋(因缺乏经费和空间缘故),但却是全国首家三线建设博物馆。"室

笔者(右一)陪同英国专家参观重庆涪陵区白涛镇"816文化广场"

雅不在大,花香不在多。"他们是全国最早自发地在当地收集三线建设工业文物的单位,给我留下了深刻印象。

三、开展课题研究

做历史类的研究,资料是基础。虽说我前期已有一些相关资料收集,但要展开全面的研究,深感前期的资料准备不足。承担课题起,首先要做的就是夯实资料基础,主要从三个方面同时展开:

第一,口述史采访。上海是支援三线建设的最重要城市之一,有几十万名的支内职工,很多人退休后都回到上海居住,因此首先在上海展开口述史采访是有利条件。组织了几次定向的三线建设亲历者访谈,包括退休回沪的和至今依然留在西部地区的三线建设者。如上海电表厂支援贵州贵阳包建永清仪电厂的一批退休职工、上海光学仪器厂奔赴贵阳包建新添寨新光厂的一批退休职工、上海柴油油机厂支内到四川成都彭州的锦江油泵油嘴厂部分职工,其他还有上海小三线企业从皖南返沪的一些退休人员以及甘肃、青海、陕西、重庆等地的一些三线建设第一代、第二代等。在四川和贵州等三线企业遗址的调研时,也做了不少口述史采访,这些资料经过整理和筛选,以后将陆续编辑出版。

第二,三线企业档案资料收集。三线企业的档案资料十分丰富,虽不少已流散于社会,但在各地方的档案馆中还是收藏了不少。有些三线企业被兼并后,档案也跟着进入新单位,而新单位现在还在继续发展,查阅档案就受到严格限制。由于三线企业多涉及军工生产,即使档案解密了,很多地方的档案馆管理还是很严格的,查阅的手续很麻烦,收集数量还不多,尤其是跟三线工业遗址直接有关的档案资料,很难找到。本课题组目前在这方面的工作进展较慢,一定程度上影响了对已经初步调查的三线工业遗产的解读。

第三,三线工业遗产实地调研。因课题团队人员精力与经费有限,故只能有重点地调研一些三线工业遗产,无法做全国普查。三年来,团队调研的足迹遍及大多数三线区域,有四川、重庆、贵州、陕西、甘肃、青海以及湖北、上海小三线的皖南、江西部分地区等,重点调研的三线企业与相关单位有重庆白涛镇的816核工程洞体、夏坝5057厂,四川梓潼"两弹城"、大邑县雾山6569厂旧址、天水岷山机械厂,还有因三线建设而诞生的攀枝花市兰尖矿区和贵州六盘水市水城钢厂、300号电厂以及成都龙泉驿区十陵街道宁江社区等。

调研中,受到许多三线友人和三线建设研究专家的热情帮助,如原5057厂的吴学辉、秦邦佑和秦邦建兄弟,重庆建峰集团旅游发展部郑志宏总经理,重庆市党史办原副巡视员艾新全研究员,四川省党史办原副巡视员宁志一老师,四川大学历史文化学院范瑛教授,三线二代的刘常琼总经理,还有四川攀枝花学院人文学院文忠波院长、中国特色社会主义理论教育学院朱云生院长,以及甘肃天水市工业博物馆冯振文馆长等。提供帮助的人太多,此处不一一列举。他们或帮助联系采访对象,或帮助解决交通问题,或亲自驾车陪同前往调研地点,或帮助解决实地调研遇到的其他各种问题。

我很庆幸通过做这课题而遇到了这些极富三线情怀的挚友,我与他们素昧平生,大家为了一个共同的目标——弘扬三线精神而走到一起来了,我们成为同一条战壕里的战友,共同为建构三线文化遗产,传播三线建设文化而默默

中英合作主办的"当代工业遗产:价值及保护与利用"高端工作坊合影
(上海大学,2018年10月24—25日)

地做出奉献。深深感谢他们对我的热情而无私的帮助，他们身上闪耀着三线精神的光辉！

通过三线工业遗产实地调研，我越来越强烈地感觉到做工业遗产保护类课题，决不能光坐在书斋里看文献资料，实地调查十分重要。"不入虎穴，焉得虎子。"许多问题只有深入下去，到偏僻山野的三线企业遗址去，才能发现实际问题。经过调研，一些值得研究、亟待研究的问题迎面而来。譬如关于三线工业遗产保护利用的资金问题，原来也知道这是工业遗产开发利用的瓶颈，但具体怎样的情况并不十分清楚。调研发现，民企与国企在对三线工业遗产保护利用方面都存在两种状况：

就民企而言，他们有资金，但都奔着影响力大、基础设施条件好的三线遗产项目而去，而地处偏远的、交通不够便利的三线遗址，则无人问津。目前三线工业遗产保护利用中面临资金瓶颈的，其实就是对这类遗址的保护利用开发，而这类遗址在整个三线工业遗产中又占了较大比例。也有一些富有三线情怀的民营企业家，为了家乡的发展，他们宁可经济上少挣一点钱，也要把三线家园建设好。如四川大邑县雾山乡民企"心苑林业公司"，创建者是一个三线二代，投资打造雾山田园综合体，保留了部分6559厂原有建筑，建设"三线记忆展示馆"，出资抢救了一些被企业当作废品处理的工业机械设备，成为展览馆重要的三线记忆实物展品。还有一些三线二代，在自己开创的事业有了一定成果之后，就计划将自己从小生活的家园——三线企业旧址建设起来，以回报父老乡亲。只是目前建设成功的还为数不多，大多数都还处于进行中的状态。我对他们寄予厚望。

就国企而言，尽管也是以经济利润为主要考核指标的生产经营单位，但相比一些目光短浅的民企，就承担起较多的社会责任。如遵义1964文化创意园区的建立，就是一个典型的例子。长征电器集团有限公司领导以长远的发展目光和自觉的社会责任感，将部分三线工业遗产（遗址）改造利用为文化创意园，成为遵义城市的文化窗口与城市地标。也有部分国企，虽有保护与利用三线工业遗产的意愿，但苦于企业近年生产经营效益不佳，资金匮乏，在保护与利用三线工业遗产中，心有余而力不足。调研中也发现，有个别经济效益较好国企领导，对三线工业遗产保护利用的社会意义认识不足，认为三线工业遗产的保护开发利用所产生的经济效益，同本企业的主打产品的经济效益相比，微

笔者主编的《当代工业遗产保护与利用研究》(复旦大学出版社2020年版)

不足道,因此对本企业中的工业遗产的保护与开发利用,不屑一顾。看来我们对三线工业遗产的社会价值的宣传任务还任重道远。

目前距课题研究完成的时间已经过半,但研究成果还不多。在2018年举办的三线工业遗产国际学术会议基础上,编辑的《三线建设与工业遗产研究文丛》的第一本《当代工业遗产保护利用研究:聚焦三线建设工业遗产》(中英文双语),2020年春季由复旦大学出版社出版。编辑中的"文丛"第二本,计划在2021年初出版。在C刊发表的学术论文已有一些,主要集中在第一、第五两个子课题,另外三个子课题需要加快研究步伐,加紧出成果。总之,为西部地区的乡村经济与文化振兴,为西部山乡的工业遗产旅游发展,我们将继续努力,上下求索,寻找适合西部地区三线工业遗产保护与创新利用的路径。

(吕建昌,上海大学历史系教授、博士生导师。2017年度国家社科基金重大项目"三线建设工业遗产保护与创新利用的路径研究"首席专家,上海大学中国三线建设研究中心主任)

走近三线的心路

李彩华

2019年10月,上海大学历史系徐有威教授向我约稿,建议我把自己的有关三线建设的研究经历记录下来。从学术史的角度,留下一段学者的研究轨迹,这个做法是很有价值的。但囿于本人研究积累尚不成熟,有的研究才开始不久,一直没有落笔。前些天,徐教授再次下了限时令。我想,写写我"偶遇"三线的故事,也算是自己对这些年做个回顾总结。

一、初撞三线建设研究之门

1996年9月,我师从我国著名中共党史研究专家田克勤教授攻读中共党史专业博士学位。那时先生正主持国家教委的社科项目"邓小平社会发展战略研究"。根据项目设计,需要梳理中华人民共和国成立以后至改革开放前近30年我国社会发展战略。我在梳理中华人民共和国成立以来我国经济社会发展战略的"三五""四五"时期时,第一次读到了三线建设这一影响中国深远却又鲜为人知的重大事件的零散的、宏观的文字记录。那个时候,三线建设历史刚刚浮出水面,互联网虽在我国刚刚兴起,却难以通过互联网获取资源。读领导人文选、传记和年谱,读各种版本的中国近现代经济史、新中国工业经济史、中华人民共和国经济史、中国工业布局学、中华人民共和国成立以来重要文献选编、薄一波的重要事件与决策回顾、统计年鉴和数量极为有限的相关论文,成了我认识三线建设史的主要依据。

导师的课题完成后，我心里依然放不下三线建设史，越是不了解越是好奇。当时党史学科对此尚无较系统研究，我何尝不试试用两三年时间做个较系统的梳理，也是一项开拓性工作。我跟导师谈了可否以此做学位论文选题的想法，他鼓励我试试。

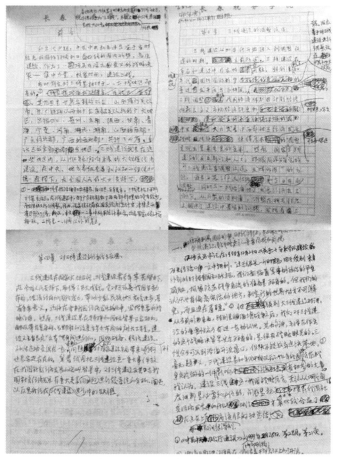

笔者1998年博士论文的部分手稿

那时还是年轻！不知深浅的我就这样向三线建设研究的大门撞去，我的人生轨迹有了新内容！于我而言，选择三线研究更多的是一种新方向的召唤，没有太多有利条件：一是这个题目对我而言没有任何学科积累。二是三线是在国家极为保密的情况下建设的战略后方，文献资料难以看到，这也是当下三线研究难以深入推进的重要原因之一;三是我在离三线地区遥远的东北,调研不便,更缺乏三线人文环境的影响和三线文化的熏陶。这是我后来感触最深的,就像一个西南重庆地域的学者研究东北抗联问题存在着地缘难度一样可以理解!

开完题,我安排好单位和家里的事情,就去查资料档案了。先到北京,在离国家图书馆不远处的一个小旅馆住下。在同学帮忙联系下,去国防大学、军科院、中央党校、中央档案馆,由于资料保密和身份级别限制,几乎没有什么收获。向中央党校的一位资深党史研究专家请教时,他以亲身经历告诉我:"三线问题的档案难以看到,做不了。"三线建设涉及13个省区,我决定先打外围,了解这些省区三线建设简史再定。我每天按时在国图开馆前到那,查馆藏三线相关省区方志、专志、当代中国丛书等,对各三线省区的认识又近了一步。

这期间我了解到,"国务院三线建设调整改造规划办公室"(简称国三办)不在北京,而在四川成都!我即刻购买北京至成都的火车票,只身一人奔赴成都。走出成都火车站,买了成都市地图,查到附近有成都大学,避开各种兜售旅店的,不开口(东北口音),去大学宾馆先安全住下。带着一张地图,靠着两条腿和公交汽车,两天周折硬生生找到了位于一幢酒店顶层没有挂牌的国家计委三线办公室!我现在还能回忆起初见走廊尽头墙上挂着三线建设八省一市地图时难以掩饰的激动!三线办的同志热情地接待了我这位从东北千里迢迢赶来要立志研究三线的博士生。

成都一站是我进入三线研究的重要转折!

二、三线建设研究的引路导师

如果说我的博士生导师在学术视野、学术规范、理性反思甚至意志品质方面给予我更多影响,但引领我真正走进三线历史、使之成为我生命的重要部分,王春才和张培坤两位老领导起了重要作用,他们成了我研究三线不可或缺的引路导师。在国三办,张培坤主任系统解读了国家对三线"调整改造发挥作用"的决策及八省一市调整情况,我们还对国家"七五""八五"计划中国家区域发展与三线调整的战略关系交换了各自看法。国三办非常支持鼓励我研究三线、宣传三线,还提供了《三线建设》《三线建设调整改造有关政策文件选编》《充分发挥三线企业作用的理论与实践》以及若干相关油印资料,我也按照保密规定签了保密协定,办理了相关手续。这在当时是我得以研究三线问题最权威最基础的文献资料。

笔者(左)与南庆杰(右)拜访原国三办王春才主任

2018年中秋,通过徐有威教授帮助我与已回到上海安度晚年的张培坤主任微信联系上了。尽管那时张老退休整整十年了,仍思维敏捷,与我分享了大量的三线历史现今的文字影视资料、研究动态以及东北历史、东北振兴话题的反思,有些信息对我启发很大。他还动用他的人脉联系011基地助我调研(后由于保密的原因没能成行),甚至开播一部以三线建设为主题的新剧也是在第一时间向我推荐!他那代人对年轻人一如既往的扶持我是能真切体会到的。

由于我是个路痴,初到成都,路况不熟,坐错了车而错过与王春才老人的约见,成了我这次成都之行的憾事。不过王老让三线办转交与我最早版本的《彭德怀在三线》《中国大三线》以及他发表在报刊上的多篇文章。读这些珍贵书籍,使我对三线建设的认识开始立体。转眼到了2015年12月在遵义召开"三线遗产价值与品牌建设"会议,见到王老时他笑着调侃:从前的女学生成了女教授喽！亲切慈祥的老领导没有陌生感。每每王老有新作出版问世、读了好书好文看了好视频或有重要三线信息总会转发给我，我也愿意有了收获想法向王老汇报请教。我向他讨要书籍资料，他会亲自跑快递为我邮寄，让我于心不忍！

2019年5月，我到攀枝花调研前在成都专门拜访王老。这次看见王老，惊叹这位年已八十五的老人仍精力充沛地为三线工作而排得满满的日程！他为我攀枝花调研安排接洽人、提供力所能及的便利。当看到我带着24岁博士生张震拜访他时，他的欣慰溢于言表，题字、送书、

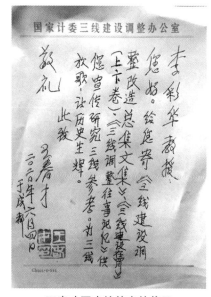

王春才同志给笔者的信函

合影，讲起我们不熟悉的三线故事，他信手拈来，谈笑风生，一部三线活字典呈现在我们面前。我在骄阳似火的攀枝花马不停蹄调研向他汇报时，老人家一句"考察调研开了个好头，不要太累了"的提醒让我鼻子一酸！每每想到他对任何一个有志于研究三线、书写三线、宣传三线的后辈快乐而不求回报的帮助，不能不心生感动。他鼓励我的"为三线放歌，让历史生辉"成了我去探究三线的强大动力！王老对我们这个领域青年一代的影响是深远的！

三、初试三线研究

我一边研读北京、成都一行所获的文献资料，一边继续了解国内外三线研究学术信息，这些为我较系统地梳理三线建设的历史全貌和重要史实打下了较坚实基础。从中共党史学科的逻辑看，党中央三线决策依据和始末、三线建设历史进程、成就与问题反思、历史经验总结大体构成了我学位论文的轮廓。导师说，我是第一个写有关三线建设博士论文的，宜粗不宜细，重在总结历史经验。1999年春，中国人民大学彭明教授、陈明显教授、王顺生教授在答辩前评审时对论文给予肯定。6月，我顺利通过答辩！一直很感谢开题时我的导师

笔者的博士论文修订后正式出版

和开题组老师们对我勇于选择三线建设题目的包容和鼓励，使我没有却步。今天看论文尽管还有不少缺憾，但这是我三线研究的尝试和起步！

2002年春我把学位论文中的三线调整改造部分整理为一篇近万字的论文投稿到中国社科院当代中国研究所主编的《当代中国史研究》杂志社，很意外一周内就有了用稿回信。这篇文章后来被《中华人民共和国史研究文集》（社会科学文献出版社2011年版）收录。2003年，因晋升高级职称需要，我计划在学位论文基础上修订出书。修订除了删减了一些史实性描述及不能公开引用的内容，主要增补了三部分内容：一是西部大开发与三线建设，试图探讨西部开发既与三线建设不同，更要利用和发挥三线军工优势的问题。二是三线建设与二战美国西部经济开发比较。我的朋友、研究美国史的王媛博士认为，美国二战动员与中国的三线建设均发生在幅员辽阔、区域经济自东向西不均衡发展的国家和经济非常态运转的背景下，具有可比性，她还为本书提供了这部分文稿。三是附加了"三线建设和调整改造大事记"。2004年10月，《三线建设研究》先拟在吉林人民出版社后又转到吉林大学出版社出版。2005年6月，《三线调整的得与失》在《当代经济研究》刊发。7月，《我国大三线建设的历史经验和教训》在《东北师大学报》刊发。2006年底，我所在的学科点获批国家新设立的马克思主义理论一级学科博士点，我获得马克思主义中国化研究二级学科博士生导师任职资格，2007年开始招生，工作重心转移到马克思主义中国化的教学与研究。同年，我以"三线建设调整改造与党的区域发展理念研究"为题申报国家社科基金项目获批。2007年，以"国史研究中重点难点问题评述"为主题的第七届国史学会年会召开，我以学会约稿《三线建设决策成因及建设得失研究述评》参会。2010年1月，应香港中文大学中国研究服务中心之邀，进行为期一个月的访问。我除了做一场"中国三线建设研究中的几个问题"的学术演讲,主要是查阅该中心的相关资料和学术考察。在该中心,探讨三线问题的学者更多的是基于史观和立场的不同,他们更聚焦于毛泽东和中央政府三线建设决策的失误以及经济效益的低下而质疑三线建设这一战略决策和历史价值。2014年,经过改写的《三线建设调整改造的得与失》一文由中共党史专题资料丛书之一《中国共产党与三线建设》收录。2016年6月,中国人民大学在中共党史专业设立60周年之际召开主题为"中国共产党与中国现代历史发展"的全国学术研讨会,我应邀参加并在大会上作《目前学术界三线研究的新动态》的发言,我从研究力量的地域性凸显、三线遗产价值成为热点、研究范式出现较大转变趋势、研究宣传的组织化初见端倪、研究成果和媒介更加多元等方面同与会者做了交流。不少学者特别是青年学者和学生通过我的介绍了解了三线研究,产生了兴趣。由于这个时期我实际在两个学科点工作,而大量精力投入到马克思主义中国化学科的教学与科研,不能集中力量专攻三线建设问题。这个阶段围绕三线问题,虽然专著出版了,学术论文刊发了,国家社科项目结项了,省政府著作一等奖获得了,学术会议也交流了,但我认为这只不过是我前期研究积累的惯性推动,加深了我对三线历史的理性和感性认知,从学术意义看缺乏令自己满意的实质性推进和开拓。2016年,我从马克思主义中国化学科点回到中共党史研究学科点后,开始考虑开辟三线研究新视域问题。

笔者在中国人民大学中共党史专业设立60年学术会议大会发言

四、拓展三线研究新视域

2016年、2017年，我基于全国学习宣传"中国精神"启发连续两年申报国家社科项目"三线精神的价值及其传承研究"无果后，及时转向。作为东北土生土长的知识分子，自从接触三线建设这个题目，我就在想，大三线建设主要是在西南、西北和中部的祖国腹地开辟的战略后方，却与东北密不可分。东北老工业基地在这场集全国人力物力财力的大三线建设中，做出了突出的、无可替代的历史性贡献。从深化拓展三线研究、深化中国工业史乃至东北工业史、揭示社会主义国家工业化进程和规律、发挥我国体制优势和促进当下区域经济协调发展等方面都有研究价值。当时考虑到毕竟守家在地东北，文献资料搜集相对便利（实际情况不是预想的那样），在振兴东北老工业理论与实践的研究中，从东北援建三线建设的视角切入，拓展三线研究视域完全可行。心里有腹稿，马上论证申报国家社科基金项目，2018年6月"东北支援三线建设研究"获批国家社科基金一般项目。

2019年调研和学术活动按计划推进：短时间穿插东北调研，重点西南攀枝花重庆六盘水（六盘水未成行）调研，参加成都大邑雾山会议、宜昌三线研究高峰论坛，十堰调研，西北陕西调研。趁春季学期没有本科课，推掉答辩季大量常规工作，做了相关准备后，带着学生踏上调研访谈路线。5月9日到成

笔者（右二）在四川大邑雾山采访攀枝花市委原书记秦万祥（左二）（左一为四川大学历史系李德英教授）

笔者在四川攀枝花兰尖社区调研

都拜访王春才王老,10日飞到攀枝花市。攀钢是鞍钢整建制援建的,是这次调研的重点。采取查档和访谈交叉进行。查档主要在攀钢档案馆、攀枝花市档案馆。访谈对象为当年从东北鞍钢来援建的老同志。先后在攀钢离退休职工管理中心大渡口管理所协调下与李广德、曹继武、田兆德等多位老人座谈。在攀

笔者在四川攀枝花小宝鼎与老矿工座谈

钢研究院离退休老干部中心分别与马振林、沙寿家、谭振华、孙瑞祥、薛继儒等老人访谈。在攀钢老年大学与王安惠、徐奇春、姚长远、刘兰芳等多位老人座谈。在小宝鼎矿务局座谈并分别采访了张殿发、陆有老人。在兰尖社区采访了潘宏谟、夏德库老人。在重庆调研原429厂,采访了原429厂的李福初、孙家新、张岚伟、鲍柱祥等老人。在重庆鱼洞采访了罗继科以及三线二代王书杰。西南回来后不久,去黑龙江省档案馆、鞍山鞍钢档案馆查档和参观博物馆;参加成都大邑雾山会议期间采访攀枝花市委原书记秦万祥;参加宜昌三线研究高峰论坛后去十堰,采访二汽某专业厂原厂长王治宝老人、湖北汽车工业学院邱春正老师,去十堰档案馆查档、十堰图书馆查资料,参观湖北汽车工业学院校史馆和十堰博物馆等。在西安,采访原陕西三线办主任文纯祥和原海红轴承厂宋长发、宋明清老人,赴陕西省图书馆查资料、陕西档案馆查档。西安调研后,学生继续宝鸡和西北走廊甘肃的调研,我因工作回校。2019年度的调研,得到各方面老领导老同志及同行好友热心人的支持提携,同他们的交流与学习同样构成了我三线研究不可或缺的轨迹。特别感谢原国三办王春才主任和张培坤、倪同正老师,攀枝花文物局局长张鸿春、攀枝花七中(原攀钢一中)党委书记汪建明、三线建设博物馆馆长莫兴伟、原兰尖矿务局宣传部长仇宝德、四川外国语大学张勇教授、四川大学李德英教授、原429厂吴成富老师、湖北汽车工业学院宣传部长计毅波和马保青老师、纪实文学作家程继隆老师、原陕西三线办主任文纯祥、黑龙江档案馆馆长钱锋、一汽档案馆卢晓云、三线二代高级工程师张东光老师、我的学长张晓辉、我的学生白钟熊和张渝。特别要感谢西南调研"东北小分队"的南庆杰老师,这位集经验、智慧、幽默、果敢于

笔者在辽宁鞍钢集团博物馆参观

参观湖北汽车工业学院校史馆,左二为邱春正老师

笔者在湖北十堰采访原二汽某专业厂原厂长王治宝(左)

笔者在四川攀枝花小宝鼎采访来自辽宁本溪矿务局的陆有夫妇

一身的三线老兵,护佑着我们推进西南调研任务。"东北支援三线建设研究"课题研究还刚刚开始,已知和未知的难题还在等着我们!

　　回顾这些年初识三线的点滴,特别是近一年对三线建设历史的进一步学习,感触颇多,深感三线研究任重道远!首先,三线研究是一项浩大的研究工程,如同开始三线建设一样,神秘而充满魅力,是难以估量的学术宝库,非少数人、短期内能系统研究清楚的。可能需要多学科、几代人合力来完成!我们这代人破了题,随着研究条件的渐好和时间的推移,随着政治学、经济学、历史学、人类学、社会学、军事国防甚至建筑学、考古学等学科的推进研究,三线研究一定会成为显学,在世界学术史上占一席之地。其次,三线研究迫切需要有秩序、有组织的学术层面的统筹规划。三线建设涉及地域之广、研究领域之多、研究工作量之大、经费之缺乏,加之文献资料疏于系统抢救、分类整理、编纂和出版,这些都需要统筹规划,进行顶层设计。中国三线建设研究会成立后在这方面做了大量工作,但仅靠三线人的情感与激情、老领导的人格魅力、少数企业家的资助和学者们单枪匹马各干各,难以形成合力和规模,难以可持续推进。第三,作为高校教师,深感三线研究学者要更多地走出书斋,向三线建设的参加者、见证人虚心学习,既要钻研文献资料,更要从他们的故事中感受那段鲜为人知历史的震撼和三线人的鲜活样态。我从来没有像现在这样意识到,看三线文献档案,远没有比倾听三线经历者的回忆诉说、读懂一个个感人故事对我来得更震撼和难以释怀。那些令我心情跌宕起伏的三线故事,成了我理解三线精神的钥匙,也成了我走近三线的强大动力,极大地增强了我继续研究的使命!

(李彩华,东北师范大学政法学院教授、博士生导师,中国人民大学中共党史党建研究院特约研究员)

我与三线建设研究：
四川大学团队所做的工作

李德英

应上海大学历史系徐有威教授之约，写一篇关于三线建设研究的心得体会。其实，我接触三线建设研究的时间不长，与著作等身的前辈们相比，还不是总结的时候，最好的心得与体会应见诸研究成果中。但读到那么多同行分享的三线建设研究心得，酸甜苦辣，本人感同身受，也提笔写写我们团队这两年做的一些工作吧，算是向帮助和关心我们课题研究的前辈和同仁做个汇报。

我与三线建设的缘分在少年时代就建立了。1981年，我上高一，班里来了不少说普通话的俊男靓女，他们是四川清平、长平、永平、江云和衡山等几个国防厂的子弟，虽然只同学了两年，但他们给我留下了非常深刻的印象，以后也成了很好的朋友。后来他们的工厂调迁，我们也纷纷考上大学，各奔东西了。

本人接触三线建设研究是在2013年之后，那几年我担任四川大学历史文化学院分管教学的副院长，为了让历史学专业的同学们更多地了解历史、了解社会，我们开展了口述历史实践教学活动，每年选一个主题组织同学们进行口述访谈。从2013—2018年，我们做的口述访谈涉及近代四川政局、抗日战争、解放战争、抗美援朝、土地改革、三线建设、成昆铁路和改革开放等重大历史事件和过程，收集整理了600多人、2 000余万字的口述资料，结合口述历史实践，从档案馆复制与上述主题相关的地方档案共1862卷，同时也搜集了不少日记、工作笔记、自印本等民间资料，这些工作为我们日后申报教育部重大攻关项目"三线建设历史资料搜集整理与研究"奠定了基础。

2017年11月，受攀枝花学院中国特色社会主义理论教育学院邀请，本人到攀枝花学院参加"贯彻党的十九大精神，弘扬中国三线建设文化"学术研讨会，会上本人以"抢救历史记忆，弘扬三线建设文化"为主题，从"抢救三线建设历史记忆的重要性""四川大学口述历史实践与探索""攀枝花三线建设口述历史项目设想"三方面内容进行交流。当时，我提出，攀枝花作为三线建设成果中最突出的代表，有必要也有义务率先行动，承担保留三线建设历史记忆的重任，传承三线建设精神和文化。在会上，我认识了攀枝花学院党委书记肖立军同志（三线建设二代）、从事四川三线建设研究多年的党史专家宁志一老师、攀枝花学院中国特色社会主义理论教育学院的朱云生院长和唐林书记以及攀枝花市委党史研究室、市档案局、市文物局、中国三线建设博物馆等单位的同行专家，并与攀枝花学院中特学院的同仁达成了合作研究三线建设、共同申报项目的意向。

2018年初，教育部征集2018年度重大攻关项目选题，我和我的学生张杨、袁上等讨论后，向教育部提交了"三线建设口述历史资料搜集整理与研究"的选题。后来教育部在此基础上略作修改公布了"三线建设历史资料搜集整理与研究"选题，供全国同行申报。2018年5—6月，我们组织团队申报课题，2018年10月教育部公示我们团队入选，12月下达立项书，要求在一个月内举行开题报告会。

说实话，获得教育部这个重大攻关项目，我压力挺大的。这些年，三线建设研究越来越繁荣，亲历者、学者对三线建设、三线建设精神、三线建设工业遗产和文化遗产等方面都有不少研究和宣传，我们之前虽有过以三线建设为主题的口述历史实践基础，但毕竟其他方面的涉猎不太深入，必须静下心来，向三线建设和研究的前辈们学习，扎扎实实搜集各种历史资料，研读历史资料，并在此基础上展开学术研究。

得知2018年10月13日中国三线建设研究会将在四川省成都市大邑县雾山农场召开会议，我立即带着学生赶往会场，拜见三线建设前辈，见到了原国家计委三线建设调整改造规划办公室的王春才主任、中国社会科学院当代中国研究所的陈东林研究员以及不少三线建设的亲历者和研究者，他们对我们、特别是年轻学生的到来非常欢迎，在我们后来搜集资料和进行口述访谈中，这些前辈提供了非常多的帮助。

2018年10月13日雾山农场，前排为四川大学历史文化学院"三线建设历史资料搜集整理与研究"课题组部分成员，后排是三线建设者或研究者（右起李洪烈、胡开全、刘常琼、陈东林、王春才、何民权、李德英、刘洪浩、张鸿春、马新林、曹贵民）

10月14日，我们去成都市龙泉驿区十陵街道的宁江社区，考察三线企业安置情况；20日，到四川彭州考察锦江油泵油嘴厂，与陆仲辉站长商谈合作搜集、整理资料事宜。

2019年1月5日，本课题组举行开题报告会，同时举办"三线建设历史资料搜集整理与研究"学术研讨会。报告会和研讨得到了三线建设研究前辈和同仁的大力支持，原国家计委三线建设调整改造办主任王春才同志，中国社科院当代中国研究所陈东林研究员，中国社会科学院当代中国研究所第二研究室（经济史研究室）主任郑有贵研究员，中共四川省委党史研究室江红英副主任，四川省中共党史学会常务副会长、省委党史研究室原副巡视员宁志一同志，2013年度国家社科基金重大项目"'小三线'建设资料的整理与研究"首席专家、上海大学中国三线建设研究中心副主任徐有威教授，2014年度国家社科基金重大项目"新中国治水史"首席专家、中国社会科学院当代中国研究所王瑞芳研究员，2017年国家社科基金重大项目"三线建设工业遗产保护与创新利用的路径研究"首席专家、上海大学中国三线建设研究中心主任吕建昌

2018年10月14日,在四川省成都市龙泉驿区十陵街道的宁江社区听原宁江厂厂长李敬阳(左)介绍工厂情况

2018年10月20日,考察成都市彭州市锦江油泵油嘴厂(后排中间三位是锦江厂退休职工管理站站长陆仲辉、王连彦(女)等,其余为我们课题组成员)

教授等资深学者和专家到场指导;中国社会科学院近代史研究所左玉河研究员、华东师范大学历史学系李世众教授、攀枝花学院朱云生教授等子课题负责人以及来自全国各地多所高校、研究机构与企业、事业单位的专家、学者、党政工作人员、三线建设者、媒体工作者等70余人参加了此次会议。与会代表对课题的研究计划和实施方案提出了不少宝贵的意见和建议。

开题报告之后,课题组随即展开了历史资料搜集、田野考察、口述历史、学

2019年1月,教育部哲学社会科学研究重大课题攻关项目"三线建设历史资料搜集整理与研究"开题会暨"三线建设历史资料搜集整理与研究"学术研讨会(成都,四川大学)

术研究等工作。

在搜集档案史料的过程中,课题组面临很多困难:第一,三线的范围较广,囊括全国多个省市和地区,需要大量的人力、物力以及时间投入。第二,三线建设与"文化大革命"时间重叠度较高,很多档案馆并不开放这部分档案,甚至直接不开放共和国时期的档案,这给课题组的工作造成了极大的困难。第三,三线企业的情况比较复杂,如果简单分为在营企业和破产企业来看,正在经营的企业因为生产需要,并不对外开放,而破产企业档案的归属关系不太明确,也很难获得阅读的权限。在三线范围较广、档案阅读难度较大的情况下,课题组在立项后的一年多的时间里,分期分批前往全国各地,想方设法、尽可能多地搜集档案史料。

课题组分为西南、西北、中南三个组查阅档案,分别前往四川省的成都市档案馆、都江堰市档案馆、乐山市档案馆、眉山市档案馆、自贡市档案馆、内江市档案馆、绵阳市档案馆、广元市档案馆、凉山州档案馆、西昌市档案馆、攀枝花市档案馆、南充市档案馆、南充市顺庆区档案馆、达州市档案馆、达州市达川区档案馆、广安市档案馆、广安市广安区档案馆、德阳市档案馆、德阳市旌阳区档案馆(19个),贵州省的贵州省档案馆、贵阳市档案馆、贵阳市花溪区档案馆、黔南州档案馆、都匀市档案馆、凯里市档案馆(6个),陕西省的陕西省档案馆、西安市档案馆、宝鸡市档案馆、咸阳市档案馆(4个),甘肃省的甘肃省档案馆、兰州市档案馆、天水市档案馆(3个),湖北省的湖北省档案馆、襄阳市档案馆、宜昌市档案馆(3个),一共35家政府档案馆以及攀钢攀矿、锦江油泵油嘴厂、398厂、762厂、湖北省核工业地质局等三线企事业单位的档案馆和资料室查阅资料,克服重重困难,搜集档案史料约3 529卷,上千万字。

课题组在搜集官方档案史料的同时,还前往各地党史和史志办公室、文管所、党群服务中心等党政机关,搜集地方文献;同时联络三线建设的亲历者,前往三线企事业单位所在地开展田野调查和口述访谈工作,搜集民间文献。

2018年10月及2019年7月,课题组两次前往位于四川省成都市大邑县的雾山农场,即原6569厂所在地,在参观三线记忆展览馆的同时,采访6569厂建设民工周成楼前辈、攀枝花市委原书记秦万祥同志、纪录片《大三线》导演刘洪浩同志、反映成昆铁路修建艰难过程的电视剧《铁血》制片人隋文波同志。

2018年10月22日,前往四川省成都市郫都区,考察由广安搬迁而来的

398厂，采访398厂原工会主席蒙庆同志；2018年11月随即前往398原厂址所在地四川省广安市，考察广安三线陈列馆、398厂旧址以及曾接待过不少三线建设领导者和指挥者的原广安县委招待所。

2018年1月27日，考察四川广安东楼，三线建设时期不少中央领导人曾在此住宿过（图中间两位分别是四川广安市委政策研究室原主任傅琳和原398厂工会主席蒙庆，其余为课题组成员）

2018年12月、2019年5月、2019年6月、2020年6月，多次拜访并采访原国三办主任王春才同志。

2018年12月，前往位于四川省德阳市的金鑫厂考察和采访。王春才主任为我们介绍并联系了多位三线建设的领导者、亲历者，课题组于2019年5月前往深圳、海口采访湖北省孝感市委原副书记、市长邓昌德同志，湖北省核工业地质局原局长潘广焱同志，原湖北省国防工办副主任、三线建设调整办公室主任李庆同志。

2019年6月前往湖北省孝感市的湖北省核工业地质局办公区、家属区及安陆309大队老基地和家属区考察，采访周老书记、赵老厂长、离退办李主任、老职工蔡桥生等人。

2019年7月，在成都、绵阳等地，采访参与成昆铁路修建的原铁道兵张光明、王民立、李天录等10余位前辈。

2019年7月，前往贵州省考察，先后与贵州省党史办、贵州省社科院三线建设研究院的相关同志进行交流，参观考察都匀市三线博物馆、安顺市黎阳厂

晤见原国三办主任王春才同志（中）和四川大学出版社杨岳峰同志（左）

2019年5月17日采访湖北省孝感市委原副书记、市长邓昌德同志（左二）

2019年5月18日采访湖北省核工业地质局原局长潘广焱同志（左二）

2019年5月20日采访原湖北省国防工办副主任、三线建设调整办公室主任李庆同志（右二）

老厂区、黎阳航空小镇博物馆，拜访搬迁至贵阳的振华集团。在黄德斌书记的帮助下搜集了振华集团（083基地）的报纸、著作等资料。另外还采访了安顺市162厂（属于011基地）的原厂长陈用家、职工王溪明、王允恒等前辈和原航天科工集团061基地党委书记高德铭同志。

2019年7月，前往西北考察，采访三线建设亲历者丁三省、董勇、齐肃生、马新林等前辈。2020年1月、2020年7月，课题组又分别到德阳、重庆、广安等地进行口述访谈。目前已搜集口述史料录像约3 851分钟，录音约7 668分钟，文字约475万字，已形成文稿178万字。

在田野考察和口述访谈的同时，课题组搜集了不少地方文献和民间文献，如《引进三线企业，推动孝感发展》《再造孝感》《尘封的记忆》《三线建设在宝鸡》《三线风云》《三线建设纪实》《三线建设纵横谈》《三线建设在黔东南》《翁牙河岁月：4292厂离退休职工纪念册》《黎阳成长的故事》《回顾与展望——庆祝航天工业部〇六一基地建设二十周年》《贵州军工史》《振华报》《遵义三线建设亲历记》等。已搜集地方及民间文献的照片约20 785张，415万字；搜集纪录片《从大山走来》等影像资料约50 GB。

2019年课题组成员在贵州平坝进行田野调查

2020年1月14日,课题组成员在重庆北碚华光社区采访原华光厂厂长白文才等前辈

2020年7月30日,广安天池公社党委原副书记祝良秀、广安市委政策研究室原主任傅琳与课题组成员在原华光厂厂区与参加过该厂建设的当地社员朋友交谈,回忆20世纪60年代工农结合建设工厂的情况

　　虽然困难重重,但通过一年多的努力,通过各种办法,从基层、从边缘着手,我们还是获得了不少的珍贵资料,对认识和研究三线建设中的一些学术问题奠定了基础。

　　搜集回来的资料经拍照存入公共硬盘,供课题组成员研究学习。我们采用史学研究的老办法,集中研读史料:选出部分中共中央文件、领导人文集、各大区(西南局、西北局、中南局)、各省(四川、陕西、贵州、甘肃等)、地区(自贡、绵阳等)、县级文件和汇报、行业志、企事业单位志、地方和企业报刊等各个层次的资料,逐字逐句阅读,然后就资料本身和资料可能反映的问题进行甄别和讨论。通过一段时间的资料阅读,我们不仅对三线建设的总体情况有了更深入的、契合时代特征的了解,更产生了不少问题意识,供进一步研究。

　　除此之外,我们还积极组织和参加各种学术活动,进一步融入三线建设研究的热潮之中。

除了2019年1月在四川成都召开"三线建设历史资料搜集整理与研究"开题报告暨学术研讨会外,课题组还邀请几位专家学者举办"共和国史暨三线建设研究"系列讲座,包括郑有贵研究员的"中国经济发展道路的探索历程"、徐有威教授的"开拓中国当代史新领域:以小三线建设为例"、陈东林研究员的"三线建设的决策内幕与档案揭秘"、王瑞芳研究员的"我与当代中国水利史研究"、左玉河研究员的"中国口述历史的规范化操作问题"及吕建昌教授的"三线建设工业遗产保护利用的现状与研究对策"。这些讲座,对于进一步深入研究三线建设和共和国史有着重要的启发和引领作用。

2019年12月,四川大学历史文化学院和攀枝花学院在攀枝花联合举办了"三线建设与新中国70年发展道路探索"学术研讨会,以"为深入推进三线建设和中华人民共和国史的相关研究,推动不同学科、不同时段研究群体之间的对话"为目的,吸引了来自中国社会科学院、复旦大学、华东师范大学、上海大学、南京大学、西南大学、华中科技大学、国防科技大学、西南财经大学、三峡大学等30余所高等院校、科研院所的专家学者,学术期刊编辑,中国三线建设研究会、攀枝花市有关部门领导和三线建设亲历者及攀枝花学院师生近80人参加。会议围绕新中国成立初期的基层政权与乡村社会,三线企业的布局、生产与调整改造,三线人物与思想政治工作,三线建设与地方社会,三线建设精神的传承与弘扬,三线建设的文化内涵及开发利用等议题,从多视角、多区域、多学科进行热烈讨论。会议期间还举办了"三线建设历史和遗产保护利用""学术期刊论文写作"等系列学术讲座,会后前往攀钢炼铁厂和轨梁厂万能生产线、朱家包包和兰尖铁矿基地考察,深入了解钢铁和重轨生产线流程和攀枝花钒钛磁铁矿开采情况,受到与会者的欢迎,学术影响和社会反响强烈。中国社会科学网、四川社会科学在线网、四川新闻网、《攀枝花日报》等多家媒体报道了本次会议。

除了举行学术活动外,课题组成员积极参加各类三线建设学术会议。2018年10月,参加中华人民共和国国史学会三线建设研究分会调研十陵街道三线文化传承基地建设座谈会、雾山三线记忆展览馆开馆暨"三线人诗书影画作品选"发行仪式;2018年12月,参加"德阳工业·国之重器"庆祝德阳工业区开工建设60周年、三线建设54周年、改革开放40周年成果展;2019年5月,参加"新中国70年的建设成就与经验"学术研讨会;2019年6月,参加"第一届三线建设研究工作坊";2019年7月,参加中国三线建设研究会第二届代表会议暨弘扬三线精神研讨会;2019年11月,参加"记忆与遗产:三线建设研究"高峰论坛;2019年12月,参加"三线建设与新中国发展"专家论坛。

同时,课题组成员积极撰写学术论文和著作,进一步探讨三线建设的相关问题。李德英、粟薪樾联合撰写的《三线建设初期"厂社结合"模式的产生与推广(1965—1966)》《三线建设初期"厂社结合"模式检视(1965—1966)》2020年底和2021年分别由《史林》和《中共党史研究》刊出,吴晨娜和吴牟江南的硕士学位论文《三线建设时期轮换工制度研究(1964—1971)》以及《国家计划与地方支援:以三线建设初期四川的地方建材供应为例(1964—1966)》获得同行专家好评并通过硕士论文答辩。目前,有多篇关于三线建设研究的博士、硕士、学士学位论文正在撰写中。

以上是近两年我们课题组主要进行的工作。由于我本人和团队的一些成员之前主要从事民国时期土地制度和乡村社会经济史研究,当我们转到三线建设研究领域时主要关注点放在了工农关系上,而这一点之前的研究讨论不多,我们通过资料的搜集和研读,发现工农关系恰恰是当时从中央到地方都非常关注并企图通过各种方式解决的问题,以实现工农并举和消灭三大差别。通过阅读材料,我们发现,除了三线建设时期的工农关系(厂社结合、亦工亦农、轮换工)以外,还有许多问题值得进一步研究,如三线工业体系建设和协作配套问题(国防工业、基础工业、配套工业,包括轻工业、地方企业和街道企业等)、生态环境问题(植树造林、改田改土、开荒种地、排污与治理等)、调整改造与现代企业制度的建立(厂长责任制、创立"三新"企业)等,目前,我们团队成员正在就上述问题展开研究。

通过这一年多的资料研读和学习,我们也感到要进一步提升三线建设研究的学术品质,还需要付出更多的努力和耐心,我们有不少的疑惑,需要求诸方家。首先,我们所接触的资料,过程性资料少,一般都是结论性资料,各种汇报、总结、简报等,看似繁多,却充满了同质性和政治用语,时代特色很强,如何从结论中寻找过程、从满篇的口号用语中寻找真相?第二,"移情"还是后见之明?也就是写作态度和立场的问题,这涉及研究当代中国史非常重要的一个问题:如何近距离看历史?是回到当时的历史环境中还是用反思和检视的态度去对待某些问题?第三,如何避免同质化研究?第四,如何在理论上进行突破？

感谢近两年来支持、帮助、关心我们团队的三线建设者和研究者，我们愿以"板凳坐得十年冷，文章不写半句空"自勉，与学界同仁一起，踏踏实实，认认真真，一步一个脚印地共同把三线建设研究推向深入。

（李德英，四川大学历史文化学院教授、博士生导师，2018年度教育部哲学社会科学研究重大课题攻关项目"三线建设历史资料搜集整理与研究"首席专家）

情牵八闽：我与福建小三线研究

刘盼红

史有四长：才、学、识、德，世罕兼之。我于2020年6月获得上海师范大学博士学位，随即入职东华大学马克思主义学院。当上海大学历史系徐有威教授交给"三线建设研究的回忆录"这样一个命题作文时，我起初感到松弛，继而慌乱，最后思绪万千、下笔难言。松弛在于这不似博士论文写作的严肃，但仔细想来，回忆录撰写恰好是对作者史学素养的高要求，文采、学识、方法、品德样样不可少，不禁乱了心。打开博士论文后记，落款时间是2020年4月7日，前溯约三个年头，那是我刚刚接触小三线研究的日子，点点滴滴，真正难以落墨。特别感谢徐老师给予机会，让我能够重拾那段艰难又美好的回忆，以弥补博士论文后记那短短两页纸无法畅明谢意的缺憾。

一、师徒携手，初赴八闽

我有幸进入三线建设研究领域，得益于我的导师、上海师范大学历史系高红霞教授。老师做学术一丝不苟，在我攻读硕、博士学位六年里，大到论文选题、框架，小至标点符号、错别字，无数次耳提面命。资料是历史研究的基础和关键，选择福建小三线作为博士论文题目，也与此相关。老师长期深耕上海福建移民史领域，在福建省驻沪办原主任陈广蛟处得知，福建省尤其是该省三明市藏有一批小三线档案资料，并且愿意帮忙联络，她心中便有了福建小三线这样一个选题。幸运的是，其时我成为她第一个博士研究生，接下了这项重要而艰巨的研究任务。尽管关于三线建设已经产出不少优秀成果，但就福建小三线而言，这是一项全新的研究，从资料搜集整理，到研究方法突破，皆需要我去自主发掘与摸索。背负着压力和动力，在2017年8月博士入学前的那个暑假，我开始了福建小三线研究之旅。

研究当代史，必须外出田野"动手动脚找东西"，首去之地便是福建。老师担心我一个女孩子单独外出考察不安全，便陪同前往。后来在与其他博士同学聊起这段经历时，他们感到惊讶和羡慕，我也为遇到这样好的导师而深觉幸运。首次考察计划为期两周，先"取"三明，再"攻"福建，依老师的说法，这次是"摸个底，了解一下情况"，下次我就可以单独"行动"了。

三明市档案馆位于三明市梅列区，依山傍水，风景绮丽。在博士论文写作的整个过程中，该馆馆长和其他工作人员都提供了无私的帮助，至今我们仍互相挂念，交好有年。而此次调研，是我们第一次见面。魏素凤、陈琳当时负责接待阅档人员，他们严谨专业，热情周到，不厌其烦地为我们调档还档，免费提供资料复印服务。该馆藏有大量小三线资料，时间上横跨整个三线建设时期，甚至延至改革开放之后企业改制时期，内容覆盖该市三线企业迁建和发展工作，同时涉及福建省、华东地区和国家有关三线的决策等。分散资料见之于三明市统计局、工业局、轻工业局、纺织工业局、重工业局等，集中资料主要包

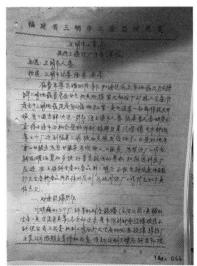

福建三明市档案馆馆藏部分档案

括8470厂、三明市标准件厂、三明纺织厂、三明印染厂等企业资料。值得一提的是,该馆保存较为完整的《三明日报》、三明印染厂企业报刊《山鹰报》等重要报刊资料,为这项研究提供了有价值的参考。这次三明之行,还有幸结识了福州大学硕士研究生张李欢。建筑专业的他也选择了三明迁建企业作为论文选题,不同专业间的碰撞使我获益良多,他无私地帮忙绘制《三明市工业分布图》,更使我感激不尽。由此我们成为很好的朋友,之后多有见面交流。

结束在三明的考察任务,我们乘火车前往福州,目标福建省档案馆。福州因其四面环山、一面向海的地势特点,夏季极为闷热,被列为中国"新四大火炉"之一。老师每日陪我辗转于酒店和档案馆之间,真正体会到什么叫作"脚下生烟""打着伞还能被熏黑"。历史学术圈真得是小,福建省档案馆阅档手续不同于我所熟悉的上海市档案馆,在我寻求隔壁女生帮助过程中,得知她是福建师范大学历史系叶青教授的硕士,而叶教授与吾师是相识多年的好友。他乡遇"故知",福州查档过程非常顺利,基本摸清福建省档案馆馆藏小三线资料概况,主要包括福建省相关决策资料以及与各市、县的来往公文等,基本填补了中观层面资料的空缺。在这里,我还结识了福建省档案馆工作人员陈惠芳,她得知我们要研究福建小三线后,非常热情地接待了我们。另外想讲述一个发生在三明市火车站的小插曲,或许最能体现老师为人。当时我的背包拉链坏了,而我们这会才结束三明的行程,剩下一半行程我的电脑、衣物等收纳都仰赖这个包,真是"关键时刻掉链子"。老师只简单说了句"我有办法",很快从她的包里掏出一盒针线,缝补起来。看着她埋首"密密缝"的画面,我心生暖意,偷偷拿出手机将这一幕定格。这张照片至今保存在我的电脑里,成为我博士生阶段的温馨回忆。

当然,工作之余,我们在美丽的八闽大地还享受了诸多美食、美景,品尝到正宗的"国民美食"沙县小吃和扁

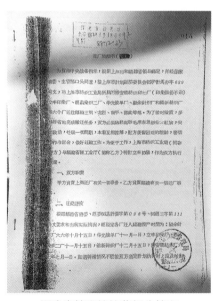

福建省档案馆馆藏部分档案

肉、烧卖、白果、拌面等,琳琅满目。2017年8月的福州炎热可炙,但鼓岭山顶却别有一番清凉。那个夏天,我们师徒两人满载而归。

二、人间四月,我们同行

为使研究更加鲜活、生动,次年春,我决定独自前往三明,进行为期一周的访谈工作。三明市档案馆的陈琳和魏素凤得知我的计划,主动帮忙联系当地三线建设亲历者,在我到达之前相关沟通工作已经完毕,为我节约了不少精力和时间,感激之情无以言说。当时有意识地记录每日行程,借此机会将访谈日记原样呈上,以表真实心迹。

2018年4月14日,星期六,三明,多云

这是我今天在微信朋友圈写下的文字:来不及卸下行李,将自己置身于沙溪河畔,感受历史的温度。滨江路上,人们迎着夕阳在奔跑,在垂钓,在生活。对面就是三明化工厂、三明钢铁厂,同面就是三明食品厂。公园里遇见两个老爷爷在榕树下纳凉,心想这个年纪的人,对这段历史一定有说不完的故事,忍不住上前去与他们侃侃。没能录音,却也解决了我一些困惑。文字记不下来温度,他们能。

行走在沙溪河畔,能看到这座城市现在的模样。假设自己穿越到四五十年前,新旧对比,那该是怎样的震撼与感动。陈琳说,浮桥是那一代人的美好回忆。公园里的老爷爷说,沙溪河过去就是一条臭水沟,两边都是茅草屋,住着忽然而至的成千上万人。当我行走在沙溪河畔、列东大桥前,会对历史肃然起敬。是他们——支内职工,给予这个地方活力。

2018年4月15日,星期日,三明,阴雨天

首先,得隆重介绍一下今天新成立的"迁明企业研究小分队"。魏素凤,领队,三明市档案馆科长,我们称她魏姐;陈琳,女司机,三明市档案馆科员,我们称她陈姐或小姐姐;张李欢,摄影师,福州大学建筑专业硕士,我们称他zangzang(外号来源于厦门一对情侣的醉酒视频);我,记者,上海师范大学历史学博士生,人称小刘。这些人在两年后,都将出现在我的博士毕业论文的致

谢里,先码上,以免遗漏。当然,三明的这次采访经历是不会忘却的,因为愉悦、充实。

　　上午,我们在老三元人陈姐的带领下,品尝了三元的特色早餐:鸭汤粗粉、烫鸭肝和烫鸭血。陈姐说这是她小时候的味道,她家就住在附近。饭毕,女司机开着她的白色福特,带我们来到三明市富兴路214号原三标厂副厂长傅振华家中,也是三明市标准件厂家属楼旧址。傅振华先生看起来容光焕发,精神气绝佳。下车的地点就是三明市标准件厂厂址所在地,东面是办公楼和篮球场,篮球场两侧书写有"发展体育运动"六个大字,锈迹斑斑,却也依稀可见。西面是三明市标准件厂宿舍楼,红砖砌成,现在看来颇有些破旧,抱着历史学者必须具备的"同情之了解"的心态,它们在当年还是相当辉煌的。红砖楼房建在小山坡,错落有致。楼房之间是年代味儿十足的石阶,我们拾级而上。傅先生就住在原三明市标准件厂托儿所里,我们的谈话地点也在此。这可能是傅先生现在小憩的地方,内壁四周挂有党员权利与义务、支委职责、组织生活制度、党支部目标管理和党员目标管理,最引人注目的是进门就能见到的中国共产党誓词。傅先生说,这些都是当年挂在三标厂办公室里的。在这里访谈,仿佛自己亦是三标厂的一员,更能感同身受。历史虽不能复原,也许可以通过改变自己的心境和位移,达到肉体、心灵与历史的共生。

　　上午的采访对象有三位,原三标厂副厂长傅振华,原三标厂职工李金木、杨升斗。具体的采访内容参见音频。简单说一下感受,也许是我们的架势有点大,三支录音笔,三位小年轻(张李欢中间加入,记录一件趣事,听陈姐说,张李欢因为背着单反,颇有专业摄影师的气派,门口的人以为电视台来采访了),看得出阅历丰富的傅先生也有些紧张,正襟危坐,说话也有些结巴。畅谈

考察三明市标准件厂旧址

之后,傅先生才放松下来。他思路清晰,谈吐文雅,不愧是老厂长。另外两位是他请过来的。

中午回酒店小憩过后,我们下午的采访地点在三明市永兴路60号东霞新村,原8470厂(三明市无线电元件厂)职工套房内,现路玉华(原三明市无线电元件厂科长)家。魏姐帮我联系的对象是原8470厂(三明市无线电元件厂)留守处负责人赵明枢,他与路先生(我们称他路老)交好,应该是他的下属。他带我们到路老家中。路老家就是8470厂在20世纪80年代建的职工套房,魏姐不禁感叹,这样一间套房,在如今都是非常不错的,何况当时。8470厂的辉煌可见一斑。上午的采访,由于访谈对象不止一个,局面有些许混乱,我的提问和指引比较多。下午,我看路老温文尔雅,十分健谈,是典型的上海知识分子形象。我只是偶尔提几个关键性问题,剩下的时间全部交给路老,即使路老谈及的内容与我的课题无关,我依然没有打断他。访谈开始没多久,路老侧过脸去,有些动容。其实在此之前,他并未提到什么动情之处,可想他怎样抑制住内心的情感,才会在平淡言辞中动容。路老良久没有说话,我们五个人也都心有灵犀,沉默不语,不忍打扰一个老人的沉思。赵先生一定是非常懂路老的,他言及别处,打破了这略显尴尬的局面。与路老的访谈让我们四个年轻人

原8470厂职工住房

很受感染,回来的路上,我们依旧沉浸其中,从路老聊到三线建设,聊到老一辈人,聊到当下社会,聊到我们自己。

2018年4月16日,星期一,三明,阴雨天

昨天因为是休息日,陈姐给我们安排的采访地点都是在采访对象家中。今天上班第一天,采访地点安排在三明市档案馆四楼,魏姐和陈姐所在的编研科室内。昨日奔波一天,加之撰写口述日记到半夜,当早上陈姐问我"coffee or tea"的时候,不假思索选择coffee。今天的采访对象有两个共同点:都是夫妻;心态和精神状态都很好。

上午的采访对象是原地辖三明市委副书记余震岳及其爱人王昌鸾(1971年任三明市胶合板厂"革委会"主任,副厂长)。余老幽默风趣,思维清晰,记忆也好;王阿姨声音清脆,亲切和蔼。余老的名字我早有耳闻,因为沙溪河畔那本书。那本书里好几篇文章都由余老撰写。这次近距离接触,才对这个名字有了更深刻的认识。据余老说,他在这本书的编写中是主力,书里一半篇目都是他写的,考虑到美观,署名里有些是真名,有些是化名。这些细节,如果不是这次口述,又有谁会知道沙溪河畔这本书里的小故事呢? 这里的化名又是谁呢? 余老心很细,知道我们这次来的目的,还带了文件和标准件厂生产的锁来。余老和王阿姨与下午要采访的两位在食品厂的老人都熟识,余老和陈伟民老人都爱好集邮,昨日刚一起参加三明的集邮兴趣爱好者爬山活动。二老临走前开玩笑说,下午他俩来的时候,你们问他们鹅牌咖啡茶带来了没有。

陈伟民说女同志的第六感是很准的。这句话我也十分认同。中午我快走到档案馆的时候,一对老夫妻互相搀扶着走在我前面。他俩的背影像极了上午的那对老人,我总感觉他俩可能就是陈伟民及其爱人严林美。本打算一直跟在他俩后面,如果他们也往档案馆走,那我的预言肯定是正确的了。尽管二老身体不错,但毕竟上了年纪,走路速度较慢。我既不想慢吞吞跟在后面,也不想做尾随的"小人",只好从侧面超过去,走在他俩前面了。走进档案馆后,回头看他俩也走了上来,这下可以肯定了。我迎上前去,问老先生:"您好,请问您是陈先生吗?"他回答:"是啊,你是刘博士?"这就是我们的第一次会面。2017年暑假来三明的时候,档案馆给我两位老人的联系方式和旧照片,所以他们的名字我早已熟悉在心,电话号码也一直躺在手机里。我们未曾蒙面,却似

前排左起余震岳、王昌鸢,后排左起陈琳、笔者

曾相识,第一次见面就倍感亲切。带他们进编研室后,陈姐跟陈老开玩笑,被魏姐无比宠溺地说:"陈老,你看,小陈越来越调皮了哈!"我们下午的访谈就在欢快的谈笑声中开始了。陈老热情爽朗,严阿姨比较多愁善感。严阿姨在说到带着身孕迁厂的故事时,魏姐和陈姐眼睛都有点湿润。我和张张因为没有为人父母的经历,感触可能没有那么深。

2018年4月17日,星期二,三明,天气晴

今天的经历充满戏剧性。本打算白天查档,晚上去邵武。看档案目录的时候,发现还要补充的档案太多,一天时间根本不够,遂跟邵武的老先生说了抱歉,不能前去调研。打算今明两天查档,直接从三明回沪。上午,陈姐跟我说可以试试联系立丰印染厂的叶平书记。中午吃完饭回到酒店,我给叶书记发了一条短信,大致说了下我的来由和自我介绍,兴许是因为态度比较诚恳或者有博士光环,叶书记回复我:"小刘,下午3点钟过来吧。"这句话让我激动得睡不着。要知道,陈姐和魏姐之前千方百计地联系他,他都不愿意接受采访。下午打车到老印染厂后门,在岔路口的地方走错了路,一个年纪不算太大的老先生喊我说:"你是小刘吧?不是往那边走,是这条路。"我好一会才反应过来:这位就是叶平了。跟在他后面进了山鹰文化中心一楼。房间里有十来个

老人在聊天,据叶书记介绍,他们都是当年迁厂来的上海人。在互相介绍认识之后,他们说:"我们都说上海话,你听得懂吗?"我说听不太懂。兴许知道我是从上海来的,他们觉得亲切,很是兴奋。傅春莲老人是印染厂原党委书记、工会主席,采访对象主要是他。傅老身材高大魁梧,面色红润。我刚打开录音笔,还没等我提问,他便开始说将起来,看得出是个爽利人。口述当中,好几次我眼眶湿润,不是因为感伤,而是他们说的很多细节,让我感到我这次采访多么有意义,多么珍贵。感动我自己的努力,感动这个课题的价值,感动这么多人的帮助和支持。所有的情绪只有我自己知道。印象最深的是说到芳华越剧团,傅老说当时三明没有什么正规的宾馆,印染厂里有男女浴室,芳华剧团来三明的时候,是在印染厂洗澡的。这样的细节让我很震撼。

原三明印染厂车队,现为汽车修理店

我想,傅老对于我的到来是很开心的。访谈过程中,他几次拿起手机给我拍照。访谈结束后,叶书记提议我们合个影,傅老很是兴奋,不等叶书记找人帮我们拍照,先拿起手机拍起我来。坦白说,看到这些老人的举动,我有点高兴,也有点难过。就像路老一样,他们内心都是孤独的。单位制下,他们宛如生活在一个大家庭中,虽苦犹乐;如今,他们被时代抛弃,上海老家回不了,子女远去。金钱的多寡对于他们只是数字,内心的孤独才是对那个年代最强有力的发声。

三、岁末将至,三顾沙溪

2018年12月,我第三次前往三明市。其时正值博士论文开题报告撰写之际,我基本整理好前两次搜集的档案和口述资料,发现还有不少查缺补漏之处。另逢原三明纺织厂退休职工顾忠发先生由沪返闽,参加老朋友的聚会,询问我是否愿意一同前往(2017年承蒙陈广蛟主任牵线搭桥,我结识不少支援福建三线建设的上海职工)。考虑到前两次考察时间比较紧张,难以仔细爬梳和获取这批丰富的资料,这次我计划在三明住上一个月。出发之前联系陈琳,原打算拜托她帮我找一间可拎包入住的短租房,没想到这位小姐姐人美心善,免费提供给我她自己的一套新房子,这对于我简直是雪中送炭。

尽管三明的冬天很冷,这里的人儿却深深温暖着我的心。抵达新房,这是一套LOFT公寓,装修新潮,整体明亮。陈琳小姐姐已为我铺好床,安置好生活所必需的电器设备等,我意识到这将是充实而美好的一个月。与此同时,顾先生也已抵达三明,当天下午就带领我拜访了福建省三明纺织有限公司(原上海迁建的三明纺织厂)两位总经理骆国清、樊峰以及立丰印染股份有限公司(原上海迁建的立丰印染厂)党委书记叶平、办公室主任刘明。从他们口中获知这些三线工厂的变迁历史,以及他们的切身感受,自己仿佛也回到20世纪六七十年代,继而至改革开放,一直到现在我所身处的新时代。我们原来离历史那么近,写下它是我义不容辞的责任。

在这一个月时间里,我几乎每日蹲在档案馆,翻阅那些镌刻着历史的泛黄纸张,与不远的过去对话。这次的目标主要不是三明市档案馆,而是企业档案室。福建省三明纺织有限公司档案室的吴姐说,他们这里的档案从来没有人翻过,即使工作人员也都只是在需要的时候才会找来看一下,我是唯一一个这样完整看过的人。那几日,我俨然成为他们公司一员,早上8点半准时打卡,中午吃饭休息一下,下午5点跟随大部队一起下班。不同的是,我觉得我是在为自己工作。每天吴姐拿出一摞摞文件袋,大部分尘封已久。内容从1969年

三明纺织厂档案

上海迁厂到如今的发展,其中还有完整的企业报刊《三纺简讯》《三纺团讯》《新芽》,一应俱全。每当我看到珍贵史料时,就像"发现新大陆"般,恨不得晚上回去就着手撰写论文。越是充实,时间过得越快,大约两周时间,我将三明纺织厂档案基本刨尽。临走前,吴姐带我逛了整个厂区和生活区,向我一一介绍每栋建筑的前世今生。吴姐儿子正读高中,听说母亲每天在公司接待一个博士姐姐,希望能与我取得联系,以便日后请教历史方面的问题。我欣然答应,他们如此帮我,真心希望多一点这样的机会予以回报。三明印染厂档案目前存放在原三明印染厂山鹰文化中心,由叶平书记保管。该厂档案不似三明纺织厂保存完整,但也基本能够反映工厂变迁全貌。

此次之行最后一站是三明市物资大厦陈小红办公室,陈女士原为三明印染厂党委工会主席。我们早先约好12月22日会面,不料陈女士感冒加重,几乎不能发声,短信向我表示歉意。而我已买好次日下午的车票准备回沪,参加博士论文开题,以为这项访谈计划就此终止。次日上午,陈女士问我是否有时间,可以去聊一聊。我当即将火车票改签,打车到她的办公室。实际上陈女士感冒并没有减轻,她说:"我女儿现在跟你一样在读博,在北京服装学院。你约我采访时,我想到我女儿可能也会遇到像你一样的情况,那我一定要帮你。"听到这番话,我差点哭出来。很多人不理解为什么要读博士,尤其是女博士,而当你因为博士身份被人善待和尊重的时候,那一刻就会觉得什么都是值得的。她足足和我聊了两个小时,向我描述工厂的辉煌历史,她的青葱岁月,以及与上海人的相处(陈女士是福建本地人)。讲到她最爱的工厂厂歌,甚至顶着沙哑的病嗓,为我献上其中一首《春色满园》:"这里的荷花在冬夜里怒放,这里的蜡梅在夏日里飘香。不是神话,不是神话,不是幻想。我们心爱的车间,四季是春色满园。"

实际上在顾先生等人带领下,我还拜访过沪闽两地其他近30名三线职工,譬如原龙岩毛巾厂厂长虞铭娣、原龙岩色织厂厂长王文奎、原三明印染厂党委书记闪福香、原三明纺织厂退休职工徐嵩古(曾参加抗美援朝战争)、原三明纺织厂党委书记严筱莉、原三明纺织厂车间主任蒋蓉娟、原三明纺织厂厂长顾以强、原三明纺织厂工人马凤琴,等等,他们接受我的访谈,并且愿意敞开心扉,使我深深感动,铭记于心。

在博士论文开题、预答辩和正式答辩过程中,上海师范大学的苏智良老师、邵雍老师、姚霏老师和蒋杰老师,复旦大学的金光耀老师,上海大学的徐有威老师,福建师范大学的叶青老师等毫无保留地提出宝贵意见,激励我后续继续对论文加以修改与完善。上海大学历史系徐有威老师作为小三线研究领域的专家,始终关心和关注我的写作进度,这成为我认真完成博士论文的重要动力。上海大学历史系廖大伟老师也是我的学术领路人之一,在他的指引与帮助下,我得到很多宝贵的学习与实践机会。同样需要感谢的还有我的师弟师妹们,匡罗乐和王烨锋曾多次陪我开展访谈和帮忙拍摄照片,姚泽勋担任我博士论文答辩秘书。论文最终能够呈现,离不开曾经帮助过我的所有前辈师友,原谅我不能将他们的名字一一列举,但我的感激之情是真挚、热烈的。

如果用一个词来分享这段旅程的经验,我想应该是"认真"。历史研究没有捷径,我们走的每一步都会在将来某一刻发挥功用,而当我们在某一步懈怠了、逃避了,也会在将来以更大代价弥补。如果每一步都走得坚定、有力,那么好运一定会与我们不期而遇,途中的下坡只是为继续爬坡蓄积力量。学术是这样,人生更是如此!

(刘盼红,东华大学马克思主义学院讲师)

三明印染厂厂歌之一

寻找那些即将消失的三线建设音乐记忆

苏世奇

2006年9月,我坐上郑州开往昆明的K337次列车,一路颠簸,48小时之后,抵达被誉为春城的云南昆明,开始为期三年的研究生求学生涯。如今回想起来,三年的时光,给自己印象最深的画面应该有三幅:其一,每年的假期及工作间隙我的导师申波先生(二级教授)总会收拾行囊奔向田野,开始学术调研,搜集洒落在云岭大地的"散金碎玉";其二,同门的好友(田小书、武丽娟等)围在我宿舍的电脑桌前就我们申报的第一个科研项目进行热烈的讨论;其三,临近毕业,同学们(周丰庆、徐伟等)相聚在一家藏族餐馆,端起酥油茶海誓山盟般举杯,彼此承诺毕业后不管再忙,每天一定要认真读书。

为什么这些场面会印象如此深刻?德国社会学家杨·阿斯曼认为,从记忆学的角度来看,"一个人可以记住的是那些处在每个当下的参照框架内可以被重构为过去的东西"。也许是因为学术调研、课题申报以及每天的读书构成了我当下的记忆参照框架,但我认为更是因为那些过往的记忆影响了我如今的生活状态。

一、无心插柳 结缘"三线"

2009年6月,结束在云南艺术学院的三年学习生涯,来到六盘水这座因三线建设而生的城市,茶余饭后时常听到人们谈论三线建设的话题。2013年8月13日,贵州省三线建设博物馆在六盘水开馆,一次不经意的参观,我发现墙上悬挂着一张发黄的三线建设时期的老照片,照片当中三线建设文艺宣传队女队员飒爽的舞姿伴随着旁边乐队的伴奏在露天的工地上正翩翩起舞,围观的苗民和工友聚精会神地观看,这一幕给我留下了深刻的印象。在随后的日子里,工作、生活在这座有着浓郁三线文化的城市,三线建设的历史信息不断地出现在我的视野中,结合自己的专业,三线建设音乐研究的选题在心中应运而生。

这张照片让笔者与三线建设音乐研究结缘

随着研究的深入,这段历史的价值和意义逐渐被我认知:20世纪60年代,在国家"好人好马上三线"的感召下,几乎一夜之间数以百万计的建设者从繁华的都市来到荒无人烟的大山深处,他们坚守无私奉献、艰苦创业的理想信念,用自己的热血与生命催生了中国西部地区的现代工业,书写了"献了青春献终身,献了终身献子孙"的壮丽凯歌。三线建设中的音乐工作者更是在完成建设任务的同时,用自己的聪明才智,创作、传播了大量紧扣时代脉搏的文艺作品,充分调动了音乐审美鼓舞人心的功能,彰显了英雄主义精神的时代意义。

然而,随着岁月的流逝,时间正在把许多深刻的历史年轮抹去,已经很少有人知道20世纪三线建设者创造的音乐文化曾与时代产生了那么强烈的共鸣,加之国家战略决策的调整,许多原有的单位建制已经取消或整合,过往艺术活动的档案也不知所踪,导致许多文本记忆快速蒸发,使得确定性史实难以寻觅。随着历史的推移,许多三线建设时期的音乐文艺工作者也相继离世,又导致许多口述记忆即将面临人去"忆"绝的局面,一段红色音乐文化的历史即将湮没在历史的尘埃中。因此,在倡导弘扬革命文化、牢记时代英雄、推动中华优秀文化创造性转化的当下,对散存的三线建设音乐记忆进行抢救性的搜集与整理就显得尤为迫切。

当认识到这段历史的价值和抢救的紧迫性之后,一句话在我的心中不断回响——"让历史记住该记住的"。于是,自己就像着了魔一样多方搜集各种有关三线建设的资料,如三线建设时期相关厂矿及档案管理部门的历史档案,各种信息平台推送的大量三线建设亲历者回忆录,近年来录制的三线建设纪录片等等。通过对这些信息的摄取,增加了自己对这段历史的理性把握和感性认知,为后期有针对性的学术调研做了前期准备。

二、个案调研　初涉"三线"

2017年10月12日晚,我在好友六盘水市方志办方志科敖波科长的引荐下,结识了六盘水地方志办公室原主任斯信强先生。斯老是位大学者,1966年毕业于北京农业大学,后到贵州盘县参加三线建设。作为那段历史的见证者,他先后从事考古、方志工作,成就斐然。记得那一晚相谈甚欢,分别时斯老语重心长地说:"做这项研究是一件功德,要有出精品的意识。"此后,斯老会经常发给我一些当年的老照片,提供自己多年来编纂的志书供我查阅,为我对六盘水三线建设音乐的研究起到了重要的作用。

此后,在深入调研阶段,帮我打开三线建设音乐研究这扇门的应该是唐怀永先生。2018年1月26日,经朋友介绍,在水矿集团家属院见到了唐老。唐老1967年毕业于贵州大学数学系,1970年到六盘水参加三线建设,后加入矿区文艺宣传队,在宣传队从事文艺创作。其较好的文笔给宣传队成员留下了深刻的印象,温润如玉的性格也使他有较好的人缘。唐老得知我来搜集三线建设时期音乐、文艺方面的资料时,第一句话就说:"终于有人来做这件事情了。"那天我们聊了很久,他又热情地介绍我认识了当年宣传队的其他成员,如吴剑宇(作曲兼指挥)、张如玉(队长、歌唱演员)、李凤祥(黑管演奏员)、陈明才(灯

2018年1月29日,笔者(左一)采访张如玉(中)和李凤祥

光音响师)等。

1月29日,我专程拜访了张如玉、李凤祥、陈明才等人,一下午的追忆往昔,一张音乐历史的记忆之网逐渐织成。然而意犹未尽,1月30日,我们又相约在水矿集团工会曹蕾主席的办公室,对这些历史记忆和相关照片资料共同进行核对,拉出了水城矿区三线建设时期音乐活动的基本轨迹。晚上9点多,我们一行在水矿集团家属院的一家私房菜欢聚一堂,热气腾腾的饭菜让我感受到了三线人的那份热情。临行时,水城已经下起了鹅毛大雪,我缓慢地驱车前行,唐怀永先生和曹蕾主席站在那里静静地看着我走远,让我感受了一种久违的温暖与人性的真诚,那一幕让我记忆尤深。

此后在唐怀永和吴剑宇等人的热心帮助下,我又认识了王仲路(手风琴演奏员)、陈长海(老选厂宣传队长)、王海燕、张国华、方惠群、陶元洪、江庆荣、石玉洁等宣传队员。在大家共同的口述中,进一步丰富了水城矿区三线建设的音乐图景,其内容的丰富犹如唐怀永先生在文章中所言:"当年,数十万建设大军云集,漫山遍野的油毡棚户,干打垒、先生产、后生活,'文革'中简易投产。物质生活的匮乏和文化生活的缺失并存,八亿人民八个样板戏,广大职工

2018年1月26日,笔者(左)采访唐怀永先生

在苦、累、脏、险的劳动之余,迫切需要汲取精神营养,需要抒发战天斗地的豪情,需要歌唱自己这一代英雄,需要表达对美好生活的向往!于是,从领导到职工,文艺创作空前繁荣,涉及音乐、舞蹈、曲艺、戏曲等方方面面,形式多样,短平快,群众喜闻乐见。一支支文艺宣传队应运而生,活跃在工厂、矿山、乡场、工地。文艺作品源于生活、高于生活。正是三线建设的热潮,带来了文艺创作的繁荣,带来了对艺术孜孜不倦的追求,更激发了人们对美好生活的期望。"

访谈中的思想碰撞以及对三线建设音乐的关注,使我和这些当年的三线建设文艺工作者成了忘年交。他们邀请我加入他们组建的名为"心灵的家"的三线建设文艺工作者微信群,在群里和他们的微信朋友圈里经常会看到大家对那段激情燃烧岁月的追忆和对如今生活的所思所想,这也为我进行微信民族志的书写提供了观察的窗口。

三、多方支持 深入"三线"

水城矿区三线建设音乐口述史料的搜集工作为我下一步的研究积累了一定的经验:初步确定了从口述史实与确定性史实双重关照的角度,通过个体感受与集体记忆的有机融合,对三线建设音乐文化的创造者与接受者进行深度访谈,在口述中体验历史的温度、用文献佐证口述的取向,使口述的实录与档案的留存构成互为关照的书写基础,最终以口述史的逻辑表达,生动、翔实地再现三线建设这一历史事件中所生成的独特音乐文化现象,解读其与时代互动关系的这一研究思路。

随后,以项目申报为依托,先后获批了贵州省艺术规划项目"贵州三线建设音乐文化研究"、贵州省联合创新项目"六盘水三线建设音乐口述史料抢救性搜集整理研究"和"贵州省三线建设文艺研究创新团队"。随着各方对三线建设的持续关注,三线建设文化被确定为贵州省"十三五"期间的一张重要文化名片。2019年度贵州省哲学社会科学规划文化单列课题重大项目把"贵州三线建设口述史料搜集与整理研究"列入其中，经过前期的积累和准备，2019年8月由我主持申报的该项目获得立项，为此后的深入研究提供了更多的政府支持和经费保障。由此，从音乐学的视角关注三线建设的研究工作得以全面进行。

在课题申报、开展的过程中，离不开科研管理部门及自己所在部门领导、同事的关心和支持。对于课题申报过程中遇到的各种问题，科研处的王金鹏老师总是不厌其烦地予以解答；项目管理科的匡其羽科长在看到项目取得一点成果的时候，总会给出多方面的鼓励；张林院长作为三线建设者二代，为我的研究提供了大量珍贵的照片，讲述了许多生动的案例；崔有昌院长更是帮我多方联系"后三线建设"时期的音乐创作人员，并发来大量与三线建设主题相关的音乐作品；刘开盛书记和郎亲华老师也经常为我能够顺利进行访谈与多方人员进行联系……他们的关心与支持都为三线建设音乐研究的顺利进行提供了保障。

学术研究离不开学术圈层之间的交流与互动。随着个人信息与三线建设的勾连，2019年9月的一天突然接到了一个从上海打来的电话，电话那头热情又带有幽默的话语让我记忆尤深："我是上海大学徐有威，首先祝贺您的三线建设研究项目获得贵州省哲社重大立项，今后大家相互交流，互通有无……"这个曾经多次在刊物、网络上出现的熟悉的名字突然出现在我的电话里，让自己一下感觉紧张而又兴奋。徐有威教授丰厚的三线建设研究成果，严谨的治学态度以及谦虚、热情而又幽默的性格使他在学界享有极高声誉。

2019年11月22日，受徐有威教授和三峡大学冯明博士之邀赴湖北宜昌的三峡大学参加"记忆与遗产：三线建设研究高峰论坛"，来自全国50多所院校的三线建设研究专家汇聚一堂，从多学科的视角汇报了最新的研究成果；12月13日，受四川大学李德英教授、攀枝花学院王华博士以及上海交通大学张杨博士的邀请，赴攀枝花学院参加"三线建设与新中国70年发展道路探索"学术研讨。这两次会议让我受益颇丰，不但了解了学界的前沿，对三线建设研究有了更为深入全面的认识，更为各方学者之间的跨学科交流奠定了基础。

在各方的支持下，经过近三年对六盘水各县区煤炭、钢铁、冶金、建材等领域的深入调研，通过各种渠道和上海、重庆、河南、山西、辽宁、黑龙江、江苏、四川、安徽等地建立了联系,访谈了当年的文艺工作者,交了众多三线时期的文艺朋友,收集到了所能找得到的档案、日记、图片、剧本、乐谱、乐器等,通过这种方式逐渐使这段历史浮出了水面。

三线建设文艺工作者李家良自制的唱机及收藏的唱片

2019年8月,三线建设音乐研究系列著作的第一部《六盘水三线建设音乐口述史》一书终于由华中师范大学出版社出版,洋洋洒洒20余万字以及大量珍贵的历史照片,在40余位亲历者的口述和档案资料的互证中与读者见面了。该书主要分为乐团记忆、乐人情怀、乐歌留声、乐事梳理等章节,以六盘水三线建设时期音乐文化的创作者、表演者、欣赏者为研究对象,借助口述史的相关方法,以三线建设时期音乐文艺工作者的口述记忆为切入点,梳理了六盘水三线建设音乐文化发展的历史脉络,探寻了特殊时代背景下"乐"的情感根源,同时也为当下音乐创作在"音"的层面满足社会发展的心理需求提供了一种文本的启发。

在著作的出版过程中,华中师范大学出版社的王文琴社长和刘沁怡编辑付出了大量心血,他们的敬业精神时常让我感动,是他们高度的责任心和专业的水平才有了著作的顺利出版。

著作出版之后,怀着忐忑的心情交于学界各方专家、地方主管部门以及三线建设亲历者进行评阅。中华音乐口述史学会副会长、云南音乐评论学会会长、云南艺术学院二级教授申波先生读完此书颇有感慨地说:"这不仅为我国方兴未艾的音乐口述史的研究方法与观察路径提供了一个鲜活的个案,其更以一种情怀和担当,用自己的学术实践完成了对三线精神的重拾与回望,向社会重塑了民族精神的时代坐标,也用文本的书写缝合了即将断裂的区域音乐的历史。因此,这样的工作是值得钦佩的。"小三线建设研究资深专家、上海大学历史系徐有威教授在《2019年三线建设研究述评》(《三峡论坛》2020年第3期)一文中指出:"从音乐学的视角出发,运用口述史的方法对三线建设音乐文化进行研究是近年来三线建设研究较为新颖的视角,值得深入探索。"六盘水市人民政府官方网站的有关评论文章则认为:"(该书)生动、翔实地再现了我市'三线建设'这一历史时期,独特的音乐文化现象,对于准确把握我

笔者著《六盘水三线建设音乐口述史》
(华中师范大学出版社2019年版)

市红色音乐文化历史脉络,提炼红色文化的特色,充分展示我市红色文化旅游的独特魅力做出了突出贡献。"三线建设亲历者、原水城矿区宣传队乐队指挥吴剑宇先生看完此书后深夜发来信息表达了自己的切身感受,认为该书为三线建设的历史留下了特殊的一笔。

四、玉隐于石 回望"三线"

当我们站在西方工业文明时期音乐史学的学术立场来回望这段音乐历史的时代脉象时,或许会感到三线建设时期没有出现太多伟大的作曲家及具有影响力的音乐作品,音乐文化的创造者更多的是生产建设者本人抑或普通的基层文艺工作者,他们的作品无论从技或艺的层面或许都还显得粗糙与浅薄,又何以载入历史?但正如钱穆先生在《中国历史研究法》中所言:"至于研究历史而注意到那些无表现的人物……此等人本可以不载如历史,但历史的大命脉正在此等人身上。"特别是在后现代生态文明时期,从个人生命、生活史以及音乐文化史的视角来看待这段历史并进行文本书写时,其鲜活的历史感和丰富的人文性以及由此所折射出的特殊时代背景下别样的音乐记忆则正是

这段历史的独特价值。

  随着时间的推移,三线建设时期文艺工作者的步伐会渐行渐远,这段承载了几代三线人欢声笑语的集体音乐记忆也会逐渐模糊。在此,对作为民族和国家集体记忆的三线建设音乐记忆进行抢救性整理已经不单是一种单一的文本书写,更多的是对"三线人"这一特殊群体心路历程的追寻以及对那一时代文艺风貌的接力与传递。回望与重温那段激情燃烧的岁月,共享社会群体成员的往事记忆,当那些熟悉的旋律与物象通过记忆的纽带再次出现在三线建设者一代、二代抑或普通群众的耳畔和眼前的时候,那曾经的岁月便在记忆中被唤醒或重构,将成为新时代群体共享往事的精神纽带和奋力前行的动力源泉……

  (苏世奇,六盘水师范学院音乐学院教授,教育部人文社科重点研究基地兼职研究员,中国音乐评论学会会员,贵州省艺术科学学会理事。著有《六盘水三线建设音乐口述史》《"三线建设音乐"的概念、内涵与研究方法》和《三线建设时期内迁职工的集体文艺生活》等)

巨人肩膀上：
我的三线建设研究"速成"之路

邹富敏

我在研究生期间所学习的内容主要是历史地理，所承担的科研任务也与中国古代史、近代史相关。虽然早在2015年，我就接触到了三线建设这一主题，但真正走近三线建设研究，却只是近两年的事，这很大程度上得益于两位老师的帮助。

一、绕不开的缘分

我与三线建设研究之间，仿佛是有一种绕不开的缘分。

2015年9月，我进入复旦大学历史地理研究中心，跟随段伟教授学习。段老师很有前瞻性，师生正式见面的第一次谈话就涉及我以后的研究方向、选题等内容。在得知我还没有明确的方向后，段老师给了我几个研究领域作为参考，其中就有历史灾害地理研究和三线建设研究。

后来因我跟随段老师参加清史地图集项目，对江苏、上海等区域相对比较熟悉，于是最终选了历史灾害地理，做晚清苏南重大自然灾害及其社会应对。此后许多知识性学习和史料的收集整理都是围绕着"灾害"展开。虽然研究方向与三线建设相去甚远，但三线建设是导师段老师的研究方向之一，我还是秉着学习的态度，对三线建设的相关内容有所涉猎。

我以段老师关于三线建设的相关研究为切入口，并从历史地理学的角度出发,有了一些粗浅的思考。比如三线建设期间的跨区域的人口迁移、大区域内三线企业的选址分布与各地理要素之间的关联以及三线建设与地方经济社会的互动等内容。我还顺藤摸瓜,找了一些其他人的研究成果来看。这其中就有徐有威老师与陈熙老师合作的《落地不生根:上海皖南小三线人口迁移研究》,以及徐老师主编的《口述上海:小三线建设》和《小三线建设研究论丛》集刊。在我的研究生期间,对三线建设都只是一种浅尝辄止的知识性学习,而非深入的思考与研究。

直到2018年7月,出于工作原因,需要申报上海市党校行政学院系统课题,我才真正与三线建设研究有了实质性的关联。如何将专业知识与工作方向有机结合起来进行申报,一开始确实令人头疼。我在研究生期间所作研究和参与的项目,多偏重于古代史、近代史,对马克思主义、公共管理以及上海发展战略等内容尚不十分熟悉,如果想要申报成功,其难度可想而知。好在此前对于三线建设有一些浅显的知识性积累。作为中国当代史上一次大规模的国防军工建设运动,三线建设当属党史新中国史上浓墨重彩的一笔。同时,上海的小三线建设对江西、江苏、安徽和浙江等周边地区产生了深远的影响。从地理位置上看,上海小三线建设的辐射区域,正好与长三角一体化战略所覆盖的区域有大范围重叠。其时适逢改革开放40周年前夕,于是我就拟定了"小三线建设对上海改革开放再出发的历史启示"作为申报题目。

从一开始接触三线建设,但没有选其作为研究方向,到三年后因为申报课题,还是选择了三线建设这一研究主题,或许,我与三线建设研究之间终究有这样一段绕不开的缘分。

二、站在巨人肩膀上

我半学半研的三线建设研究,是站在巨人肩膀上起步的。

2018年10月底,我申报的上海党校行政学院系统课题"小三线建设对上海改革开放再出发的历史启示"获得批准。本来课题申报成功是一件令人十分高兴的事情,然而高兴没多久,便不得不理智地思考如何结项的问题。我所读过的三线建设研究成果,多立足于档案、口述史等一手史料,并辅以一定的田野调查,文章的行文论证因此而真实可靠有深度。但我毕业参加工作后,没有办法像在校期间一样拥有寻找各类资料上时间自由和大学图书馆便利的资源条件。同时,各类事务处于熟悉、学习与融入阶段,任务也比较繁重,难以开展田野考察。

缺乏三线建设的相关史料,想要完成这项课题,单凭自己所积累的基础性知识,颇有一种巧妇难为无米之炊的感觉。后来我与段老师分享课题申报成功的喜悦,同时也说起了我在完成课题方面的顾虑与烦恼。段老师不仅在方向上给予了我一定的指导,还提供给我许多他已经收集整理好的三线建设史料。于是,我在工作之余开启了三线建设半学半研之路。

弹指一挥间,时间很快就到了2019年8月,距离我的课题立项已将近一年,而我丝毫没有相关研究成果产出,内心开始有些暗暗着急。

2019年9月初,段老师转发给我一份会议通知,由湖北宜昌的三峡大学主办的"记忆与遗产:三线建设研究"高峰论坛,问我是否有意参加。我心中十分忐忑——此前接触三线建设研究,多以知识性的学习为主。虽然有自己的一些想法,但由于研究方向并不是三线建设,所以关注得并不多,也没有花时间和精力在寻找史料验证想法上。对于三线建设研究而言,我甚至连初级研究者都算不上。现在突然有这样一个机会可以进入三线建设研究领域,心里其实早就跃跃欲试,只是担心自己的实力水平不足以做出一篇有质量的文章,到时候在论坛上贻笑大方。段老师说,总要迈出第一步的,借此机会去学习学习,见识一下学术前沿也好。我这才鼓起勇气着手三线建设研究。

好在前期有史料阅读与梳理的基础,2019年的"十一"前后集中精力攻坚克难,总算是写出了参会论文的初稿。紧接着,在段老师的指导下调整文章架构、丰富史料,文章逐渐变得条理清晰,丰满翔实起来。虽然还有诸多不尽如人意之处,奈何会期将近,不得不先把文稿发送给主办方。这就是我的第一篇与三线建设研究相关的成果——《上海小三线企业的生产与生活——以前进机械厂为例》,收录在《"记忆与遗产:三线建设研究"高峰论坛》论文集中。至此,我总算是摸到了三线建设研究的大门。

借着会议论文这块"敲门砖",我顺利参加了2019年11月在湖北宜昌举办的三线建设研究高峰论坛。在论坛首场主旨发言上,我第一次见到了徐有威老师。对他的主旨发言,我至今印象深刻。他回顾了2013年以来三线建设研究大势,并展望三线建设未来的发展方向。徐老师强调三线建设史料收集与整理的重要意义;提醒大家在寻找新的科研题目中,要避免同质化;鼓励大家系统研究,比如从三线建设研究为圆心,发散开来以同心圆的原理,研究某地的当代工业史,进而研究某地的当代史等。他所讲的内容多集中在三线建设研究的顶层设计,意在打造三线建设学术共同体,推动三线建设的整体发展。无论古今,学者们多有一种读书人的情怀——"穷则独善其身,达则兼济天下。"一个学者在做好自己研究的同时,还致力于整个三线建设学术领域的可持续发展,不断营造和谐发展、协同共生的研究氛围,这对推动三线建设研究的发展可谓功劳不小。

"记忆与遗产:三线建设研究"高峰论坛(湖北宜昌　2019年11月)

分组交流前,经段老师引荐,我与徐老师正式见面。这位三线建设研究领域的前辈丝毫没有架子。聊起我的文章,他笑着说:"看见你在文末写着'感谢上海大学徐有威教授及其团队提供前进机械厂相关史料',我就奇怪了,咱们在哪里见过?哦,原来你是段伟老师的学生。"

次日在长江边上远眺葛洲坝,实地考察三线建设成果。徐老师抽空与我进一步交流,了解我申报的课题和研究方向。得知我在史料方面的困难后,极为细致地指点了方向,末了还很热情地提出返沪后将上海小三线建设相关史料拷贝给我。返回上海后才几日,徐老师就与我约定时间在上海大学出版社见面。由徐老师的高足张程程学弟,拷贝给我不下100GB的小三线建设的档案资料。

历史学靠史料取胜,好的文章必然离不开翔实的史料。史料创新是每个史学研究者的秘密武器之一。我几乎没打算开口请徐老师提供一些三线建设史料。但没想到的是,只是在聊天时随意提了一句我在史料搜集整理方面遇到的困难,徐老师便如此热情诚恳,将自己与数十位学生共同收集积累下的史料毫不藏私地提供给我。徐老师惠泽学林、奖掖后学的举动令我十分感动。

本以为徐老师为我提供三线建设相关史料之后,后面的研究之路就完全靠自己了,没想到徐老师还有相当完善的"售后"服务。我带回之资料后,徐老师经常关心我的阅读进度,并对我在研读史料过程中遇到的一些宏观性、概念性的不解之处进行解答。大有传道、解惑的师者风范。为了帮我形成对上海小三线建设研究的整体把握,徐老师多次安排张程程学弟根据我的需要提供相关史料。

有了段老师和徐老师两位三线建设研究前辈的帮助与指引,我站在巨人肩膀之上着手研究,这才算真正半只脚跨进了三线建设研究的领域。

三、新冠疫情期间撰写了三篇小三线论文

我在2020年上半年的疫情期间"闭关"两个多月,一共写出三篇小三线

2020年上半年新冠疫情期间写出的三篇小三线文章

的论文。

2019年底至2020年上半年,作为一个被疫情"封禁"在家的湖北天门人,大门不出二门不迈成为日常标配,只能从窗口看看"外面"的世界,可怜程度堪比鲁迅先生在《故乡》里所写的"只看见院子里高墙上的四角的天空",连在小区里散个步都成为奢望。

在书桌前坐下,每每打开电脑不到三秒,便会进入一种心不在焉、难以投入的"划水"状态,我那刚起步的上海小三线研究一度停滞不前。

2020年春节后不久,徐老师电话问候,聊到我在新年前后的研究进展。我十分不好意思地告诉徐老师,进度几乎为零。一方面,疫情形势严峻,被困在家中,无心写作;另一方面,虽然我将徐老师所给资料的移动硬盘带在身边,但历史学文章必然要进行多重史料互证、参证,我感觉手边史料有些单一,即便写起文章来也颇有些有心无力。

徐老师鼓励我利用会议论文中已整理归纳好的史料,在会议论文的基础上重整思路,修改出一篇文章来,需要补充的史料,他尽量提供帮助。不仅如此,徐老师还以史论今,对比了三线建设时期与疫情期间的大背景与一些具体细节,开玩笑说:"你看,当时国际形势紧张,战争一触即发,所以国家开展了轰轰烈烈的三线建设。现在外面的疫情形势同样紧张,相信你在这种环境下做三线建设研究,会有一种感同身受的感觉,更能以同理心去换位思考,做出别具特色的成果来。以后大可写一些回忆性的文章,讲讲你在疫情期间对三线建设的研究。这是你所独有的优势!"

不知道是被徐老师的警钟所敲醒,还是紧张情绪被他幽默风趣的话语一扫而空,我忽然觉得自己又充满了动力与斗志。适逢与段老师探讨个案研究,他推荐给我一些关于个案研究如何从个性走向共性的文章。我决定在上海小三线原前进机械厂这个个案研究的基础上推开来,写出一些具有三线建设共性的内容来。此前我提交的会议论文,主要探讨了上海小三线企业的生产与生活。而家属群体在三线社会中起到了稳定后方,保证生产环境和生产积极性的重要作用,同时也是三线生活的主力军。因此,这篇文章我选定小三线建设的家属群体作为研究对象。有了段老师打开的思路和徐老师提供的史料支撑,我下笔如有神助,很快就写出了第二篇文章——《小三线家属群体研究——以上海小三线为例》。

秉着请两位老师严格把关的想法,我将文章发给段老师和徐老师,请他们批评指正。段老师高屋建瓴,提出了许多修改意见。在徐老师这里,我还收获了意外之喜。徐老师说,他受湖北宜昌三峡大学冯明老师的委托,为他们大学的《三峡论坛》杂志组稿,主题就是三线建设,邀请我投稿。后来这篇文章顺利发表在《三峡论坛》2020年第3期上,成为我有关小三线建设的第二篇文章。

徐老师这种包资料、包解惑、还包"售后"(推荐发表途径)的"一条龙"和"三包"服务人令人惊喜了,我作为后进之辈在三线建设研究领域的受益者,真真切切地感受到了徐老师嘉惠后学、大手笔推动整个三线建设研究学科发展的决心和作为。

在与两位老师讨论小三线家属群体研究文章修改、投稿的过程中,我说起自己在行文中的一些遗憾:因为篇幅和主题限制,还有许多想法没能全部写出来。比如,此前我曾想从历史地理学的角度切入,研究上海小三线企事业单位在地理空间上的分布及其中深层次的考量。但根据我所看到的史料,只能还原到村社一级的行政单位,画出上海小三线企事业单位的相对位置示意图,难以做出更细致的考证。后来与段老师讨论,既然横向的空间无法铺开,是否可以从纵向空间架构上下功夫?段老师给我推荐了《中国集体形制及其建成环境与空间意志探隐》(华中科技大学的谭刚毅老师2018年发表的一篇文章),我深受启发。于是,我与徐老师说起,想要写一篇有关三线建设企事业单位内部空间的文章。

在三线企事业单位,厂房和宿舍区基本满足了生产与生活需要。但作为一个相对封闭的小社会,三线社会也有一些公共空间,诸如图书馆、食堂等。我希望研究三线企事业单位中,有别于生产上与生活场所之外的公共空间,不仅理清这些物理空间的类型,更想对依托于公共空间的三线社会生活和三线人的精神世界一探究竟。

徐老师对我的想法表示肯定。通过电话给我讲了许多他在口述史采集和史料整理过程中,所遇到的与公共空间相关的内容。大部分三线人的日记、回忆录中的线索,都是我闻所未闻的。徐老师的讲述极大地开阔了我的思路。根据他提过的故事与史料线索按图索骥,我文章的内容很快就丰满起来。几乎是在很短的时间里一挥而就,写出了我的第三篇文章——《公共空间对三线建设的非生产性贡献——以上海小三线礼堂为中心的研究》。后来文章经徐老师修改，共同发表在中共上海市委党史研究室主管的《上海党史与党建》2020年第5期上。

在三线公共空间这篇文章的写作过程中，我顺势整理出许多三线职工子弟在学校、礼堂、图书馆等公共空间活动的史料。这类史料独立、完整且数量不少。于是我与徐老师商量，是否单列一节，把这一部分内容添加进公共空间这篇文章里面。徐老师建议不如另起炉灶，仔细探讨一下三线子弟教育的相关内容。他给我介绍了许多关于三线子弟的内容，包括三线子弟随迁、求学、就业、安置等。

从徐老师的介绍和我的史料研读积累来看，三线子弟作为家属，不仅存在生活安置上的问题，还有教育的需求。重要性上，三线子弟教育需求能否得到满足，关系到职工生产情绪与后方的稳定，三线企事业单位也因此对子弟教育问题很重视。三线子弟教育经历了一个由不完善到逐步建设、不断完善的过程，这其中又涉及与地方关系（借读）、师资、户口等一系列问题，可谓牵一发而动全身。子弟教育也是三线建设研究的重点之一。因此，我决定选择子弟教育需求及师资问题作为新一篇文章的研究主题。

我构思期间，徐老师多次提醒我注意，三线子弟教育是封闭社会形态下的产物，具有时代局限性。一旦计划经济变市场经济，其弊端就暴露出来了。我们做研究的时候，不妨将其放到特定的历史条件下去观察。多亏了徐老师及时通过电话沟通答疑解惑，邮件空投史料"补给"，我的第四篇文章——《三线建设时期的子弟教育需求与师资供给——以上海小三线为中心》也很快出炉。这篇文章同样与徐老师合作，发表在《上海党史与党建》2020年第8期。

结语

我正式发表的文章中，与三线建设相关的有三篇，虽然主题分别是家属、公共空间以及子弟教育，看起来研究主题之间的跨度很大，侧重点大相径庭，但实际上这三个主题在逻辑上一脉相承、互为表里。三线家属群体是三线社会的重要组成部分，也是三线社会生活的主要参与者，三线公共空间的实际使用者、受益者。作为三线家属群体的重要组成部分，三线子弟也有特定的社会需求——教与育,学校为代表的三线公共空间为这类需求的满足提供了物理空间。

  我接触三线建设有几年时间了,但在研究三线建设上是货真价实的后进之士。能在疫情期间这样短时间内有些许成果产出,很大程度上得益于两位学者的支持与帮助。段老师将我带入三线建设研究领域,数次开拓我的研究思路,提供修改意见。徐老师毫无保留地分享史料,悉心指导,推动文章发表。正是因为两位老师的鼓励与引导,我才能站在巨人的肩膀上,较快地在三线建设研究领域取得进展。

（邹富敏,中共上海市静安区委党校教师）

风起心静：关于三线单位
居民生活区研究的心路历程

辛文娟

每当风起时，我都会感到内心分外平静。因为风让我想起北方的故乡X省S市。S市本来是一片籍籍无名的大荒滩。1956年，新中国煤炭工业部成立了S市煤矿筹建处，计划将S市所在地建设成为新中国重点建设的十大煤炭生产基地之一。整个S市下辖两个新中国重点建设的矿务局，其中一个是成立于1960年的国家焦煤基地B区矿务局。后来随着三线建设战略决策的全面实施，国家加强了对工业体系的投资，大力推进了西部地区的工业建设。在这个背景下，自1965年起，S市的煤炭开发事业迅速拓展与加强。

我就在B区矿务局下辖的第三煤矿（简称三矿）出生并长大。三矿人开玩笑说，我们那里的风一年刮两次，一次刮半年。因为大风总是刮啊刮，所以宁静的三矿大院里，总是处处可见散落在各个角落里的煤尘。

在我读小学时，父亲有位挚友，是三矿办公室主任，我叫他车伯伯。车伯伯清瘦儒雅，家里书多。在当年封闭的矿区中，想找些课外读物不太容易。我经常跑到车伯伯家看书或借书。车伯伯每次看到我，总是像对待大人一样，温和地跟我聊天。有一次，车伯伯很认真地跟我说："等你长大了，要好好写本书，讲讲咱们矿区的生活，这里真是故事的宝藏。"车伯伯应该对我说过很多话，但是我现在唯一能记起的，就是这句话。

一、在 Marston Hill 思念三矿

原三矿居民马丽媛女士绘制的三矿办公区素描图

2012年12月,我还在武汉大学新闻与传播学院攻读博士学位。有一次汇报课程作业选题时,我向恩师单波教授谈起三矿变迁的故事。当时我着重谈的是矿区移民的文化适应和身份认同问题。单老师建议我可以试着在家乡做一次调研,不要带着预设和偏见,去田野寻找"真问题"。2013年1月,我放寒假回家,开始试着做调研。当时我首先选择的社区是QJ社区。因为这里是三矿居民搬迁之后集中居住的其中一个社区,我的大家族成员主要集中于此。我的访谈是先从大家族成员开始的。但是我很快意识到单一的一个社区不具有足够的代表性。因为在访谈中,很多人都会提起三矿居民集中居住的另外一个社区——NZ社区。他们会把QJ社区和NZ社区做对比,认为分别居住在两个社区的居民,目前生活状态和精神面貌差别很大。于是,我赶往距离QJ社区约17公里的NZ社区进行了初步调研。当时访谈了一些我们过去的熟人,包括邻居、我父母的同事等。如果说在QJ社区做调研是一件轻松愉悦的事,那么在NZ社区,我体会到了那里居民的切身之痛:寒风瑟瑟的冬日,很多居民家里的暖气不热,我在室内做访谈时,不敢像在QJ社区居民家那样自然而然脱去羽绒服。很多居民家的洗衣机居然只是摆设,常年不用,因为物管一

天只给送三次水,且每次送水不到一小时,水流细小,而我清楚地记得,当年在三矿时,用洗衣机洗衣服是一件自然而然的事,怎么进城了,反而不用洗衣机了?晚上7点之后,天彻底黑了,走在巷道里伸手不见五指,这与QJ社区夜晚的灯火通明形成了鲜明的对比。访谈过程中,我明显感觉生活在这里的三矿人,怨声载道,情绪低落,提到"NZ人"这个身份都很懊恼。无论跟他们谈什么话题,最终都会落到"NZ社区简直没人管了"的话题上。每次到NZ社区做访谈,我的心情都比较沉重。这使我想到,应当把两个社区进行对比研究,分析造成居民生活状态迥异的背后原因。2013年5月,我根据在家乡的调研,完成了一篇约1万字的课程作业,以"身份认同"为研究主题。这是我在家乡做调研时,发现的很多问题中的一个比较好切入的研究点。但是真实的社区调研经历告诉我,家乡还有太多问题值得思考。

QJ社区居民在S市老年大学上乐理课

2015年7月,我们几位同学随单老师赴瑞典哥德堡大学教授Jens Allwood的自家山庄Marston Hill参加跨文化暑期夏令营。临别前的一个午后,我在Allwood教授家一个位于小木屋里的图书室里独自待了几个小时,翻到了他祖父和父亲的传记,里面讲述的关于这个山庄近百年的发展历史和人物故事深深吸引了我。当我读完这些传记后,我才真正明白我到底身处一个什么样的地方,在听一个什么样的人讲课,暑期的课程为什么会这样设计。很快,我进行了文化反思:我的家乡呢?那里更有惊心动魄的创业史,有祖辈们留下的家族故事,有天南海北的新中国工业移民在那里交流融合的故事,有资源枯竭后工业移民长时间大规模的迁移故事。但是我对那一切的了解却是很浅显的。于是在2015年8月回国后,我下定决心,博士论文的选题,一定要与家乡居民的交流故事有关。很幸运的是,恩师单波教授支持我的选题。2015年10月,我的博士论文开题报告顺利通过。

二、田野工作的展开

2015年12月底,我开始了在家乡的田野调查工作。在预调查阶段,一次偶然机会,在与我的一位初中同学叙旧时,她谈到她娘家在JL社区,那里是三矿居民集中居住的第三个社区,而她则在QJ社区居住。她说很奇怪,每次到了JL社区,就能感到轻松愉悦,因为那里充满了浓浓的人情味儿,邻居之间很容易就交流起来。但是怎么一回到QJ社区,这里就充满了客气与防备的感觉。这次谈话使我敏感地意识到,JL社区有可能具备一些独特的文化特征。于是,我通过父亲介绍,与JL社区的几位居民和社区居委会主任取得了联系。

JL社区秦腔团部分成员在地下车棚改造的秦腔剧场化妆

在初步访谈之后，我认为 JL 社区的确值得纳入我的田野点里。因为这是一个七矿合一、矿区人口高度集中的社区，它建成时间最晚（2007 年主体住宅楼修建完毕），居民城市化融入程度尚不深，较好地保存了一部分老矿区居民的生活和文化交流模式。在预调查阶段，我与 JL 社区一些居民建立了初步情感联系，通过滚雪球的方式，获得了更多社区中文化精英的联系方式，为我后期的正式调查提供了大量珍贵线索。

预调查之后，我确定了我的三个田野点：NZ 社区、QJ 社区和 JL 社区。这三个社区是 X 省原 B 区矿务局三矿居民在矿山企业破产之后，分批迁往的三个城市社区。这三个社区住房性质丰富，包括住房改革之前的单位福利房、首批商品房、经济适用房、国家特殊政策安置房。不同性质的住房代表了中国城市市场化转型不同阶段的制度性因素，是制度在空间上的固化。社区居民所属的社会阶层和利益群体也差异很大，通过对不同社区中居民的空间行为的比较，能够反映出转型期中国经济制度转变对城市空间重构及居民日常生活实践的影响。

根据我的研究问题，我确定了研究方法应该是"多点民族志"（multi-sited ethnography），即在多个田野点展开调查研究工作。在 20 世纪 90 年代中期，美国人类学家乔治·马库斯（G. Marcus）[①]在传统单一地址民族志的基础上，提出应当发展多点民族志，将其作为一种方法来推动人类学成为一个适应当代社会的学科[②]。他所说的多点民族志即"通过连续性的叙事和共时的效果，民族志作者可以尝试在一个单一文本中来表现多重的、随机相互依存的场所，对每

---

① 马库斯（G. Marcus）是 1984 年 4 月 16—20 日"民族志文本的打造"（The Making of Ethnographic Texts）研讨会的主持者之一，当时十位年轻的人类学者和社会文化科学学者聚集在美国新墨西哥州圣菲的非洲研究院，对民族志的文本分析和实践创新做了深入的高层次探讨，成果汇编成《写文化》（Writing Culture）一书，成为轰动当时的人类学界的著作，其中就收录了马库斯的论文，曾提及多点民族志理论。2005 年这本论文集由商务印书馆出版中文版《写文化——民族志的诗学与政治学》。马库斯于 1995 年，将自己关于多点民族志的理论整理为《关于/置身于世界体系中的民族志——多点民族志的出现》（Ethnography in/of the world system: the emergence of multi-sited ethnography）一文，发表在《人类学年鉴》（Annual Review of Anthropology）中，这篇文章后来又收录于他 1998 年出版的《从厚到薄的民族志》论文集。

② 涂炯：《多点民族志：全球化时代的人类学研究方法》，《中国社会科学报》2015 年 12 月 2 日。

个场所进行民族志式的探索,而这些场所又通过发生于其中的行动的预期和非预期的结果联系在一起"①。马库斯曾指出,过去的民族志研究对象往往是传统的单点场所(single-site location),可是这些场所目前都处在更宏观的社会结构背景下(如资本主义世界体系中),因此,民族志的研究对象已将开始转向我们可以观察和参与在其中的多点场所(multiple sites)。这样,我们将本地与全球联系起来,将生活世界与世界体系联系起来②。通过在多个地点展开调研,可以看到文化意义、人、故事等在不同空间中的流动状态。随着工业化时代的到来,移民、少数族裔、边缘群体等在城市中聚集,流动于不同的空间中。多点民族志由于更加重视从宏观体系视角来研究群体的流动现象,因此在研究分散、迁移的研究对象时,这种方法尤为合适。

在这种研究方法的指导下,我于2015年12月至2016年5月期间完成了我的田野工作,使用了多种调查方法搜集定性资料,关注沉陷区矿区居民在搬迁到三个城市社区之后的日常生活实践,力图将这种矿区迁移者的日常实践与在煤炭企业所处的政治、经济、社会、文化背景结合起来,全面展示他们的生活全景。我希望通过民族志的方法,可以观察到社区中各种微妙复杂的关系模式,这是处于微观互动实践中的个体与个体之间真实具体的关系。

我在这三个社区进行调研时,会请原三矿居民尽可能回忆当年在矿区大院的生产生活情况,这样,就能对居民的今夕生活做历时性对比。另外,为了更清楚地了解三矿及居民后来迁往的城市社区的发展历史,我还赴X省煤业集团社会事务部、X省S市城市规划局做相关辅助调研。

在家乡做调研,我具备"主位"和"客位"相结合的优势。18岁上大学之前,我在三矿出生并长大,熟悉那里的环境和人物,这为我做调研时进入现场和约谈被访对象都提供了便捷条件。18岁之后离开家乡求学、工作,使我与家乡保持了一定的距离,也使我能够抽身出来反观家乡的人和事。现在,我以一名进行文化研究的博士生身份再回故乡,我就不仅是一名三矿人,还是一个研

---

① 乔治·马库斯:《现代世界体系中民族志的当代问题》,李霞译,收录于[美]詹姆斯·克利福德、乔治·E·马库斯:《写文化——民族志的诗学与政治学》,高丙中、吴晓黎、李霞译,商务印书馆,2015年版,第215—216页。

② Marcus G E. Ethnography in/of the world system: The emergence of multi-sited ethnography[J]. Annual Review of Anthropology, 2003, 24(1): 95-117.

究者。因此,在研究中,我经常提醒自己注意研究的"客观性"问题。我曾为这个问题苦恼,因为在调查中我经常能意识到既有生活经验对我如今的调研产生的干扰。后来,在阅读了学者项飚的著作《跨越边界的社区》和陈向明的著作《质的研究方法与社会科学研究》后,我对方法层面的问题逐渐释怀。项飚认为,在做田野调查时:第一,一定要"介入";第二,介入是有选择的;第三,在介入的同时,完全可以保留自己的原来角色,甚至保持自己对生活的一些看法[1]。陈向明指出,研究者除了对看到和听到的事实进行描述以外,还应该反思自己是如何看到和听到这些"事实"的、自己在观察的过程中走过了一条什么样的心路历程[2]。后来,我在做调查时,一方面以一名三矿人的"局内人"身份与被访对象交流,积极置身于他们的日常生活中去,另一方面,我会坚持写备忘录,说明在哪些问题上我可能是加入了个人感受去判断问题,这可能对我的调查造成哪些影响,提醒自己不要忘记"局外人"身份,勿忘"亲疏结合"的观察视角。通过长期写备忘录,我形成了在调查中的"反思意识",慢慢地熟悉了如何有选择地介入被访对象的生活、如何在主观感受和客观观察方面取得平衡。

三、重新认识三矿

田野调研工作让我这个三矿子弟几乎重新认识了三矿。我对三矿的记忆,大多停留在1999年离开三矿远赴外地读大学前,之后我对三矿的了解,则大多来自每年寒暑假回家时长辈们谈话时只言片语的叙述:三矿破产重组了、开辟了外地新矿井、三矿人分批搬到了几十公里外的S市,等等。但是除了知道矿产资源枯竭这个内因之外,我对导致三矿解体的其他因素知之甚少。在田野调研中,我在S市的不同角落寻找原三矿居民,给退休后搬迁到外地的原三矿居民打电话,到档案馆翻看文献记录,还原老三矿的发展及变迁历程,才惊觉三矿这个老国企单位的变化是几项惊天动地的国家宏观改革举措合力推进的:单位制解体、国有企业改革、城镇化全面推进、住宅建设与住房制度

---

[1] 项飚:《跨越边界的社区》,生活·读书·新知:三联书店2000年版,第39页。
[2] 陈向明:《质的研究方法与社会科学研究》,教育科学出版社2012年版,第253页。

改革等。这些改革触动了三矿的经济结构,更改变了三矿人赖以生存的环境。在我人近中年时,才切实体会到这一切会对三矿人的命运产生多大的影响。

在三矿解体重组后,S市下辖的其他几个煤矿单位也因类似的原因先后破产重组,使S市这个典型的资源型城市面临严峻的城市转型挑战。而S市其实仅仅是我国几百个资源型城市(镇)发展的一个缩影。作为能源和工业原料的主要来源,矿产资源是我国经济社会发展的基础,关系到国民经济长期稳定发展和国家安全的大局问题。但是,矿产资源是不可再生资源,且数量有限。因此,矿山的服务年限是有限的。从20世纪90年代开始,我国许多矿产资源型城市都陆续出现资源枯竭现象,并进而带来衍生问题——矿区地表沉陷。于是,矿区居民面临集体搬迁问题。由于矿区集中了大量从事采矿业的职工和家属,他们在搬迁之后能否安居乐业,很大程度上关系到社会稳定的大局问题。许多国有煤矿单位都是从全国各地调配职工赴矿区工作,艰苦卓绝的工作条件和偏远封闭的矿区大院使矿区职工和家属形成了紧密的命运共同体,他们彼此情感依赖强烈。当他们搬迁到新的城市社区后,原有社会资本迅速流失、社会网络被撕裂。那么,他们能够在多大程度上适应城市社区生活?他们的交流会出现怎样的困境?这些都是值得我们关注的问题。

我想通过对三矿居民的调研,从个案角度回答上述问题。但是,在我调研的过程中发现,我对这个问题的回答只能是片段化的。许多从三矿搬迁至S市的老单位人能够在新的栖居地扎根。但是现实生活是复杂多变的。近几年,由于我国经济发展再次面临重大转轨,国家发改委提出目前经济改革最重要的任务就是"去产能",缓解生产供过于求导致的恶性发展。其中,钢铁和煤炭两个行业是"去产能"的重点。我在S市这个煤炭资源城市调研时,明显能感受到"去产能"对煤炭行业的职工及家属带来的影响:第一,资源型城市过度依赖单一的煤炭产生而发展,当煤炭行业不景气之后,煤炭企业效益骤然下滑,企业职工收入明显下滑,居民消费能力显著减弱。在产业结构调整的大背景下,S城这个重工业城市能够提供的有效就业岗位减少。于是,整个S市在短短的两三年之内,出现了大量的人口外流情况。第二,随着经济发展的减速与低迷,一种比较低落的情绪在老三矿人中开始蔓延。访谈过程中,很多人都感慨:"我们从矿区搬到城市,眼看着过上了繁华的城市生活,怎么现在感觉又得面临一场搬迁?"事实上,许多老三矿人的子女由于在去产能的背景下不得不赴其他地区（大多数新工作场所位于X省的省会城市Y市）工作，便彻底带着一家老小从S市搬到了Y市。因此，许多已经在S市稳定生活了多年的三矿居民又面临着适应新的生活空间与重构交流问题。

　　由于时间精力有限，我不可能去反映三矿居民的生活空间所发生的一切变化，只能反映其中最有代表性的问题。因此，我在调研时，提醒自己不要把太多精力放在目前兴起的搬迁潮上，而要关注三矿居民在城市的社区生活中相对稳定的状态。

　　在回忆三矿改革重组前的情况时，我把重点放在过去的空间结构和居民日常生活上，对三矿的组织结构和权力分配问题的总结并不够，这使我对三矿这个单位的描述维度显得比较单一。事实上，三矿并不是完全均质平等的世外桃源，它也有科层制带来的居民分化问题，居民之间的交流也并不完全是平等祥和，其实也存在一定的隔阂。但是，如果我们站在市场经济飞速发展、阶层分化加剧的今天去回溯单位制时代的三矿，又会发现，总体来说，三矿居民之间总体是比较平等的，干群关系相对来说是比较友好的，人们总体来说在日常生活中保持着平和之心，的确存在那种邻里守望的交往模式和情感依恋。因此，我有选择性地描述了当年的矿区生活。

四、永远的三矿

　　这些年，有越来越多的三矿居民回到已经衰败的老矿区寻找家园。其实，我也回去了很多次。由于地表沉陷和后来的私人非法开采，三矿路面早已被严重损毁，除了剩下一栋单身楼和一个幼儿园大院之外，其他所有的建筑都已不复存在。目前，那里荒凉寂寞，一如我们的祖辈尚未对它进行开发采掘一样。在三矿朝夕相处了近半个世纪的居民，在离开了封闭的矿区大院后，在城市社区中，虽然居住条件大大改善，反而又开始不断地回到三矿，站在荒芜的路面上，寻找过去自己的生活坐标。这说明，三矿人在城市生活中，又遭遇了"文化失根"问题。他们不断地在百度贴吧、QQ群、微信群等各种网络社群中集体追忆着三矿。2018年年底，现居上海的原三矿人建立了一个微信公众号，推送原居住在B区矿务局各下属煤矿的职工及其后代所撰写的回忆录。2019年1月，在S市新闻单位工作的小学同学告诉我，S市政府已经开始规划建设B

区矿务局的各矿工业遗址园,保护并开发矿区旅游资源。虽然这个项目受到了一些争议,但是对于曾经在矿区大院里生活的我们而言,内心颇感安慰。在现代化的历史进程中,如何为寻常人留住我们隐藏在内心深处的集体记忆?这实在是值得深思的问题。

2018年冬天,NZ社区的韩主任给我发来微信,告诉我社区这两年又发生了一些变化。比如,通往S市中心的公交车终于在2017年6月恢复运营了,居民们最愁的冬季供暖问题终于在2018年冬天得到了改善。我回电话给韩主任,她高兴地

2018年7月,笔者与发小再回S矿务局遗址

说:"你看吧,我早都跟大家说过,只要我们住在这里,他们就不会不管我们!"我一边笑,一边想起在社区调研时的过往,想起在三矿生活过的那些日子,想起当年矿上刮不完的风、处处的煤尘……诸种复杂情绪涌上心头。

2020年7月,我的同事、四川外国语大学社会与法学院的张勇教授邀请我写一篇文章,回顾一下我做研究的过程。我当场欣然答应。因为所有的文字已经在我心里酝酿了太久太久。张兄还推荐了王小帅导演的书《薄薄的故乡》(重庆大学出版社2015年版,中信出版社2019年再版)给我。书中的一段文字,几乎说出了此刻我最想说的话。我把它抄录如下:

> 一个没有故乡的人却要去写故乡,不免让人困惑。
>
> 实际上现在人们的"故乡感"已经越来越淡化,哪里都一样了,更多故乡的意味只能在记忆里去寻找。物理上的故乡越来越同质的今天,保存记忆其实就是在保存精神上的故乡。
>
> 你可以失去故乡,但不可以失去记忆。记忆将成为另一种故乡本身,很多时候,你可以通过记忆回到故乡,无论你身在何时,何处。

我们每个人都会在特定的空间走过一段时光,留下独特的人生经历。对三矿人而言,对矿区大院的记忆,永远会留在每个三矿人的内心深处。

笔者的相关著作2020年8月由中国传媒大学出版社出版

(辛文娟,四川外国语大学新闻传播学院副教授,研究方向为新媒体与社会发展)

拓碑：我的三线研究私家思

张志军

近来，受上海大学历史系徐有威教授的嘱咐，着手回顾自己参与三线建设研究的心路历程，并试图结合自己对江西小三线建设的接触与了解，谈一点个人关于三线建设研究的心得与浅见。不揣冒昧，献曝于此，惟愿抛砖引玉、就教于方家。

一、知三线

虽然我是一个科班出身的历史研究从业者，但对于中华人民共和国历史上曾经浓墨重彩地扮演过重要角色的三线建设这件事情的了解，其实并不是很早。再加上三线建设自身所具有的特殊性，和特定时代背景下刻意制造的模糊，我甚至一度居家于某早期江西小三线建设单位附近而全然不知其历史渊源，对间或活动于身侧、时有耳闻的上海籍老工人及他们的生活故事也全然熟视无睹。

我第一次知道三线建设，应该是2011年。当时因仰慕徐有威老师在民国史研究方面的成就，在认真拜读了徐老师的一系列著述之后，我通过电邮向徐老师提出追随门下、进修博士研究生的请求。这个机缘虽然因种种原因被错过，但也就是在这个时候，徐老师提示我关注江西小三线建设，并推荐我阅读一些海内外的相关研究文章。在初窥门径后，我方才第一次知道原来在中国当代史中，还曾经有过这样一件重要而隐秘、甚至一度未曾见诸任何公开发表文字的大事。更初次了解到曾经有过这样一批为了保障国家的永续安全、为了"让毛主席睡好觉"而远离热闹的城市,将青春与热血挥洒于深山沟壑间,"献了青春献终身,献了终身献子孙"的三线建设者。三线建设这个概念,第一次在我心中留下了印痕。

在初步了解三线建设的宏大规模和江西省本身就曾经是小三线建设的一个区域之后,记得当时的第一个反应就是按照徐老师的建议,兴致勃勃地前往江西省档案馆,向当时江西省档案馆档案管理利用处的工作人员提出希望能调阅江西小三线建设的资料。当然,这次既不知己、也不知彼,更是对三线建设往昔曾有过的地位与性质几乎茫然无知的贸然之举,毫无悬念地被档案馆工作人员以档案管理纪律予以拒绝。而令人绝望的是,正是在这次与江西省档案管理人员的交流中,我才清晰地了解到,所有与三线建设有关的档案在档案馆都处于一种"虽然小三线建设的档案就在这里,但除非你是江西省国防工办的工作人员,否则绝对不能给你看"的状态。至于我的那个"为什么会这样"的追问,在档案馆工作人员"你应该懂"的眼神中,被无奈地咽了下去。于是,前后不足10分钟的交流之后,我满怀对三线建设研究的绝望,仓皇逃离了江西省档案馆,也匆匆结束了我第一次与三线建设研究结缘的机缘,而这一转身就是三年。

二、识三线

因为畏难于研究资料的获得,我在2011年的那个初夏逃离了三线建设研究的队伍。并转而将资料获得更容易的民国财税史作为此后三年间的学术研究切入点,但徐老师却没有忘记我这个临阵脱逃的逃兵。2014年下半年的某一天,我突然接到徐老师的电话,在告知我他数日后将前来江西访问江西小三线建设单位、搜集江西小三线建设资料的同时,问我是否还有兴趣陪他一起去看看相关的人和事。数日后,在南昌的艳阳下,我有幸再次见到了徐老师,并得以聆听他介绍他已经掌握到的江西小三线建设事项。在徐老师娓娓道来的讲述中,我既感佩于徐老师的风趣与博学,也再一次升起了对江西小三线建设神秘面纱后面人与事的好奇。于是,在此后的数日间,我追随徐老师到南昌的江西小三线建设单位走访人物、了解情况,并因此有幸认识了江西省国防工办负责工会与新闻发布工作的杨章跃处长。

在追随徐老师走访的过程中,在和杨章跃处长的交流过程中,我再一次感受到接近并了解江西省小三线建设的可能。交谈过程中透露出来的丰富的信息更成功地唤起我了解三线、研究三线的意愿。激动中的我再次厚颜向徐老师表达了追随他研究三线建设的意愿,希望能在结束博士研究生阶段的学习后,拜在徐老师门下从事博士后阶段的研习。在首肯了我对三线建设的热情之后,徐老师建议我将江西小三线建设的研究作为博士后阶段的研究目标。就这样,在徐老师的大度提携之下,我再一次获得走近江西小三线建设、走进三线建设研究的队伍的机会。

在此后的数年间,经由徐老师的居间安排和大力推动,我先后前往包括江西省国防工办在内的多个江西小三线建设相关单位进行走访和资料搜集,在加深对江西小三线建设的个体认识的同时,也因缘收获了很多与江西小三线建设有关的人和事的资料,在更清晰地了解江西小三线的历史与贡献的同时,还得以深化对多个江西小三线工厂的具体认识。

其间有收获的喜悦、有翻阅档案感受历史脉动的激动,也有种种因缘聚集下的无奈与失落。

仍然记得2015年的年底,经由徐老师的推荐,我被江西省国防工办纳入

2015年12月18日,江西三线建设研究课题组第一次会议

他们的一个三线建设研究课题小组。在列席江西省国防工办召集的第一次关于江西三线建设研究启动与推进事项的会议之后,犹记得当时的那种拨云见日、找到了大部队的激动与兴奋,似乎成功已经唾手可得,所差不过是努力翻检与爬梳沉睡于故纸堆中的档案资料而已。

拿着江西省国防工办开出的介绍信,我再次前往江西省档案馆,调阅江西省国防工办移交到这里的、与江西小三线建设相关的档案材料。

在此前三年的博士研读阶段,我曾经花了大量的时间在江西省档案馆调阅、摘录与民国财税有关的档案文献,并因此和档案管理与利用部门的工作人员形成了较好的工作关系与私人互动。所以当我拿着由江西省国防工办开出的介绍信,并介绍这是我博士后阶段的研究目标之后,档案馆的王延、杜刚诸老师都热情地帮我调出了我意欲调阅的案卷,供我查阅和摘录,气氛和乐融融。

在看到我辛苦摘录数天却进展缓慢的时候,当时阅览大厅主事的王延老师善意地提醒我,如果摘录量比较大的话,他们这里可以提供免费的资料复印服务,但如果复印量大的话,最好自己带一个复印机过来。

至今,我仍记得当时的激动。尤其是在看着档案小推车上满满的档案并联想到检索信息时所见的那一页页内涵满满的档案目录。二话不说的我马上驱车去往当地的计算机市场,买了一个具有复印功能的激光打印机并将之搬进了江西省档案馆,幸福感爆棚。

乐极生悲的是,就在我安装好机器并开始复印材料的时候,档案馆的工作人员再一次走了过来,并伸手翻阅我正在复印的档案,记得当时是一份中共中央办公厅制发于20世纪60年代的文件,因为事关三线建设,这份文件也理所当然地标明了密级。在短暂的犹豫之后,工作人员要求我停下来不得再复印,甚至不再允许摘录该文件。原因是该文件并非江西省国防工办或其管理的下属机构制发,所以江西省国防工办出具的介绍信对于调阅这份文件是没有用的。在回答我如何解决的追问时,工作人员再一次生疏而礼貌地告诉我,如果我还要继续调阅、摘录这份文件或类似的文件,必须有相应的文件制发部门开具的解密函件,具体到这份中共中央办公厅的文件,只有在拿到中共中央办公厅的函件后才有资格继续看。目录显示,江西省国防工办移交给江西省档案馆的文件中有很大一部分都是这种与上级部门的往来公文,那一刻的失望与无奈至今记忆深刻,满心失望与无奈的我当时甚至连搬走复印机的心思都没有,匆匆收拾了一下计算机就离开了这个伤心地,再也没有回去过。

山重水复之时,多见柳暗花明。

在江西省档案馆又一次碰钉子后不久,徐老师再次电告我一个新的好消息,位于江西九江的江西新民机械有限公司(原江西小三线9304厂)档案室中保留了大量自建厂以来与该厂有关、与江西小三线建设有关的档案资料,不日他将再次来江西,希望我能陪他一起前往该厂了解情况并查阅档案资料。

江西新民机械有限公司档案室一角

这一次的9304厂之行,让我的江西小三线研究之旅终于踏上了正途。此后,在多次前往江西新民机械有限公司查阅、摘录档案的同时,我又一次次驱车数百公里,往返于省城南昌与省内各个小三线厂之间,先后在江西省万载县档案局查阅到了江西工具厂的档案(原江西小三线9329厂)、在江西省新余市查阅到了江西钢丝厂的档案(原江西小三线9394厂)、在江西省泰和县档案局了解了江西庆江化工厂的信息(原江西小三线9355厂),其间还曾到江西省宜春市档案馆(原宜春地区,为江西小三线建设重要布局点之一),将该馆所藏宜春市国防工办移交的全部百余卷宜春地区小三线建设档案全部调阅并择要摘录。

江西省国防科工办为笔者开具的阅档介绍信

这一路走下来,不但充实了我对江西小三线建设的认知,也让我因缘结识了很多与江西小三线建设有关的人。在得到他们无私的帮助的同时,也听到

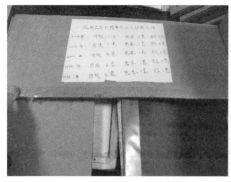 

江西省万载县档案局馆藏江西工具厂档案　　江西省宜春市档案馆馆藏江西小三线企业档案

了很多与江西小三线建设有关的喜乐悲欢。

三、敬仰三线人

在翻查档案、了解江西小三线的来龙去脉、掌握各厂自建厂以来各种宏大叙事的同时,我还有幸跟进采访了不少江西小三线建设的亲身参与者,在知悉他们的荣耀与贡献的同时,也倾听他们对自己曾亲身见证过的江西小三线建设事业的回顾与反思。

这其中,印象最深刻的有两个人、两件事。

第一件事是对宗安华先生的采访。这是我第一次聆听江西小三线建设者的现身说法。当时的时间是2017年夏天,在徐老师的推动和江西省国防工办杨章跃处长的安排下,我着手对已退休的原江西省国防科工办人事处老处长宗安华先生进行采访。当时的宗先生已退休有年且抱恙在身,但获悉我们正在进行江西小三线建设研究,并了解到我们有意邀请部分老同志畅谈他们亲身经历过的江西小三线的种种时,仍然兴致勃勃地接受了我的采访,并为我们打开了话匣子,在滔滔不绝谈了三个多小时后,形成了一篇万余字的记录。

作为江西省国防科工办初创时期就调入该机构并见证了该机构历史演进各环节的亲历者之一,宗先生对于江西省国防科工办初期的各种分化组合甚至人事变迁,尤其是江西第一基本建设指挥部、第二基本建设指挥部之间的分工、联系乃至矛盾都了如指掌。通过他的介绍,我第一次对于江西省国防科工办这个机构本身的历史有所了解,也听到了曾经毫无所知的闽赣两省军品展,

1979年12月江西省第五机械局全体工作人员合影（宗安华提供）

知道了江西的国防军工产品曾经获得的荣耀与赞誉。这篇访谈在排版待刊时，又再一次返回给宗先生审阅。因种种考虑，终未能被宗先生授权刊发，但是其间所洋溢的宗先生对国防军工事业的热忱与无私奉献，至今仍令我感佩深深。

第二件事是聆听江西小三线建设者的子女、同时也是江西小三线亲历者的赵宏医生讲述她的父亲、江西光明机械厂老员工在工作岗位上任劳任怨、夜以继日地参与技术攻关并最终倒在工作岗位上，只留下一句简单的"我走了"就撒手人寰的故事。

曾经在阅读徐老师出版的《口述上海：小三线建设》的时候，我由衷地被上海小三线建设者在皖南的奉献与牺牲所感动。尤其是那一个"我来看你了，我来告诉你，这是我最后一次来了，我要改嫁了"的故事（见徐有威主编：《口述上海：小三线建设》，上海教育出版社2015年版，第205—206页。原文题目为《我要嫁人了，和你说一声——原安徽省绩溪县小三线交接办公室副主任汪福琪访谈录》），更让我在感动于小三线建设者奉献的同时，看到了三线建设者伟大群像中一个个鲜活的生命，触摸到这些个体跳动的生命激情。在长期的江西小三线建设的研究中，我曾经对这个从五湖四海汇聚而来、总数近3万名的新江西人群体抱有深深的好感，因为他们把自己的青春岁月奉献给了这片土地,为这片土地及其间生息的人民做出了巨大的贡献。但是,也是在这个研究过程中,我在感动于宏大叙事的同时,却总感觉难以把握其间的个体,不知道他们在这个岁月流转中是怎样的喜悲。当赵宏医生红着眼圈、流着泪重复老父的那句无悔的"我走了",我感受到的震撼与触动,丝毫不弱于那个曾经深深感动我的上海小三线的"我来看你了……"

这些江西小三线建设者的经历与故事还有很多,在彰显小三线建设者荣光的同时,更清晰地告诉我们一个事实,这个国家捍卫者群体,是由一个个有血有肉的平凡人共构而成的,正因其平凡,更显其贡献与牺牲的伟大。

四、传扬三线事

随着时间的流逝,尤其是随着国家调整发展政策,在20世纪80年代前期整体性取消小三线建设单位这个群体,大量小三线军工生产单位和他们的员工在市场大潮中因为种种的先天不足,纷纷退出了社会舞台的中心,成为默默承受风雨的边缘群体和经济建设中的落伍者。但他们的历史不应该被遗忘,他们的贡献更应该被大书特书。

从21世纪开始,以上海大学历史系徐有威老师研究团队为代表的小三线

首届中国三线建设研究工作坊合影
(江西南昌,2019年6月)

建设研究者群体开始从各个层面接触小三线建设和小三线建设者,了解并宣扬这件事,让人们知悉并记住他们。一场场关于三线建设研究的学术会议在各地召开。在参加了上海和四川的会议后,我的研究有幸得到我所在的江西科技师范大学历史文化学院张澜院长的支持,得以在2019年6月中旬召开了一个以"首届中国三线建设研究工作坊"为名义的小规模的三线建设研究会议。

从倡议到筹办,张澜院长为这件事投入了大量的心力,最终使得这次会议得以圆满成功。第一次参与筹办这种全国性的学术会议对我也是一个极大的考验,其间种种繁难与不尽如人意之处不足为外人所道,万幸在徐老师的号召下,国内各地的三线建设研究专家纷纷拨冗前来,在贡献宝贵意见的同时,也把我们在这个领域的研究再一次向前推动,让更多的人知道三线建设,知道三线建设者们曾经作出的贡献。幸甚!

江西科技师范大学历史文化学院院长张澜教授发言

三线建设者们用他们的青春热血和奉献,已经把事业书写于天地之间,记录在共和国的历史上,铸成了一座雄视群侪的丰碑。但因为三线军工企业的特质,因为过去时代的特定环境,其中的事和人却多不为人知。随着时间的流逝,在这些人和事大多已经无声无息地消逝于故纸堆构成的历史幽暗处。有幸成为三线建设研究队伍中的一员,了解三线建设者这个群体,了解这些人曾经做出的无声而伟大的事情。感动之余,我能做的就是用自己的研究和文字把这些已经被铸刻于丰碑之上的伟业拓印下来,努力向社会传播他们的丰功伟绩,让社会各层面的人能够更多地了解、更好地认识这件事、这些人,并由衷景仰。愿共勉!

(张志军,江西科技师范大学历史文化学院副教授)

八年磨一剑：我与三线建设研究的不解之缘

张 勇

时光飞逝，我从事三线建设研究已逾八载。对于一名中年学者来说，撰写自己从事某项研究的回忆性文章似乎为时尚早，不过在上海大学历史系徐有威教授的再三动员之下，我逐渐认同将个人从事三线建设研究的一些经历与感想撰写成文，与同行们一道分享、交流，如此亦能求教于方家。

一、长江三峡口的决定

回想起来，我的研究竟源于2012年在长江三峡入口处的一个偶然决定。

那年秋天，我到重庆的奉节参加一场历史地理学的会议。奉节位于长江三峡中最雄伟壮观的瞿塘峡的上游，我们入住的宾馆就直接面对着瞿塘峡的入口——夔门。10年前，我曾跟随导师多次赴三峡沿线考察，对于三峡有着深厚的感情。此次故地重游，相比于枯燥乏味的会议安排，会场外面壮美的三峡景观显然更能吸引我们。

我和几位学友溜了出来，一边远眺雄风依旧的夔门和早已变成江中小岛的白帝城，一边沐浴着秋日温暖的阳光闲聊起来。会议赠送的《中国人文田野》第五辑中一篇关于贵州屯堡人的文章引起了我的兴趣，作者将屯堡和三线企业进行比较，认为屯堡人和三线人颇为相似，其观点发人深思（吴斌、李建军：《一个屯堡家族的变迁：在国与家之间》，载《中国人文田野》第五辑，巴蜀书社2012年版，第161—162页）。

由此我想到，重庆不就是当年三线建设的重镇之一吗？这里存在大量的三线企业和建设亲历者。这些三线企业和三线人，值得我好好地关注和研究！与学友们说起我的想法，他们也很是赞同，支持我进行这个领域的研究。彼时的我，刚花了足足五年的时间才在职完成博士学业，正寻思着如何寻找一个自己感兴趣的、崭新的研究领域。三线建设研究恰恰符合我的想法，从此之后，我便一头扎进了这片有待开垦的学术沃土之中。

　　那时的我，未曾料到即将踏入的是中国当代史研究中不可多得的一座"富矿"，也未料到我的一些亲人、朋友、同学早就与三线企业有着千丝万缕的关系，更未料到会由此结识许多来自各行各业的不同身份、不同年龄的朋友们，并与三线建设研究结下如此深厚的不解之缘。

二、2014年的四件事

　　做决定是一瞬间的事情，实施计划则是漫长的过程。突然转换到一个全新的研究领域，对我来说一切几乎都是从零开始。从2012年底起，我就着手进行相关资料的收集、实地调查与研究等工作。我所在的学校四川外国语大学位于重庆，这里的三线建设资源极其丰富，因此我计划先以重庆为重点研究区域，然后再扩展到其他地区。

　　在进行实地调研之前，我试图通过各种途径收集相关资料，但和许多初涉三线建设领域的研究者一样，这项工作的开展并非一帆风顺。原始资料的查询与收集不尽如人意，但为数不少的前人研究成果却带来极大的帮助，经过阅读与梳理，我在较短时间内对该领域的研究现状有了整体性的把握。同时，一些前辈学者也给了我颇有启发性的指点。例如，西南大学历史文化学院的张文教授，在我还处于摸索的初期阶段，就前瞻性地提醒可以从某些重要的视角来进行三线企业的研究。

　　2013年11月，我到重庆大学参加一场城市史的学术研讨会，惊讶地发现居然有另外两位学者也提交了关于三线建设研究的会议论文，他们就是上海大学的徐有威教授和杭州师范大学的胡悦晗博士。"总算找到同路人了"的感慨不禁油然而生！徐有威教授还告诉我，下个月在上海将举办他组织的一场专门关于三线建设研究的学术会议，并热情地邀请我前去参加。后来的数年间,豁达开朗、热心助人的徐老师不断给予我各种支持和良好建议,他这种甘为人梯、奖掖后学的品格实在令人敬佩。

2013年12月,"全国第二届三线建设学术研讨会"在上海大学如期举行,我在会上作了题为《三线建设的研究现状与社会学视野》的发言。更为重要的是,会议期间我结识了原国三办王春才主任、四川锦江厂原厂办副主任倪同正等三线建设亲历者,以及中国社科院当代中国研究所研究员陈东林、新加坡国立大学政治学系博士候选人陈超、复旦大学历史地理研究中心段伟教授等研究者。在此后的多年时间里,我屡次向他们请教问题,寻求帮助,并获益匪浅。

笔者(右一)与王春才(右二)、陈东林(中)、徐有威(左二)、晁丽华(左一)合影(2013年12月)

直到2014年,我的三线建设研究才算真正起步。那一年,有四件事情对我后来的研究工作产生了较大影响。

一是继2013年成功申报了重庆市社科规划重点项目后,2014年我又以"三线建设单位的社会文化变迁"为主题,申报国家社科基金项目并获准立项。在当时刚成立不久的社会学系,这是第一个立项的国家社科基金项目。对于我这种生性慵懒的人来说,课题立项既会带来不小的压力,同时也是一种动力,让我进一步明确了从社会文化的角度来开展三线建设研究。

二是2014年底,我完成了职称晋升,评聘为教授。在高校花了11年时间走完这一步之后,我方始觉得从此可以由着性子做一些自己感兴趣的研究了。也许这个想法有些理想化,但却让我在做三线研究时少了许多束缚,得以在这座"宝藏"中自由挖掘。当然,"学术自主"念头带来的另一个问题,就是我做起研究来太过懒散,浅尝辄止,拖拖拉拉,一项研究要很长时间才完成,比如国家社科项目直到2019年底才提交结项。

三是同年我依托所在的社会学系,成立了三线建设与社会发展研究所,这应当是国内外第一家关于三线建设的研究机构。虽然它是一个松散的研究机构,但有了这样一个名头,我们的各项工作也变得师出有名,方便了许多。

四是在国家社科立项后,我带着本系的三位老师和两名学生到四川锦江油泵油嘴厂进行了为期一周的调研。起程前,我和锦江厂退管站的陆仲晖站长取得了联系,并收集、查阅了与锦江厂相关的文献资料,还通过陆站长和倪同正先生了解到锦江厂的一些基本情况,并和同事们一道制定了调研计划和初步的访谈提纲。2014年7月22日至29日,在锦江厂陆仲晖、王连彦、宋明清

实地考察锦江厂最初的厂址(2014年7月)

等人的大力支持下,我们在该厂所在的彭州、新都等地进行了厂区和生活区的实地考察,查阅了退管站收集的各类材料,采访了该厂数十名三线建设亲历者。初次的跨省调研进行得比较顺利,各种感触和问题在田野调查中常常扑面而来,并带给我们深深的思索。这次调研也坚定了我在三线研究中坚持田野调查的想法。

三、两条腿走路

读万卷书,行万里路。在此后的三线建设研究中,我一直坚持"两条腿走路",即注意文献分析与田野调查相结合。

强调文献的解读与分析,历来是历史学者的传统与优势。记得我们当年求学时,老师在课堂上往往可以就文献典籍中的一段话甚至一句话讲上半天,这种情况在历史类论著中也是屡见不鲜。史料是历史研究的基础,史料越丰厚越有利于历史面貌的复原,三线建设的历史研究自然也应重视文献的整理与分析。与古代史的资料稀少、近代史的渐趋增多不同,当代史的资料完全可以用"浩如烟海"来形容。三线建设的资料更是如此,涉及的资料包括全国各地、各级地方政府档案部门所藏档案文件,有关企事业单位所存资料,流散各处的资料、报刊,个人所存笔记、日记、信函、回忆录、汇报、鉴定、表格,以及研究者所作的口述史资料、调研札记等等,类型丰富,数量不可估算。

如何利用好各种类型的资料,是摆在三线研究者面前的一个极其重要的问题。我个人的经验是,对于档案材料、文献资料、口述史料,不能只执其一端,而应综合利用,彼此相互印证。即便是来自不同学科的三线研究者,也应遵循材料本身的叙述逻辑,在比对、甄别基础上进行细致而深入的解读分析,才能更好地还原和理解历史的真实面貌,做好实证研究。

田野调查不仅是人类学的"专利",社会学、地理学甚至历史学在研究三线建设这类当代中国问题时,也必须重视田野调查的作用。三线建设发生并不遥远,离我们的生活和经验最近,研究者与亲历者处"同一境界",通过田野调查更易达成"了解之同情",回到"历史现场",整体把握错综复杂的历史事实。

从2013年至今,我几乎每年都会去往三线企业或社区实地考察,或者与一些三线建设亲历者进行访谈。我先后到重庆南川、綦江、万盛、江津、北碚、涪陵以及四川彭州、新都、攀枝花、德阳和广安，贵州遵义和六盘水等20多个地区和40多家三线企业进行过实地考察和口述访谈，收集了不少的一手资料。

访谈三线企业周边居民（2019年4月）

在六盘水调研三线企业（2015年1月）

在攀枝花钢铁公司考察（2015年3月）

更重要的是，几乎每次田野调查都会带给我不一样的冲击与感悟，而这些恰恰是文献阅读所不能提供的。在田野调查中，我会为三线企业废弃荒芜的厂房唏嘘不已，为经历时代风霜的三线老人们感怀动容，也时常会在脑海中跳跃出一些思想的火花，迸发出关于某个研究议题的新奇想法。当我驾车驶入群山环抱中的綦江双溪机械厂，访谈了多位周边居民后，发现在他们眼中，三线企业和当地农村保持着较大的距离，由此萌发了探讨三线企业与地方社会"围墙内外"之区隔的念头（张勇：《山沟中的"小社会"》，载张勇主编：《多维视野中的三线建设亲历者》，上海大学出版社2019年版）。当我与徐有威教授、郑昊博士来到江津桃子沟中晋江厂的生活区，一边欣赏着20世纪80年代建造的宏伟气派的职工俱乐部，一边听着原厂办主任吴学辉先生讲述当年工厂邀请外面的姑娘们前来参加音乐舞会的故事，我们头脑里不由浮现出职工俱乐部莺歌燕舞的盛况，或许这就是史学家所谓的回到"历史现场"？自然，三线工厂的文化生活、与当地的交流和互动等研究议题也纷至沓来，不断叩问

重庆双溪厂外围(2016年11月)

笔者(右一)与徐有威(右二)、吴学辉(左二)、郑昊考察晋江厂(2016年10月)

着我……

近些年我越来越感受到,在三线建设研究中,文献分析与田野调查的结合非常重要,两者皆不可偏废。举一个例子,2014年夏天,我和本系几名师生到四川彭州的锦江厂进行了长达一周的田野调查。此前,我就听在该厂做过调查的陈超博士提及该厂的厂址变更颇有意思,于是出发前我专门查询了这方面的资料。但直到在陆仲晖站长等人的带领下,深入龙门山的大山深处,站在沙金河畔的锦江厂、岷齿厂、湔江厂等三厂的旧址处时,我才

三家工厂初步选址图

真正理解了当年这三家工厂的职工为更换厂址所采取的种种行动,而厂址博弈中,政府、地方与职工的关系也自然成了关注的议题。

锦江厂最初的厂址响水洞

返渝之后，我进一步收集包括地方志、回忆录在内的各种相关资料，又采访潘祥鸭、倪同正、尹长耕等多位事件亲历者，并在市地理信息中心姜海涛师弟的帮助下绘制地图，才逐步复原了这三家工厂厂址的具体变化，勾勒出"三江厂"变更厂址的博弈过程。2016年夏天，我再次前往彭州三家工厂的旧址，对厂址变更的一些细节问题进行了印证。后来在此基础上，我撰文分析政府部门和三线企业为选址问题所采取的各种行动策略，并进一步探讨了计划经济时期三线企业与中央部门、地方政府的相互关系及其在选址中的作用（张勇：《三线建设企业选址的变迁与博弈研究——以四川三家工厂为例》，《贵州社会科学》2017年第5期）。倘若没有从文献梳理到锦江厂的两次田野调查，再回归到文献分析的过程，我这篇关于三线厂址变迁研究的文章多半会中途夭折。

四、多点开花

由于没有职称和科研的压力，我由着自己的性子，从兴趣出发，在三线建设这座学术"富矿"中四处挖掘，尝试着进行一些专题研究，发表了多篇论文。这些研究包括三线企业的性质探析、厂址变迁、内外关系、三线移民的迁徙过程、文化适应、身份认同、三线社区的转变与治理，以及三线历史书写的公众参与、研究理论与方法等议题，研究内容较为广泛。

在学术研究之外，近些年我还围绕三线建设领域开展了其他方面的工作，这些活动或许比学术研究更为多样化，可谓另一个层面的"多点开花"。大体来看，主要有三方面：

第一，记录亲历者的生活与命运，引导公众参与三线历史书写。

在从事三线研究期间，我结识了许多"三线人"，他们中有领导干部，也有普通工人，有三线"一代"，也有"二代"和"三代"，其中一些人甚至和我成了朋友。我慢慢地发现，"三线人"的成长与磨砺、工作与生活、酸甜与苦辣、经历与故事，远比文献资料和学术论文更能吸引我。我有理由将这些三线建设亲历者的过去与现在，通过各种形式记录下来。

于是，从2016年起我就有意识地在访谈时记录下口述者的人生经历，收集一些有代表性的"三线人"回忆录，并计划以书籍的形式正式出版。但由于种种原因,《多维视野中的三线建设亲历者》一书直到2019年才得以面世。此书采用口述史、回忆录、调研札记与学术论文等多种形式,记录三线建设背景下一个个鲜活的个体及家庭的生活轨迹和生存状况,并由此探寻时代变迁的历史脉络。

人们常说"人民群众是历史的创造者",但长期以来群众却不是历史书写的主体。在这个多元文化发展、新媒体工具普及的时代,应该让历史的亲历者和创造者更多地参与到他们自己历史的书写中来。通过口述访谈、收集回忆录等方式,我们让部分三线建设的亲历者,有意识地参与到历史的讲述和书写中,真

笔者主编《多维视野中的三线建设亲历者》(上海大学出版社2019年版)

正成为自己所创造的历史的主角。我在和很多三线人交流时发现,起初有人不甚理解,觉得自己只是一个普通职工,没有做口述史或撰写回忆录的必要。经过多次的沟通后,一些人的观念逐渐转变,意识到了个人史书写的意义。至今我还清楚地记得,有一位三线亲历者发来邮件谈起交流后的感想:"你从民间的范畴引导我将视角由'大'转'小',方开始关注与重视在那个'大时代'背景下所亲历的不仅能够感动自己,而且易于让今人触摸的'小故事'。"他似乎已隐约感悟到"大历史"与"小历史"的史学理念。

第二,与社会各界合作,进行多种媒介的传播。

"公众"不仅只是三线建设的亲历者,还包括各种其他人群和机构。就我的观察而言,目前参加三线建设的记录、书写、研究、宣传以及遗产保护利用等活动的人员构成极为广泛,学者、政府部门、文化机构、三线企业、职工及家属、媒体人等都参与其中。因此,我有意识地加强了与社会各界的交流与合作。

2015年3月,在攀枝花开会期间,我与重庆党史研究室的艾新全、田姝以及江津三线企业的何民权等人共同商讨成立重庆三线建设研究会。不久之后,研究会便正式成立,囊括了来自各行各业的人员,为重庆地区三线建设研究工作的开展创造了条件。

2017年起,我受重庆巨臣文化公司杜映萱、戴小兵等人的邀请,参加重庆

工业博物馆委托的三线人物口述历史专题片的制作。2018年5月18日,恰逢国际博物馆日,制作完成的《不闻沧桑:三线人物口述历史》专题片的点映礼在重庆大渡口区的钢花电影院举行。现场来了数百位各界人士,其中包括许多三线亲历者,观影时观众纷纷被建设者们平凡而又伟大的事迹所感动。如今,这部6集口述历史专题片陈列在重庆工业博物馆中,向前来参观的人们讲述着三线亲历者的故事。

笔者(左二)参加《不闻沧桑》专题片的点映礼(2018年5月)

后来,我继续与杜映萱、戴小兵以及四川美术学院的王林教授等人合作,编纂并出版了文创图书《再问沧桑:三线人物口述纪实》。该书旨在回到普通人的生存状态,回到日常化的生活细节,通过个人的切身体会和家庭的喜怒哀乐,来书写他们不应忘怀的故事。2019年,我还参与了国家艺术基金项目"老工业基地及三线建设摄影展"的策划工作,该展于12月在重庆美术馆进行,鲜为人知的"三线建设"得以通过艺术的形式走向了市民与公众。

三线建设作为一场特殊的历史事件,即便到了今天,仍然有很多人尤其是年轻人知之甚少。因此,平时我特别注意通过漫画、电视和微信公众号、今日头条、澎湃新闻等多种媒介形式来宣传和普及三线建设的知识。2019年10月,我在接受中央电视台采访时,趁机在新闻节目《重庆:从"三线建设"部署地到现代制造业基地》中介绍了重庆当年三线建设的相关情况。

第三,科研与教学结合,带领学生参加三线调研。

对于高校教师来说,科学研究和教书育人是最重要的两项工作,但要将两者结合起来却并非易事。起初,我招募学生参加三线建设课题,是希望他们能一块儿完成访谈、整理等工作。后来,我有意识地指导学生进行实地考察、访谈与整理、撰写文章、参加竞赛,力图让这些活动带给学生们更多的收获。

我招募的学生都是社会学专业的本科生,刚开始时对三线建设了解不多,更别提做进一步的调研。

笔者带学生考察重庆晋林厂海孔洞(2019年4月)

因此,我通常会先带他们去实地考察,充分感受历史情境,再进行文献阅读与专题研究。我曾多次驾车带不同的学生到各地调研与体验,如到四川广安参观三线工业遗产陈列馆,赴华蓥山中探寻早已废弃的永光厂、华光厂等三线遗址;到重庆南川宁江厂、红山厂等三线工厂旧址考察,并特意入住由天兴厂职工宿舍改建而成的三线主题酒店,以增强体验感;到重庆涪陵的816地下核工程参观,走访建峰集团的职工生活区,学生们都被816工程所深深震撼……有

夜幕下的三线酒店(2016年5月)

笔者带学生考察816地下核工程(2016年7月)

了直观的感受和体验之后,学生们再进行口述访谈、文献阅读与理论分析,往往事半功倍。

外出调研时,我常常会要求学生记下所见、所闻、所思,回来撰写调研札记,我再挑选出来,通过朋友的微信公众号、今日头条等媒介发布,如此也可提升学生的自信心。当然,更多的学生在田野调查和文献阅读之后,会在我的指导下撰写与"三线建设"相关的毕业论文,包括三线企业的社会保障、社区治理、三线移民的身份认同、饮食文化、社会关系等主题。一些同学还将毕业论文修改成小论文,如陈利青的《三线企业社会保障的历史变迁研究》《三线企业社区管理变迁》、林楠的《三线建设移民二代地域身份认同研究》等,都得以在学术期刊上发表。

大学里有各种项目和竞赛,我鼓励同学们在前期田野调查和文献收集的基础上,选择合适的主题申报项目,或参加竞赛。其中,林楠等同学成功申报国家级大学生创新创业项目"三线建设亲历者口述资料的收集与整理",做了很多"三线人"的口述访谈;蔡茂竹等同学以"三线建设移民的身份认同与社会变迁"参加第十六届大学生"挑战杯"竞赛,获重庆赛区特等奖,最终入围全国赛并获三等奖。

学术研究需要严谨,即便是学生的初步研究或项目竞赛,我也希望他们能严肃对待,因而不少同学对我的"严苛"深有体会。一位学生毕业时回忆道,在准备"挑战杯"国赛最后的那几天里,我常常督促他们撰写各种文稿,并屡次打电话提出修改意见,这一度使她产生了接听电话的"阴影"。不过,艰苦的调研和辛勤的付出,终究会有所收获。十年树木,百年树人。学生们跟随我进行三线调研的经历,如能对他们的学习与成长有所裨益,我也就欣慰了。

五、打造有影响力的研究领域

近些年来,三线建设研究呈现蓬勃发展的良好态势。各类文献资料不断涌现,有10余项国家级的社科基金项目、自然科学基金项目获得资助(其中包括2项国家社科基金重大项目、1项教育部重大攻关项目),数家重要学术期刊先后刊发了多组三线建设的专题文章,引起了学界的广泛关注,来自不同学科背景的学者尤其是一些青年研究者纷纷进入这一研究领域。三线研究可谓异军突起,影响渐深,成为了当代中国研究中的一大热点。面对这种发展态势,我和徐有威教授等人在交流中达成共识:我们应当抓住机遇,做好"顶层设计"和学科建设,以进一步推动该领域的发展。

2019年各地召开了五次三线建设的研讨会,其中两次给我留下了深刻的印象。一次是2019年6月在江西南昌举行的"首届中国三线建设史研究工作坊",不同于以往有许多三线亲历者参加的会议,这次工作坊的参加者几乎都是学界中人。我做了题为《在当代中国问题中打破学科藩篱——以三线建设为例》的发言,呼吁学界通力合作,全方位地推动三线建设的研究。会后,学者们相约游览庐山,在这座几乎改变了中国当代史进程的名山中,又做了更深入的交流。

"首届中国三线建设史研究工作坊"现场(2019年6月)

另一场会议是同年11月在湖北宜昌召开的"记忆与遗产:三线建设研究"高峰论坛,有50余家高校和科研院所的近百名学者参加,从多学科、多领域讨论了三线建设研究的诸多议题。我除了提交专题论文外,还在会场做了《三线建设领域的多学科研究与跨行业合作》的主旨发言,主要以重庆地区为例,介绍了我们开展多学科研究、跨行业合作的一些实践,引起了一定的反响。

这两次会议前后,我一直在思考未来三线建设研究的发展问题。我认为,和中国当代史其他领域相比,三线建设研究具有许多潜在的优势,有望打造成当代中国问题研究中颇具影响力的研究领域。至于具体如何实施,我在后来发表的论文中有一定的阐述(张勇:《回溯与前瞻:多维视角下的三线建设研究述评》,《宁夏社会科学》2020年第2期)。大体来讲,除了做好相关资料的搜集与利用、研究内容的拓展与深化、研究平台与团队的打造等工作外,我认为还有两点也非常重要。

其一,多学科研究的交叉与合作。我一直提倡在三线建设领域进行多学科、交叉学科的研究,或许这和自身涉猎的学科领域有关。在求学和工作期间,我不同程度地涉及历史地理、民族史、旅游地理、旅游文化、社会史、文化人类学、城市社会学、历史社会学以及当代中国问题研究等领域,也时常向学院社会学、人口学、社会工作、人类学等专业的老师们请教问题,交流思想,希望能从不同学科汲取养分。虽然涉猎的专业领域杂而不精,却使自己秉承学科包容、学科开放的理念,认为无须固守学科边界,不同学科背景的学者可以进行更多的交流与合作。

更重要的是,目前三线建设研究早已呈现从以历史学为主逐渐向多学科、交叉学科转变的趋势。历史学、社会学、政治学、经济学、地理学、建筑学、城乡规划学在此领域都已取得了一定的成就,人类学、语言学、传播学、艺术学以及文化遗产、旅游管理等其他学科也开始涉足其中。不过,目前学者们多从各自的学科视角出发研究相关话题,缺乏相互的密切交流与合作,更不用说学科之间的融会贯通。来自不同学科背景的学者如何借鉴与吸收对方的特长,特别是研究方法与理论的互鉴互用,是未来三线建设研究学科交叉与合作的关键。在研究与交流中,历史学和其他学科都需要摒弃"傲慢与偏见",在方法论上彼此走向对方的纵深处,取长补短。

其二,兼顾基础研究与应用研究,增强学界与社会各界的合作。"经世致用"是古今学者从事研究的另一种追求,三线建设的研究者更不应忽视这一点。作为中国当代的一场重大历史事件,三线建设对当今社会仍有深刻的影响,部分三线企业和大量"三线人"依然存在,且面临诸多方面的现实问题。我们应将历史问题与现实问题相连接,在夯实基础理论研究的同时重视应用型研究,除了三线工业遗产的保护与利用外,还可继续开拓其他方面的应用研究。另外,还需加强与政府部门、文化机构(如博物馆、文化公司)、三线企业、

"三线人"以及普通公众之间的交流与合作。如此,既可引导更多的社会公众参与进来,促进学者与普通公众的对话与互动;还能利用和整合社会各方的力量,发挥学术研究服务社会的现实作用。

此外,三线建设的研究不能止步于该领域本身,形成自我闭环,而是要与当代中国其他研究领域进行交流、对话。这些领域包括"文化大革命"、知青运动、城市化、工业建设,以及改革开放、社区发展、城乡关系、西部大开发等等,都可成为三线研究对话的对象。如此,方能"走出三线建设",走向当代中国研究,回应更宏大的时代命题。作为中国当代史、中国当代问题研究的学者,或许这应当成为我们的使命。

2019年初,面对三线研究的新形势,我和范瑛、周明长等学友商议建立一个学者群,以加强相互之间的交流。随即,我创建了"三线建设研究中青年学者群",此后在徐有威教授等人的推动下,不断有研究者加入。目前,我们这个团体已初具规模,囊括了国内大部分从事三线建设研究的学者,搭建起了彼此间交流甚至合作的平台。我们相信并期待着,若干年后三线建设研究可以成为当代中国问题研究中颇具影响力的研究领域。

六、八年的感想

2012年我在三峡口做出从事三线研究的决定时,尚不知晓原来许多三线企业和三线人就在身边。我们学校的隔壁有一家中美合资企业,其前身重庆发动机厂就是一家三线改扩建企业,20世纪60年代许多职工从杭州内迁而来,我多次前去采访仍留在这里的建设亲历者。后来更是慢慢了解到,我的一些同学、老师甚至亲人也与某些三线企业有着千丝万缕的关系。有的中学同学就来自重庆南线的几家兵工厂,它们专门生产高射炮;我的硕士生导师蓝勇教授少年时在四川宜宾的豆坝电厂度过,那是当时西南最大的火电厂;一位住在荣昌的表哥,就曾在当地的一家兵工企业——益民厂上班;就连我的父亲,也在一家为三线配套的钢铁厂工作了一辈子,幼年时我曾多次到父亲的厂里玩耍……如此看来,我研究三线建设的历史,其实也是在记录亲友与自己的过往。

2012年时,我未曾料到会在三线建设研究领域一做就是8年。8年里,我去过不少地方调研三线企业,访谈过上百位亲历者;8年里,我结识了很多三线人,和他们成了朋友。当然,8年的时光也改变了许多。我们探寻过的重庆标准件厂,早已被夷为平地,如今建成了客运枢纽站——重庆西站;我们采访过的三线老人们,正日渐衰老,有几位已离开了人世。稍感欣慰的是,我们曾记录下他们生命中的一些片段,哪怕只是点点滴滴。

世间的每一个人,都如同大江大河中的点点水滴,在历史的洪流中自觉或不自觉地浮浮沉沉。当代的中国人,个体的命运时常裹挟于三线建设、改革开放、城乡变迁等历史事件之中。倘若将每个人的生命史都汇集起来,便能勾勒出更为宏伟且鲜活的社会画卷。"人人都是他自己的历史学家"是美国学者卡尔·贝克尔的一句名言,书写三线建设及三线亲历者的故事与命运,也是记录我们自己的过往与生活。对我个人来说,三线研究不仅是这些年的主要工作,并且还成为了生活的一部分。如果问我,还会在这个领域耕耘多少年?我不知道,也许是5年,是10年,或者更长……

(张勇,四川外国语大学社会与法学院教授,三线建设与社会发展研究所所长)

我的"三线企业工人"研究

陈 超

我相信,每一个认真读博士的人,在论文产出的过程中,都有一个刻骨铭心的故事。这个故事或喜悦、或忧伤。我的故事,与大多数人相比,未必新鲜有趣。即便如此,我依然愿意将它分享出来,一个重要的目的就是,我希望在对论文写作过程回忆总结的同时,向大家介绍一群曾经为国家奉献一切、如今却鲜有人知的人们。

一、选题:"怜取眼前人"

对于大多数博士生来说,"选题"恐怕都是一件令人头疼、甚至心力交瘁的事。我自然也不例外。我在新加坡国立大学政治学系博士二年级快要结束的时候,顺利地通过了中期考试与开题答辩。然而,我还没来得及庆祝,就被导师Erik叫到办公室谈话。导师开门见山地说,"Henry,有件事你需要知道。中期开题答辩的目的,是考察你是否有潜力继续博士的学业,但这并不代表你的设计是没有问题的。你现在这个研究设计虽然通过了答辩,可是我有点担心。如果按照现在的设计进行下去,我不敢保证你未来的贡献是明显且确定的。这样一来,你在最终答辩时,将会面临巨大的挑战。你是不是可以考虑重新做一个?"从导师办公室出来的那一刻,我的内心是崩溃的,似乎看到了自己无法按时毕业的前景。

在郁闷与迷茫中,我不知所措地度过了很长一段时间。在一次聚会上,我向一位师姐说起了自己的经历。师姐看到我心事重重的样子，便建议说，"你先放轻松心态，也不要想太多理论和书本的东西，就回忆一下在你的身边有没有发生过比较有意思的事情，或者是比较有意思的一群人。"

按照师姐的建议，我开始一点点梳理脑海中的记忆。一天，在与家人通电话的时候，一个一直被我忽视的现象突然闪过脑海：在我所居住的一个石家庄的生活区里，除了几家本地人外，几乎全部都是天津人。他们操着一口地道的天津话，并自豪地保持着天津人的一切生活与饮食习惯。为什么在石家庄聚居着这样一群天津人？在石家庄其他地区还有这样的现象吗？他们是怎么来到这里的？一连串的疑问随之跳入脑海。我赶忙再次拨通了家里的电话，并从母亲那里了解到了一些基本信息：这是一个国企工人的生活区，所属企业是一家军工厂，这家厂早期从天津转移到山西的太行山区，20世纪80年代左右又从山区再次搬迁到石家庄。以这些基本信息为线索，顺藤摸瓜，很快我便了解到，原来所有这些有趣现象的背后，都源于我国工业史上的一次战略性事件——三线建设。

三线建设，始于20世纪60年代中后期，终于80年代末90年代初。这项浩大的工程，为战备需要而进行，目的是调整我国东西部不均的工业布局，避免一次性打击带来的毁灭性伤害，并为前线提供持续的军事供给。为完成这一工业的战略性调整，国家隐蔽性地完成了牵涉数以百万人的转移。当我把

笔者与倪同正（中）、陆仲晖（右）在锦江厂退管站进行讨论

这一群人与这一历史事件讲给我的导师时,导师沉思了许久,随后便微笑着说道,"Henry,我刚才试图寻找和这些人相关的研究,但是在我的阅读范围里,我并没有见过以这群人为对象的专门研究。所以,这个研究未来的贡献一定是确定并且明显的。"

二、受访对象:千里姻缘一"网"牵

找到一个新鲜的研究对象是令人兴奋的。然而兴奋背后的隐忧在于,我对他们知之甚少。这时,导师一反常态,他并没有要求我首先去完成一个精美的研究设计,反而是鼓励我赶快进入田野,走进他们当中。我焦虑地对导师说:"我还没有一个明确的问题和框架呢!"导师却云淡风轻地回答:"我相信你一定可以在田野中找到它们。"

寻找受访人是一件极其不易的事。寻找三线企业的工人更是难上加难,按照当时的建设安排,三线企业分布最集中、最典型的地区位于四川、重庆、贵州、云南等西南省份。因此,仅仅以石家庄的部分对象为基础,显然是不够有说服力的。由于三线建设涉及国家军事与工业的战略安排,在20世纪90年代前,该建设属于国家高级机密,所有在这些企业工作的职工,他们的个人信息也都是隐蔽的。直到现在,这段历史依然处在半解密的状态。更为困难的是,所有三线企业,尤其是早期建设的典型企业,全部要严格按照"靠山、分散、进洞"的六字方针进行布局。也就是说,大多数典型的三线企业,都藏于偏远的郊外,甚至是深山之中。即便在改革开放后,大多数企业都进行了外迁工作,却也依然离信息发达的大都市距离遥远。

能够与这些"消失"的人取得联系,主要归功于当今互联网的发展。在一片迷茫的状态下,我只能寄希望于以下两种方式:第一,在百度搜索引擎中,以三线建设为关键词进行检索,尝试发现线索;第二,在中国知网(CNKI)上,以三线建设为关键词搜索论文,并通过百度网站搜索相关教授的联系方式,最终以这些教授为桥梁接触到三线企业的工人。大约经过半个月时间的搜索与联络,回应数量大大出乎我的意料。通过第一种途径,我找到了一个由锦江油泵油嘴厂退休职工建立的贴吧,联络到了一个书写三线职工历史的自由作家;通过第二种途径,我收到了重庆、武汉与西安部分高校教授的积极回应。

其中,锦江油泵油嘴厂的工人师傅们反映尤其热烈,该厂退休管理站陆站长与厂办倪老师诚挚地欢迎我前去参访。

就这样,那时还身在新加坡的我,与身处中国西南偏远村县的一群企业职工搭建起了一种奇妙的连接。这是"研究"给生活带来的一种惊喜与莫测。

笔者(左一)与锦江厂工人师傅合影

三、田野访谈:"做中学"(learning by doing)

说来羞愧,在起程入川前,我并没有接受过系统的访谈训练,甚至没有几次完整的访谈经历。那时的我,带着一本访谈入门的书,夹着一叠厚厚的研究工人政治的文献就上了回国的飞机。2013年3月22日,我有生以来第一次落地成都。担心我一个年轻人找不到路,锦江油泵油嘴厂的倪同正老师还专程从成都下辖的县级市彭州赶来成都接我,带着我一同搭乘长途汽车前往彭州。

抵达彭州后,在退管站陆站长与倪老师的共同帮助下,我迅速接触到了十几位三线职工。他们大多都是从上海内迁来的。访谈过程中,有一对一的深度访谈,也有一对多的焦点小组访谈。他们各自操着本地的方言,时不时也夹杂着一些成都话。作为一个地地道道的北方人,我努力地理解着他们传递的信息,奋笔疾书地记下几乎他们说的字字句句。在那一段时间里,我每天的工作内容清晰,富有规律。白天的任务相对简单,就是访谈与记录;而晚上的工作则较为繁重,我不仅需要将白天记录的信息录入电脑,还要根据白天的访谈经历对访谈大纲进行有针对性的完善。这些工作开始还觉得新鲜有趣,可是几天过后,我就已经开始出现极为疲惫的状态。一个典型的表现就是,在一天七八个小时的访谈过后,我感觉好像头戴紧箍,嘴不想说话,耳不想听声音,只想安静地躺在一边,什么都不想,什么都不做。

笔者对中和厂退休工人骆文富(右)访谈

高强度的访谈让我在一个较短的时间里,几乎接触到了一个工厂中各式各样的职工。从部门分布来看,受访对象包括机加工车间、工具车间、偶件车间、热处理车间、工厂车队、厂办等主要的生产与管理部门;从职务分布来看,受访对象不仅包括一线生产工人与生产组长,还包括了车间主任甚至是该厂的副厂长。当我的访谈资料随着受访对象的增多而不断积累时,我渐渐发现,很多人提供的信息,大概都可以按照一定的标准进行归类,有的甚至还可以在初步分类后,再进行更高一级的抽象归类。于是,我凭着自己的直觉与基本的理论基础,将访谈材料进行了一次系统的整理。后来,当我翻看一些访谈教科书时,惊奇地发现,原来当我以研究需要为导向不断反思与调整访谈与资料时,我其实就是在不自觉中以教科书式的方法进行着访谈工作!

三月份的成都之行意义重大。它不仅为我了解三线企业与三线工人提供了初步的信息,更帮助我增长了访谈经验,积累了宝贵的人脉。此后,针对成

笔者(中)与杨国刚、张恩儒师傅合照

都的部分企业,我在6月份与12月份又进行了两次追踪访谈。

四、寻找问题:数据与理论之间

诚如上文所言,在我进入田野的时候,并没有一个明确的研究问题,更没有演绎出来一个理论框架。这样虽然给自己的研究带来了很大的不确定性,但是却使自己在不确定性产生出的忐忑感中视任何信息都如珍宝。前后跨越九个月(2013年3月到12月)的田野工作使我收获了极其丰富多样的材料。在这些材料中,不仅有访谈记录、文献档案,还有工厂内部的各种文件与材料,甚至还有不少工人师傅慷慨地将自己十几年的工作日记都交给了我。

如何获取丰富的材料无疑是研究者的一项必备技能,然而如何从材料中发现问题,并从中抽象出一个有贡献的理论框架,则更考验一个研究者的学术功力。从我个人的经验来说,在寻找问题与提炼框架的过程中,可能需要研究者在"数据"与"理论"之间进行无数次的穿行。也就是说,我们需要一边整理数据反映出来的现象,一边反思先行研究提出的各种解释框架,并在这两者的不断对比中寻找可能的问题意识与理论创新点。这样抽象的总结,可能依然会让一些人感到不安,他们不禁要问,这样就真的能找到那个合适的切入点吗?我的看法是,只要田野做得足够深入与细致,就一定可以发现前人谈论的不足或不对之处。因为,现实的多样性,会远远超出学者们的想象。

在我进入田野之前,曾看过许多有关中国工人政治的文献。其中针对计划经济时期国有企业的研究,在探讨国家与工人之间的关系时,常常会用不同的概念总结国家对工人的控制力,或工人对国家的依附性。这些文献的一个共同特征是,他们都把这种控制关系看成是由国家主导的自上而下的产物。然而,在我访谈的过程中,这一观点受到了深深的挑战。至少在许多三线企业中,工人常常能够发挥出极强的主体能动性,利用企业制度的漏洞、社会结构的特征以及对生产过程的控制,使不同层级的管理者产生分化,并最终在车间现场形成一种新的管理形式。因此,在访谈过程中,我看到了国家的强力,也看到了工人的韧性,国家与工人之间的关系,更像是一种在日常"交手"中,相互妥协的结果。

当然,我必须要承认,即使我能写下上面的经验,如果让我重新开始一个新的课题,我也不会一帆风顺,因为在"理论"与"现实"中找缺口,可能是每一项研究中最具有挑战性的部分。就我写作博士论文的经历而言,在这个过程中实在没有发生任何有趣的故事。当我面对丰富的数据,以及前人几乎面面俱到的研究时,我常常感到自己是无比的渺小,有时候甚至是手足无措。更糟糕的是,在困难来临时,心中的杂念也变得越来越多。渐渐地,我开始担心自己最终会辜负了那么多受访人的热心帮助,开始担心自己毕不了业,甚至开始担心作为导师的第一个中国博士生,会不会因此给导师留下负面印象,进而给中国学生丢脸。总之,在那个时候,我的心里每天都仿佛塞着一块大石头,压抑沉闷。也正是从那个时候起,我渐渐地习惯了凌晨3点左右睡觉。有人问我,为什么你总是熬夜到那么晚,我的回答是,因为不想开启新的一天。现在回想起来,我都不知道自己是怎么跨过那个坎儿的。也许有人是从导师或者朋友那里受到了启发,也许有人是因为一个不经意事件而豁然开朗⋯⋯可是,如果让我说说自己,除了那些不堪回首的困难与沉重以外,我能想起的就只有一个灯光下的操场,还有一个挥汗如雨的健身房。

这么难,这么难,我还是走了过来,站在一个赛程的终点,写下了上面的话。我从来不认为自己是一个足够聪明的人,我也从来不觉得自己适合读博士做学问。可是,在杂乱诡谲的世界面前,在深奥睿智的理论面前,谁一开始就敢说自己足够聪明,谁又从出生的第一天开始就知道自己是为学术而生的呢?不管怎样,经历了这样一个过程,让我彻悟了一点,不论困难有多大,只要不放弃努力,就终究会解决。这不只是一个信念,这更是一个事实。

五、总结与反思

以上是我对论文写作过程的一点回忆与总结。现在回头来看,心中颇有感慨,简要梳理如下:

第一,在论文选题上,我们常常太沉溺于文献中"别人"的主题,却忽视了自己身边的宝藏。这样不仅会给自己的写作增加难度,更割断了自己与论文之间那种深层次的联系。当我们开始准备论文时,不妨先想想博士论文之于自己到底意味着什么?它当然可以意味着一个学位、一份工作甚至是一个蜚声学界的标志,但是之于我而言,它更像是一个给自己的交代、一次在社会某个角落发出呐喊的机会。所以,我必须要选择一个不仅仅有工具性价值,更能够使我为之倾注情感的主题。而这样的一个主题,不从自己的生活中选择,恐怕是很难实现的吧。

第二,在联系受访对象方面,多打一通电话、多发一封邮件都可能会有惊喜。在中国待久了,大家做事都会有这样一种惯性,哪里有熟人,我们就去哪里。没有熟人的地方,最后往往就选择了放弃。然而,事实证明,热心人还是很多的,机会也是可以"无中生有"的。

第三,我们可以通过实践知道方法怎么用,更重要的是,我们只有通过实践才能明白方法是怎么来的。在田野中,我误打误撞地自己总结出了一套访谈步骤,当我发现它竟然与教科书几乎完全一样时,我突然明白了这方法规则背后的许多道理,以及这方法繁琐规定的一个个逻辑源头。

第四,我还想对研究者与研究对象之间关系的问题,提出一点简单的想法。当研究者与研究对象需要进行长期接触时,两者就将处在一种复杂的角色关系中。他们有时是研究的主体与客体,有时是彼此互助的工具,有时还是对方的朋友。不同的角色关系,不仅关系到研究科学性的标准,更涉及研究伦理的问题。其中一个关键但值得深思的问题就是,当研究结束后,我们该如何处理与受访对象的关系?是在任务结束后把他们丢在一边,还是要继续保持联络?这段时间又要持续多久?最终我们或许会发现,学术研究这件事,不仅要对理性负责,更要对良心负责。说到底,写作博士论文的跌宕起伏,是一个淬炼的过程,它关乎技艺的提升,关乎道义的修行。

六、说不完的感谢

写这篇回忆的时候,2018年,我的博士论文已经由国际一流出版社Palgrave Macmillan出版了。这应该是全世界出版的第一本关于中国三线建设的英文专著,也是全世界包括中国范围内第一本以三线工人政治为主题的著作。中国社会科学院经济研究所林盼副研究员曾专门为此书撰写书评,在文中他指出,"三线研究的突破,更需要研究者深入田野,进行人类学意义上的参与式观察。在这一点上,Toleration(书名)进行了卓绝的努力……无论如何,Toleration进行了极为出色的个案分析,足以为今后的深入研究奠定基础。"(林盼:《"单位制"的多样化研究——评Toleration: Group Governance in a Chinese Third Line Enterprise》,《公共管理评论》,2018年第3期)

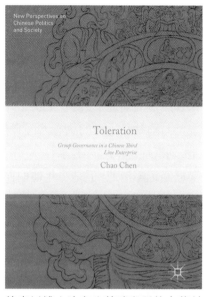

笔者以博士论文为基础出版的专著封面(Palgrave Macmillan,2018)

这本书能够出版并获得学界的认可与建议与许许多多前辈的帮助是分不开的。2013年12月,第二届三线建设史学术研讨会在上海大学召开,此次会议在上海大学历史系徐有威教授的主持下举办。

在这次会议上,我拿出了论文的一个章节做会议报告。可能是因为国内关于三线建设的研究尚未对工人日常政治的问题有所涉猎,因此我的报告引起了与会专家的强烈兴趣,大家纷纷给我提出了许多宝贵的意见和建议。其中,四川外国语大学的张勇教授、上海大学历史系的徐有威教授的点评尤其具有启发性,为本研究的后续拓展提供了富有洞见性的建议。

最后,我要向锦江厂的工人师傅们以及在四川彭州给予我帮助的所有师傅们表示最衷心的感谢。从我入川的第一天起,倪同正老师就提供了全程的接待。他在车站等我到来,邀请我入住他家,每天像对待自己孩子一样安排我的起居以及一日三餐,热情周到地帮我联络厂里各级领导与职工,最后又送我进站,目送我离开。如果说一个田野调查者最艰难的事情是找到合适的受访对象,那么一个田野调查者最幸运的事情就是能够碰到一位像倪老师这样的好人。在调研的过程中,陆仲晖站长同样给予了无私的帮助。在他的精心照料下,锦江厂以及工人师傅的档案材料都被保护得相当完整,这为研究者提供了巨大的宝藏。在我调研的那几天,陆站长几乎是有求必应,在不违反基本纪律和规定的前提下,向我提供了几乎所有我需要的材料。当然,在锦江厂像倪老师与陆站长这样的热心人还有很多,李和清、叶夫义、葛开茂、付建卫、王忠堂、刘汉继、陈学丰、曹永林……时间已过多年,虽然有些工人师傅的名字我确实已经记不清楚,但是当年他们面对一位素昧平生的年轻人那种知无不言、言无不尽的样子,却依然历历在目。正是这样一张张善良、热情、质朴的面庞,构成了有关锦江人的剪影,而谁又能说这不是一幅关于所有三线工人的剪影呢?

我会永远记住他们,也希望看到这篇回忆文章的你,能够记住他们。这将是对他们最好的感谢。

(陈超,上海交通大学国际与公共事务学院比较政治学系副教授。2015年毕业于新加坡国立大学政治学系。在 *New Media & Society*、*Labor History*、*Journal of International Relations and Development* 和《公共管理学报》《复旦学报》等杂志发表论文十余篇。博士论文题目为 *Group Governance in a Third Line Enterprise*(《一个三线企业中的生产小组管理》)。主要研究方向为比较政治、比较政治经济学、台湾研究。本文最早刊发于微信公众号"学术与社会")

移民史视角下的三线建设研究

陈 熙

一、城市化何以停滞

我对三线建设的关注,源于博士期间对当代中国城乡人口迁移的研究。新中国成立后的30年间,尤其是在1958年户籍制度建立之后,我国自发性的人口迁移基本上处于"凝固"状态,国家有组织的计划性移民成为主流,而当时全国性的计划移民主要包括20世纪50年代紧缩城市人口运动、"大跃进"及困难时期的职工精简、知识青年"上山下乡"以及六七十年代的三线建设。三线建设有组织地将工厂、工人、干部和家属大规模地从沿海迁入内地、从城市迁往农村,从而构成了这一时期我国城乡人口迁移的主体,三线建设过程中的移民问题自然而然地就成为了我博士论文中的一部分。

20世纪六七十年代,中国社会政治上的主线是"文化大革命",而经济上的主线则是三线建设。由于"文化大革命"的影响力太大,加上三线建设本身带有浓厚的军工保密色彩,公开的媒体上不宣传、不报道,三线职工与家里的来往信件上也不能涉及工厂的相关内容,因而普通民众对三线建设的印象极为模糊。我们从统计数据上看,在整个六七十年代,国家计划投资的主要部分都投入到三线建设当中,而三线建设虽然核心部分是军工企业,但为了配套军工生产,就需要相应地开展交通、钢铁、煤炭、机械、有色、化工、电子、电力、纺织、木材加工等相关行业的投资和建设,同时为了解决三线职工的生活问题,还投资建设了医院、学校、商店、食堂、冰库以及文娱等配套设施。在计划经济年代,这些都依赖于国家投资,从1965—1980年,中央在三线地区的投资占全国总投资额的39%,而在"三五计划"期间,这一比例更是高达50%,所以可以肯定地说,三线建设是当时我国经济建设中的主要部分,是经济建设的主线。

然而,我注意到一个奇怪的现象是,虽然这一时期我国工业化进程稳步推进,但却没有相应地带动城市化的发展,工业化和城市化呈现脱钩的局面。一方面,我国工业总产值占国民经济总产值的比重从1965年的52%逐步上升到1978年的59.4%,十余年间提高了7.4个百分点,但另一方面,同期城市化水平却始终在17%左右徘徊,止步不前,城市人口的增长速度甚至明显低于农村地区。这就与我们原有的认知和观念发生了矛盾,因为不论是地理学、人口学还是经济学的理论都告诉我们,工业化是城市化的原动力,工业化的发展会带动人口向城市集聚,提高城市化水平,但这时候我国虽然工业化不断提高,而城市化水平却长时间止步不前,这就让人感到很奇怪。

于是,带着这样的疑问,我开始对这一时期我国工业经济活动的主体——三线建设进行考察,主要观察三线建设对我国工业格局和城市化的影响。当我们把三线建设掰开来看,就很容易理解它与一般意义上的工业很不一样。从源头上,三线建设的初衷就是为了备战,因而工厂要分散到深山老林中去,根本不允许产业和人口的集聚,所以尽管内地出现了一批像十堰、攀枝花、六盘水等新兴的三线工业城市,但是总体上并没有带动内地城市化水平的提高。许多三线厂,尤其是中央部门直属的三线厂,虽然身子在内地,但是从原料调配到产品销售等都是中央管理,与地方上没有太多的经济联系,属于"飞地"性质,加上城乡二元体制的切割,周围的农民也很难进入三线厂工作,这些因素就造成了虽然沿海大量工厂迁入内地,国家也大量投资建厂,但内地城市人口比重却没有增加的局面。

而与此同时,沿海地区为了备战需要,不仅工厂大量搬走,而且国家的投资也大幅度下降,要打战了还投资什么呢?投资了不也成了炮灰么?所以很自然的,沿海的工业化就发展缓慢,相应地对人口的吸引力下降,而国家对人口流入的限制也更加严格,沿海的城市化也就停滞不前。所以,我对三线建设有个观点是,控制沿海的建设和加强内地的建设是三线建设这辆战车的两个车轮,共同服务于战备的需要,是个"一体两翼"的格局。

二、扎不下的根

当我梳理了三线移民的全过程后发现一个有趣的现象,以国家意志为主要推动力的三线移民运动,与同时代其他的移民运动有很多的共性,即人口在较短时间内大量规模地从城市被动员到农村,经过一段时间的安置之后,又陆续返回城市,形成U字形人口迁移,"大跃进"后的精简职工运动如此,"上山下乡"运动也是这样,尽管国家在这几次运动中都希望移民能够在农村长期待下去,但事实上即使有些人已经下乡十多年,但仍然扎不下根,一旦机会来临,就会想方设法地回到城市。为了回城,甚至发生了很多令人触目惊心的事。这种反复出现的现象说明,背后一定有超越三线建设运动自身的因素,有一种共性的要素在制约着这一时期的人口流动,那这究竟是什么呢?

带着这样的问题,我开始进一步从微观层面上解剖三线移民的来龙去脉。通过解剖麻雀往往有助于发现共同性因素,于是我将研究的目光逐渐聚焦于上海小三线这个个案上来。之所以选择上海小三线作为个案,坦白讲,这其中也是各种因缘际会,上海小三线本身规模很大,在全国小三线来说体量是最大的,前后7万多名职工、家属和干部参与其中,因而本身具有很好的代表性意义;另外,为了写博士论文,我在上海档案馆查阅档案多年,各个区县档案馆也熟悉,资料丰富且查阅起来较为方便,这也是一个实际的考虑因素。

上海大学历史系徐有威教授曾经参加我的博士论文的答辩。徐老师在国家社科基金重大项目的资助下,收集了海量的上海在安徽和浙江的小三线档案资料,并对三线职工和皖南有关人士的进行了口述访谈。徐老师慷慨地将他们的团队辛苦收集到的这些资料分享给我,从而在很大程度上丰富和深化了我的已有研究。借助这些档案和口述资料,我开始逐步厘清上海小三线移民从动员、进山、安置、回迁以及三线职工与当地农村之间的土客互动关系等移民相关的问题。

在这个过程中,我个人有两点体会:

第一,应始终将三线建设置于共和国史的大背景下进行讨论。毫无疑问,三线建设本身就是一个重要论题,但它的起因、运作方式、实际价值等各个方面,都受到当时国家体制的深刻影响,所以我们对三线建设的研究,始终不能脱离共和国史的大背景,对三线建设具体问题的讨论,最终也应回到共和国史的层面上来,要能够回应共和国史研究中的重大理论问题。否则,如果孤立地研究三线建设,不仅矮化了三线建设的研究意义,而且对三线建设本身的理解也会难以深入。

第二,多学科交叉有助于拓展三线建设研究的深度和广度。由于三线建设牵涉的面很广,不仅有军工,也涉及工业经济、国际关系、政治体制、社会生活、科学技术等诸多方面,因而,就需要多学科的交叉介入。借鉴其他学科的理论、方法和视角,有助于打开现有三线建设的研究视野和格局,加深理论研究的深度。我在设计三线移民分析框架时,主要参考的是人口学中移民的推拉理论,这个理论框架有助于引导我去寻找是哪些因素把三线职工推向了内地,又是哪些因素妨碍了他们在当地扎根,最后又是什么原因把他们拉回城里,在各个环节中去分析相应的推力和阻力,从而形成比较有条理的分析思路。再比如,在讨论三线厂与当地农村的土客互动关系时,经济学中的一个概念——外部性(或称为溢出效应)可以非常好地解释三线厂在器物层面之外给当地带来的影响,当我借用了这个概念之后,顿时感觉分析的思路清晰了许多,我们可以直观地看到三线厂对农村的物质援助,也可以看到三线厂占用了耕地等负面影响。但对于那些主观意愿之外所造成的影响,比如观念的改变、物价的上涨等,则需要更合适的概念和理论进行论述,而其他学科的理论和方法往往可以给我们提供新的启发。

回到前文提到的共性因素,目前我有一些初步的设想,包括作为当时一种重要工作方式——"动员"本身存在的

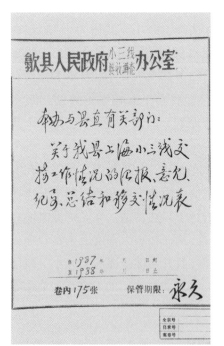

安徽歙县有关上海小三线的档案资料

优势和局限；城乡二元体制壁垒及其巨大的资源落差等等，这个问题还将继续引导我后续的研究。

三、压不住的人性

我个人始终认为，研究历史，尤其是共和国史，需时刻留意人性，将历史上的众生还原到一个正常的人，一个趋利避害的人，一个有着七情六欲的普通人，才能更好地接近历史真实，避免被文献或档案记载所蒙蔽。

人性是复杂的、多元的，一个人会同时包含光辉伟岸、利益算计、贪生怕死、阴暗狠毒等诸多个不同侧面，远不是善与恶这种简单的二元所能概括，而且受外部环境和制度的约束和扭曲，在不同的外部约束下，人们的行为会完全不同，因而抛开外部约束来讨论人性的善恶是不会有结果的。人性是压不住的，即使在意识形态高度政治正确的毛泽东时代也是如此。

当我们深入到三线移民的内心就会看到，即使在高度政治正确的压力之下，个人趋利避害的本能仍在发挥着决定性的作用。在档案里可以看到，在一开始动员职工内迁支援三线建设的时候，许多工人是将信将疑的；当工厂确定内迁人数、但名单还未定时，许多平时不来上班的病号都来上班了，工人们的生产效率也出乎意料地比以前提高了许多，因为人们内心不愿被列入名单，所以要积极表现；当内迁名单最终敲定之后，没列入名单的工人松了口气，而上了名单的人们则开始围堵厂领导或者抗议，试图改变；几个回合之后，发现无法改变内迁的命运，于是有些内迁的工人就开始跟工厂讨价还价，退而求其次地希望工厂多给一些补贴。所以你看，工人们的心态和做法是随着形势的变化而动态调整的，而每次调整都是结合当时的实际情况做出的最优选择。其实不仅个人如此，即便是工厂也是存在私心的，当上级要求"一分为二"地拆厂内迁时，一开始许多工厂是优先将老弱病残列入内迁对象的，工厂领导层想乘机"甩包袱"。

职工到内地后，我们还可以看到一个奇怪的现象：三线厂的职工以未婚男青年为主，到了20世纪70年代，随着他们年岁渐长，男职工大龄未婚问题变得日益严重，以至于发生不少侵害当地农村妇女的案件，但即便如此，却绝少有三线厂男职工娶当地农村女社员的情况。为什么？因为根据当时的政策规定,一旦娶了当地农村女性,回城的希望就彻底破灭了,就只能一辈子待在农村。

同样的,当时许多已成家的干部、工程师、职工在内迁时,选择只身去内地,而将配偶和子女留在城里,他们宁愿长期两地分居,也不愿意将家人迁到内地。因为城里有更好的教育、更好的医疗和更多的粮票,在当时,一个城市户口所能带来的好处完全足以抵消两地分居的不便。

在移民的整个过程中,人们都是在内心计算着利益得失,权衡利弊,然后确定最有利的方式,不仅要计算物质上的得失,也要估计当时政治压力的大小以及自己能否扛得住,还要考虑社会地位、亲情等各种因素。这就是人性,无关乎对错。

从人性出发,设身处地地进入当事人所处的环境中去,才能够更好地理解当事人的抉择,发现其中的合理性,从而使我们的研究与解读更加接近历史的真实,否则的话,我们在研究中就容易不恰当地对当事人进行道德评判,也容易被档案材料牵着走,听不出档案记载的弦外之音。

研究历史,研究的就是人性;唯有如此,才能真正以同理之心理解前人;唯有如此,读史才能让人明智。

(陈熙,复旦大学中华古籍保护研究院副研究员。历史学博士,经济学博士后,哈佛大学和德国马普科学史研究所访问学者。主要从事近现代人口史、地图史、历史地理等研究。曾经主持国家社科基金、教育部人文社科基金等多项省部级以上课题,发表论文十余篇,部分为《新华文摘》《中国社会科学文摘》和人大复印资料等转载,入选上海市"浦江人才")

建主题特色干部学院 让三线精神绽放光芒

欧阳华

三线建设干部学院位于四川攀枝花,于2018年3月正式成立,是目前全国唯一一家以三线建设研究和三线精神传承为培训主题的干部学院。学院成立以来,扎根英雄攀枝花热土,致力于三线文化挖掘、特色课程开发、教学点位打造、师资培养壮大,充分发挥传承三线历史、弘扬三线精神、研究三线文化、突出党性教育的主阵地作用。

传承精神,红色立院。攀枝花的开发建设史是中国三线建设史的缩影,是三线建设遗产中最精华、最具时代风貌的文化遗存。三线历史是攀枝花的根,三线精神是攀枝花的魂,三线企业是攀枝花的本,三线建设为攀枝花烙下深深的时代印记,留下了丰富而珍贵的工业文化遗产。

2018年2月,习近平总书记来四川视察时对三线建设作出重要指示,强调"国家三线建设在四川布局了一批重要产业、企业和科研院所,这些都是四川发展的宝贵财富"。2018年,中宣部首次明确,三线精神是民族精神、国家精神的重要组成部分,要广泛进行宣传报道。

为铭记那段共和国波澜壮阔的历史,让三线精神代代传承,让历史照亮未来。2018年3月28日,三线建设干部学院在攀枝花市委党校正式挂牌成立,成立三线建设干部学院,是攀枝花主动肩负传承弘扬三线精神的政治担当,是深入贯彻落实习近平新时代中国特色社会主义思想和党的十九大精神,是研究、弘扬、传承以"艰苦创业,无私奉献,团结协作,勇于创新"为内涵的三线精神的光荣实践。建好办好学院,对发挥党校干部教育培训"主渠道"作用,研究

学院大门

学院一角

三线历史,弘扬"三线精神",展示攀枝花英雄城市形象有着十分深远的意义。

阵地教育,质量强院。三线建设干部学院是目前全国唯一开展三线精神主题教育培训的基地,是加强干部教育培训、弘扬三线精神的坚强阵地。学院依托市委党校建立,定位为"党性教育+工业文明传承+特色历史文化传播",教学模式以"课堂教学、现场体验、参观考察、案例研讨"为主,师资力量采取依托市内现有资源和外聘专家学者相结合方式。

整合资源,优化办学布局。学院结合实际,在各县(区)、攀钢、攀煤等设立七个分院,与学院实现优势互补,合作共赢。以建设"可学习、可参观、可借鉴、可体验"的现场教学基地为目标,以攀枝花中国三线建设博物馆、大田会议纪念馆、攀枝花开发建设纪念馆和攀枝花开发建设纪念园等为重点,整合"象牙微雕"钢城、503地下战备电厂、二滩水电站等三线建设工业文化遗产,做好全市现场教学基地统筹谋划、整体布局和全域共建。目前,已授牌30多个现场教学基地,学院抓总、分院协办的办学模式和"学院+分院+基地"的办学格局逐步形成。

多管齐下,丰富课程体系。学院紧扣弘扬三线精神,传播"英雄本色、阳光味道",深度挖掘三线精神的内涵、实质及时代意义,结合历史与现实,编纂出版了《三线建设文献及研究成果选》教材,设置了"英雄本色""工业荣光""阳光味道""美丽乡村"四大教学板块,相继开发了"历史上的大三线建设——共产党人的初心与使命""三线精神的时代背景与历史贡献""国家领导人与攀枝花三线建设""不忘初心、牢记使命——攀枝花中国三线建设博物馆""钢铁是怎样炼成的——攀钢轨梁厂万能生产线""重走背水小道""熔炉铸党魂——对话全国煤炭系统劳模雷永""攀枝花的歌"等具有"时代特征、地域特点、三线特色"的专题教学、现场教学、体验教学、访谈教学和激情教学课程,课程体系独具启发性和感染力。

加强交流,促进融合发展。完善师资库,首批聘请12名国内三线建设研究知名专家客座教授,构建了"专(兼)职教师、客座教授、特聘教师、志愿讲解员"共100余人的特色师资库,实现师资的优化配置和资源共享。坚持"请进来"与"走出去"相结合,与多个干部学院、高校及研究单位开展战略合作,现与小平干部学院、"两弹一星"干部学院、红旗渠干部学院、遵义干部学院等共建党性教育基地,邀请中国人民大学、省委党校的专家学者来校为学员举行专题讲座。

创新教学,特色兴院。学院立足攀枝花、面向全省、服务全国,统筹规划功能需求、突出地域特色、产业优势、办学主题。目前,学院已成为四川省六大特色现场教学基地之一,被四川省委组织部授予"全省首批党员教育培训省级示范学院(基地)"称号,上海大学授予"上海大学中国三线建设研究中心教学研究基地",四川省团校、重庆市团校授予"成渝地区双城经济圈团干部实训基地",四川省妇女干部学校授予"四川省妇女干部学校攀枝花教学实践基地",办学影响持续扩大。

研讨会

开展专题教学,立足三线建设历史背景,开发了一系列以三线建设为主题的专题课程,将三线建设史置于中国特色社会主义现代化建设的宏大背景下进行授课,讲授中既有环环相扣的理论分析,也有生动有趣的课堂互动,寓理于史,系统透彻,使课程更具体、更生动、更接地气。

实施现场教学,依托攀枝花中国三线建设博物馆、大田会议遗址、攀枝花开发建设纪念馆、攀枝花开发建设纪念园、503地下电厂等遗址遗迹,开发现场教学点,向学员全面反映和展示共和国波澜壮阔的"备战备荒为人民,好人好马上三线"的英雄历史,让学员在学习中铭记历史,传承精神。

突出体验教学,还原三线建设时期的"背水小道""干打垒""矿山路"等场景,让学员亲身体验"三块石头架口锅、帐篷搭在山窝窝""白天杠杠压、晚上压杠杠"等艰苦创业的情景,达到磨炼坚定意志、锻造坚强品质的目的。组织学员参观攀钢万能生产线、体验煤矿工人的一天等,让学员深度体验"艰苦创业、无私奉献、团结协作、勇于创新"的三线精神,精益求精的"工匠精神",感受攀枝花钢轨带来的中国速度。

深化访谈教学,让"三线人物讲三线故事",挖掘三线建设时期的英雄人物——活着建设攀枝花、死后埋在宝鼎山的大宝鼎煤矿党委书记亓伟,在平凡中创造不平凡、一件事坚持做一辈子的全国煤炭系统劳模雷永,攀枝花三线建设六金花之一杨桂兰等先进事迹,让学员和三线建设英模及其后代面对面,回顾当年战天斗地的热血历史,感悟那段激情燃烧的峥嵘岁月,体会"献了青春献终身,献了终身献子孙"的奉献精神。

强调特色教学,将攀枝花特有的阳光康养、现代农业等产业资源转化为现场教学和教学案例,让学员在学习培训中感悟老工业城市的转型发展之路,感受攀枝花"冬暖阳、夏清凉"的独特气候资源,感知"养身、养心、养智、避寒、避暑、避霾"的阳光康养模式,领略"英雄攀枝花、阳光康养地"昨天、今天和明天的独特城市魅力。

截至目前,三线建设干部学院及各分院承办各类培训班次100余期,培训5 000余人次。三线建设干部学院及各分院承办各类培训班次200余期,培训30 000余人次。学员反映良好,表示培训内容丰富,体验感强,通过一系列形式多样的教学,充分体验了当年三线建设者们的艰苦创业历程,深刻体会了"三线精神"的内涵,使自己的党性修养得到了进一步的提升。

不忘初心、牢记使命,三线建设干部学院坚持"弘扬三线精神的培训基地、开展党性锤炼的实践阵地、研究三线文化的学术中心"的发展目标,着力将学院建设成为一所传承弘扬三线精神、具有"英雄本色、阳光味道"的全国唯一一家三线建设主题特色干部学院,让三线精神永放光芒。

(欧阳华,四川攀枝花三线建设干部学院教师)

我的三线建设研究始于我的家乡安徽宁国

段 伟

我在研究生阶段从事的都是中国古代史研究,主要是灾害史研究,工作后的主要研究是历史地理,但从2006年开始却涉足三线建设研究。从时间来讲,我从事三线建设研究在国内来说相对较早,但起因却纯属机缘巧合。

张掖考察

一、缘起

2005年8月,我来到复旦大学历史地理研究中心,跟随邹逸麟先生做博士后,主要科研任务是协助邹先生编纂《清史·地理志》。做博士后的主要目的是系统学习历史地理学,所以史地所各位教授的课我是尽量去旁听,对感兴趣的或者研究方向比较相近的课更是投入了大量时间。

吴松弟教授当时开设"中国历史经济地理"课,比较多的介绍了他的研究团队当时进行的港口腹地研究,并计划在2006年6月26—27日由复旦大学历史地理国家哲学社会科学创新基地区域经济研究中心、复旦大学中国社会主义市场经济研究中心合作举办"上海与沿海沿江城市的经济关系,1843—2005年"会议。主要议题主要集中在:上海的自身经济发展;埠际贸易对上海经济的影响;长江三角洲航运与港口发展;长江三角洲各城市经济关系;上海与长江三角洲以外区域的经济关系。

看到会议通知后,我心中一动!吴老师及其学生考察的主要是大城市或大区域与上海之间的关系,但对于上海周边的小城市则关注不多。而我的家乡安徽省宁国市(原宁国县,1997年升市)则与上海关系紧密,属于广义上的长三角地区,有一些大企业产品运销上海,也有一些上海人在宁国安居。在中小学时,我曾听有传言上海想将宁国划归管辖,作为飞地,但安徽不放。我想,系统梳理一下上海与宁国之间的关系,发掘宁国受上海多大程度的影响,也可以作为考察上海对周边城市辐射力强弱的案例,有着与前人不同的学术价值!我以往研究主要关注中国古代,很难与家乡联系起来,作为一位历史学工作者,能有机会为家乡做些研究,是一件非常值得的事情!

抱着这样的想法,我热血上涌,立刻到图书馆查资料,看看有什么线索。首选的当然是新编的地方志《宁国县志》。最新的《宁国县志》(生活·读书·新知三联书店1997年版)描述了宁国县在新中国建立后的发展历程,资料翔实,赫然记载了上海市曾在宁国建有多家小三线企事业单位。上海作为沿海特大城市、我国的经济中心,面积不大,都是平原,境内最高的山峰只是海拔100.8米的佘山,没有条件在当地建设后方基地。于是,上海的小三线就选址在距离不算远的皖南和浙西。这两地都是丘陵、山地,有一定的隐蔽性,距离上海不算远,经济发展也不太好,上海企业来此是一个双赢的选择。上海在皖南的三线企业和事业单位在20世纪80年代后期移交给当地,经调整改造,有些成长为国内知名的大型企业,宁国县我熟知的企业有四个:一是宁国县机械工业公司,我的族兄段方明曾在那里工作,当年生产的柴油机比较好,我家曾买有一台,马力强劲,作为抽水和水稻脱粒机的动力,用了很多年,我经常手摇启动,算是中小学时期的机械玩伴了;二是宁国县塑料厂,厂长是宁国中学校友,我高中时曾被组织去参观过;第三个是宁国县耐磨材料厂,我儿时的玩伴、大姨妈家的二表兄李贵平高中毕业后就一直在厂里做电工,厂长陈宗明是当时的风云人物;还有一个是最知名的企业安徽省水泥厂,后来改名为海螺集团,我村中的玩伴、也是远房姨表兄汪彪的爸爸曾在那里开车,这位表兄后来也在此开运输车。看到这些熟悉的企业名称,我下定决心,要写一篇关于上海小三线在宁国的文章。

经过查找资料,对于宁国县的上海小三线单位有一定了解,我还得找时间回宁国进行一次田野考察,补充档案资料。于是我利用"五一"长假在2006年4月30日上午回到宁国,下午就去宁国市档案馆。档案馆位于宁国市政府大楼的东侧,是一幢小楼。我事先在复旦大学办理了介绍信,递上以后先自我介绍,说明来意。因为说了是宁国老乡,接待的两位女馆员还比较客气,想了想,说真没有三线建设相关档案。这时,外面走来一位女士,问我是哪儿人,我回答是平兴(乡名,已撤并)的。她笑盈盈地问,你是不是梅英宝的表弟?我说是呀,他在浙江大学博士毕业后也到上海工作呢。女士说,我是梅村(我所在自然村的隔壁自然村)的,是他堂姐。我赶紧说,原来是表姐,以前读中学曾听说过。20世纪80年代末90年代初,我们高村(几个自然村组成的村名)能考上中专或大学的屈指可数,那是我当时羡慕的对象,确实知道。而我虽然比她小几岁,但在当地也有一点知名度,她也是知道的。攀上亲戚后,就好办了,我再次说明来意,并说档案馆肯定会有一些资料。梅表姐也表示,没听说有三线档案,但可以带我去库房看看。二楼是档案资料库房,一排排档案柜及档案资料摆放得整整齐齐。档案种类很多,但关于小三线建设的卷宗并不多。在梅表姐的帮助下,终于找到了一些关键性的档案,征得同意后复制。梅表姐介绍说,楼上有市方志办公室,说不定他们知道三线建设情况。我立即敲门进入,正好贾金福主编和许绍乐老师两位在。他们是1997年《宁国县志》的主要撰稿人,现正编纂新的市志。我说明来意后,他们立刻热情介绍了三线建设在宁国的情况。许老师还提议,我的文章写成后,以后可以放进他们正在编的《宁国市志》。后来,文章正式发表较晚,我也不好意思再去请教两位老师。

在宁国有大丰收后,我回到上海撰写论文就比较顺利了。在如期举行的"上海与沿海沿江城市的经济关系,1843—2005年"会议上,我的报告《上海"小三线"建设对当地发展的影响——以皖南企业发展为中心》引起了与会专家的兴趣。很多专家有的去过皖南,更多的是了解一些三线建设故事,对那段历史有深刻记忆,对我的文章也提出了宝贵的修改意见。

因为文章内容涉及当代史,我找不到合适的刊物发表,一时也没有时间修改,就耽搁了一段时间。2007年,与中国农业大学的李军老师合作,以 *Institutional Change and Revolution of Local Economy: A Case Study of NingguoCity, Anhwei Province* 为名,参加了在浙江台州举办的"Proceedings of China Private Economy Innovation International Forum"会议，后来由The American Scholars Press（2007）出版了论文集，被ISTP收录。

2007年7月我博士后出站留所工作后，因忙于其他工作，论文修改比较慢，直到2008年10月，我以《机遇与创新："小三线"改造与地方经济的腾飞——以宁国县企业发展为中心》为题目投稿《当代中国史研究》杂志。11月5日就收到编辑张蒙老师的回信，要求提供原创性声明。经过张蒙老师的修改，文章发表在2009年第3期，算是学界中文发表的第一篇学术意义上的上海小三线研究论文。

Institutional Change and Revolution of Local Economy: A Case Study of Ningguo City, Anhwei Province, Proceedings of China Private Economy Innovation International Forum, The American Scholars Press (2007).

《机遇与创新："小三线"改造与地方经济的腾飞——以宁国县企业发展为中心》，发表于《当代中国史研究》2009年第3期

二、从宁国小三线走向甘肃大三线

2009年1月11日，陕西师范大学张萍教授来信说，她有一个教育部重点基地支持的"历史时期西北地区城乡市场结构演变的环境基础"学术研讨会将在10月举办，邀请我参加。我跟随邹逸麟先生做"清史·地理志"研究时，撰

写了安徽、江西和甘肃三省内容,所以对甘肃很有感情,就想能否就甘肃的情况写一篇经济史文章。古代甘肃经济史方面,前人已经有很多论著,我一时找不到突破点,于是就想到了大三线建设。

在20世纪的八九十年代,宁国县有个标语立在县政府两侧:"让宁国走向世界　让世界了解宁国。"宁国的三线建设是上海的小三线,是上海的后方基地,属于各省市区自建的三线。当时影响更大的是大三线建设,涉及中西部13个省区,甘肃就是大三线的重要所在地。我以宁国为案例剖析了上海小三线的影响,就特别想知道当时的大三线是怎么运作、有什么重要影响的,可以与上海的小三线建设作对比。如果能以甘肃为例来了解全国的大三线建设,则是可行的。于是我就开始搜寻有关甘肃三线建设的研究成果和资料。

甘肃三线建设已经有一定的研究基础。首先是资料方面,早在1993年,甘肃省三线建设调整改造规划领导小组办公室、甘肃三线建设编辑部就编纂了《甘肃三线建设》(兰州大学出版社出版),资料很翔实。在研究方面,汪红娟老师在读研期间,以甘肃三线建设为研究对象,发表了《甘肃三线建设原因初探》(《陇东学院学报(社会科学版)》2006年第1期)、《甘肃三线建设述论》(《河西学院学报》2008年第3期),这对我研究甘肃三线建设既有利也有弊。有利是资料方面还比较丰富,有弊是已经有人进行研究了,我能否写得深入有一定的挑战。于是,在梳理资料的过程中,我想是否可以某个地区为案例来看甘肃的三线建设。

甘肃各地我最熟悉的莫过于天水市。首先,天水在中国古代是一块宝地,经济、文化都比较好,麦积山石窟天下闻名;其次,我的硕士、博士同学张功是天水人,我所在单位在读的博士生晏波也来自天水。天水不是省会,在甘肃较有代表性。于是,于情于理,我毅然选择以天水市(今秦州、麦积二市辖区与秦安、清水、甘谷、武山、张家川回族自治县五县)的三线建设过程为中心来撰文,希望透过微观研究,探讨其建立、改造的原因和影响,将三线建设的研究推进一步。

在2009年10月23日陕西师范大学的学术研讨会上,我汇报了《甘肃天水的三线建设与天水的发展》,引起一些专家的兴趣。多次给我学术指导的侯甬坚先生甚至建议我应该去研究陕西,那里三线建设有很多,资料很丰富。我向他汇报了写作初衷,表示期待有机会去研究陕西。2020年,他指导的博士后王毅老师的出站报告就以陕西三线建设为对象开展了研究,成绩很大。传统的历史地理学主要研究中国古代,研究民国时期的历史地理已经很少了,研究新中国成立后的历史地理更是鲜见。我服膺英国著名历史地理学家达比先生的说法"一切地理学都是历史地理学",希望能将历史地理学的内容延伸到当下,用一个比较长的时间段来探讨当代史问题,引起陕西师大多位年轻老师的共鸣,李大海、高升荣等老师也提出了很多建议。会后我前往兰州做了一些田野调查,在火车上甚至偶遇了一位天水某三线厂的子弟。

文章经过修改,2011年以《甘肃天水三线建设初探》为名投稿《中国经济史研究》。审稿专家在肯定文章的同时,提出了具体的修改意见:"建议对天水当时为什么能在'文革'情况下有比较科学的选址,是怎样进行的,做些详细的描述。同时对天水现在三线建设企业的地理分布,以地图的形式做个说明,则对其科学性更有说服力。如华光科技,是天水唯一一家上市企业,也是天水三线企业749厂、860厂搬迁合并而来,如对其做点典型剖析,则很有代表性。"我尽力修改之后,文章发表在该刊2012年第3期。

笔者的《甘肃天水三线建设初探》发表于《中国经济史研究》2012年第3期

三、坚持历史地理学研究视角

上海大学历史系徐有威教授长期关注三线建设研究。2009年10月27日,我正在嘉峪关考察,接到徐老师电话,说看到我发表在《当代中国史研究》上的文章,由此建立了长期的学术联系。

徐有威教授计划在2012年5月6日召开"三线建设学术研讨会暨研究生论坛",希望我能写一篇文章。因为会议主要是讨论上海小三线问题,我最熟悉的还是宁国的小三线,考虑到之前的文章偏重于经济史写法,而我已经受到历史地理学六年的系统训练,遇到问题更倾向于从历史地理学角度去思考。我就将旧作修改为《上海小三线建设在宁国县分布的历史地理考察》,强调了

笔者的《上海小三线建设在县域分布特点的历史地理考察——以安徽省宁国县为例》发表于《中国史研究》(韩国)第82辑

笔者的《甘肃天水三线企业的选址探析》发表于《开发研究》2014年第6期

历史地理特色。2012年5月会议之后，我又修改为《上海小三线建设在县域分布特点的历史地理考察——以安徽省宁国县为例》，于12月18日投稿《中国史研究》(韩国)，次年2月12日收到他们的评审意见。评审专家用韩文写的评审意见，我请在复旦历史系读研的韩国留学生金知恕同学帮忙翻译成中文才明白，文章刊发在刊物的第82辑（2013年2月）。

2013年，徐有威教授主持申报国家社科基金重大项目"'小三线'建设资料的整理与研究"成功，我忝列为其中一项子课题的负责人。徐老师受《开发研究》期刊主编王旭东老师的邀请，组稿一期有关三线建设的文章，徐老师希望我从历史地理学角度写一写甘肃的三线建设。于是，我就在《甘肃天水三线建设初探》的基础上，补充了更为鲜活的天水市政协文史资料委员会编的《天水文史资料》第十三辑（三线建设史料，2007年12月）资料，撰成《甘肃天水三线企业的选址探析》，指出甘肃天水三线企业的选址并没有严格遵照"隐蔽、靠山、进洞"的要求，反而比较强调科学性，许多企业选址是经过多次论证的。当时多数企业分布在天水市内及辖县的核心区。到上世纪80年代，企业在发展中遇到困难，甘肃省政府对一些布局非常不合理的企业进行调整。1984年之后，秦安县三厂为促进发展，也在天水市内建立分厂，逐渐将总厂也搬迁到天水市，形成目前天水市的企业布局，成为西北地区最大的微电子企业工业基地，这与天水市三线企业当初的布局较为合理是密不可分的。虽然有的天水三线企业发展并不顺利，但主要是面对市场产生的经营、管理问题，并不能完全归因于地理位置。而多数企业后来的发展是成功的，也没有重新选址，这从侧面说明当初的选址是考虑到企业的发展需求的。文章发表在《开发研究》2014年第6期。

2018年底，徐有威老师准备组织一个三线建设研究专栏，提议我写一篇从历史地理学角度看三线建设的文章。2019年3月，我完成了《从历史地理维度看三线建设》初稿，参加了当年6月21日至23日江西科技师范大学举办的"首届全国三线建设史研究工作坊"。文章从全球历史地缘结构看三线建设的合理性、从国内历史地理格局看三线建设的必要性、从微观历史地理角度看三线企业的选址、从近40年内的市镇发展反观三线企业建设及从历史人才空间流动看三线地区的发展等五个宏观方面进行分析，初步从历史地理学维度讨论三线建设的原因和巨大影响。如果从历史地理学的各个要素，包括地貌、交通、聚落、人口、生态等，考察每个企业、甚至具体到当事人，研究三线建设对各个区域不同时段的影响，则又会更加深入！文章修改后已由《华中师范大学学报》在2021年第1期刊发。

我在这次会议上结识了三峡大学的冯明老师，他计划在2019年11月23日举办"记忆与遗产：三线建设研究"高峰论坛，邀请我写一篇关于三线铁路的焦柳铁路文章。对于三峡大学所在的宜昌市，我有深厚的感情。清末民初的沿革地理学集大成者杨守敬就是宜昌市管辖的宜都人，编有《历代舆地图》，是师爷谭其骧先生主编《中国历史地图集》的蓝本。我的老师首都师范大学的谢承仁先生花了13年时间，整理出版了《杨守敬集》（湖北人民出版社、湖北教育出版社1997年版）。谢先生一直希望我陪他去参观宜都的杨守敬纪念馆，可惜没有合适时机。2013年1月7日，谢先生去世，安葬于荆州市凤凰山公墓，我一直没有机会去拜祭，这次刚好能借机去荆州拜祭。我立即撰写了《略论三线建设中的焦枝铁路》参加会议，梳理了三线建设期间修建的从河南焦作市至湖北宜都县枝城镇的焦枝铁路历史，指出作为联系华北、中南与京广线平行纵贯南北的大干线之一，不仅在政治、军事上有着重大的意义，而且在经济方面也具有伟大的战略意义。当前从焦作到宜都（枝城镇）货运可以依靠焦枝线，但两地之间没有直接的高铁相通，旅客仍需绕路而行，极为不便，今后应该加强高铁建设,加深区域之间的融合和交流。文章将进一步修改再发表。

2020年新年伊始,新冠疫情突现,大家闷在家中整装待发,我和冯明老师经常交流如何进一步开拓三线建设研究,对我们的未来研究作了两个计划:一是围绕三线铁路特别是焦柳铁路的历史开展研究,二是围绕中国水电业开展研究,尤其是三线建设时期兴建的水电站。这两项计划都与历史地理有深厚关系,既有时间,也有空间,还涉及生态变迁。这也是我近些年十分关注的问题,希望今后能就这两大问题有所建树。

四、结语

自2006年至今,我研究三线建设已满15年,虽然它仅仅是我研究的副业,但历史地理讲究"经世致用",我一直希望自己的研究能对当下有一定的价值,所以对三线建设研究的感情始终是真挚的。一路走来,慢慢摸索,跌跌撞撞,在各位编辑老师、审稿专家和师友的帮助下,发表了几篇大、小三线建设研究的文章。虽然还不够成熟,尚有欠缺,但却是我学术成长的经历。著名的人文主义地理学家段义孚著有《恋地情结》一书,讨论人与周围环境的关系。我从在家乡安徽宁国的上海小三线建设开始研究,逐步扩展至全国的大三线研究,也算是恋地情结的一种体现。如果我们用这种恋地情结的感悟去考察三线建设者以及他们的第二代、第三代,让他们能在"献了青春献终身,献了终身献子孙"的奉献中得到价值体现,也不失为一种可行的研究视角。

当前学界受过历史地理学专业训练的三线建设研究者,仅有复旦大学的陈熙和我、四川外国语大学的张勇、王毅四位而已。我的研究生邹富敏毕业后在中共上海市静安区委党校工作,也有志于开展这方面研究,2019年与徐有威教授联合发表了三篇论文,也算初窥门径。历史地理学强调时间和空间的变动,对于三线建设这个受到空间和国际国内形势影响很大的研究对象来说,是非常合适的研究方法,应该能有更多创新研究。三线建设研究需要多学科合作,相互启发,共同创新,我们期待着更多的学者加入三线建设研究队伍中来,特别是采用历史地理学视角进行研究,互相交流,共同进步!

(段伟,复旦大学历史地理研究中心教授、博士生导师)

2013年,在申请国家社科基金重大项目的日子里

徐有威

2011年一个秋风落叶的傍晚。上海西郊的上海动物园园内曲径通幽的招待餐厅。几条体态敦厚的大汉,在动物园领导的陪同下,一路欢笑地走了进来。我就是其中的一条。

就在这天傍晚前几个小时的下午,在上海大学A楼六楼我办公室对面的厕所门口,偶遇社会学系的张佩国兄。寒暄几句后,佩国兄说晚上社会学系几位兄弟,要去上海动物园,和动物园领导商量一个什么事情,问我有没有兴趣一起去。去,当然去,距离上次陪儿子去上海动物园看狮子老虎,已有十年了。哎,我真是羡慕,社会学系的弟兄们,不但对人类充满兴趣,就连动物也不放过,予以人类的关怀。

年纪毕竟大了,十年前的这顿丰盛晚餐,具体吃什么,忘了;他们谈什么狮子项目或老虎计划,忘了。只记得两件事情:

其一,在座的第二位姓张的兄弟江华笑眯眯慢吞吞地说我:有威的名字叫有威,有点气势。到了儿子一代,取名叫其立,只要自食其力,气势明显低了。在座的无不大笑。没想到人类学研究者的江华兄还兼职拆字算命。我解释道,我的名字是我们的爸爸妈妈给起的,儿子的名字中内含"三立"的含义。不过在今天这个世道,即便自食其力,也是不容易实现的事情哦。

其二,在座的还有另外两位张姓兄弟,谈笑风生。文宏和海东说起他们分别刚刚成功申请到两个超大项目,组织了五个方向的研究团队,每个方向至少

要五位老师,也就是25个人,申报表格写了几十页。怪怪!这个项目叫什么名字?我问道。他们两位回答了两个好长的名字,我当时根本就没记住,只记住了两个五。一年后我才知道,两个分别是2011年度国家社科基金重大项目"社会分层流动和谐互动研究"和"社会质量与和谐社会建设研究"。

第二年的2012年,历史系的陶飞亚老师、谢维扬老师和中文系的张寅彭老师手到擒来,分别拿下了三项国家社科基金重大项目。我和大家一起开心之余,没想到不久之后,我就被上海大学有关部门给"盯"上了。

2012年10月30日,随着上海市哲学社会科学规划办公室《关于做好国家社科基金重大项目选题征集工作的通知》文件的下达,陶飞亚老师和院办公室领导赵益民老师,在不同场合,鼓励我申报该年的国家社科基金重大项目。此时此刻,我这才彻底明白这个项目的来龙去脉。天啊,原来是这么一回事!

在我1985年开始的中国大学的学术生涯中,时至2012年,从来没有独立申请过任何一项研究经费。记得我从1985年在一家上海的理工科大学东华大学开始做老师时,国家百废待兴,文科的研究经费根本没有。1995年,我当时任教的大学,曾经给我拨款一个1500元的项目鼓励。我说给理工科的同事听,他吃惊得合不拢嘴:"哦,这,这不是一顿饭费么。"大家应该记得,文科老师有幸做"表哥""表嫂",幸福地上了痛苦的日子,那是进入21世纪后的事情。填写申请经费的表格,同时有两年前上海动物园那个迷人晚上的记忆,对我来说,这绝对是一项陌生且令人生畏的事情。我一口谢绝了他们的建议。

要拒绝,没门!领导循循善诱并动之以情晓之以理,想到那时距离我的正常退休年份还有12年,在上海大学文学院发表退休感言是大概率事件,这可不是开玩笑的事情。罢了,上吧。

第一步,申报选题。就是填写《国家社科基金重大项目研究选题推荐表》。

我选择研究课题,讲究的是好白相(上海话好玩的意思)。民国土匪研究,国民党特务研究,都是超一流好白相的题目。好在20世纪90年代评职称时,只讲究研究成果的质量,没有经费的要求,给我从助教到教授连过三关。进入21世纪的新时代后,明眼人一看就知道,拿这两个有前期积累的课题去申报重大项目,肯定是有去无回。不过,从2009年开始,阴错阳差,我开始了小三线建设的这个新课题的研究。这也是我一贯的由着性子进行研究的最新方向,因为是超级好白相的研究课题。

时至2012年,我的小三线建设研究,在中共上海市委党史研究室和上海大学文学院的支持下,同时得到中国社科院当代史研究所等前辈同行的协助下,已有一些成果,而且在上海大学文学院和教务处等部门的资助下,举办过全国性的第一届三线建设学术研讨会。由此被慧眼独具的文学院领导和同事们看中:有戚,就报这个题目,很好的!

真的吗?这些不过是我的一块小小的自留地,他们不会是因为要鼓励我"卜岗",在忽悠我吧。我心里一直在默默地犯着嘀咕。

在撰写2 000字的重大项目选题推荐表的一个月中,对我而言,难熬但是难忘。

2012年11月中旬,上海大学文科处召集全校所有填写《国家社科基金重大项目研究选题推荐表》的20位老师会议,集体讨论各自的推荐表,包括时任分管文科的副校长李友梅教授在内。讨论会上,大家各抒己见,场面热烈。记得大家对我的这个选题推荐表的意见集中在这个项目的主题应该是上海的小三线、还是全国的小三线。最后一致的结论是,还是全国小三线吧,因为如果是上海小三线,很有可能被认为这个项目应该由上海市哲社办来立项。午饭时,文科处提供与会者每人一份盒饭和一张吐骨头的废报纸,随后再继续讨论。2013年的上海大学上上下下奋发图强的干劲,可圈可点!

会议之外,历史系的好多老师也赐教不断。历史系的青年才俊舒健兄给我来回至少五次电邮。其中2012年11月13日他的电邮写道:

(1)次序上我做了一些调整,您看一些,有些感想写在了文件上。

(2)因为是2 000字的内容,需字字凝练,一些情感类的语言尽量不要出现。

(3)研究内容和方向要更加丰富一些,现在有些薄弱,可以直接把书名档案之类的放进去,显得内容充实,可操作性强。

(4)我把陶老师当时的申报内容发给您,供您参考。

申请重大,工作量巨大,内容需要反复调整。您方便的话,可以再给张勇安老师和文科处朱承看看,他们看得多,能够发现一些问题。此外需

> Re:徐有威申请表请教
> 发件人：舒健 <shuxc@163.com>
> 收件人：我 <xuyouwei1964@163.com>
> 时　间：2012年11月13日 11:22（星期二）
> 附　件：2个 徐有威2013国家重大招标选题征集推荐表（20121113）.d等 查看附件
>
> 邮件已被回复　查看详情
>
> 徐老师您好：
> 　　感谢抬爱。内容我基本不是太懂，就谈谈自己的感想，不妥之处望能见谅。
> 　　（1）次序上我做了一些调整，您看一下，有些感想写在了批注上。
> 　　（2）因为是2000字的内容，需字字凝练，一些情愿类的语言尽量不要出现。
> 　　（3）研究内容和方向要更加丰富一些，现在有些薄弱，可以直接把书名档案之类的放进去，显得内容充实，可操作强。
> 　　（4）我将陶老师当时的申报内容发给您，供您参考。
> 　　申请重大，工作量巨大，内容需要反复调整。您方便的话，可以再给张勇安老师和文科处朱承看看，他们看得多，能够发现一些问题。此外需要团队成员集思广益。
>
> 　　祝好
> 　　　　　　　　舒健 上

要团队成员集思广益。

　　历史系的另外一位青年才俊、全国"百优"博士论文的获得者肖清和兄，用word的修改模板，进行字句修改，包括标点符号的修改，同时还从选题的内容等提出众多的修改意见和建议。此时此刻，我为了写这篇文字，打开2012年11月14日他发我的电邮，看到红色的修改痕迹，依旧感动乃至激动。

　　2012年1月14日，我把选题推荐表的定稿发给文学院科研秘书王镇老师。完成组织上交给的光荣任务后，我就把这个申请的事情给忘记了。仿佛这件事情，与我已经没有了关系。

　　7月26日傍晚，我正在北京和一位朋友吃饭聊天，手机响了。电话中文科处的朱英杰老师告诉我：徐老师，赶快回来上海填表吧！今年重大项目招标选题研究方向的文件今天下午上网了。您申报的小三线选题推荐表，一字不差在上面！

　　事后英杰老师告诉我，按照日常的流程，他看到这个上网信息，应该通知文学院科研秘书，由科研秘书通知我。但是因为他曾经在这个推荐表的撰写和修改过程中与我沟通密切，对我的工作态度和效率印象深刻因此看到我的选题一字不差上网了，同喜同乐，马上在第一时间电话告诉我。后来获悉，2012年上海大学一共申报了20个选题推荐表，一字不差入选的只有我这个小三线的选题。

　　哦，我真是如梦初醒。事到如今，只好硬着头皮上了。于是开始了第二步，填写正式申报表。

从7月底到9月中旬,我反复撰写和修改申请表。在此期间,得到文学院上上下下各位老师的帮助。由于我没有一点点的填表经验,因此他们的帮助,绝对是雪中送炭。

飞亚兄至少六次电邮提出修改。2012年9月7日他的电邮写道:

> 大表已经拜读,已经大有起色。凡有建议,均用红色标出。有些是排序给你顺了一下。还有的问题:(1)前半部分,太抽象了一点。重复太多。要变变说法和文字,不能让人一看,觉得重复太多。(2)不够具体,前半部分,缺乏数据,可以用小表格出现。(3)还是老问题,那个藏学的部分,和陈东林相比,比较薄弱。(4)段的设计,有点新意,要说明和你主题的关系。

历史系谢维扬老师也给了修改意见:

> 一、整个论证很有分量,也十分充实,课题设计比较清晰、合理,问题提的也很好。总体上我觉得很不错,能显示课题组的雄厚基础,有很大胜算。二、在具体表述上,在一些小地方可以再注意更准确和完整些。如项目总题可考虑加一些限定词,如作"我国20世纪后半叶(或作:新中国)'小三线'建设资料整理和研究",看起来更严谨也更易于使人了解些。三、其他如第四页倒数第二行:"本课题首席专家在研究国史时,注意到小三线建设在国史、冷战史、区域经济史和地方史等领域的重要学术价值。"可改为"本课题首席专家在研究新中国历史时,注意到对上世纪后半叶'小三线'建设的研究在国史、冷战史、区域经济史和地方史研究等领域的重要学术价值。"(句子更完整)四、再如第五页倒数第四行:"小三线建设首先成功化解了苏联企图对我国进行的'核打击'",可在"核打击"后加"威胁"两字(分寸好些)。五、第九页第四—五行:"……在此基础上对小三线建设进行研究",可在"小三线建设"后可加几个字说明研究的主要方面,如"过程""内容""历史意义"等,令读者对项目内容有更具体了解。类似的表述上的小问题全文中还有一些,申报者可再仔细过一遍,若能得到加强应会使标书锦上添花。六、其他方面提不出更多

意见。祝项目顺利通过!

国家社科基金重大项目获得者上海大学社会学系张文宏老师和中文系张寅彭老师,也给我很有价值的意见和建议。历史系的陈德军兄面对面并同时电邮提出了修改意见。给我印象最深的是,德军兄热情帮助我提高了文本的理论水平。

2013年8月17日,时任文学院副院长张勇安,电邮我和另外一位提出申报的中文系饶龙隼老师,建议我们去参加上海市哲社办举办的一次申报重大项目的辅导会:

> 两位老师,今天在网上看到此通知,尽管还没有收到科研处通知,但我想此辅导会对项目的申报定有帮助。还请两位老师和主要助手能够一起出席。现在天气火热,老师们就打车开会吧,开学之后把打车的票拿给王镇,学院负责报销。

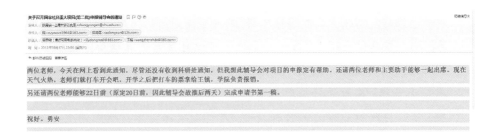

勇安兄在申报项目方面精于谋局布篇,且具有战略眼光。文学院曾经在2012年11月13日,召开"文学院国家级重大和重点项目经验分享和推进会"。勇安兄系统向我提出一系列具体的可操作建议。他反复鼓励我不但要做一名研究者,还要做一名学科建设发展的"组织者"。这点给我这个一辈子惯于单枪匹马做研究的独行侠以重大启迪。大处着眼,小处着手,看看他连来回打车的这种事情,都替我们这些中年同志细致考虑到了。后生可畏,不服不行。

2013年9月的一个初秋的晚上,上海大学文科处特邀上海市的有关专家,在上海大学延长校区的一个办公室中,召开经验介绍座谈会。记得会议结束时,已是深夜10点半。延长路的蚊子真是了得,几个小时中,我已被咬了好几口。申请重大项目,不但要流汗,也要出血啊。

在提交申请表的前夕,按照飞亚兄的郑重建议,我的几位历史系同事和研究生齐聚于文学院六楼会议室。我们把文本投影到大屏幕上,由我的几位研究生同学们轮流逐字逐句高声朗诵,进行修改补充,特别是修改错别字。我的研究生后来告诉我,在聆听宣读期间,我曾假寐了一次,当然最后还是挣扎着醒过来了接着听接着看。

2013年9月15日,一份52000字68页的"'小三线'建设资料整理和研究"申报书电邮发给了文学院的科研秘书王镇老师。我的申报工作全部结束了。

2013年11月11日,我申报的"'小三线'建设资料整理和研究"获批全国哲社办,正式入选2013年度国家社科基金重大项目(第二批)。

从此,我开始幸福地过上了痛苦的日子,直到今天。

每每夜深人静,筋疲力尽时,想到曾经这么多的同事和朋友给予的帮助和期待,想到要对得起爸爸妈妈给起的有威这个名字,能不好好干下去吗!

(徐有威,上海大学历史系教授、博士生导师)

在三线建设之地结下的三线建设学术之缘

崔一楠

说起我与三线建设之间的学术缘分,真有几分天意使然之感。我是东北人,父亲爱好历史,从小耳濡目染,便对历史产生了兴趣。2002年,我考入辽宁师范大学历史学院。在大学期间,我比较喜欢阅读中国古代史方面的书籍,对于近现代史并未有太多的涉猎,只是听课和完成作业时才会按要求阅读相关论著,完成规定动作。在硕士阶段,我的研究方向是中国古代政治思想史,当时一直将刘泽华先生等人的著作作为治学圭臬加以研习。2009年,我在南开大学攻读博士学位,继续从事古代史方面的研究,博士毕业论文也是以十六国时期的北方政权政治模式研究为题。

博士毕业后,命运之手把我推向了西南地区,我来到了四川绵阳,进入西南科技大学马克思主义学院工作。在这之前,我从未来过天府之地,更没想过有朝一日会在四川定居。刚到绵阳之时,原有的研究领域不太适合工作要求和个人发展需要,因此我必须找到一个新的研究方向,作为自己安身立命的凭

清华大学绵阳分校师生自力更生建设校园

借。2013年初,在一次聊天中,学院同事李群山教授跟我提起三线建设。说起来很是惭愧,这是我这个一直在历史专业学习的人第一次听到这个概念。李教授建议我可以考虑从事三线建设史研究,四川是三线建设重镇,绵阳又是与三线建设结下不解之缘的城市,西南科大的老校区就是三线建设时期清华大学分校所在地,每年都会有原清华分校的师生来西南科大参加联谊活动。可以说,从事三线建设研究的天时、地利已经具备,只待人和。

清华大学绵阳分校教学科研区建筑群

与李教授交流后,我便着手研读关于三线建设的论文和著作。当时陈东林、徐有威、郑有贵、段娟、宋毅军、李彩华、周明长、张勇、王毅等学者的论著引起了我极大的兴趣。一方面,我感慨在特殊的历史条件下,竟然有这样一场大规模的国防和工业化建设在中西部地区铺开;另一方面,也钦佩学者们对于这段历史的挖掘和研究,让尘封的历史有了新的生命力,可以为更多的人所知所感。

随着对于三线建设了解的不断深入,我被这段历史吸引和震撼。三线建设极大地改变了西南地区特别是四川的工业面貌,为后续的现代化建设打下了坚实的基础,身边很多耳熟能详的企事业单位、科研院所都是因三线建设而在巴蜀大地落地生根,开花结果。那些默默无闻的"三线人"听从国家的号召来到异乡扎根工作,用心血、汗水乃至生命浇灌出了绚丽的"工业之花",为国家的国防安全、现代化建设以及自己的人生画卷都留下了浓墨重彩的一笔。三线建设的历史和"三线人"的故事,不仅促使我思考自己如何在这一领域深耕拓展,形成自己的一家之言,还让我对三线建设产生了感情,我动情于这些

清华大学绵阳分校部分教材,大部分是教师自己编写油印

人、事、厂、城,我觉得自己应该为研究和记录这段历史做些什么。

基于情感和学术上的双重志趣,我决心在三线建设方面撸起袖子加油干。对于我这样一个刚刚步入三线建设研究领域、并无近现代史研究基础的人来说,从研究综述和会议综述中获得灵感就成了不二法门。当时学界的研究成果多立足于全局视角,"由上向下"审视三线建设,"自下而上"的研究还不多见,因此我想立足绵阳个案,看看地方是如何响应和支援三线建设的。为了能够掌握一手资料,我多次利用寒暑假到绵阳市档案馆查阅档案。因住地与档案馆相距较远,我又不会开车,所以每天都赶公交车前去。午餐就在档案馆周围的小餐馆解决,困了就到中心医院角落的座椅上小睡一会。天天如此,几天下来腰酸背疼,但每当发现有用的史料时,觉得所有的付出都是值得的。由于频繁查阅,一来二去跟档案管理员熟络起来,从他那里了解到,一位名叫周明长的学者也曾来此查过绵阳三线建设档案。我早就拜读过周教授的论著,于是就记下了他的联系方式,便于日后请教。没过几天,周教授电话联系我,让我十分欣喜,与他畅谈了近一个小时,让我深受启发。自此之后,我每遇问题,便会电话请教周教授,与此同时,我开始模仿他的思路和范式来研究三线建设史,可以说我是周教授的一个"编外学生"。

2014年3月,我撰写的《1965年四川广元对三线建设的支援》一文在《当代中国史研究》第2期发表,这是我利用地方档案写的第一篇关于三线建设的论文,能够得到权威刊物的认可让我喜出望外。2015年,《嵌入与互助:三线建设中工农关系的微观审视》一文被《华南农业大学学报》录用。2016年,以"三线建设与西南地区城市发展研究"为题申报获得国家社科基金青年项目。尽管取得的成果数量不多、质量不高,但提振了士气,坚定了信心,让我看到了三线建设研究的广阔空间。

正当意欲在学术上继续发力之时,2017年学校安排我从事行政工作,负责学院的教学管理。行政工作千头万绪,我之前又没有相关经验,因此花费了不少时间和精力去熟悉和适应相关工作,加之结婚生了,所以学术研究上懈怠不少,很少参加关于三线建设研究的学术性会议,学术成果也鲜有发表。

直到2019年初,接到四川大学历史学院李德英教授的邀请,参加"三线建设历史资料搜集整理与研究"开题报告暨学术研讨会,才算回归到了学术大家庭之中。这次研讨会让我受益匪浅,不仅目睹了仰慕已久但无缘见面的徐有威教授、李德英教授、张勇教授、张扬博士后等一大批专家学者的风采,也了解到了最新的学界动态,开阔了眼界。可惜的是,我本想借此机会,向几位专家请教,无奈学院有事提早返程,甚是遗憾。

2019年10月,我到重庆开会,期间与张勇教授进行了深入交流,一方面体察到了自己在学问上的差距,另一方面也真切感受到了张勇教授对于三线建设研究的情怀。11月23日至24日,由三峡大学主办的"记忆与遗产:三线建

"记忆与遗产:三线建设研究"高峰论坛合影
(2019年11月　湖北宜昌三峡大学)

设研究"高峰论坛在湖北宜昌召开,我参加了该次会议,结识了上海大学历史系吕建昌教授以及《贵州社会科学》的翟宇编辑、《史学月刊》的张秀丽编辑、《湖北大学学报》的马建强编辑、江西科技师范大学的张志军和贵州商学院的郭旭等一批优秀青年学者。

2020年初,我专程从绵阳飞往上海,向国家社科基金重大项目"小三线建设资料的整理与研究"项目的首席专家、上海大学中国三线建设研究中心副主任徐有威教授请教关于三线建设研究的相关问题。徐教授在家里盛情接待了我,并给了我十分中肯且操作性极强的建议,让我茅塞顿开。此后,徐教授多次打电话询问、指导我的研究工作,并积极推介我的研究成果。徐老师广博的学识、深厚的学术修养、甘为人梯奖掖后学的品格给我印象极为深刻,他对我的提携更是我心怀感激,能够遇到这样的良师益友是我人生的一大幸事!

最近一段时间,我的一些关于三线建设的文章先后被《贵州社会科学》《当代中国史研究》和《宁夏社会科学》等期刊录用,这既是对我的肯定,更是对我的鞭策。能够在三线建设研究中小有收获,得益于前辈、同行无私的帮助,我想回馈他们的最好方式就是在未来的学术路上,用心用情用力生产出更多更好的学术成果,为三线建设研究添砖加瓦。

(崔一楠,西南科技大学马克思主义学院副院长、副教授、硕士生导师,中共广元市委宣传部副部长(挂职)。入选四川省科学和技术带头人后备人选、绵州社科菁英、西南科技大学"龙山人才"支持计划。主持包括国家社科基金在内的各类科研项目20余项,参与国家级和省部级课题10余项,出版学术专著1部。在《当代中国史研究》《江苏社会科学》和《党史研究与教学》等核心刊物上发表论文30余篇,论文被《新华文摘》、人大复印资料、中华人民共和国国史网等全文转载)

探寻三线建设的"非城非乡""非古非今"的建成环境

谭刚毅

儿时听"大人聊听不懂的话"就包括了各种社会运动,但不论是儿时去乡下的我,还是在城里工作的我还真没听说过三线建设也就可想而知。与学者李群山和葛维春曾经对全国613名大学生的调查了,三线建设在当代大学生头脑当中几乎是一片模糊甚至空白。而我开始三线建设的研究也是源于一次偶然的田野调查。

过去以来我一直从事传统聚落和近代城市的研究。田野调查是我最喜欢,也可能是最有心得的研究方式。在现场体验和解析城乡聚落的空间形态、人地关系,感受着前人的智慧、历史的魅力,时常会有"看不懂"的形式和内容也引发我更多的思考。建筑和环境的形式美有其理性的逻辑,但经常会发现一些悖论……虽然有很多的不合理,却也有其重要的意义。因而习惯基于"历史的站位点"去解读还原历史的场景,从社会学、历史学、人类学等角度进行相应的分析,思考形式或空间形态背后的原因,而不是以今世论前史,简单地去评判功过是非……但历史会照见未来,我们应该有当下的态度。

2014年我去湖北咸宁考察一个竹材加工厂,如每次差旅那样尽可能地关注当地留存的老建筑。当时咸宁的黄老板带我去了一个"比较有历史"的地方转转——蒲纺集团。该处前身系中国人民解放军2348工程二处,是1969年由总后勤部投资兴建的三线军工企业之一。整个厂区已经停产衰败,建筑保存还算完好,但整个环境比较肃杀,仅有生活区还有些许烟火气息。厂房呈现出建筑体量和工业美感、建在山坡处的住宅材料和结构"露明"、具有典型时代特点的厂区大门和办公楼等,虽然不是那么的"古旧",但都引发我强烈的兴趣。进而了解到该厂转型不成功后,员工大量下岗,甚至原来在地方上算非常好的集团医院现在也门可罗雀,除了精神病科更加繁忙以外。因为原来引以为傲的"单位人"一下子变成了没有工作的"社会人",由过去的高福利和旱涝保收,一下子变成靠低保过日子……很多人因此而颓废甚至精神失常。

湖北蒲纺集团现存厂房和住宅楼

毋庸说个人的命运,事实上,20世纪是历史上无论是技术进步、还是社会变革,都是最为频繁而且剧烈的一个世代。其间大量的历史事件和留存的大量的文化遗存都值得研究,因而众多学术领域的研究更多地走向当代。三线建设作为一段重要的国家历史和时代记忆,同时也是企业和个人的历史和记忆,需要去认真地整理和记录,相应的建成环境以及呈现出来的时代特点和精神需要我们去发掘和扬弃。这些转型不成功的三线建设企业的职工生活比较窘迫,更让我们觉得有责任和义务为他们去做点什么,而不是随着时间的流逝,任由珍贵的历史和记忆渐行渐远。

于是工作室开始了针对性的文献研读,并分赴湖北、湖南、河南等中部地区进行三线建设的调研,经过两年的积累,进而申报课题,获得了国家自然科学基金的资助。非常难得的是评阅专家对研究的视角和方法、学术价值和社会意义给予了高度的肯定,更让我们坚定信心去深入研究。三线建设研究最初在人居环境学科并不太为人所知,更多的是在社会学、历史学等学科领域展开,也有从工业遗产角度进行研究的。我们团队寻思着吸取这些研究成果的同时,也要贡献本专业的视角和成果,丰富和壮大三线建设的研究,为促成为一门显学做出自己的贡献。课题组现赴云南、四川、重庆、贵州、湖南、湖北、河南、山西等省展开三线建设现场调研,收集了大量的一手文献和图纸档案,并

湖北238厂

1965—2015年四川攀枝花市（照片来自攀枝花中国三线建设博物馆）

进行了大量的口述访谈。

研究至今感触最深的还是一次次的口述访谈、文献收集和现场调研。但也时常遇到有些职能部门以涉嫌机密或是其他行政制度限制为由,让我们无功而返的情况。但是当我们走进一个个的三线社区,又能感受到浓浓的生活气息和老百姓们蓬勃的生活韧劲。一方面是比较粗陋的家居,另一方面是对我们热情洋溢的接待;一方面是落寞的神情和叹息,另一方面又是对那一段历史和青春岁月的无悔。

口述访谈、文献收集和现场调研既有跟地方部门协同组织的,也有我们"随机"进行的——希望发现更多

团队成员集体研读档案

考察团队在四川攀枝花矿区与居民合影留念

被遗忘的角落,捕捉更真实的历史与现实。2019年8月18日,考察团队首先来到湖北十堰市北京路附近的三层干打垒房子,调研住民生活状态,并实地了解这座三层干打垒房子的平面布局、构造材料等情况。这座三层的干打垒房子虽然外表破旧,但是内部结构厚实,经历了50多年风雨却保存尚好,该房子是十堰市建设发展的物证。次日赴东风铸造二厂生活区进行调研,实地了解社区内的规划布局,并入户与三线建设亲历者进行交谈。参与三线建设的林登义老先生精神矍铄,给我们介绍说:"1964年我就开始参加工作,1969年我从四川被调配过来参与十堰市的三线建设,并定居在这个地方。当时我是一名机械工人,属于二级兵,负责操作机械吊砖。我在红卫三工程处和50厂二工程处工作过,当时的工作节奏很快,早上7点吃早饭,8点正式开工,最累的时候一天差不多要工作24个小时。"年轻的时候背井离乡来到十堰,在二汽的工地上挥洒着青春和汗水;任务完成后却由于各种原因回不了家乡,留在十堰为城市建设继续奉献。三线建设的历史和亲历者们也应该得到社会的尊重和铭记。

　　基于"靠山、分散、隐蔽"的国防战备要求,以工业生产为核心的三线建设厂矿单位作为一块"飞地",多选址在偏僻的山区,这些三线厂矿聚落呈现出"非城非乡"的特征:形态上呈现顺应地形,沿沟而建的布局;功能上满足生产生活一体化需求;社会组织形式上则遵循城市单位制。经过多年的建设,很多地方俨然是大城市或繁华的城镇,也提高了当地的城镇化率,也呈现出"亦城亦乡"的特点。三线建设不仅对周边的山乡产生了很大的影响,单位和个人都有很多"爱恨情仇"的故事,但三线企业与周边的村镇还是隔着比厂区院墙更难消除的"隔断"。企业下放管辖或转型后,许多院墙在消除,但人们心中的"隔离"还多少存在。像林登义老先生那样当年来自四面八方参与建设的"他乡人",如今即便回到故乡又被认为是"异乡客",这种永远的异乡人的感觉是何等的酸楚和悲凉?

　　在与当年建设十堰的"102师"的五位建设者们访谈过程中,不仅收获了太多的历史认知,也收获了许多学术的感悟。交流过程中,老书记李树芳同志以字画相送,热情畅谈了三线建设时期他在不同工作岗位之间的轮换。李旺明老前辈给考察队伍讲解了干打垒的做法(干打垒指一种简易的筑墙方法,在两块固定的木板中间填入黏土夯实)。魏巍老师讲述建设过程中快干上马的

在东风铸造二厂生活区进行的访谈

一些惊心动魄的事情,以及建设过程中间艰辛和家庭的付出,也不乏苦中作乐的趣事。当年的全国人大代表、"三八红旗手"秦秀兰告诉我们,她当时是从包头调配过来的,以一名电焊工人的身份参与到建设中去,条件非常艰苦,经常高空作业,舍小家为大家。"刮风当电扇,下雨当流汗",一个个不畏艰险、甘愿奉献的故事令我们团队动容。无论是访谈还是一起吃饭聊天,真正地感受到那一份炽热的情意和强烈的归属感。这些讲述者亲历的很多故事,不经意间为我们串起了该公司在新中国成立后与营造厂、解放军工程部队、新的拓荒"铁军"、转型发展的建设企业等历史线索,这不失为一个重要的研究视角。我们后又北上包头、天津进行溯源调研。考察团队在湖北汽车工业学院计毅波部长和马克思学院马保青老师的组织下参观了湖北汽车工业学院校史馆,特邀邱春正老先生讲解交流。了解湖北汽车工业学院校史,从一个侧面感悟车城十堰的技术传承和精神底蕴。

这些真切的故事并非久远的历史,但又恍如隔世,而且就是身边这些老友们甚至家中长辈们切身的记忆,"非古非今",但又绵延影响至今,并没有时间上的断层,抽刀断水水更流。

考察团队在湖北十堰市的座谈活动现场

湖北工建三公司生活服务部门前集体合影

调研过程中，受访者和当年的见证者、亲历者，都非常热情，经常主动驱车陪同我们参观。如在十堰市的魏巍老师和马保青老师的陪同下，驱车70公里，先后参观了3611厂、3541厂和3602厂，并对每个厂区的厂房、宿舍楼以及配套设施等展开调研。调研交流时结识了很多三线建设的研究学者，他们都特别的热情，这或许跟研究是三线建设这一特定的领域有一定关联吧。

记得三年前，上海大学历史系徐有威教授在武汉讲演，而我刚好又在上海出差。在彼此都将返程之际，我提前赶回武汉，深夜到徐教授下榻的宾馆与之讨教交流。自那以后我便经常"跨"到这些人文社科学者组织的学术会议上发言交流，也结识了吕建昌、李德英、张勇、冯明等学者，还有何民权等社会研究人士。

事实上我们团队也惯于跨学科的交流与研究。三线建设多是以某种生产基地而进行城镇群的建设，团队中徐利权老师的城乡规划的专业背景则有助于规划史和比较宏观视野的研究，以及有关地方城镇化发展历程的研究。还有与学校相关学科的青年学者组队调查研讨，关注"形态—意志—呈现"的人居环境的生成和作用机制研究。三线建设企业也属于"单位大院"，与差不多时期的"人民公社""156苏援工程项目"都具有很多相似相关的特点，是我国社会主义初期城乡建设自我探索的重要组成部分。与柴彦威教授团队和

与RCA合作在华中科技大学举行的学术研讨会与工作坊

David Bray等学者交流更开阔了研究视野,并与英国皇家艺术学院(RCA)的Sam Jacob等共同申报British Academy的研究课题,连续三年与AA School国际访校(武汉)合作举办中英集体形制研讨会,与英国RCA、清华大学、武汉大学社会学系等举行工作坊,等等,通过这些对新中国建设初期的城乡建成环境的研究,连缀中国传统的聚居文化与当下的社区治理,后在《新建筑》杂志上组织出版了《集体形制的远去与归来》。

考察团队在具有典型场景和时代印迹的地方合影,跨越时代界限,走进建成遗产。现场调研中发现众多的建筑,尤其是厂房以及社区服务的一些公共建筑,都可以算那个"多快好省地搞建设"的时代的典型建筑,有的甚至堪称散落在乡野中的中国现代主义建筑探索的遗珠拾贝。尤其是在城里那个时代的建筑更多地被推倒的情况下,更凸显它们的珍贵。

不进入历史,无以添加新物。研究离不开历史参照,对历史案例有继承、有发展、有提升,便意味着知识的积累和设计的创新。正如著名建筑师库哈斯等人将建筑史视为不同建筑实践行为的总和,把"类型"视为将建筑学知识进行系统化的工具。因此团队在做三线建设城镇、厂矿的聚落空间形态研究的基础之上开始关注"类型"的研究,也运用工业考古类型学来解读这些三线建设的建成遗产。三线建设作为一个特定时期的建成环境,在历史、社会、建筑、科学等方面均有重要的价值,也塑造了地方的文化,包括当代"共同生活的各种方式"(ways of living together),也是一种特殊的历史记忆与景观,现时有着巨大的社会人文意义与环境生态效益,也有着重大的经济和文化意义,将丰富我国文化遗产的类型、要素、空间、时间、形态和性质等各方面。研究团队开

考察团队在具有典型场景和时代印迹的地方合影(右图右一为谭刚毅教授)

三线建设企业生活区的邮局、医院、商店、消防站等公共建筑

三线建设企业的俱乐部建筑

三线建设企业的厂房

展了以工业遗产为主体的三线建设建成遗产（built heritage）作为"现代遗产"（modern heritage）的可能类型和组成的研究。

　　太多的人并没有认识到三线建设的价值，或者是为眼前的利益纠葛而任由荒废，甚至是破坏。因为选址等历史原因，本不适合建设和生活的三线建设地区的各类要素流动和集聚不符合经济规律；建成环境资源要素弃置或归属不清，制度引导不够，企业和地方政府难以作为；受经济发展等多种因素影响，曾经为国家做出贡献的建设者们生活艰苦甚至贫困。如三线建设重镇秦巴地区、乌蒙山区、大小凉山地区等，这些地区是全国脱贫困难人群主要集中地区。有的因为交通的发展变得便利，有的过去荒无人烟的地方成为今日潜在的风景区——但因为土地、产权等现实问题，或是发展和活化利用的见识和策略问题，缺少创新的思路，守着资源而穷困。事实上在国土资源调整的新时期，应在各种层面的策略和制度进行创新思维和创意的设计，让历史的资源再度焕发活力，所以我们团队已经开始着力发挥我们的技术专长，努力为这些工业遗产的保护、利用和地方可持续发展贡献我们自己的力量。

　　（谭刚毅，华中科技大学建筑与城市规划学院副院长、教授、博士生导师。中国建筑学会民居建筑学术委员会秘书长，中国建筑学会建筑教育分会副理事长。香港大学和英国谢菲尔德大学访问学者。主要从事传统民居与乡土实践、近当代城市与建筑、文化遗产保护和建筑设计等方面的研究。完成学术著作5本,境内外期刊和会议发表论文逾60篇,主持国家自然科学基金项目3项、英国国家学术院基金项目1项(中方负责人)。曾获全国优秀博士学位论文提名奖、联合国教科文组织亚太地区文化遗产保护奖第一名"杰出项目奖"、IDA国际设计金奖以及其他国内外竞赛和设计奖项。多次指导学生设计竞赛和论文竞赛获奖,获得2019宝钢优秀教师奖)

从"我们厂"到"我的杂志":三线建设与我

翟 宇

十多年前进入贵州省社会科学院时,我从未想过三线建设与我的工作会出现交集。我当时以为,三线建设与我的关系只会永远地定格在生活层面,那是因为我在那个所有三线建设参与者和子弟骄傲也罢伤感也罢口中时不时脱出的"我们厂"完整生活了整整18年。尽管那些个"我们厂"有大有小,现如今有的早已衰败甚至消失,而有的通过转型也罢扶持也好还在坚持或者已经重获新生。

笔者和父母在"我们厂"的办公大楼前(1984年2月)

"我们厂"这个居住地的定位很好地标识出了生活在三线企业中的人们对自己所来何处的统一困惑,这种困惑随着走出那个小社会之后随之而来的社会交往场景的变化而越发显示出尴尬。尽管这些年来经由学术研究的扩展以及影视作品的制作和传播,知晓三线建设的民众越来越多,但是在一般社会语境中,三线的身份仍是"妾身未明"。即使到了今天,三线建设之"三线"毕竟只是很小众的指涉,你如果冷不丁问如今生活在大城市的旁人知道三线吗,他或者她的回答很可能是我就来自三线啊,一个小城市。但是,于我,或者如同一位和我有着同样成长经历的写作者所定义的"最后的三线子弟"来说,三

"我们厂"幼儿园毕业演节目（1988年夏）（右边是笔者，左边孩子的父母来自上海，中间孩子的父母来自贵州。笔者的父母是山东人）

线，不是一座城市，不是故乡，它是我们的过往，它是"我们厂"。

对于绝大多数三线企业的相关者来说，"我们厂"不在城市，却有着城里人或者一个时期内比城里人的平均生活水平更好的生活处境。拿我个人生活的那个厂来说，它曾经是所在省第一家上市企业，所在省多年排名第一的创汇大户，20世纪80年代中期就普及了管道煤气，80年代末新建的单元楼就集体装配了抽水马桶。不仅如此，在那个获取外部资讯手段有限的时代，在那个全国能收看卫星电视的人只能看8个频道的时代，我们厂就可以看40个左右的频道了，这对于处于生活环境比较封闭的我们来说意义非常重大。

那些频道成为一个个大小不一的窗口，让我们知晓了厂外、省外甚至域外的种种，也正是基于那些窗口在我少年时代传达的信息，我养成了对很多特定对象关注的习惯，这种习惯一直保持到了现在。有着城市人的生活水平，却生活在被农村包围的环境中，是大多数三线企业的真实写照。悲哀的是，从小生活在农村周围的我们，除了小时候顽劣地去农人田中乱踩乱拔之外，对农村生活是所知甚少的，虽说到不了五谷不分的地步，但是基本的农作物是不认识的。这一点更因为后来在和农村出身的同事一起下乡调研时遭到他们的讪笑让我印象更加深刻。

这种城市农村之外的第三种存在和三线这个名称真是相得益彰,当这种第三种存在的特殊勾连起那些三线内迁职工及其子女的生活境遇的时候,特殊不再仅仅是特殊,还动辄散发出一种尴尬的味道。确立恋爱关系时间不长的男女,不仅对对方的缺点比较宽容,恐怕也会经常配合一下对方的喜好。但即使是这样,十多年前我在看以三线建设为背景也是由曾为三线子弟的王小帅导演的电影《青红》的时候,女友在陪了20分钟之后还是委婉地告诉我她困了。要知道,那个时候,她已经培养了一定的观影爱好。她无法理解我特殊的成长背景也就难以产生共情,而那些交往层次浅显许多的同学们就更不容易理解了。

同样是上大学的时候,我到现在一直相当敬重的一位老师开了一门地方史课,有一节课是自由讨论,老师让来自各地的学生讲一下各自家乡的风俗。老师一宣布题目,我手心就开始冒汗。当我看到同学们一个个意气风发自豪无比地讲述各自家乡的风俗时,我一直在思忖我能讲出什么风俗。我所成长的地方,年三十不吃饺子,当地人在没钱的时候穷守岁,在享受改革开放成果之后就开始通宵麻将,所以,大年初一也是不拜年的。而我们家呢,饺子是要吃的,但是不是和大多数北方同胞们一样地"交子",而是在初一一早吃。这算哪门子风俗呢?正当我搜肠刮肚之时,老师点我名了,我只好战战兢兢走上讲台,东拉西扯了一阵南北方习俗在我所成长的那个特殊存在的融合之后以一句我本以为我是山东大汉,但几次回到父母家乡之后才发现山东的大葱都比我高之后而草草收场,没想到的是,这之后迎来的却是老师赞许的目光。大概,老师觉得,这个不怎么能在课堂上看到的同学确实展现了和其他同学不一样的过往经历。老师那个时候年近五十,以她的阅历都对我这种过往没有太多概念,更别说因为我来自南方但是普通话比较标准,和家人及故旧打电话一会儿北方话一会儿又用他们听不懂的所谓南方话而给那些同学们带来的困惑了。也许,正是因为我的存在,他们知道了三线这个词。

身份认同的纠结是那些内迁职工后代身上的鲜明印记。前些年,一个三线子弟在一篇让我产生了强烈共鸣的文字中道出了我和他这样的三线子弟那注定缠绕一生的困惑和尴尬,他的描述让我感同身受也身临其境。在外地求学的某次火车旅行中,他遇到了一个女孩。两个人一聊之后才知道是山东老乡,细聊之后,得知居然是同一个县的之后,他俩聊兴更浓了。这个时候,女孩开始介绍自己就读于那个县某个具体中学的经历,并问这个男生在县里面哪个中学上的学。尴尬的时刻来临了,男生在费劲地解释了自己籍贯在山东,但是父母早年到了他地的企业而他仍然觉得自己是山东人之后,女孩的眼神开始出现变化,一副那你还算什么老乡的神情。最终,这一场以认老乡开始的搭讪戛然而止,男生的身份认同回归彻底失败。

之所以触动我,是因为类似的事情在我身上出现了好几次。离开了生长的地方去到不是籍贯所在地的他方求学,类似你是哪里人的问话经常出现,尤其是五湖四海的同学们初识的时候。当我看到其他同学快速而肯定地给出答案的时候,我通常迷茫,迷茫之后,我会和那个男孩一样费劲地解释,解释之后,我看到的是同学们脸上的迷茫。除了那些其父母是本地招工而进厂的子弟,大多数的三线子弟都会面临那个可能会缠绕他们很久的身份认同问题——你是哪里人?而对所有三线子弟和三线建设者来说,那种成长或者生活经历毕竟有着很大的特殊性。那种既不属于城市也不属于农村的自成一体的环境,那种父辈在一起工作而我们从幼儿园一直到高中都是所谓同学的成长轨迹,那种厂子里有医院、俱乐部的单位制存在,那种小时候动不动发这发那的福利供给,那种即使是本地孩子也会说流利普通话的语言环境,恐怕都是所有相关者的共同记忆。

确实,仔细想想,过年吃饺子的时间很好地标识出注定要困扰我一生的身份认同困境。从"交子"时刻吃饺子的祖籍所在地来到了初一一早没有早起习惯的出生地,我们家吃饺子的时间逐渐改变,先是初一一早蒙蒙亮吃,这倒还和北方某些地方类似,到后来越来越晚以至于九十点钟吃。

这除了随着和当地趋同再加上生活水平的提高,年夜饭越来越丰盛以至于"交子"时刻因为吃得太饱吃不下之外,当地丰富的娱乐活动以至于影响了睡眠也是一个原因。本来我已习惯这种改变,但因为后来看到和我生活背景差不多的小伙伴们的家中依然保持着"交子"时刻吃饺子的风俗而有些怅然。看来,大学保安那终极性的问题肯定要缠绕一生,正因为"我从哪里来"和"我是谁"并不是不证自明和很容易脱口而出的,所以"我要去往哪里"也异常茫然。在那些善于表达或者说表达能力比较强的人那里,迷茫之后肯定是相关表达的喷薄。

王小帅就是这样的人。他接连拍了三部以三线企业为背景的影片,这正是他儿时成长的环境。尽管在《我十一》尤其是《闯入者》中,三线只是一个大的背景,相关细节展现得并不多,但是这仍然是三线建设影像化在中国最完整的呈现。除开电影,王小帅出了本自传来探寻那个困扰了他大半辈子的问题,那就是——我是谁?这本自传的名字叫《薄薄的故乡》(重庆大学出版社2015年版),恰如其分地传达出所谓故乡的所在之于他的意义,他是山东人,他是东北人,他是上海人,他是贵阳人,他是武汉人,他是北京人……,但他最终对这些地方都没有归属感。最后,他和自己的身份纠结达成了和解,那就是他可以没有故乡,但不能没有记忆,记忆就是那精神上的故乡。

  王小帅的和解对于所有类似成长背景的三线子弟来说可能具有标杆意义。其实,早在看到他的这些文字之前,也就是我入职一个科研机构之后的几年,我也考虑过以什么样的方式给自己这种特殊的成长经历一个交代。那个时候我已经作为学术杂志编辑工作了几年,看过一些三线建设相关的学术论述,再加上院里不少青年才俊也想就三线建设的历史展开别出心裁的研究,这种种都激励着或者提醒着我,是不是也该从学术研究的角度切入三线建设,以在工作层面和自己的过往进行一种跨时空的对接?然而,这种想法一直没有实现,其原因除了自身一贯的懒惰以及想多做少的习性之外,那种曾是局内人的不安甚至不知所措也是主要因素。对于那个我生活了整整18年后也不时回去的"我们厂"的所在,说实话,我没有特别的怀念,甚至多么喜欢也说不上。然而,我对这种特殊的所在确实持有一种特殊的感情,即使去到不是"我们厂"的"他们厂"或者目睹和我小时候生活背景差不多的内迁企业的相关影像资料,我的心中总是有些波澜。这种波澜的聚焦点可以不是任何具体的厂,但肯定是那个牵动了我的父辈亲人在内几千万人命运变化的三线建设。所以,无论是学术文章还是随笔文字,之所以迟迟不动笔,还是和感情投入太多、感受太复杂有关。很多事情,你了解越多,投入的精力越大,却往往会有一种无从下笔的感觉。毕竟作为一个三线子弟生活了18年,毕竟我的祖父辈、父辈从遥远的地方来到了这么一个他们最终安葬于此、生活于此的地方,这种生命的印记恐怕会镌刻一生。

  好在我是一个专职的学术杂志编辑,如果暂时不能通过自己动手进行研究来给自己一个交代,起码还可以通过组织相关栏目、刊发其他学者的相关研究成果来给自己的缺席寻找一下自我安慰。幸运的是,在我所供职的贵州省社会科学院下设的历史所一些同事的引荐下,我得以在2015年和2016年参加了在贵州省遵义市和六盘水市举办的全国性的三线建设学术研讨会。也正是在这两次会议上,我拜会了在三线建设研究领域进行了卓越开拓工作的前辈们,比如陈东林先生、武力教授和李彩华教授。

更主要的是,在这两次会议上我与上海大学历史系徐有威教授的结识和熟识。徐教授对于我来说并不陌生,因为都是历史学这门行当中人,我之前拜读过徐教授的一些民国史的著述和译述。但徐教授后来开始开拓小三线建设研究并已经取得相当成果的转向,我并不清楚。当我在会上看到徐教授组织完成的一系列成果之后便萌发了想做三线建设栏目的想法,徐教授不仅为我一一向前辈们约稿,还介绍不少中青年才俊给我认识。

也就是从2016年开始,我所负责的《贵州社会科学》历史栏目陆续刊登三线建设研究文章。这种围绕三线建设进行整栏目组稿发出的形式,《贵州社会科学》是全国最先启动的两个杂志之一。这几年,在徐教授的帮助下,我陆续获邀参加了一些三线建设学术会议,与一些从事三线建设的新老朋友不断结识和熟识,已经融入了这个学术共同体。

有趣的是,这些研究者和期刊编辑中,有不少都和三线建设有过这样或者

"我的杂志"(《贵州社会科学》)出版的有关三线建设研究文章。该杂志是全国最先出版三线建设研究的杂志之一

那样的生命缠绕,这让我们在学术交流的"庙堂"话语之下和之余又有了很多充满浓浓回忆和生活气息的"民间"交流,那种此中众人才能意会的感悟每每让我难忘和怀念。时至今日,有深度和广度的三线建设研究成果于我所在的贵州省仍然相当稀少。

我期望,随着自己年纪和阅历的增长,那种身份认同的纠缠最终能够和解,那种觉得自己深陷其中的情景意识能够慢慢淡去,最终能够以具备一定视距的"他者"身份来看待自己曾经嵌入其中的三线建设,从而在继续组织好编辑好我刊三线建设这个优质栏目的同时,能够冲破自己心中的藩篱,真正成为三线建设研究团队的一分子。

(翟宇,贵州省社科院副研究员,《贵州社会科学》历史编辑。主要研究方向:中西思想史。主要代表作:专著《现代理性的成长:科学革命与启蒙运动》,参著《东亚史》《现代公民社会的起源》,参译《美国人民:创建一个国家和一种社会》,论文《苏格兰期启蒙运动的兴起》《西方封建概念的流变》《"封建"概念的变迁与中国社会历史的再认识》《个人与国家:弗格森政治思想的一个维度》等)

大山深处的记忆：
我拍上海皖南小三线工业遗址

刘 洪

20世纪60年代中期至80年代中期，上海参加小三线建设的7万余名上海职工及其家属背井离乡，远赴皖南和浙西深山中，开山炸石，架桥修路，在皖南和浙西的深山密林中建出81家军工企事业单位。这就是人们所称的上海小三线建设。

2015年9月，当我完成了民革中央《团结报》与我合作采访《镜头中的抗战老兵》和民革安徽省委出品的《抗战老兵》这两本画册的采访和出版以及展览工作后，我便一直在寻找新的并有历史价值的创作题材。

2015年底，我开始关注上海皖南小三线这个题材，经过两个月的调研后，我认为这个专题一个人完成有一定的难度，为了更好地完成这个题材的呈现，我决定寻找一个创作伙伴，配合我完成这项工作。

经过反复思考，2016年3月，我找来影友马春雷并说出了我要走访上海皖南小三线厂的意图后，他立即答应并表示将尽全力配合我。选择马春雷配合我完成这项工作是因为我们同是20世纪60年代出生的人，对这段历史多少有些了解，而且我们都是退伍老兵，对这段历史有着共同的兴趣和感情。最重要的是在纪实摄影创作中，他不仅有着极其丰富的经验和优越的镜头感，而且对图片有较强的后期处理能力，这正是我俩的长处和短处的互补。

一周后，我俩便深入山区，走进了当年的皖南小三线，对如今沉睡多年残留至今的历史遗迹用纪实的眼光去全面地收录，用艺术的方式去全面地展示。

我们只有一个信念：再度呈现这段被封存了半个多世纪的历史，为即将消失的这段历史留下最后的影像。

2016年3月底，我俩把拍摄小三线专题暂定名为《拾碎的记忆》，我便开始与各方沟通，并想方设法去努力与当年在小三线工作的老人取得联系。同时，我们利用所有可利用的时间逐一去寻找沉睡在皖南和浙西的上海小三线81家企事业单位。

我从事专题摄影创作多年，深知这种大题材专题创作的过程，要完成这个系列专题摄影创作和呈现的全部工作，拍摄仅占全部工作的三分之一，要从选题论证、到资料收集和社会调研后才能进入采访拍摄。完成采访拍摄后又进入选片、制作和文字叙述以及书稿的设计编印出版与展览的构想及策划。这一系列的工作看似简单而实际操作起来很难，有人认为这个题材有价值，值得挖掘，也有人认为这个题材毫无意义，无非一些破旧的厂房而已。

我始终感觉，摄影的最大功能是真实记录历史、真实再现历史，它是任何视觉艺术无法超越的表现形式。而这段新中国成立后的历史它不像抗美援朝、"文化大革命"、上山下乡、对越自卫反击战等大事件，能够深深印记在我们这几代人心中，因为它从初期的建设到最后的撤离都是在绝对保密的条件下实施的，如今三十多年后已被很多人遗忘，70后的人几乎不知道这段历史，更别说80后了。

如今这些遗留在大山深处的小三线厂旧址依然存在，破败的厂房，岌岌可危的宿舍，仍然有序地站立在那里，有些已经成为当地小企业的生产场地，往日的景象已成历史，既然是历史就应该记录它并呈现出来，特别是这些即将消失并在人类世界里真实发生过的大事件，用影像的表现手段去记录它、再现它，是我们摄影人和媒体人的义务和责任，我坚信这才是影像的根本。

误拍南陵127医院

安徽南陵县城边有个20世纪60年代初建立的军队医院，1982年在大裁军中撤销了，大量的设施和营房及病房荒废在山边三十多年了。我们以为它有可能是专为当年小三线军工服务的一个野战医院。2016年春节刚过不久，带着一种好奇的心态，我和马春雷走进了这个已废弃了三十多年的医院里，我们

上海小三线金星化工厂遗址（安徽东至县）

把这次走访拍摄当作小三线厂采访拍摄的第一站。

既陈旧又破烂的大门，一条笔直而破旧的水泥路通向深处，大量破碎的建筑和残墙断壁如同战后的废墟，眼前一个个画面让我震惊，我带着极其亢奋的情绪拍摄了一大批图片。回来后经过了解核实后才知道，这就是一个野战医院，1983年大裁军时被裁掉了，它与小三线军工建设没有任何关系。也正是初次走近这所废弃已久的野战医院，更加促使我迫不及待地开始寻找拍摄真正的上海小三线。

上海小三线井冈山厂是一个坐落在安徽皖南绩溪县孙村乡境内大山峡谷中的军工企业，对外的名字叫井冈山厂（对内名字叫电子器材二厂），主要生产军用雷达配套的电子器材，我们拍摄这个专题的第一个镜头是从这里开

参观2017年9月第17届中国平遥国际摄影展的观众。刘洪团队以"昔日辉煌：追忆中国军工小三线"为题参赛，图片中的那个邮政信箱，安放在安徽屯溪上海小三线原红旗机械厂居民区内

始的……

说来也巧，2011年初夏的一个傍晚，我曾驾车在皖南山区误入一条山路。在灰暗中曾看见峡谷中有破旧的大规模建筑，当时我猜想它可能就是当年小三线军工厂遗址，那时我就萌发了拍摄三线这个专题。当我这次走入井冈山厂时，我才确定2011年初夏那个傍晚我误入的地方就是这里。初次走进这座残破的厂区，立刻被当年的建筑规模所震惊，残墙断壁上长满了爬墙草，

上海小三线险峰光学仪器厂遗址（安徽旌德）

破碎的厂房在杂草丛中坚强地挺立着，任凭风霜雨雪的冲刷，整个场景看上去让人有种说不出的心酸。从高处往下看就是一座空旷残破无人的城市，实足让人痛心……

没有影像的历史是残缺的历史

完成了井冈山厂的拍摄后，我们非常兴奋，在后来的三个多月里，我们制定了完整的拍摄和采访计划，利用业余时间七次驾车进入皖南和大山深处，总行程近8 000余公里，寻找当年残留下来的军工厂。

由于当年这些军工厂都属于保密单位，1984年撤离后就封存于深山峡谷和密林中，当地百姓50岁以下的人几乎对这段历史都不知道或记忆不清，唯有55岁以上有些文化和在当地当过村长或地方职务的人能帮助我们寻找到这些遗迹的具体位置。在寻找采访上海小三线遗迹的过程中，我先后多次与上海有关方面联系，寻找当年在小三线工作过的老人。第一个找到的人是张明余先生，之后又与徐有威先生和原上海小三线老职工朱鸿钢先生分别联系上。徐有威先生是上海大学历史系教授，主编过《口述上海：小三线建设》《中国共产党与三线建设》和《小三线建设研究论丛》等书。当他得知我在采访拍摄上海小三线专题时，非常高兴，专程寄来了有关上海小三线的各种资

料,并多次与我电话沟通,提供采访线索。

在采访上海小三线的过程中,我们凭借着有关资料通过网络和导航在深山里逢人便问,四处打听,十七次进入皖南和岳西山区,总行程15000多公里,风雨无阻,终于完成了42家仍有明显遗迹和能够看到当年风貌的军工厂遗迹的拍摄与采访工作。

2018年1月刘洪团队主持的"尘封记忆:小三线纪实摄影展"在上海举办(前排右二为徐有威)

皖中军工与马鞍山的情缘三线军工厂除了皖南和浙西山区由上海建设的81家企事业单位之外,在六安、舒城、潜山、霍山、安庆等大别山地区也分别建设了属于安徽省自行投资经营的十多个军工厂,主要生产轻武器。坐落于安徽省纵阳县的向阳厂及舒城县的皖中厂和利群厂,在20世纪80年代中期撤销,8000多名干部职工均被安置在马鞍山各地方企业。

五十年后的回眸

2016年5月20日,上海小三线亲历者的朱鸿钢先生打来电话说,6月18日他将带领原上海小三线老职工50人由上海出发去旌德老厂遗址参观,希望我能到场。我当即答应下来,我认为这是一次采访原三线老职工的最好机会。

李力（网名：梓山人）1955年11月出生，安徽省旌德县人，是旌德县上海小三线这段历史的见证人之一。退休后积极为保存和发展利用原小三线遗迹开发旅游的倡导者，他在我们起初的创作和采访过程中为我提供了部分老三线职工的联系方法，使得我们及时掌握了值得利用的第一手资料。

2016年6月13日下午，李力（梓山人）与我在微信中聊天时突然提到我的父亲刘汉先生，我万万没想到，原来这位从未见面但始终通过网络帮助我们采访三线厂的梓山人，竟然是我父亲35年前的老同事李力。2016年6月17日下午，我和马春雷一行四人驱车赶往旌德县城，李力在距离县城12公里处的一个山庄等候着我们，下午4点见到了今年已经62岁的李力。

在他的协助下我们六次深入旌德县的大山深处，走访了一个月时间，完成了安徽旌德县内遗存的几十个上海小三线厂遗迹的抢救性的拍摄工作。镜头是真实记录历史的最好方式，用影像呈现历史应该是摄影工作者的责任，因为影像的责任是呈现历史，用影像的魅力去回味过去是唯一给读者直观视觉感受的呈现方式。

2018年1月13日，为期十天的上海小三线建设摄影展"尘封记忆：小三线纪实摄影展"在上海陆家嘴美术馆拉开帷幕。这次摄影展得到了上海小三线亲历者的热烈追捧，场面大大超出我的预估。同时这次摄影展得到各大主流

2017年9月刘洪团队以"昔日辉煌：追忆中国军工小三线"为题参赛第17届中国平遥国际摄影展（左一为刘洪）

2018年1月"尘封记忆：小三线纪实摄影展"在上海举办（左三为刘洪）

媒体的报道，同名摄影集《尘封记忆》也由团结出版社同时推出，它见证7万余名上海职工的芳华。

（刘洪，中国摄影家协会会员，中国新闻摄影学会会员，港深珠澳摄影联盟主席团成员，安徽省摄影家协会专家咨询委员会成员，中国采石全国摄影大展总策展。主编的《尘封记忆》2017年由团结出版社出版）

感知历史 记录三线
——电视纪录片镜头外的三线历程

刘洪浩

一个偶然的机会,我走进了三线建设的历史画卷。

2013年初,在拍摄十集文献纪录片《永远的铁道兵》时,我第一次近距离接触到成昆铁路,了解到它的修建,源于当时中国最重要的大规模工业建设——三线建设。随着采访拍摄的深入,我们越来越清晰地感受到三线建设对于中国西南地区的重要意义。攀枝花、西昌等城市的诞生和发展,凉山彝族同胞生活的极大改善……这点点滴滴都在提示着我们:这是一段非同凡响的岁月,这是一段不能忘却的记忆,我们应该为它做点什么。于是,在《永远的铁道兵》一片剪辑完成之后,经过和摄制团队沟通,电视纪录片《大三线》排在了我工作计划的第一位。

为了更好地展现这段历史,在原国家计委三线办王春才主任的带领下,我们先后走访调研了贵州、四川、重庆、湖北、湖南、陕西、北京、上海等省市的三线单位、三线建设者以及他们的后代。当地一处处蹉跎了时光的厂区和建筑,一台台写满岁月沧桑的机床,既铭刻着历史的荣光,也刻画着斑驳的过往,在

摄制组在成昆铁路米易县烈士陵园

先后举办的几十场座谈会上,我们倾听三线人讲述自己的亲身经历,宣泄自己的真情实感。我们一次次被感动,也一次次修正摄制方案。通过调研,我们在最终的节目方案中,增加了反映三线调整的《凤凰涅槃》(这是中国电视媒体首次系统介绍这一历史过程)和三线人身份认同的《三线印记》两个部分。

2015年1月21日,大型文献纪录片《大三线》在六盘水贵州三线建设博物馆举行开机仪式

从策划到调研、论证,经过了一年左右的时间,2015年1月21日,十集文献纪录片《大三线》在三线建设主战场之一的贵州六盘水的贵州三线建设博物馆举行开机仪式。两年半以后,2017年9月11日,十集文献纪录片《大三线》在中央电视台中文国际频道"国家记忆"播出。

作为以口述史为主的纪录片,前期需要大量的人物采访,以保证节目选材的充足,记录的多角度,以确保真实还原历史,使其具有广泛的代表性。但是,毕竟节目容量有限,很多受访者无缘在片中亮相,成为我们最大的遗憾。然而,他们的故事,不应被遗忘——

贵州六盘水水城矿务局的杨建华,是最早来到这里支援建设的。座谈时,我发现老人家烟瘾很大,一支接一支。经过询问,老人家告诉我,原本他是不吸烟的,但是多年前的一次意外事故让他的习惯发生了改变:汪家寨煤矿生产初期,大家都自觉地加班加点赶工期,这时,一位工友在工地上出了意外,急需输血。但是,整个工地上只有四个人的血型符合要求,这其中就包括杨建华。为了抢救工友,杨建华几次为工友献血,超出了正常人献血要求的上限。那之后,他经常感到头晕,为了不影响工作,就开始用香烟缓解自己的眩晕。这一吸,就是几十年,再没有放下过。

《大三线》摄制组现场采访拍摄

陆仲晖并没有亲身参加过三线建设,也并非三线子弟。但是如今,却成为很多三线建设者的老熟人。他的故事,源于一座破产的三线工厂——成都郊区的锦江油泵油嘴厂。这家在三线建设时期红红火火的工厂后来由于市场原因走向破产。厂里的职工和家属需要安置管理,于是,成立了锦江厂退管站,陆仲晖后来调到这里成为退管站站长。从此,他成为锦江厂职工的管家,从工资福利发放,到业余文化生活,无论大事小情都是他来操持。为了让锦江厂职工的三线情缘得以延续,他不仅想尽方法组织资金,出版了《锦江岁月》《锦江春秋》等书籍,而且每年都组织全国各地锦江人重返老厂举办活动。正是得益于他的组织,大三线一片中才有了三线人重回老厂的镜头,有了《三线印记》中三线二代甚至三代受访者面对镜头吐露心声、感慨自己的身份认同。但是在拍摄过程中,他却是那个离镜头最远的人,直到这篇文章写到这里,我才发现,不仅在片中找不到他的身影,甚至都没有给这位热心的朋友单独拍一

成都锦江油泵油嘴厂老厂区

张工作照。

  重庆涪陵的816地下核工程如今已经闻名世界,作为当年中国第二套核反应堆建设所在地白涛镇却一夜之间在地图上消失。这个目前已知的世界上最大的人工洞体前后施工十几年,因为保密需要,很多工程兵战士隐姓埋名在这里开挖山体,甚至牺牲后很长一段时间内家人都无法得知消息,孟洁就是这其中的一员。作为工程兵部队的一员,孟洁在20世纪70年代来到这里参加建设,因公牺牲。直到21世纪初,工程解密的新闻在中央电视台播出,镜头在烈士陵园中扫过烈士的墓碑,家人才知道他们苦苦寻觅的亲人已经长眠于一碗水烈士陵园。当我们陪同几位老兵在这里祭奠战友时,一位老人突然在战友墓碑前长跪不起,痛哭失声……

  诸如这样的故事,在《大三线》一片的拍摄中常常震撼着我们的心灵。通过这一个个故事,我们不断走进那段历史,用镜头忠实记录这一切,用自己的心感受着那个热火朝天的年代"献了青春献终身,献了终身献子孙",对于当年好人好马上三线的这个群体而言,这绝不仅仅是一句口号,而是发生在他们

建设816地下核工程的工程兵部队老兵在一碗水烈士陵园祭奠战友

身上实实在在的经历,他们平凡而伟大,沉默却崇高。

由此,我想到了自己在《大三线》一片文案中给这部片子写下的定位——为英雄留名,为历史存证!

由中共中央政治局原常委宋平同志题写的《大三线》片头

(刘洪浩,电视纪录片《大三线》总策划、总制片人、执行总导演)

从三线子弟到三线文化传播者

刘常琼

我有一个社会职务,叫中华人民共和国国史学会三线建设研究分会(简称中国三线建设研究会)常务理事、宣传联络部副部长。我怎么会荣获这个职务呢?这要从我的经历谈起。

一、我是一个在山沟里长大的三线子弟

笔者于2018年在天星沟留影

我的父母原是第五机械工业部(后改为兵器工业部)泸州化工厂(代号255厂)工人。1971年10月,为了支援三线建设,父亲被调到新建的三线企业国营东方红机械厂(代号5004厂,后改为国营天兴仪表厂)工作,于是全家老少三代告别故乡,搬迁到了四川省涪陵地区南川县(现重庆市南川区)金佛山脚下的天星沟,1999年,全家人才随工厂整体搬迁到成都市龙泉驿区。

进天星沟的时候,我才8岁,在厂子弟学校读书。1978年初中毕业,我考

上了泸州化工专科学校中专部，1981年中专毕业后回到厂里工作。

我和所有的三线人一样，都是以厂为家的人，一直以"我们是光荣的三线建设者"而骄傲。工作后，我一直认真学习，努力工作，并加入了中国共产党，2000年1月进入中层领导干部岗位，先后担任过传感器分厂副厂长、品质管理部部长、税控机分厂厂长、兴原公司副总经理、规划管理部副部长等职，2011年因有更好的工作机会，我才辞职离开了天兴厂。

天星沟风光（笔者摄于2018年8月）

二、一篇《三线精神永放光芒》的文章，使我走上了主动宣传三线建设的道路

2009年3月，我还在天兴厂兴原公司副总经理岗位上时，一则为了纪念中华人民共和国成立60周年征集"共和国不会忘记的人和事"的征文启事打动了我，我要写我熟悉的三线人和三线建设。想到这里，我热血沸腾。

为了全面了解三线建设，我找出我收藏的原任国家计委三线办王春才主任于1998年发表在《中国兵器报》上有关三线建设的文章，找出王春才主编、四川人民出版社出版的《中国大三线》报告文学丛书，认真学习，摘录要点，写出了《三线精神永放光芒》的文章初稿。在文章中，我结合自己从城市到山沟、又从山沟到城市的经历，把什么是三线建设、为什么要进行三线建设、三线建设都做了什么、取得了什么成就、存在什么问题、什么是三线精神等进行了阐述。

文章初稿写好后，我怀着忐忑不安的心情拿给我们厂党委书记巩新中审阅。巩书记看后，非常赞赏，安排厂宣传部部长蒋鹏初帮我把关润色。感谢两位领导的帮助，才使我这篇文章的立意站得更高，表述更准确。

我在文章中写道:"三线建设艰苦创业的日子已经过去,几百万建设者为了国家安全和人民幸福所表现出来的浩然正气,将长存于天地间。三线人对人民、对祖国、对社会主义事业的忠诚精神,三线人'献了青春献终身,献了终身献子孙'的奉献精神,三线人'艰苦奋斗,团结协作,改革创新,无私奉献'的拼搏精神,都将作为宝贵的精神财富传承于世。对当年三线建设的历史功绩和创业精神,所有关心祖国命运和前途的人不会忘记,共和国永远不会忘记!"

文章投稿后,我收到了共和国不会忘记全国征文大赛组委会的获奖通知,通知我的文章获得了一等奖,还通知我到北京人民大会堂参加颁奖典礼。但因工作原因,我没有去参加颁奖典礼。

2019年7月8日,在中国三线建设研究会第二届代表会议暨弘扬三线精神研讨会上合影(左起:李杰、刘常琼、刘洪浩、傅琳、宋毅军、秦邦佑)

随后,我把文章投给了《中国兵器报》《南方集团文化》《政研交流》等报刊,几家报刊都予以刊登。我把文章发表在我的网易博客上,犹如一石激起千层浪,在网上引起很大的反响,广大三线人纷纷在网上留言,倾诉三线情,留言数量达到400多条。网友们在留言中写道:"共和国每一步前进的步伐,都充满了艰辛、悲伤与欢乐。记住前辈们奋斗的历程,鼓舞我们奋勇前进!""这篇文字总给人震撼。在岁月的长河中,留给我们记忆的是一种向上的精神,支撑我们灵魂的高度。我喜欢作者那童年中艰苦的美丽。""现在一些人缺的就是三线精神,有了三线精神就没有战胜不了的困难。""在三线建设中,中西部有许多高山峻岭需要凭着双手征服,就那样有许许多多的人牺牲了生命。我们今天坐着火车穿行在黔渝铁路上、穿行在宝成铁路上、开着汽车穿越秦岭山脉,可曾想过这些都是当年三线建设者们抛头颅洒热血而创造的奇迹吗?!向那些逝去的和活着的建设者们致敬!!!"

通过这篇文章和我对天星沟生活的系列回忆文章,我在网上神交了一批热心宣传三线建设的朋友,包括后来成为中国三线建设研究会成员的倪同正、霍日炽、李杰、郭志梅、王民立等人,他们都成了我现实生活中的良师益友,成了共同进行三线建设研究和宣传的战友。

2019年7月8日,在中国三线建设研究会第二届代表会议暨弘扬三线精神研讨会上合影(左起:刘常琼、陈东林、武力、温尧忱、郭志梅)

三、神奇的缘分,让我和王春才成了忘年之交

从年龄上讲,王春才比我大28岁,是长辈;从距离上讲,他在成都,我以前

在重庆南川的天星沟,两地相距上千里;从职务上讲,他是国家计委三线办主任,我是企业的一名基层职工,按常理,我和王春才是八竿子打不着、根本就没有任何交集的两个人。但世界就是很奇妙,山不转水转,水不转人转,有缘分的人就转到了一起。

1992年,我们厂已经决定搬迁成都,已经在成都十陵买了地,当时负责新厂指挥部的是我们厂党委书记宋世忠。1992年五一节过后,因为要到成都出差,我搭上了宋书记的顺风车。在成都,宋书记带着下属和我一起去拜访了王春才,王春才当时才50多岁,是国务院三线办规划二局局长,三线企业的搬迁工作都是他在负责。在王春才局长家,王春才局长介绍了他的一位侄儿、从江苏盐城来的陈忠友厂长与我们认识,陈厂长和大家互相留了通信地址。那个时代,没有手机和私人电话,不存在留电话号码的事情。

2014年3月22日,笔者与陈东林(左)、王春才(右)参加中国三线建设研究会成立大会

转眼到了1993年2月,春节刚过,陈厂长突然给我发电报,邀请我们夫妻到成都参加一个全国新华信息网络工作会议,我们很好奇,就去了。我们赶到成都,陈厂长把会议精神给我们讲了讲,希望我们利用业余时间开展信息网络工作,然后他带我们一起去拜访他的叔叔王春才。因为我家是刘王二姓,我爸

爸也姓王,于是我就自然地称呼王春才为王伯伯。

王春才伯伯对人很热情,很随和,和我们聊天,了解我们的工作情况。他说他为了了解我们天兴厂脱险搬迁的情况,还到我们老厂天星沟去过两次,有一次是1991年在西南兵工局姚小兴副局长陪同下去的,在我们老厂的山沟里,遇到一块山石滚落下来,差点砸到他们一行人。他还说我们新厂在成都龙泉驿区十陵,十陵这个厂址他也去过多次,他多次出面与地方政府协调土地问题。他说,你们兵器工业部的几个厂脱险搬迁到十陵,是经过国务院三线办、兵器工业部、四川省三线办批准的,不是你们想搬到哪里就搬到哪里的。

他还送了我们夫妻一本他写的书《元帅的最后岁月——彭德怀在三线》。王春才伯伯和夫人吕务嫦阿姨留我们在他们家吃中午饭,吃饭的时候,吕阿姨不停地给我们夹菜,他们平易近人的态度打消了我们的拘束感。

我是一个很爱学习也很感恩的人。王春才伯伯送给我的书我必须认真拜读,读完后,我恭恭敬敬地给王春才伯伯写信,汇报我的读书心得和工作情况,没想到,王春才伯伯竟然给我回了信。他在信中鼓励我好好学习,努力工作。

2014年12月8日,笔者在王春才的书房

1997年,我们厂已经在成都市龙泉驿区十陵镇修建好了部分厂房和职工宿舍,我老公已经调到了成都市龙泉驿区气象局工作,5月1日,利用到成都探

亲的机会,我和老公去看望了王春才伯伯,此时,王伯伯是国家计委三线建设调整办公室主任。王伯伯和吕阿姨依然对我们很客气,留我们吃午饭。王春才伯伯又送我们夫妻一本由他主编的、中国大三线报告文学丛书精选《中国大三线》精装本。

1999年,我们厂整体搬迁到了成都。到了成都后,因为工作很繁忙,更主要原因是觉得自己没有取得多大成就,不好意思去打搅,我一直没有去见王春才伯伯。

2011年春节前,我们子弟校同学聚会,我的一位同学陈黎林对我说,他想研究工业遗产的保护利用,我建议他要研究这个题材,最好去请教一下王春才。他说:"王春才吗?他的外孙王珽现在就和我一起工作。"说着,就拨通了王珽的电话,并把电话交给了我。很巧,当时王珽就和王春才在一起,我就与王伯伯通了电话。王伯伯说他还记得我,叫我到他家去玩。

四、和王春才伯伯的再次相聚,使我走进了三线建设研究的群体中

王春才伯伯发话了,我不能再不露面了,于是我和老公一起于2011年3月17日去看望了王春才伯伯,此时,王春才伯伯已经退休几年了。这一次,我带上了我的新书《让优秀成为习惯》送给王伯伯,并重点向王伯伯介绍了《三线精神永放光芒》这篇文章,告诉王伯伯,我这篇文章就是参考了他的文章才写出来的,获得了"纪念共和国成立60周年——共和国不会忘记"全国征文一等奖,在网上影响很大。王伯伯非常高兴,说我出了书了,要介绍我加入四川省作家协会。这一次,王伯伯又送给我们一本他的新书《元帅的最后岁月——彭德怀在大西南》。这时候,我才知道王伯伯本是高级工程师,却与文学结缘,他1935年出生于苏州,是黄包车夫的儿子,从1957年22岁时就开始坚持业余写作,著作颇丰,他还是中国作家协会会员和中国报告文学学会会员。

这一次和王春才伯伯的重聚,开启了我人生新的一页。王春才伯伯介绍我加入了四川省作家协会,还一步一步带着我走进三线建设研究的群体当中,让我加入了中国三线建设研究会。

后来,王伯伯带着我参加了《三线风云》一书的研讨会,参加了中国三线建设研究会成立大会并成为理事,参加了湖北卫东厂建厂50周年纪念活动暨

《卫东记忆》新书发行仪式,到攀枝花考察中国三线建设博物馆建设情况,参加中央电视台大型纪录片《永远的铁道兵》首映式,参观贵州六盘水三线建设博物馆,参加中央电视台大型文献纪录片《大三线》在六盘水举行的开机仪式和在四川德阳东汽举行的西南地区开机仪式,参加了中国三线建设研究会第二次全国代表会议并成为常务理事和宣传联络部副部长。

受王春才伯伯精神的感召,我写了《王老的书房》的文章宣传他,成为宣传王春才第一人。我还陆陆续续写了不少反映三线建设和三线建设研究动态的文章,在《三线风云》丛书每一集中都刊登有我的文章。我主动推荐热心三线建设宣传和研究的人才加入中国三线建设研究会。我积极参与到三线文化进社区、进校园的社会实践工作,指导四川成都市龙泉驿区十陵街道宁江社区、四川隆昌市山川镇山川社区营造社区三线军工文化,指导重庆市南川区水江镇宁江小学营造校园三线文化,并向中国三线建设研究会推荐,授予四川省成都市龙泉驿区十陵街道为"中国三线建设研究会社区文化传承基地"称号,授予重庆市南川区水江镇宁江小学"中国三线建设研究会校园文化传承基

2018年10月24日,中国三线建设研究会成员到成都市龙泉驿区十陵街道考察社区三线文化传承情况

地"称号。

  了解得越多,越是感到三线建设的伟大,越是感到三线人精神的可贵,越是想更多地宣传三线建设、宣传三线人,希望通过自己微薄的努力,让社会风气回归到充满理想、信念、国家至上、无私奉献的精神层面。

  (刘常琼,原国营天兴仪表厂职工。四川省作家协会会员,中国三线建设研究会常务理事、宣传联络部副部长)

用照相机镜头记录三线建设，
只为那一念之差的缘

李 杰

记录拍摄三线建设，转眼16年，距离在人民出版社出版《"三线"记忆》著作也过去五年。可是，这股影响力却一直在发酵，我的记录拍摄仍在不断跟进中。对此，我常常被问及"你既不是三线人，又不生活在三线厂区，是什么让你着迷，能如此执着坚持下去。"

事实上，在我的脑海里，一直会出现王小帅执导的三线建设青春片《青红》的身影。虽然，我不是三线人，也不生活在三线厂区，但这个故事仿佛一直在我血液里沸腾过。20世纪80年代中后期，我正上高中，有一学期班里转来了一位女生，因其说着"土加洋"的普通话，穿着打扮又出落于本地学生，于是我对她有些好感。她坐在我前排，学习成绩并不比我好，她会向我请教，我也会主动帮助她。有一天，我给她书包里放了一张纸条，意思是我知道你是国营工厂子弟，我高攀不起，但我父亲是国家工人，我能够顶班，顶班之后就可以门当户对了。然后，我就盼着能够得到她的回复。岂料有天她把这张字条交给了老师，传遍了全校……

大学毕业后，我就一直留在西

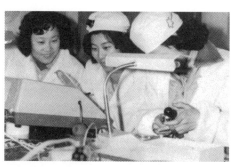

20世纪80年代初，国营西安风雷仪表厂正是生产的黄金时期，工人们正在组装手表

安,近20年过去,早把当年那懵懂时期的"字条行为"给忘了。可是2004年5月的一天,我在谋职的华商传媒集团旗下华商论坛里,看到了一个叫南易告网友的图片帖子,附文是:带着妻子回终南山下国营西安风雷仪表厂家属区,寻找20年前的爱情足迹。当时是出于新闻职业敏感——这个可以做一篇新闻稿件。于是,我就留言给南易告,没想到他爽快答应。在他的带领下,我们来到国营风雷仪表厂生活区"单身女工楼",果然在他老婆当年住的宿舍墙上找到用铅笔书写的20世纪80年代初流行于港台的"爱情歌词"。南易告说他的真名叫汤浩,20世纪60年代中期随支援三线建设的父母从上海来到西安。为纪念自己是南方人,网名里特地用了南字,他们厂属于三线建设军工厂。这时我才第一次知道了三线建设这个字眼,于是我开始脑补三线建设知识,才知道20世纪80年代初,这些三线建设军工厂因国际国内形势发生变化,不再打仗,开始"军转民"。我才恍然大悟,当年我写纸条给她的那位女同学就是因为形势发生变化,才转到地方学校来的,

2010年3月27日,国营西安风雷仪表厂破产之后,闲置的厂房开出了野花。如今这些厂房也被拆掉了(李杰摄)

也联想起一个叫顾秀华的老师,她家在苏州,曾随丈夫到了军工厂,后来也转回了地方。依稀记得,她还提及过军工厂有保密费等等。

在这次探寻中,我看到建设得如此之好的国营西安风雷仪表厂区、车间、宿舍,已经没了人烟,荒废于野草之中,一股酸楚油然而生。汤浩说他们"军转民"之后,一部分人选择回了南方,一部分人自己另谋出路。虽然我的那位女同学从此再无音讯,可是我在网上搜寻到了他们的军工厂代号,不幸的是那家军工厂与国内大多数三线厂一样破产了。

2012年10月5日摄于陕西凤县067基地

从新闻角度洞察,这是一个值得长期观察、记录、拍摄的选题,于

是我就决定要用一段时间来记录。2005年,电影《青红》上映,这更加让我了解和增加对这段三线往事的记录。事实上,我在西安上大学、生活、工作的圈子里,有很多三线人,只是我之前对三线这个词不熟悉。比如我上大学期间在《陕西工人报》实习时,随老师去过的许多工厂,都是三线军工厂;又比如我大学同学,有几个是来自宝鸡三线厂的;最直接的是我在西安的住处,就是被三线厂包围的小区,如067基地、206厂、7171厂、504厂,等等。2015年,我的《"三线"记忆》一书出版后,有报社同事来向我要书,我才知道他们是三线二代,有的家在宝鸡法士特,有的家在攀枝花钢铁厂。

2012年12月23日,国营西安风雷仪表厂部分老同志回忆内迁支援三线建设46周年首次合影(李杰摄)

  自从2004年五一和汤浩去了终南山脚下的国营西安风雷仪表厂之后,我就与三线建设结缘,该厂20世纪60年代从上海南京两地西迁而来组建成新厂,工人都是江浙沪一带的,说着共同的吴方言,吃着共同的南方菜。与他们接触,我有着优势。一是老乡,二是风雷新区就在我家旁边。就连买菜也能在航天菜市场碰上他们这些说着"阿拉"的老阿姨。实际上尽管如此,这些受过保密教育的,即使工厂已经倒闭,他们依然十分警觉,首先他们会问你"打听这打听那,干什么?"尽管我是新闻记者,但我又不能报道他们企业倒闭的事,说其他的吧?又不搭界。那会儿,中国三线建设研究会也还没有成立,我也还不清楚陕西还有"三线办"。因此,记录只能在外围拍摄,如空厂房,厂房上残留的"文革"标语、破损的窗户、生锈的机器等。从2004年到2011年这八年中，我利用节假日，开始走访从资料和网上搜索到三线建设集中的西南西北军工厂基地，主要以废弃的军工厂为主，如青海原子城、重庆816地下核工程、陕西凤县067基地、贵州绥阳061基地等等。我有一个原则，不涉密，不探秘，不泄密，这也是我们新闻记者职业素养所要求的。因此在走访过程中，必须做到不该问的不问，不该拍的不拍。那时候开始流行博客，我就把采集到的能够公布于众的，以图文的形式在博客上发表。2005年4月18日，我在华商传媒集团旗下的《重庆时报》获悉，816地下核工程向世界宣布解密。于是，我马上提请休年假赶到重庆816进行了一次比较深入的拍摄记录，后在《华商报》刊发了专题报道。

老冰箱、老沙发、老风衣，倪同正在此刻找到了过去的记忆，那时都是辉煌的时候（李杰摄）

2012年大约三四月份，我的博文"'三线'年代的记忆"留言区出现了倪同正这个名字，大意是他正在主编一本《三线风云》，在网上找到了我这篇文章，希望能够收录进去。当时，我很激动，自己独自埋头碰撞八年了，终于有三线人来联系我。一来二往，我了解到倪同正老师是上海人，20世纪70年代初支援三线建设到了四川彭州油泵油嘴厂，一干就是二十多年，期间任厂技校教师、厂办副主任等职，退休后返沪定居。这年年底，我收到倪同正老师主编、四川人民出版社出版的这本《三线风云》，我的文章选登在第529页。说真的，我拿到这本书如获至宝。连夜像看教科书一样，认真画重点、做笔记。这本书，至少让我获得了三样法宝：一是记录拍摄的政策导向；二是三线历史梳理；三是知道三线建设重量级人物，如王春才先生等。

当时那八年，我一直记录拍摄的三线建设题材，文字已有五六万字，图片万余张，我把自己计划出版《"三线"年代的记忆》想法告诉了倪同正老师，他说尽快将大样打印出来快递到上海，因计划2012年7月要召开筹建中国三线建设研究会征求意见座谈会，借此他找机会转交给原国家计委三线建设调迁办公室主任王春才先生。我很快将打印出来的大样寄给倪同正老师。会后也得到倪同正老师转述王春才先生的指导意见。意思是这本大样展现的尽是三线厂的一些破败景象，不足以反映三线企业的辉煌，建议走进一些不错的三线企业，如陕西的法士特。不久王老给了我法士特宣传部部长王茸女士的电话，接着又转寄来法士特厂报资料。我感动万分，犹如东方升起了太阳，指明了我前进的方向。

王春才先生近影（李杰摄）

接下来的2013年、2014年、2015年这三年，我在王春才、倪同正、杨克芝等老师的帮助支持下，才真正开始走进了"活跃的"三线厂区。因三线建设而建的攀枝花、六盘水，这两座城市及其相关的三线厂，都是在他们的安排下去接触、去记录的。当然，在这过程中，还有一个重要的人物，我不得不说，他就是国营西安风雷仪表厂90岁高龄的王振来先生，在2012年10月21日，西安航天社区举办重阳节活动，我去报道活动，偶然认识他，给抓拍了一张肖像，放大装框送给他，他说非常满意，然后我们成为忘年交。他老人家在国营西安风雷仪表厂德高望重，很有号召力。在他的帮助下，我深入采访了多位八九十岁的老三线人，他们在我这本《"三线"记忆》老照片的搜集上给予了非常大的帮助。这年12月23日，在他老人家的帮助下，我为他们拍摄了第一张支内人员的大合影，如今这些老人离世不少，那张照片成为珍贵影像。我还和王振来老人约好，以后每年至少见面两次，每年拍摄一张满意的肖像，直到拍到他120岁。他笑说要大家活得年纪大才有意义。我们每次见面，总有说不完的话。

王振来，92岁，生于1921年3月13日，祖籍浙江宁波。1966年，响应国家"支援三线建设"口号，从上海金属表带厂来到了国营西安风雷仪表厂。那年他们上海整个厂大约400多人全部来到了西安

　　王振来先生是一位典型的细心的南方人，祖籍浙江宁波，生于1921年3月13日，1966年，响应国家"支援三线建设"口号，从上海金属表带厂来到国营西安风雷仪表厂。主要从事会计工作。当年和他一起来的，有妻子和三个儿子。他的大儿子在2012年7月因肝癌去世，以及之前他妻子的离去，对他打击很大。他说自己平时在厂里都是热心肠，别人有遇到想不开的事，他总去做思想工作，现在自己碰上了，心里还是很难适应，不过他相信随着时间的推移会慢慢调整好的。我们之间的认识，也让他增加了重新恢复生活的信心。每次看着老人家的微笑，我也打心里高兴。有意思的是，我们每次通话，他第一句话总是说："侬是老李吧？"每次见面我都说："王老啊！下次可不能再称我老李了，叫我小李。"他不回答，我们就又哈哈大笑过去了。

　　王老的细心主要体现在，每年都要花钱买明信片给离职回沪的老同事寄去问候；每到国家惠民新政出台，他就要用珠算做个变化对比，哪些人能涨多少工资？他有一个笔记本，画了一张"原上海金属表带厂支内职工人员状况"列表，表格分为已离世、回沪或调出、留在小区这三项，然后一有变化他就标注上，截至2012年12月23日，离世栏上，他已标注有45人。还有一个细心处，他把1966年来西安后，其父亲用毛笔字写的书信都保留着。在我和王老的交流

中,我们不止一次谈及几十年来回过几次浙江老家、现在还想不想回的话题,他总是摇摇头,笑着说回不去了。并在一次见面时,他拿出在他90岁生日写的几句感悟:家乡生活三十年,旅居上海十六年,四十四年在西安,不知何时再回乡。

2019年春节,我从江苏过完年回西安上班。正月的一天上午,王老的儿子打来电话,告诉我王老已

1967年,王振来和两个儿子在支内的国营西安风雷仪表厂附近的农村石砭峪沟吊桥留影

在大年三十晚去世,并已办理完后事,原因是吃年夜饭食物噎住喉咙窒息。我顿时感到既突然又惋惜,责怪他儿子为何不及时告知,没让我送他老人家最后一程。回复是遵从老人意愿"从简"。如今,斯人已去,那个表格上,不知有没有人帮他加上标注。他回老家的事,真正成为了千古遗憾。今日思念王振来先生,音容笑貌宛在,唯有写点文字纪念。

作为一个三线局外人,17年来一直在不停息地自费记录三线建设这个群体,除了一份情感,还需要有足够的动力和经济支持,才能维持下去,不然也就虎头蛇尾半途而废。从一开始,我的妻子孩子也都是非常支持的,首先他们认为我这人靠谱,认准的事,一定会坚持做下去。他们不仅从精神上支持,有时还用实际行动支持我,与我一起去采访拍摄,一待就是一天。

回首往事,在十多年的采访经历中,老三线建设者们奉献、忠诚、执着的精神都是令我感动的,虽然有的没能按计划记录到理想的画面,但他们的做法还是令我佩服的。2011年10月24日,我休年假去遵义061基地绥阳老军工厂,在当地的向导带领下去3533家属区走访拍摄。尽管我说明了来意,可是老人们在接受我记录的同时,还是又悄悄地通知了保卫科,将我堵在院子里"审问",最后在绥阳县县委宣传部协调下,派来风华镇工业园区主任周侨才证明清白解了围。当时这里有五家军工厂,因为政策调迁都搬到了遵义,这些闲置厂房,正在由工业园区接管开发再利用。这些老三线建设者,是经过革命洗礼的,是几十年国家培养的,保密意识之强,除了佩服还是佩服。

五年前,我在《"三线"记忆》一书截稿时,在后记里写下这样一段话:今

《"三线"记忆》书影

晚。在键盘上敲出"后记"这两个字,突然如释重负……整整11年里,我没有去计较过成本……喜欢,就不要计较成本和付出,也不要去追求什么获奖。换种说法就是玩,在玩中完成自己爱好的东西,才是最值得的,并且值得一辈子去回忆的。

对于三线建设的研究和记录,对于我来说,才是真正的画上一个逗号,才完成了一个阶段性目标。我将会用毕生的精力去记录共和国历史上这个特殊群体。

(李杰,现任《华商报》影像事业部主任,陕西省摄影家协会副主席、中国摄影家协会第八届新闻摄影委员会委员。《非典时期的棋迷》等作品被广东美术馆、中国国家博物馆和上海美术馆收藏。曾经获中国新闻奖银奖,国际版权博览会一等奖等。专著包括《"三线"记忆》《行走尼泊尔》和《幸福美丽老县城向祖国报告》等)

我与三线结书缘

李洪烈

一

我从未在三线企业工作过。但是,我和"三线"有情结、有书缘。说来话长。

我出生在洞庭湖西侧的湖南常德,童年和少年时代都是在那儿度过的。记得刚上小学五年级时,从家长、老师们的口中,从广播里,我就知道美国发动了越南战争,将要威胁到我国的安全。一时间,"备战、备荒、为人民"口号流行,全国上下同仇敌忾,准备再打一场人民战争……

一天早自习时,我的同桌、小胖墩东东悄悄告诉我,他爸爸带着一队基干民兵去西边挖洞了!我问,挖什么洞?做什么用?他回答:"不知道!反正这学期我的家庭作业没人管了,你要帮助我哟。"说完冲我做了个鬼脸。我回应道:"平日我对你的帮助还少吗?"他爸爸是市郊某生产大队长,复转军人,平日对他的学习要求很严。过了数日,东东似乎想答谢我对他的帮助,主动说起,他爸爸这次"搞的动静好大""平常根本不回家""时间可能蛮久",就是不知道搞的是什么名堂。就这样,东东和我,两个少年生平第一次感到了纳闷,感受了神秘。

第二年,当地终于公开了毛泽东主席的指示:三线建设要抓紧,就是和帝国主义抢时间……从这时起,我记住了三线这一字眼,还知道了,常德就属于三线地区,为了备战,要从大城市搬迁过来好些军工厂呢。东东的爸爸和民兵们挖的那个洞其实是一座制造军用望远镜的工厂。

又过了两年，我上中学了，正值"文革"期间，我们也停了课。听说常德地区真的搬来了几座大工厂，人称"三线厂"，工人和技术人员全是上海人，还听说他们和当地人大不一样，怎么个不一样呢？我很好奇。

有一天，我随一名初中同学及兄长一行三人去西郊钓鱼，我纯属陪玩儿。小哥儿俩钓技高，不出半日就钓了一竹篓活生生的鲫鱼鲤鱼，我以为他们会悉数带回家哩，没想到哥儿俩异口同声说：走，我们到"浦沅"那边把鱼卖了，保准卖个好价钱！他们所说的"浦沅"，全称是第一机械工业部下属的浦沅工程机械厂，正是我特别想知道的和常德人不一样的"上海人"的工厂。

于是我兴冲冲地跟着他们走了好几里路。到达目的地，荷叶遮盖下的鱼儿依然欢蹦乱跳的，我呢整个人被烈日晒得快成茄子了。好在我们的鱼货往工厂附近的地摊一摆，就有人前来问价了。可惜，不是嫌价钱高，就是说鱼儿小。哥仨蹲了足足半个钟头没有进展。正想发牢骚，不知何时，一位中年妇女拎着一只黑母鸡外加一篮子鸡蛋也蹲在了我们身边。我同学终于忍不住嚷嚷开了：快来看快来买呀，自己钓的鱼呀，活鲫鱼，又新鲜又划算……机会终于来了！不多时，工厂下班，人流涌动，一群穿蓝色工装、斯文白净的工人刚好走过，有人低头用上海普通话问起鱼价，我还没说完解说词，就听一位女工大声说：这鱼蛮好，都是活格，好烧汤……我正手忙脚乱把鱼儿往一根柳树梢子上集结，然后去借秤称重，一回头，同学哥俩却站在不远的高坡处开心地冲我笑、冲我招手。再一细看，卖老母鸡和鸡蛋的中年妇女也不见了，只剩一地鸡毛。这才不到半个时辰啊！我再也不敢迟疑，几下搞定，与他们会合了。一碰头方知，哥儿俩的鱼货压根儿没用秤称重，只说了个价，人家连鱼带篓就拎走啦，他们得到的现金却是城里卖家的2倍。我是第一次"经商"，略输一筹，但也感觉良好。

趁着高兴，我们三人席地而坐，打望起早就名扬常德的上海"阿拉"来。不多时，三三两两下了班换洗完毕的青年工人出门了。你再看：男的，外穿蓝色卡其布外套，内着白色的确良翻领衬衣，特别是裤子，原本肥大的劳动裤被整改得细又短，像绑在腿上，好别致。脚蹬尖头黑皮鞋，一脸白净、文雅；女的，上身素雅的花毛衣，彩色的确良衬衣裹着雪白颈项，下身也是显然经过修改的劳动布工作裤，包臀、裹腿，显得丰满又修长，脚上依然蹬着皮鞋，走起路来可以发出喀、喀的响声。

再看女工的脸，白皙，秀丽，头发梳理得像颗包菜。还真是的，他们的亮相硬是"撑士"（常德方言：长得好看、穿着得体之意）！难怪当时的西郊一带被称作"小上海"哩。我在一旁直发啧啧声，同学的小哥补充道：关键是他们有钱，凡是活家禽活鱼虾还有鸡蛋猪肉之类的农副产品，他们最爱买，一般不还价……

我问：为什么呢？小哥说，他们工资高嘛！后来我才知道，他们当时拿的是上海市工资，到咱这种三类小城市来花，类似"高射炮打蚊子"，出手自然就"阔绰"啦。只是害苦了小城居民，一时间西边各个市场鸡鸭鱼虾加上农产品统统涨价，成为价格"高地"，直至一两年后才有所回落。

还有一件事给我印象极深：约在1969年，纵贯鄂、湘、桂三省的枝柳铁路开工，当时被称为三线建设重点工程。三省总共动员了80万名民工参战。我的一位小学体育老师也是其中一员，不过他是在某支文艺宣传队当队副，负责报幕、打快板、说相声什么的。记得有天晚上我们几个小伙伴去到人民广场参加了筑路大军誓师大会，会后特地挤到台前观看老师演节目，还为他大声叫好，老师当时就送了我一副快板哩。没成想一年以后传来噩耗：我可爱的老师在一次慰问演出后回驻地的路上，意外遭遇铁路工地塌方，牺牲了，年仅30岁。

这就是20世纪六七十年代我对"三线人"、三线建设的印象：神秘，荣耀，外加艰险。

二

转眼到了20世纪80年代末期，一个偶然机会，我结识了长期在西南三线建委从事领导工作的王春才局长（当时全称是国务院三线规划调整办公室规划二局，简称国三办二局）。得知我在四川省出版部门做图书编辑，王局长告诉我，他手头有一部名为《彭德怀在三线》的图书准备修订再版，我听了眼睛一亮：正在为建党70周年组织图书选题呢，这不刚好有一个！

《彭德怀在三线》初版于1989年，全书不过10来万字，只因为题材重大，许多内情属于首次披露，所以一时洛阳纸贵，首印2万册很快售罄，以至地摊上都有了盗版书。正当作者请求正式加印时，原出版社却因故停办了。王局正犯愁，总不能因噎废食吧？！节骨眼上，我俩相识恨晚，一拍即合：王局抓紧走访健在的原西南三线建委与彭德怀一同工作过的老人以及彭德怀身边警卫员、秘书、司机乃至炊事员等相关人士，将他们一点一滴的回忆均记录在案，并同步使用微型录音机……完全可以再为该书增添素材；我则立即向本社总编汇报及向省局申报该书选题，计划修订再版。

社局两级也是特事特办，很快就作出了同意出版的批复，并将其列为当年向建党70周年献礼的重点图书。1991年七一前夕，《彭德怀在三线》顺利面世，当即引起巨大反响。与之前的初版本相比，该书增加了约10万字，像彭德怀视察川东、川南三线企业、矿山，成昆铁路沿线、金沙江畔红军渡等等，都是全新内容。一个忠心耿耿、身处逆境仍忘我地为战备、为三线建设操劳的元帅形象跃然纸上！

新书出版后，读者都在喝彩，我却在冷静思考：三线建设的元戎理当颂扬，那些长年奋战在三线广袤地区的职工、工程技术人员及解放军指战员是否也该大力宣传、报道呢？我知道，从三线建设展开的那一天起，因国防保密制度的限制，所有惊天动地的举动都是"只许做不许说"，几百万建设大军隐姓埋名了几十年！当下，世界冷战结束，中国改革开放，他们的辉煌业绩理当公开，他们的姓名理当公布了。

想法一出，我立即与王局长合计：乘《彭德怀在三线》一书出版的东风，我们有责任、有义务策划编辑一套"三线英雄谱"之类的丛书，以告慰长年战斗在13个省、区的三线干部职工们。

说来也是机缘巧合。1991年8月，全国政协常委、文化部原副部长、中国作协副主席陈荒煤率领一个视察团，深入到贵州部分三线企业、矿山考察、调研十多天，回京后写出了一份极具分量的报告。报告的核心是向党中央、国务院、全国政协陈述三线企业当时的困境：因国家政策调整和市场竞争的原因，许多工厂、矿山要么等待破产，要么必须合并或异地搬迁，要么就地消失……

三线人及其后代们生活窘迫，前途迷茫，亟待大力扶持，予以根本解决。报告同时呼吁：全国的舆论界特别是文艺工作者、作家、记者、出版人，要深入三线广大地区，采访和报道他们几十年来在穷乡僻壤为中国国防军工事业"献了青春献终身，献了终身献子孙"的"三献"精神和事迹！

看到这份报告，我被震撼了：英雄的三线人当下落到这步田地，我定要为他们鼓与呼，我要为他们大唱赞歌……否则于心不安。王局长与我的想法惊人相似,甚至比我想得更高远:在当时情势下,他要一手抓三线"调整改造""保军转民",一手抓弘扬"三线精神"!这与党中央提出的"两个文明都要抓""两手都要硬"多么合拍。在彭德怀元帅英灵感召下,在陈老作家倡导下,我和王局长说干就干,当即议定了一个丛书编写设想。接着,王局长以其作家和"老三线"人的号召力,在向"国三办"请示之后,邀来北京、陕西、四川、重庆等省、市与三线建设直接关联的厅、局、厂矿、基地宣教部门负责人,在成都先后开了两次编委会、一次征稿会。会议成果丰硕:

一是确定编一套四部报告文学集,因为报告文学这种形式既有新闻性又含文学性,便于叙写现实生活中确实存在的先进人物,反映多彩多姿的生活。

二是确定了每集的内容侧重和书名。因为三线地区企业涉及航空航天、导弹卫星、核弹核潜艇、船舶制造、钢铁煤炭、铁路修筑、通信激光以及常规武器制造等十多个国家部委辖下几十个行业,因此《金色浮雕》以反映当年三线建设"重中之重"攀钢的诞生、成长为主,兼含东方汽轮机厂、六盘水煤矿、水城钢铁厂、云南光学仪器厂和湖南长岭炼油厂等一批企业的建设过程。《穿越大裂谷》以再现成昆铁路的修筑为主,讴歌了英雄的铁道兵在地质断裂带、在"修路禁区"硬生生建成一条钢铁大动脉的伟大创举! 1984年,成昆铁路被联合国宣布为人类征服大自然的杰作。该集还披露了中国第一颗原子弹核心部件——铀芯、第一台舰用激光测距机以及"亚洲第一轨"(火箭撬滑轨)、"亚洲第一台"(大型连续式航空涡轮发动机高空模拟试车台)等高精尖部件、设备的研制内幕。《中国圣火》则全面报道了中国航天航空工业发展状况,着重描述了西昌卫星发射中心几次"点燃圣火",用"中国制造"的长征系列火箭将多国商业卫星顺利送入太空预定轨道的经过。在这一集里,还可以看到中国神剑之"火种",中国水轰飞机传奇,中国"黑匣子",中国炸药王,中国航天城……《蘑菇云作证》一看书名就知其与原子弹有关。书中生动讲述了以邓稼先为首的一批核科学家"失踪"20多年、殚精竭虑为共和国研制核武器的故事。其中更有核反应堆抢建故事、中国第一座核电站故事、世界第一发钢壳弹故事、尼克松乘坐的中国防弹车故事……

三是在此基础上,立即组建一个《中国大三线报告文学丛书》常任编辑部,成员有王春才、黄少云、李洪烈、陈光华、冉泽勋五人并各有分工。其中,王春才和黄少云利用工作关系与各省三线办、国防工办及下属企业约稿、催稿;

陈和冉两人特地由川内某企业抽调来成都,每日通过邮局或其他途径,收受稿件,然后初选、初审后定期交至出版社,由笔者复选、复审。

差一点忘了一个插曲!早在书名和写作形式确定之前的1992年初,王局长进京开会,邀我代表出版社同行,抽空晋见了陈荒煤老师。因为陈老之前读过由我社出版、王局长撰写的《彭德怀在三线》,又在视察贵州后获悉我们有编辑三线建设丛书的设想,十分高兴,十分乐意"见见我们","给点建议"。我和王局长自然是大喜过望。须知,陈老当时仍担任着中国作协副主席,有他支持,就等于有了中国作家支持我们。

记得那日元旦刚过,北京下着大雪,我俩踏雪而去。室外气温零下10℃,陈老家中却温暖如春。虽是初次见面,但彼此丝毫没有陌生感。王局长当即拿出小相机,请陈老爱女为我们仨拍了个合影。

谈话间,陈老拿出了他亲手写的贵州视察报告,再一次回忆起他在贵州三线企业、矿山的见闻,深情地讲:三线人创业太艰辛了,他们的业绩太伟大了,可是至今鲜为人知!你们一定要编好这套书,就用报告文学这种形式……我们当即将《中国大三线报告文学丛书》策划案交陈老审定。陈老说,我眼力不好,你们已经讲明白了,动手干就是了,需要国内的哪位作家帮助,我帮你们联系。末了,陈老补充了一句:我可以做这套丛书的顾问。这句话太重要了!我和王局长立时喜形于色。临分别时,陈老叮嘱我们,有事可以电话联系,何时出书,请提前告知,他要亲自作序并力争在《人民日报》上先行发表,以造舆论。

从北京返蓉后,我和王局都有了行动方向。王局长行政事务繁多,全权委托国三办热心宣教工作的黄少云处长具体主管丛书编辑部。黄处长当时已年近六旬,几乎每周都要骑上自行车奔波七八里地看望脱产驻蓉、专司接收来稿和选稿的陈光华和冉泽勋两位,了解进度,关照其饮食起居等。我则每月定期前去,抱回一摞摞成稿,作二次遴选和出版前的审读。大抵每一季度,王、黄、陈、冉加我五人,都要开一次碰头会。期间王局长常去北京开会、请示工作,每次都要抽空拜见陈老,汇报丛书进度,领受陈老建议,再传达给我们四个人。

冬去春来,转眼到了1993年,我们的编辑部工作卓有成效。据粗略统计,通过各种途径、各种手段,共接收到来稿500多件总计450多万字。经初选和精选后,最终出版的丛书四卷本是162万余字,几乎是三选一。我前述的分卷内容,既是编辑部的成果呈现,也是三线建设自展开以来创造的辉煌业绩之总括。真是了不得啊!

我们的工作,尽管悄无声息,还是惊动了老一辈革命家和当时的党和国家领导人。就在头年冬天,曾担任过中共中央政治局候补委员、国务院副总理、中央顾问委员会常务副主任的薄一波同志,得知我们要出版一套反映三线建设的丛书,十分高兴,当即亲自动笔,书写了3 000多字的《中国大三线报告文学丛书》序,而且还修改了三次! 我知道,薄老为本丛书作序,那真是再合适不过:当年发起三线建设,他就属于党中央、国务院的决策层领导人,对三线建设来龙去脉再熟悉不过!我们后来见到的这个序,将三线建设缘起、成就、精神、物质、经验、教训、前景等等,说了个透,真是高屋建瓴,字字珠玑。

总之,丛书在历经两个寒暑之后,于1994年初大功告成。它内容丰富,阵容强大,能得到中央主要领导同志领衔、十几位正部级领导参与的题词,同时还有两位革命老人的亲笔序言,这在新中国出版史上,不敢说"仅有",也是鲜见的。

可以毫不夸张地讲,自《中国大三线报告文学丛书》出版之后,三线建设才被官方、被舆论正名了!丛书的编辑、出版意义,自不待言。作为始作俑者、编者之一,我除了欣慰,还是欣慰。从这时起,我与三线建设的书缘结下了。

1994年1月4日,《中国大三线报告文学丛书》在成都举行了首发式暨出版座谈会。原国务院三线办主任鲁大东,原电子工业部部长钱敏,四川省人民政府副省长徐世群,著名作家、中国作协副主席陈荒煤以及三线八省区市国防科工办、三线办的有关领导,文学界、新闻出版界的众多朋友和丛书作者代表等,共计200多人莅临大会。会议开得隆重热烈,中央暨地方多家主流媒体作了实时报道。

丛书出版后,好评如潮。据说有三线职工自费购得好几套丛书后分别寄给远方的亲人,并附上激情四溢的信,告知哪一卷书写了自己所在单位及自个儿的业绩,从而表达一份扬眉吐气的感受,一种刻骨铭心的自豪感和荣誉感。

三

直到几年之后,丛书的冲击波在广大三线地区仍未消退。

1997年初,在广大读者特别是"三线人"的强烈要求下,丛书编委会又将四卷本压缩、遴选,推出了40万字的《中国大三线》精装本,责编和出版社自然是我和四川人民出版社。此书的一个亮点是时任中共中央政治局委员、国务院副总理邹家华题写书名。在1997年由新闻出版总署举办的长春书市上,《中国大三线》赫然陈列于"全国精品书柜"之中。

1999年,四川人民出版社出版了由四川省政协文史资料委员会组织编写、王春才主编的《三线建设铸丰碑》一书,重点介绍了四川的三线建设概况,该书被"共和国五十周年四川文史书系"收录。

2000年,王局长编著了《苍凉巴山蜀水情》,书中主要是追寻了彭德怀在三线地区的足迹,顺带讲述了作者在三线厂矿、基地考察调研中的见闻,类似散文集。我理所当然地担任了该书的责任编辑。

2000年之后,应广大读者要求,《彭德怀在三线》由四川人民出版社以《元帅的最后岁月:彭德怀在三线》和《元帅的最后岁月:彭德怀在大西南》之名,先后再版了两次,责任编辑还是我。大三线因此声名远播。

由笔者担任责任编辑的王春才先生有关三线建设的部分著作

2012年,中国社会科学院当代中国研究所、中华人民共和国国史学会筹备成立三线建设研究分会。专家、学者、教授们一商量,决定先编一本书。这次又是由王局长担任编辑委员会主任,特邀原三线企业的四川锦江油泵油嘴厂厂办副主任倪同正担任主编,由四川人民出版社出版,副主编兼责任编辑依然是我。

2013年6月,中国三线建设研究会筹备组在贵州六盘水召开第一次筹备会。与会代表来自13个省区,人手一册洋洋65万字的《三线风云:中国三线建设文选》(第一集)。从这次会议、这部书开始,三线建设有了专题研究和组织机构,"三线文化"有了抒发方向。这本书的出版还真是具有"划时代意义"。

2014年3月,中华人民共和国国史学会三线建设研究分会在北京正式成立。分会的一个重要决定是:今后每隔两到三年出版一部"中国三线建设文选"续集,作者、编辑者、经费均由分会统筹解决。很荣幸,我继续担任"中国三线建设文选"第N集的责任编辑。

2017年春天,中国三线建设研究分会再度请出远在上海颐养的倪同正先生为《三线风云:中国三线建设文选》第三集担纲常务副主编。坚强后援是攀枝花市政府暨该市文物局时任局长张鸿春担纲主编。由于经费有保障,加上倪同正、我、张鸿春等三人的精诚合作,《三线风云》第三集顺利出版。该书近70万言,收录彩图近40帧,"好看又好吃"。欣喜之余,中国以三线建设研究分会王春才副会长领衔,多位在成都的常务理事参加的该书首发式于当年7月7日召开了,反响热烈。

转眼到了2018年夏天,在三线建设研究分会工作计划的推动和以王局长为首的领导班子组织下,四川大邑雾山文创基地的周健董事长决定资助出版《三线风云》第四集。8月下旬,我拿到了编委会匆匆汇集的打印稿。当我接过这部书稿随手一翻之后,大吃一惊:这哪里是书稿?分明就是一把杂乱的"谷穗",根本没有"分拣"和"脱粒",如何"入炊"?后来我才得知,这批书稿的写作者大多是当年身处"阵地前沿"的"三线人",内容大多是"我手写我心",感情真挚,选材真实。共同的缺憾是语不成句,词不达意;滥用修辞,弄巧成拙;偷换概念,无法自恰;滔滔不绝,不知所云……真正能够"派上用场"的大概不到半数。怎么办?按出版社常规要么退稿,要么返修。我将以上情况如实向《三线风云》编委会汇报以后,得到的答复是:一篇都不能退,也一时无人能协助修改,还必须在保证质量的前提下出书。想想也是,三线单位涉及13省区,点多面广,征稿来之不易,何况作者们全是业余习作,不图名利,唯愿记录峥嵘岁月,再现创业精神,一棍子打死,如何忍心?"时间紧任务重",我决定拿出"看家本领":越俎代庖,兀自修改。一番折腾,半月苦熬,50多篇

60万字的文稿被我搞定,落得个头昏眼花,颈椎生疼。

实在耐不住郁闷,我将满纸飘红的修改稿拿给王局长及贤婿王建平、《三线风云》主编倪先生等过目。王局长及贤婿王建平不胜唏嘘,连称没想到没想到。倪先生则说:"谢谢李主任呕心沥血,接骨补脂,修改数千处,伤神费心啊……"

2019年7月7日至9日,中国三线建设研究会在成都大邑雾山"三线记忆展览馆"举行了第二届代表会议和"不忘初心,牢记使命,弘扬三线精神研讨会"。开幕式上举行了《三线风云:中国三线建设文选》第四集首发式。作为该书副主编兼责任编辑兼研究会常务理事的我,因出国访问未归而缺席,十分遗憾。不过据说首发式开得隆重热烈,与会者特别是有文章收录该书者纷纷拍手叫好!

最后,我再说个悲情故事,这是王局告诉我的:1990年4月,时任国务院三线建设调整改造规划办公室主任的鲁大东同志去陕西凤州三线某基地考察慰问,亲眼得见该基地负责人和20世纪60年代我国重点高校毕业的一批工程技术干部,仍然住在二十多年前初创时期草建的"干打垒"平房、工棚里。夏天高热,冬天低寒,而且难避风雨。他当时难过得流下了眼泪,呜咽着说:"同志们,你们辛苦了!居住条件这么差,真对不住你们,我们共同努力,赶快脱困搬迁……"

我这是第一次听到,先是惊愕,接着也是热泪盈眶。在这里我想问,三线建设者们,你们当下还好吗?你们的工作顺利、生活幸福吗?步入晚年的同志,身体还康健吗?如果你们有闲暇,有兴致,可以把在三线的峥嵘岁月讲出来,我帮您记录;写出来,我帮您编成书。因为,你们太不容易了!

(李洪烈,1982年大学毕业。1983年始在青海人民出版社任编辑,1988年调入四川人民出版社,先后任编辑、副编审、编审兼编辑室主任。所编图书曾荣获中国图书奖、鲁迅文学奖、全国优秀畅销书奖、"首届全国党员教育培训教材评选"精品教材一等奖、四川省"五个一工程"优秀图书奖、四川省社会科学优秀成果一等奖、四川省优秀图书奖(若干次)等多种奖项。2012年度荣获新华文轩出版传媒股份有限公司颁发的"明星编辑记者"奖。著有《新地缘军事》一书,另在报刊发表书评及各类文章多篇)

为三线建设研究办微信公众号和网站：
我的三线寻根路

余 皓

外婆在世时，每逢寒暑假我就会去看她。外婆欢天喜地地迎接我到来，泪眼婆娑地把我送走。每次临别的时候她会抹着眼泪说："你妈妈不听劝告，非要去支援三线建设，去那么遥远的地方，外婆见你好难。"

外婆带泪的絮语将三线建设四个字深深地印在我幼小的心灵里，我不知道什么是三线建设，但我隐隐地感觉它和我的命运息息相关。

长大后，我在三线工厂工作，顺理成章成了三线人。我在一个封闭的环境生活久了，与外界接触少，以为世界上的人都如我一样生活，直到2015年我偶然闯入了毛泽东文学院中青年作家研讨班。这个班的同学都是全省各地小有成就的作家，他们对世界充满了好奇，我们互相交换作品，交换对方眼中的世界。有个同学对我笔下的三线充满不解，问到：什么是三线？是三线城市还是农村三线？

他的提问让我大吃一惊，我写三线生活有一段时间了，从来没有读者向我提出过这个问题。从我的角度看，这是一个不需要回答的常识性问题，一个见多识广的作家怎么连这个问题都不知道？也许他比我年轻，见的世面太少吧，问问别人也许知道。抱着这种想法，我问了身边能问的老师和同学，结果他们的反应出乎我的意料：绝大部分同学从没有听说过三线这个名词，个别听说过的老师说三线是个保密名词，他研究不深。我没想到三线这个名词离开我二十多年了，在老师看来还未解密。三线是一个保密行业，我来自另外一个世界？这种全新的发现让我惊讶，仿佛一个古代人在现代社会苏醒，望着周围全新的世界，除了茫然无措，更多的是思考：我是谁？我来自哪里？我的世界到底有多深？我是一个孤独的三线书写者吗？我有同路人吗？

带着这些全新的思考，离开毛泽东文学院后我开始了寻找。我先在湖南境内寻找，发现鲜有同路人，于是我放大寻找半径，把目光投向邻省贵州，这个省是当年三线建设投资大省，厂多人多，遇到同路人的概率应该大些，果然我遇上了"三线人家"公众号。2015年是公众号蓬勃发展的一年，形形色色的公号如雨后春笋般涌出，让人眼花缭乱，但"三线人家"这四个字牢牢地吸引了我的目光：三线人家，三线人的家园，我隐约感觉找到了同路人并开始关注它。我每天准时打开它，细读上面的文章。通过这些文章，我知道"三线人家"是航空部011基地的三线二代创办的，他们和我同属航空部，和我有相同经历。这个公众号有各色各样的作者，年龄跨度很大，上自八十岁老翁，下到十几岁小姑娘，他们的文采差别也很大，有的文采飞扬，有的粗通文墨，他们像大海的浪潮，男女老幼手挽手向我来奔来，那股奔腾的力量让我心潮澎湃。孤独的我终于找到了队伍！我按捺不住地给它投稿。没多久，我的文章接二连三登出来了，编辑谭丽娜向我伸出橄榄枝，约我去贵州安顺开《沧桑记忆》新书发布会。

2016年夏天，我登上了去贵州的火车。贵州和湖南虽然相邻但以山脉为界，去贵州的铁路在重重的山脉间穿行，所过之处大部分是山洞和桥梁，火车运行颇为颠簸。我望着窗外的崇山峻岭，望着架在重重山脉间的桥梁，心生感慨，忍不住脱口赞叹修这条铁路的人，没想到我的话引发邻座的一位大叔的共鸣，他告诉我这条铁路是20世纪70年代修成的，是毛主席为了搞三线建设修的，修这条铁路用了二十多年，给贵州人出行带来了极大便利，二十多年后，贵州才修第二条复线。他指着窗外的桥梁告诉我那是新修的复线。我没想到进入贵州，一个普通的大叔也知道三线建设，于是顺口问他知不知011基地，没想到他马上回答：哪个不知道大名鼎鼎的011！他的回答让我大吃一惊，感觉火车带着我穿越时空，带入了另外一个世界，这个世界人人知道三线建设。

2016年8月笔者在贵州安顺《沧桑忆忆》首发式上发言

2016年8月笔者（前排左一）和贵州安顺011基地朋友合影

  经过16个小时的行驶，火车到达贵州安顺。"三线人家"安排人在火车站接我，我从火车站直奔会场。一进会场我感觉到了腾腾的热气，一张张洋溢的笑脸让我有种回家的感觉。我在会场做了一场演讲，叙述了我的三线身份困惑和找到"三线人家"的艰难过程。也许是我的真情打动了听众，一年后我又接到谭丽娜的电话，她邀我加入"三线人家"编辑部，要我接手"三线人家"的编辑工作。我很惶恐，害怕难以完成她的重托，因为我从未做过编辑工作，也不懂电脑排版和公号运营。她说我很适合，一是很热爱三线，二是文字功底不错，有一帮文人墨客朋友。她只要我约稿审稿，排版另有其人。经她这么一说我就心动了，约稿和审稿的任务我还是能完成，试试吧。于是2017年3月我开始接手"三线人家"。

  接手"三线人家"是我从单纯的写手向编辑的第一次身份转换，我是一个业务小白，不知道会遇到这么多困难。

  第一个困难是公众号推文问题。"三线人家"公众号的创始人是011基地的一位三线二代，他是一个现役军人，在上海服役，因为工作岗位调动，他无法继续编辑工作。他可以把编辑工作交给别人，但身份交不了，公众号是他注册的，所有的文章必须他通过才能推出。他工作繁忙，经常深夜12点后才有功夫回复，这样害苦了排版的美编，她经常要打很多电话联系号主，在深夜的电脑边苦等号主回应。她这样熬了几个月，实在支撑不了，就辞职了。一眨眼功夫我从双打变成了单打。

  这个球怎么打下去？我也萌生退意，但谭丽娜劝我坚持，她说三线人是个特殊的群体，很难被社会理解，我们需要一个自己发声的平台，我们一定要坚持下去。我觉得她说得在理，我好不容易找到一个写三线的公众号，怎么能轻易让它倒闭，遇到再大的困难也要坚持下去。我开启了深夜守台的生活模式。我在黑黢黢的夜里守着一台荧荧发光的电脑，仿若《永不消逝的电波》里的李白。李白这样做是为了共产主义理想，我这样做是为了什么呢？我没有想清楚。但每次我用电话把号主从睡梦中摇醒，他毫无怨言地马上通过，每次没有经费谭丽娜毫不犹豫地垫上，每一次遇到问题编辑部的同仁七嘴八舌地帮助，我总会心怀感动。我们是一群素昧平生的人，我们来自全国各地，我在湖南，号主在上海，谭丽娜在广州，我和谭丽娜有一面之缘，和号主从未谋面。我们聚在一起是因为三线二代的身份。三线二代是历史特殊时期的产物，它是历史烙上的而不是我们自主选择的。对于父辈来说，三线是工作、生活、战斗的地方，对于我们二代来说，三线是故乡、是童年、是青春、是曾经的全部。所以从某种意义上来说，二代对三线的感情更深、更浓，这辈子被烙下了痕迹，无论走到哪里都难以消除。这种共同的情感让我们走到一起，我们用热情、用梦想开了一个平台，我必须坚守，为那些黑夜中迷路，找不到故乡的游子点燃一缕亮光。每次我深夜发出的推文同时也会收到留言，这些来自四面八方的留言问得最多的是：你们还好吗？你们的厂还在吗？这些深夜的问候让我泪流满面，让我觉得自己所有的坚持都没有白费。

  第二个困难是约稿问题。我从来没有想过约稿会有问题，我自信满满地认为我有那么多文人墨客朋友，约篇稿子应该不成问题，没想到这成了大问题。我的文人朋友问我：你的"三线人家"净写那么老的事，有几个人看？这是个现实问题，我们不能总靠回忆过日子，"三线人家"要生存下去必须与时俱进，想办法提高知名度。不提高知名度就没有成熟的作者给你投稿，没有好的作品就没有粉丝群。我面对的是一个不断掉粉的公众号，我接手的时候粉丝不足一千人，接手几个月还不断往下掉，这样下去公众号就会自动关闭。我忧心忡忡：必须想办法吸粉。吸粉的唯一办法是提高作品质量，提高质量的办法是寻找优质作品，作品来源于作家，既然成熟作家不愿意供稿，我们就自己培养。三线建设从来走的是独立自主、自力更生的路，只要坚定信念一定走得通。谭丽娜给我提供了一堆三线群，她带着我每天在里面找人聊天，寻找作品，询问他们愿不愿意上"三线人家"。经过我们不懈努力，一个三线作者群慢慢产生，我建了一个"三线人家"作者群，让这些来自五湖四海的三线写手以文会友，互相熟悉，互相沟通。随着作者队伍的稳定，"三线人家"的稿源也稳定了，粉丝群由不足一千人上升到四千人。

忙碌的日子过得飞快，转眼到了2019年，我接手"三线人家"两年了。这两年间公号界发生巨变，很多公众号倒闭了，而"三线人家"依然存在，我的文人朋友嘲笑没人看的老旧公号居然熬过网络寒冬，这不得不承认是个奇迹。创造奇迹的是读者，这源源不断的读者到底有多少？当年支援三线建设的群体到底有多大？我又想起了我当年的问题：我的世界有多深？机缘巧合，这时我认识了倪同正老师。倪老师是上海人，他邀请我参加中国三线建设研究会在四川成都大邑县的会议。中国三线建设研究会应该是研究三线建设最权威的机构了，在这样的会议上我的问题应该能找到答案，我欣然接受倪老师的邀请。

2019年夏天，我踏上了去四川的火车。俗话说蜀道难难于上青天，这充分

2019年7月笔者（左一）参加四川大邑县中国三线建设研讨会和杨克芝老师（右一）合影

体现在我的旅途上,经过两天一夜的旅行、换了七种交通工具,我终于赶到四川成都大邑县雾山农场。在云雾缭绕的雾山农场,我见到了斯文儒雅的倪同正老师,他带我去见了研究会的灵魂人物王春才王先生。王老原来是国家计委三线办主任,第一次来开会就能见到这样重量级的人物,我非常忐忑,不知如何说话,没想到王老亲切和蔼地和我拉家常。他问我来自哪里,我报出工厂代号,他立刻知道在什么地方,并说他去过这个地方,他对三线建设的了如指掌让我非常惊讶。我隐隐地兴奋,感觉找到了三线建设研究的发源地。在后面的会议上,听着来自北京的与会嘉宾谈三线的布局成因、三线的前世今生,更加印证了我的想法,我暗自庆幸找对了方向,我从湖南找到贵州、从贵州找到四川,千里追寻,终于找到三线建设研究的大本营。

我在这次会议上遇见了中国社会科学院当代中国研究所陈云研究中心主任、中国三线建设研究会副会长陈东林。他居然是我的老乡,我们都出生于湖南长沙,都在2岁的时候被父母带离长沙,不过他去了北京,最后成了众人敬仰的三线建设的研究大家。我去了湘西,成了三线建设的亲历者。三线建设这块充满魔力的磁石让我们殊途同归,相逢在一条路上。

2019年12月,在王老的介绍下,陈东林吸收我为中国三线建设网站的编辑,在编辑工作中,我才知道三线建设是如此波澜壮阔。我茅塞顿开,感慨万分,想起了苏轼的诗句:"不识庐山真面目,只缘身在此山中。"三线建设的滚滚洪流如此之巨大,让人惊叹,投入的财力以亿为量级,投入的人力以千万为量级,加之家属以亿为量级。在如此宏大的叙事面前,个人的命运渺小到亿万分之一,恰如一粒尘埃。然而,就是这一粒粒尘埃的聚集,却以排山倒海的力量,构筑起共和国的战略大后方,创造了人类史上的奇迹!我忍不住感慨:如此之壮丽宏伟的世界,长期不为外界所知,有保密约束的原因,也有宣传的原因,三线人习惯了隐姓埋名,默默无闻地奉献,他们的事迹、他们的奉献或许会随着他们的老去而消逝,作为三线建设亲历者,我很庆幸找到了宣传三线建设的队伍,可以为三线建设的前辈们留史存真宣传奉出我的绵薄之力了。

(余皓,笔名湘女,湖南省作家协会会员,北京市写作学会会员。出生于湖南长沙,生长于湘西一个军工厂。作品散见于《湖南日报》《湖南工人报》《长沙晚报》《株洲日报》《广州文艺》《吐鲁番》《岳阳文学》等报刊)

千山红树万山云：
我为三线建设拍了两部纪录片

钟 亮

上海大学历史系徐有威教授早几天电话我，嘱我写一篇关于拍摄三线节目的创作手记。这把我的思绪，一下子又拉回到十多年前。今天北京暴雨，坐在窗边写下几句感想，纪念一下当年操作两套与三线有关节目的那些激情燃烧的日子。

没记错的话，应该是2010年上半年的3月，在北京西站附近的办公室里，我们几个同事，在一起开会琢磨给凤凰卫视的"凤凰大视野"栏目报送选题。我的领导罗尘是三线工厂子弟，他小时候一直生活在湖南娄底的一个三线厂，直到16岁才离开那里去往省城长沙。三线情怀让他不由自主地想到了，应该做一套跟三线有关的系列节目，而且当时我们在网上查询，发现国内暂时还没有大篇幅的关于三线建设的相关节目，感觉这个选题应该有可操作性，就这样，栏目组开始了《三线往事》的策划，而当时弄节目策划案的任务，不知什么原因，落到了我的头上。

说实话，当时的我，对于三线，并没有多少了解。接到任务后，我便开始了"恶补"，翻书，查资料，从三线建设这样一个简单的名词开始熟悉起，到慢慢地对整个运动逐渐摸清楚它的大致脉络。三线建设几近二十年，动员人力财力无数，三线建设的内容庞大而繁杂，作为编导，讲什么，怎么讲，都是在前期需要好好策划的问题。

我特地跑到北京的中国社科院当代中国研究所，请教了我之前就熟悉的一位专家,也是曾经的采访嘉宾,当代中国研究所第二研究室的陈东林主任。他一直研究共和国的经济史,还曾经写过《三线建设:备战时期的西部开发》,对于三线这段历史,可以说相当熟悉。在陈老师的办公室,这位湖南老乡给予了我这样的后辈很好的鼓励,给我们提供不少的创作思路。大概经过一个星期的学习和调研,我先弄了一个五集的策划方案,后来又觉得五集不足以支撑起一个如此庞大的题材,又糅杂了一些新的内容,整合成一个十集的大纲。

很快,策划案就获得凤凰卫视的通过,《三线往事》的拍摄便正式立项。说来也巧,当时我在操作的另一个选题,采访了明史专家王春瑜,采访间隙闲聊,他问起我最近还计划做什么节目,我便告诉王春瑜教授,最近一直在弄关于三线建设的策划方案。王教授很高兴,他告诉我他的哥哥王春才,原来担任过国家计委三线建设调整办公室主任,是一位一辈子都奉献在三线建设战线上的老同志,对于三线的相关情况特别熟悉,建议我可以跟他联系一下。

当天采访结束回到办公室,我便跟王春才老师联系,简单介绍了情况之后,他对于我们要拍摄的三线题材,十分热心,答应帮我们联系相关的三线企业作为拍摄对象。

2010年6月15日在四川攀枝花与王春才(左二)采访三线建设者

有了王春才老师的协调,拍摄计划很快得到落实,翻阅过去的工作笔记,我们摄制组是2010年6月7日飞赴成都开始《三线往事》拍摄的,第一次真正与三线那些建设者们开始了亲密接触。

第二天我们随即赶往位于成都郊区新都的,一个叫893厂的三线工厂,采访了三位过去的三线建设者,分别是赛自晓、张崇孝和胡志仁。赛自晓76岁,另外两位同是72岁,虽然三人都年过古稀,但精神都很好,三个人都是从车间开始干起,到20世纪80年代,他们分别担任厂长、副厂长和总工程师。那个时候正是三线企业纷纷外迁的年代,他们三人为了使工厂从四川广元的山沟搬迁到成都附近,可谓费尽了千辛万苦。这样一些普通的三线人,见证了三线建设的兴盛与悲怆,如今他们在新都的新厂区里,过着安稳的晚年生活。

采访完三位老人,从新都回成都的路上,四川锦江油泵油嘴厂的周文龙老师联系我,说他受同事倪同正的委托,给我们送几本参考书目。当晚周文龙老师不辞辛苦,来到我们住的宾馆,送来了《锦江岁月》《锦江岁月续》和《锦江情韵》三本书。这些都是锦江厂的职工们自己出的关于锦江厂的书,在书的扉页上有这样的题词:"我们曾经战歌嘹亮,我们曾经共创辉煌,我们曾经风雨同行,我们曾经播种希望。"

锦江油泵油嘴厂是经原第八工业机械部批准,由上海柴油机厂负责包建、无锡油泵油嘴厂负责部分人力支援的三线企业,工厂于1966年开始筹建,1970年破土动工,1972年竣工投产,是一个典型的三线企业。2003年工厂宣布破产,历时37年。在《锦江岁月》里,我看到这样一句话:"尽管火炬传递已到终点,但为理想奋斗的锦江岁月,将永远留在我们心上。"这些锦江人,虽然厂子已经破产了,但他们团结的精神还在,总是定期举办各种各样的活动,把散落上海、无锡、成都、新都等地的锦江人组织起来,追忆过往,联络感情。

通过这些书籍和周老师的介绍,我们商定了第二天的拍摄计划。6月9日,我们去到了锦江厂的一个职工代表的公司,公司的主人叫胡亚琴,她的父亲就是当年从上海柴油机厂支内过来的胡华鸿,是当年厂里汽车队的队长。胡亚琴算是第二代三线人,她到工厂的时候才刚刚10岁,1971年她的父母,带着她们三姐妹,还有胡亚琴的外婆,从上海搬迁到四川。胡亚琴给我们谈了两个多小时,作为一个在三线企业度过童年、少年时期,技校毕业之后又回到父母所在的企业。胡亚琴是典型的第二代三线人,随着企业一年年的不景气,她在20世纪90年代中期跑到成都独自创业,相比起其他窝在山里的兄弟姐妹,胡亚琴的生活状况要比他们强很多,但是她也还是经常会回厂区看看,因为一份割舍不下的锦江情,因为他的父亲坚持要把自己埋在厂区后面的山上,而且墓碑是朝着工厂的。胡亚琴作为典型的三线后代,从她的身上,我感觉到一种质朴,父辈们的奉献精神时刻激励着她顺利完成自己的创业。

第二天,我们又跑到锦江厂的新都厂区,采访了七位锦江厂的老工人,他们大多是七十开外的年纪了,最年轻的一位也已经67岁,至今我都还记得其中几个人的名字,一个叫刘光武,曾经当过厂里的领导。还有一位是当年厂广播站的播音员叫黄瑜,声音确实特别好听。我甚至还能回忆起,后来在机房剪辑关于黄瑜的段落时,那些同事们全都众口一词,全都在赞美黄瑜的音色。他们的故事,各有各的精彩,也各有各的情怀,大多对当年厂子的热火朝天建设及生产有着很深的感情。这样一帮三线人,对于当年背起行囊,挥别城市,有着很高的觉悟,虽然可能今天的他们跟当年留在大城市的那些老同事相比,在物质生活上有着一定的差距,可是这些三线人,都觉得自己拥有着不一样的精神财富。

6月11日,我们又在王春才老师的陪同下,到了锦江厂老厂址所在地,采访了三位在老厂区生活的锦江人,一位是锦江厂退管站的站长陆仲晖,一位叫李云发,还有一位就是之前提到的倪同正。倪老师是一位文学爱好者,原来是锦江厂厂办副主任,退休以后,一直致力于把锦江厂的历史记忆保存下来,周文龙送来的几本关于锦江厂历史的书,都是倪同正负责编辑出版的。通过三天跟锦江人的接触,很深刻地感触到这个工厂,其实就是三线建设时期,若干个内迁企业的典型代表,这些三线人的精彩故事,都在后来的成片里,一一做了呈现。

2010年6月11日,笔者采访倪同正

在成都及周边的一个星期拍摄,因为有王春才和倪同正等领导的关心与协调,整个拍摄工作进行得十分高效率。更让我感动的是,2010年6月13日,当时已经75岁的王春才老人,还不辞辛苦,坚持跟我们摄制组一起,从成都飞往攀枝花进行下一阶段的拍摄。攀枝花是因为三线建设而起的城市,王春才长期在三线建设调整办公室工作,与攀枝花这座城市有着较多的接触,由于有王春才与当地宣传部门的沟通,我们的各项准备工作进行得都异常顺利。

攀枝花的市委宣传部、党史研究室、电视台、文物管理所,听说我们是来宣传三线建设的,都自发地给了我们很多无私的帮助。尤其特别要感谢的是时任攀枝花文物管理所所长的张鸿春,积极联系,帮助我们找到最适合的采访场地。这样我们在攀枝花的大部分嘉宾采访,都固定在一个地方,省去了我们带着众多拍摄设备四处奔波之苦。

在攀枝花我们总共待了五天,总计采访了18位三线建设者,其中有1983年至1991年担任攀枝花市市委原书记韩国宾,有当年在攀枝花修成昆铁路的铁道兵,有煤炭行业的工人,有攀枝花钢铁厂的员工。总之是全国各地来到攀枝花搞建设的各式人等,我们都有接触,全面了解当年的一些建设细节,作为参加三线建设的这代人,他们用智慧和汗水在穷乡僻壤建设起了一座崭新的城市,攀枝花的开发建设史也成为中国三线建设的缩影,这就是他们这些三线人留给历史的一份标准答卷。

2010年6月14日,笔者(左二)采访王春才(左四)和张鸿春(左一)等

2010年6月14日,笔者采访四川攀枝花市委原书记韩国宾

回到北京之后,我们又马不停蹄地采访了前文提到的陈东林研究员。陈老师在三线建设的来龙去脉上,为我们进行了梳理。接下来我们采访了三位三线学兵连的代表,他们分别是房建华、王增苏和冯小安。

三线学兵连是关于三线的一个特定历史名词,20世纪70年代初,陕西省动员25000名初中毕业生到秦巴山区修建襄渝铁路,襄渝铁路当时是三线建设的重点战备工程,而这些年轻的初中毕业生按照部队编制,组成了141个连队,被称为"三线学兵连"。同时通过七弯八拐的关系,我要到了摄影家陈家刚的电话。

陈家刚作为摄影家,一直在关注三线,他通过巨幅构图摄影,表现人与自然、大城市,破坏和疏离,过去与现在的对比,陈家刚的"三线作品摄影展"曾经多次在国内外很多地方展出过,对于三线建设的宣传作用不可估量。

听说我们是做关于三线的东西,作为三线的亲历者,几乎从不接受电视媒体采访的陈家刚破例跟我们聊了两次,而且第二次的采访,是陈家刚自己要求的,他觉得自己在第一次的采访过程中,有些表达并没有完全体现出他这些年拍摄与三线相关的作品中的所思所想。

除了陈家刚这样的摄影家,我们还找到了两位与三线有关的导演,他们分别是王小帅和贾樟柯。王小帅是在三线工厂长大的,后来拍摄过有关三线的影片里最为著名的作品《青红》,我们在一些三线企业走访时,很多三线人都跟我们提起这部电影,都说电影里的细节跟他们当年的生活简直一模一样,而贾樟柯拍摄过《24城记》,对于工人,关于三线建设,贾樟柯与王小帅这样的电影导演,都有着自己的独特视角。

经过大约一个月的时间,与三线建设相关的前期采访和拍摄大致完成,累计采访嘉宾超过50位。当然拍摄过程中也有遗憾,比如我们曾经想去另外一个典型的三线企业,重庆建峰工业集团拍摄,可是几经联系,他们集团的宣传部依然拒绝了我们的申请;另外重庆正在考虑修建一个三线建设博物馆,我们也计划前往拍摄，可是联系之后，发现他们的博物馆还停留在筹备阶段；还有贵州的六盘水，也是一个典型的三线城市，原本攀枝花拍摄结束后，我们就计划直接前往六盘水，可惜当时多方联系，因为没有找到合适的拍摄对象，而最终搁浅。

经过将近一个月的后期制作，《三线往事》终于送审。按照领导要求修改几轮之后，在2010年9月6日至9月17日，两周时间里，《三线往事》在凤凰卫视中文台首播。请允许我抄录下这十集的片名，第一集《千军万马》、第二集《千山万水》、第三集《安家落户》、第四集《激扬青春》、第五集《热血丰碑》、第六集《红火岁月》、第七集《开枝散叶》、第八集《青葱岁月》、第九集《风雨凋零》、第十集《美丽哀愁》。

作为国内第一部反映三线历程的大型专题片，这套总时长将近300分钟的节目，在众多关注三线的人群中，获得了不错的反响。节目播完后，王春才老人特地给我打电话，说了好些溢美之词，而我的内心，始终只有感谢。没有王春才和陈东林等老师的指导和帮助，这套节目根本没有成片的可能，能为三线建设的研究，起到一点点"助燃"的作用，作为我们媒体从业者，也算是尽了一份绵薄之力。

原本以为《三线往事》只是我记者生涯众多节目中的一个常规操作，没有想到，四年之后，又一次与三线有了联系。

2014年的春节刚过，上海大学历史系徐有威教授给我打电话，说是通过王春才老师要到了我的电话号码，同时从陈东林老师那里看到我们的这个节目的碟片。他一直从事小三线的研究，看过我们做的大三线节目，问我是不是还有兴趣再做一套关于小三线的节目。后来他到北京出差，还特别约见我，诚恳劝说。

虽然题材有些许重复，我们栏目组担心很难做出新意，却经不住徐教授一通忽悠，我又一次拿起了三线这个命题作文。同样是经过与徐教授的几次邮件沟通，确定了选题的大概方向，我跟摄制组就在2014年3月下旬，去往上海，开始了小三线选题的拍摄。有意思的小细节是，五年过去了，去上海拍摄小三线的摄影师，还是当年跟我一起去成都和攀枝花拍摄《三线往事》的摄影师景岩，他也算是为三线的节目尽心尽力了。

徐有威教授是国家社科基金重大项目"小三线建设资料的整理与研究"

钟亮与摄影师景岩在攀枝花

的首席专家。这些年来，小三线建设的研究一直是他重点研究的项目之一，手头关于小三线建设的资料和人脉资料均极其丰富，他帮助我们联系了很多曾经参与过小三线建设、后回到上海定居的上海大小三线的亲历者。

我们经过挑选甄别，最后在上海这个硕大的城市里，东奔西跑，采访了大约十几位小三线建设的参与者。结束上海的拍摄时的2014年3月26日，徐有威教授又联系了一位名叫刘金峰的上海小三线二代，他非常热情地陪同我们摄制组一起从上海赶往当年的小三线工厂光明机械厂所在地的安徽绩溪。在安徽绩溪，我们走访了包括光明机械厂在内的几家老的上海小三线工厂，拍摄了数位留在当地生活的上海小三线工人和当地的农民，同时包括昔日安徽当地和上海小三线有关的领导和亲历者。与那些回到上海的采访嘉宾相比，他们从叙述语气到生活状态，给人完全是不一样的感觉。就这样，我们完成了第一阶段的拍摄。

两个月后，徐有威教授又在百忙之中抽出时间，亲自陪同我们摄制组到了湖北襄樊的一个典型小三线工厂：湖北卫东机械厂（国营第846厂）采访摄影。在该厂老宣传干事、且一直从事小三线资料搜集整理的杨克芝同志的大力帮助下，我们采访了二十多位该厂的退休员工，其中有老厂长、有当年的总工程师，还有很多是当年的工人。我记得在采访一位劳动模范的时候，他老人家激动得说不出一句完整的话。

2014年3月,采访上海小三线安徽绩溪当地的老同志(左一为笔者)

2014年3月,采访上海小三线原光明机械厂所在地安徽绩溪老同志(中为笔者)

2014年5月,采访湖北小三线原卫东机械厂亲历者杨克芝(左三)在汉江上取外景

2014年5月,采访湖北小三线原卫东机械厂亲历者(右二为笔者,左一为徐有威)

在徐有威教授的热情帮助和协调下，小三线节目完成了前期的拍摄工作，经过紧张的后期制作，节目顺利完成。我还记得当年给这套小三线节目取名颇费了一番心思。第一次我取了个《梦里花落知多少——小三线记忆》，领导看过之后直接否了，说太俗；后来我跟朋友去看了当时大热的贾樟柯导演的电影《山河故人》，我觉得也挺契合这个主题，然后把片名改成了《山河故人——小三线建设往事》又报了上去，领导还是给否决了；这可把我给愁坏了，想了好几天，一无所获，碰巧有一天在办公室的沙发上，翻阅杂书，正好看到韦庄的一首诗：千山红树万山云，把酒相看日又曛；一曲离歌两行泪，不知何地再逢君？这意境，岂不是跟小三线人的感觉十分相似吗？三线建设的场地，都在深山老林里，千山万山望去，红叶一片白云悠然，这深锁的寂寞何其相似。一曲离歌两行泪，不知何地再逢君？到今天，当年那些参与三线建设的老同事们，已经天各一方，情深的挚友，依依的离情，不知何时何地才能再次相逢。我如释重负，有一种妙手偶得之感，赶紧把《千山红树万山云——"小三线"青春记忆》的片名报了上去。可能审片的领导也心有灵犀，一下子就通过了。

凤凰大视野小三线建设纪录片封面（徐有威策划）

2015年9月28日至10月2日，在小三线建设50周年建设的纪念时刻，五集专题片《千山红树万山云——"小三线"青春记忆》正式在凤凰卫视的"凤凰大视野"栏目播出了。虽然此时距离第一次去上海拍摄，已经过去一年多的时间，节目的顺利播出，也算是完成了徐教授交代的这一命题作文，至于观众们能给一个什么样的分数，我是心里没底的。不过小三线的重要采访嘉宾刘金峰在发给我的邮件里，说有小三线亲历者看完五集节目，给了这样的评价"有一种戏已完，还想看，细回味，觉怅然的感受"。

徐有威教授后来告诉我一个小故事：在这个五集纪录片播放前夕，他告诉他的老朋友、上海小三线原八五钢厂第一副厂长许汝钟，说这个纪录片播放后不久，您就会接到您在美国的一些老同事的越洋电话，说在凤凰卫视节目中看到您出镜讲话。果不其然,许老师真的如期接到了这个越洋电话。他非常惊奇地问徐有威教授为什么。徐教授笑着解释道,据他2007年在美国怀俄明大学访学时的亲眼看见,凤凰卫视是中国境外最大的中文电视台,很多上海老人退休后去美国帮助儿女带第三代,这个凤凰卫视是他们时时刻刻关注的。他们一旦看到小三线几个字,一定会目不转睛,再一看到上海小三线的八五钢厂:哈哈,看看,这不是老许吗?

徐有威教授还告诉我,一位在上海小三线企业中担任后勤工作的安徽女工,曾经接受了我们的采访。当她的女儿看到妈妈接受采访的镜头,出现在凤凰卫视节目中时,竟然兴奋地发出了一声尖叫!

五集专题片《千山红树万山云——"小三线"青春记忆》在凤凰卫视的北美台和欧洲台都播放过。据说还成为中国的一些大学历史系开设中国移民史课程时,给大学生播放的参考影片,由此可见这个纪录片的影响力还是不错的。

时间确实有一股神奇的力量,今年已经是2021年,可2010年和2014年那些拍摄三线的画面,我现在还能回想起来,比如在四川的锦江油泵油嘴厂宿舍楼后的一地青苔,在四川攀枝花开的几次采访之前的座谈会老人们争先恐后的发言,在安徽绩溪光明机械厂那破落的职工宿舍前,在湖北襄樊卫东机械厂那些保存完好的当年厂房上,大幅的"文革"期间的标语等等,都如同电影画面一般,一帧一帧地从我眼前晃过。

非常感谢徐有威教授给我这次机会,回忆过往;也感谢那些为《三线往事》和《千山红树万山云——"小三线"青春记忆》这两套节目提供过帮助的人们;更感谢那些真正参与过三线建设的创造者们,是你们的付出,才有了今天的和平环境,才有了这两套与你们有关的节目。

谢谢你们!

(钟亮,编导,曾为中央电视台、凤凰卫视等国内一流纪录片栏目制作大量节目)

传承三线建设精神：
我奔走在杂志、散文和新媒体之路

郭志梅

一、火热年代的三线家园，沦为废墟触疼了我

  名人的故乡会被永远保存，供后人参观学习，传统农村的故乡也可以在逢年过节时，常回家看看，回忆少年时光。独有我真正的故乡却惨不忍睹，它现在几乎成了被人类遗忘的废墟，没有袅袅人烟。不是地震，是当年的三线工厂为了"军转民"的交通方便，更为了避免大山滑坡和洪水等地质灾害的发生，工厂和家属全部搬到成都平原了。大工厂搬到成都市郊开发区变成了上市公司，当地很快繁华起来了，我每次回蓉探亲，母亲总兴奋地说：这里的街道两边一天一个样，变化太快，要啥子有啥子，还便宜，可是现在却干看着，什么也吃不成了（糖尿病），衣服多得总也穿不烂。

  上万人突然从沟里消失了，当地农民一下子失去富余的来源了，他们曾经阻挡过浩浩荡荡车队、集体上访……全无济于事，于是当国营天兴仪表厂（代号5004）大队人马离开的最初时间，他们成群结队，将一间间完好无损的新楼旧楼的门窗拆下卖钱，当这样的消息一次次传来，再加上荒草萋萋黑洞洞的曾经温暖的家的照片，我再也坐不住了，不顾一切，拖着病体出发了。

  2005年五一那个非常时期，我回到了真正的故乡：天星沟。没有一个熟人，马路上偶尔过来一两个人，全都不认识。当年回天星沟时最怕的一件事就是出门，一路上要不停地对所有路上的人说：回来了回来了，这是母亲最得

天星沟的旧家（早晨，我在此马路上打羽毛球，晚上，我们会围着这个电线杆玩捉迷藏。当时家门前那棵香樟树还小）

家门前那棵香樟树长成参天大树了（笔者2017年重返三线天星沟所摄）

意的时候。现在沟里沟外却死气沉沉，静无人烟，只有那些楼房勇敢地活着，只是没有了门窗，所有的楼房都睁着空洞的大眼睛，向我们诉说着主人走后的遭遇。

我去了父母先前的家也是我上大学前生活过的家，门前那棵樟树还在疯长，像在痴想主人，这是20世纪70年代中期大哥志锋亲手所植。

进门后想找点什么，只有烂砖脏灰，我的童年少年时代的快乐和自由，今后只能在我的记忆里生存了。在另一个房间我却意外找到侄女小时候的涂鸦画，我如获至宝，装在包里，要知道这是在他们离开此房七八年后啊。

我在里面久久不愿出来,我在回味当年生活的一幕幕……

我的父亲郭先柄是一名保卫干部。1968年初,响应国家号召,支援大西南的三线建设,从西安的844厂,来到了金佛山下重庆南川县(区)天星沟的国营5004厂,任厂中层保卫干部。我在天兴子校读了小学初中高中,在附近茶场插队一年后,18岁的我考入了西南师大历史系(西南大学)。火热年代的火热生活,我们不再年轻的三线二代,是永远不能忘怀的,我周围的一些朋友进山休闲,看到一栋栋废弃的红砖楼厂房、青砖住宅楼,竟认为国家当年政策错误、导致今天的浪费,甚至有人留言说:"你怎么老为错误讴歌?"有人说:"你可以写点别的题材的美文啊,'老三届、学兵连'写了有什么用?"于是,业余时间,我走上了写作、编辑三线建设历史文化之路。

我创作的第一篇回忆三线建设生活的文章,是在2005年,题目叫《天星沟,今生今世心中永远的痛》,该文先在新浪博客发表,后来收进2008年出版的散文集。网上的这篇文章,引来我的天兴仪表厂子校校友晓露的留言:你一定是郭先柄的女儿吧? 就这样我再次认识了晓露。当年,在天星沟上学时期,只见她天天从我家门前走过到学校去上学,只是我们没有过交流,小学中学相差三级是有"级沟"的。谈起我们共同消失的家园和学校,我们在网上有说不完的话。从此我们在宣传三线建设时,互帮互助,互通有无,共同见证,共同成长。有人称誉我们是"宣传三线建设的两朵天星之花"。

二、研究三线建设的灵魂王春才,榜样的力量打动了我

我曾经担任陕西一家省级杂志总编多年,在月刊上发表多篇宣传三线建设的文章。2015年第1期,首发晓露文章《王春才:三线建设研究的灵魂》,首发李杰文章《晓露:天星沟那朵雾中之花》,首发李杰与王春才关于《巴山蜀水"三线"情》的通信文章,以及本人创作的几篇三线建设的回忆文章。

2015年春节,我回成都看望母亲,早就想亲眼看望那位研究三线建设的灵魂人物——王春才先生了。王老家住成都市中心,晓露家住龙泉区,母亲家住东郊十陵。晓露提议在她家聚会。正月初四,我们三家8人欢聚在龙泉。

我与王老在成都的第一次握手,我知道,我再不是一个人孤零零地在西

2015年2月23日,笔者与王春才(中)、晓露(左)合影

北战斗了。王老女儿和老伴陪着王老打的到来。晓露早早准备好了丰盛的家宴,我们边吃边聊,天生的亲切感弥漫在热气腾腾的宴香中。饭毕,我们在晓露家的小后花园中品香茗、拍照。先生拿着自己创作的书法作品分别与两家人合影,大家品茗、品书法、品三线、品父辈,每个人都滔滔不绝,夕阳无限好,传承三线人脉,传承三线精神,传承共同的美好记忆……

2016年创立了个人公众号"郭志梅散文和摄影",坚持更新,图文并茂,刊发了二十几篇个人和朋友的三线建设文章。分门别类整理成三线专题,方便搜索和阅读。我身边一些80后、90后,终于第一次知道了这段30多年的保密历史,知道了三线建设艰苦奋斗的精神。将第一篇《天星沟,今生今世心中永远的痛》放到公众号上,点击量接近4000次,大都是全国的三线建设者,当然最多的还是成渝两地的人,感觉当年5004厂的所有人都在手机上看到自己的家一样,一时间人人说天星、人人说三线。有人留言,你要多写一些,把当年我们身居山沟默默奉献的动人故事告诉后代;有人告诉了我父亲和祖父的几个有趣故事……

三、当选中国三线建设研究会理事,使命感、紧迫感倍增

2015年元月,中央新闻纪录电影制片厂拍摄的十集纪实电视《大三线》启

2015年5月19日，笔者与导演刘洪浩（左）、王春才（中）合影

动，摄制组转战全国，历时两年半拍成。当年7月，主创人员到西安拍摄，我参加了由导演刘洪浩和中国三线建设研究会原副会长王春才先生在陕西省国防工办举行的座谈会，我作为三线二代口述了20分钟自己和前辈的三线建设经历。

2017年9月，《大三线》在中央电视台"国家记忆"栏目播出十天，剪出的十集（一 决策内幕，二 备战备荒，三 秘筑铁路，四 煤钢传奇，五 国之利剑，六 碧海长空，七 核武风云，八 火红年代，九 凤凰涅槃，十 三线印记）片子中，虽然没有看到我的口述，但我还是很高兴，留下口述影像，说不定今后拍摄到重庆南川区三线建设情况时会有参考价值呢？

2019年7月，在成都雾山召开了第二届三线建设研究会理事会，我作为新理事应邀参会，认识了全国一大批三线人，丰富了自己对三线的认识。从此，我真正投入到研究三线建设组织的怀抱，感受到四面八方三线人的温暖和无私奉献精神。

四川雾山会议有一幕最打动我的场面：会议结束前的中午12点，王老再次上台即兴讲话，我和参会者都感到王老与在场者的依依惜别之情，我当即打开手机录了视频，同时不停用大相机拍照。这是多么重要的历史资料、多么感动人的时刻啊！

会场内外静悄悄的，时间仿佛都为王老停滞了，坐在第一排的陈东林副会

宣传三线建设的部分朋友在四川雾山相会

长一定感受到王老心中的翻江倒海心潮澎湃,笑着大声对王老说:今天,您可以多讲讲。

王老面向大家激动地开腔了:我今年85岁了,下届三线研究会召开时,我都害怕见不到大家了,但我现在感觉还不老,请大家不要叫我王老,叫我老王就好,我也是一个80后啊!我要加快速度将我的《三线建设的追梦人》一书编印出来,那些三线建设的经历是我独有的,我不写出来对不起三线人,对不起105岁的马识途老作家对我的期望,对不起彭德怀老总对三线建设的重视和领导……

面对面听到王老的肺腑之言,我深感我们三线二代,肩上的担子更重了,我们是承前启后的一代人,我们要像先辈发扬艰苦奋斗的三线精神那样,通过各种媒体宣传这一利器,很好地传承到下一代。

回到西安,我将四川雾山会议的所见所闻所思,文图并茂地发表在我的公众号上,收获近两千次的阅读量,许多三线人和有关领导也留言互动,我在朋友圈晒了这一小成果,没想到湖北的三线二代邓龙先生向我介绍了今日头条的更高阅读量打动了我,我开始向新的自媒体进军。

2019年,笔者在四川雾山会议与舒德骑(右)、周健(中)先生合影

  2019年7月,我在今日头条注册了头条号"三线天星沟"平台,主要发布三线建设的文字、摄影和视频。今日头条是目前最活跃的平台,受众面大,有7亿用户。为了提高我的头条号的权重,我几乎天天更新,十八般武艺样样都来。我除了不断将公众号的旧文章重新修改后,发表在今日头条上,还不断创作新的文章,不仅发自己的文章,也发表其他研究者的文章。包括首发《难忘:重庆南川遗址们的呼唤》,首发四川外国语大学的张勇教授团队的调研文章《落叶归根:返沪"三线人"生活状况调查》《中国第一架军用运输机诞生地,探寻天然溶洞中三线兵工厂》;发表《好摄李杰:11年扛机奔走铸成一个火热年代的烙印〈"三线"记忆〉》;首发王春才推荐的《袁贞友老厂长讲述:三线企业脱险搬迁,是为了更好为国家作贡献》,杨克芝创作的《老骥伏枥照汗青——〈彭德怀三线岁月〉读后随记》;首发郭志梅创作的《高举三线精神的大旗,"85后"王春才与生命赛跑》;发表作家舒德骑创作的三线建设长篇纪实《云岭山中》简介及有关获奖消息。上述文章的点击量大都成千上万,留言互动者众。今日头条新媒体平台"三线天星沟"的成功运营,为宣传三线建设插上了翅膀。

四、新目标,期盼专题散文集《三线天星沟》早日出版

十年前,我公开出版了散文集《梅园晨心》《晨心飞翔》,每本都收集了我创作的三线建设的散文多篇,分别荣获第四、第五届全国冰心散文作品优秀奖。我计划将多年前创作的三线纪实散文和近年来写作的三线文章结集成专题散文集《三线天星沟》公开出版。配上自己拍摄的有关照片,现代设计,彩色印刷。将专题散文书摆放到天星沟的宾馆,让前来旅游的客人,了解这里的前世今生;传到网上,方便读者查找,供研究机构参考;让三线建设的三代、四代,永远不会忘记共和国历史上还有这样一段峥嵘岁月,还有这样一批先辈为祖国的国防事业默默奉献在大山深处。

(郭志梅,散文作家。中国散文学会会员,陕西省散文学会副秘书长,陕西作家协会会员,中华人民共和国国史学会三线建设研究分会理事,西安摄影家协会会员,陕西省女摄影家协会会员,陕西省新闻传播学会心理学分会理事。出版散文集《梅园晨心》《晨心飞翔》两部,分别荣获第四、第五届全国冰心散文作品优秀奖,获2010、2011年全国散文作家论坛征文大赛一等奖,陕西省首届网络文学奖等。)

噙泪写《归去来兮
——一部亲历者的三线建设史》

唐 宁

本人撰写的长篇非虚构作品《归去来兮——一部亲历者的三线建设史》，于2019年9月由上海文艺出版社出版。书中记录一批上海迁往贵阳大三线企业的职工和家属们50年间经历的风风雨雨，上百位人物全部使用真实姓名，故事由当事人向笔者口述，部分引自他们的书信和笔记。

20世纪60年代中到70年代末，在国家三线建设战略部署中，数百名东部沿海城市职工携家带口，迁往西部山区和内陆腹地。仅上海一城，几年之内就

很多人家在这里拍完照片就出发去大三线了

在贵阳花溪公园留个影就进山了

有304个项目、411家工厂、2.6万台设备、9.2万名职工迁往大三线地区。《归去来兮》所记录的由上海光学仪器厂拆分援建的贵阳新天光学仪器厂,只是其中一家。说起来,选择这家企业做深入采写,有一个漫长和偶然的缘起。

20世纪60年代贵阳新天寨

总工程师马燮华赴黔五年没有回过上海,这是他与妻子的两地书

我在《新民晚报》当记者期间,新光子弟学校的陆际衡老师曾陪同老同事来报社,向我反映户口回迁的遭遇。说到多次奔走求告无果时,退休教师声泪俱下,像一个无辜的孩子。我与两位子弟学校教师都是初次相见,接待读者也是记者生涯中常有的事情,但这一天却在我心中留下深刻的烙印。2005年,我第一次接触大三线建设者,了解他们的人生经历。

第二年春天,我跟随"娘家行"老职工来到贵阳新天厂,一处四周见山的

江鉴康、鲍秀华内迁迁移证

王小帅的父亲王家驹原为上海戏剧学院教师,作为家属随迁贵州

地方。很多人携家带口在这里工作几十年,不少人就此扎根。"五一"国际劳动节期间,《新民晚报》连续六天刊出了我的报道。随后,本书人物之一——潜望镜总工程师马燮华的儿子马晓理给我打电话,想联系他父亲在贵阳工作时的老同事。另一位书中人物张淑珍是随迁家属,原单位同事根据晚报上的线索找到了她。十年之后,几位受访者向我展示了当年的《新民晚报》,这些报道中并没有提到他们,熟悉的工友和工厂,也让他们倍感温暖。此后我又听到不少曲折的人生故事,渐渐萌生了为他们写一本书的想法。

迁二代的芳华

家属农场的迁二代

2015年我开始专题采访时,很多大三线企业已经成了工业遗址。第一代建设者都已退休,他们中有新中国培养的大中专生、痴迷于科技的技术人员、身怀绝技的工匠,大部分人月退休金在2 000元左右,远低于上海同期水平,当年的时代精英,成了需要帮困救助的弱者,但在讲述自己的热血青春时,依然神采飞扬。从资料准备到整理成稿,那些人物一直在我脑海中盘桓。

我无意、也没有能力去书写新光厂的历史。《归去来兮——一部亲历者的三线建设史》写了上百位新天人的亲身经历,而这家中等规模的三线企业,在鼎盛时期有过四千多名职工和上万名家属,我只采访了其中一小部分,书中呈现的也仅为部分受访者的人生片段。生活和历史远比我想到、听到并能够呈现的更为复杂多样。但我以为,书中人物的经历也会发生在其他新天人,乃至所有三线建设者身上,他们都对国家有过无私的奉献,在改革开放转型路上,步履同样的踌躇与艰难。这也是本书写作的初衷,三线建设在很长时间里都是秘而不宣的历史,我希望更多人了解这个特殊的群体,祈望他们得到温良的对待。

随着三线建设文档的解密、研究逐渐深入和参与者的增加,三线建设题材的作品和样式也逐渐丰富。对我个人而言,取点一个工厂,记录普通人的生命故事,为历史风云存档,是一次极具挑战的写作。从2015年开始到2019年初,我做了99次、涉及275位新天人的采访。采写整理与审核修正工作量之大,远远超出事前的预估。

在采写过程中,我父亲罹患重病,最后三个月我每日去病房照料,他总是催促我回家、回家,他知道我在写这本书。在我唯一陪伴通宵的那个凌晨,他闭上眼睛不再睁开,嘴角浮现一丝笑意,留下深厚的仁慈与护佑。这期间,与我父亲同龄的多位受访者也先后离世,还有人丧失了记忆。随着一代人的年迈体弱和离去,那些故事也将随风而逝。光阴似箭,生命无常。所以当我也得了一场大病后,等不及复原,又开始了码字。

2006年娘家行师徒相见

我在书中

《归去来兮——一部亲历者的三线建设史》全书43万字，书中故事都由受访者向我讲述，相关章节也经由本人和亲属核对。工作量大，过程也繁复，由于部分受访者年事已高，不排除因个人视角和记忆等原因可能出现的误差。好在最终，它还是生成了我想要的模样。轰轰烈烈的三线战略部署在岁月中悄然过去了，就像河流飘走的落叶。把历史的屏幕拉得再开、放得再大，恐怕也看不到建设者们的表情。三线建设者们都是历史的无名之辈，但小人物也有自己的名字，书中所记录的，就是大时代中小人物的命运和表情。

　　感谢所有接受采访的人，如果没有他们坦诚相告，本书无法完成。由于篇幅所限，部分受访者的讲述未被采用，我将陆老师制作的采访名录表作为本书附录之一，以表歉意和感谢。个别受访者出于个人原因，最终未同意公开发表自己的故事，我能理解并尊重他们的选择，将完成的故事藏在了电脑里。受访者马晓理、王小帅、何开钧、葛大庆、虞沁璇和贾春等提供了珍贵资料；潜望镜安装总工程师李世英先生曾在2006年赠予的潜望镜资料专辑，冥冥之中为十年后的这次写作埋下了伏笔；何兆麟先生转赠的贵州省政协文史资料，我从中看到了葛民治撰写的回忆录；王杰（海生）为我联系走访贵阳乌当区内其他三线企业；朱建华大姐为我采访贵阳新天人和图片征集提供了不少帮助；陈海英、陆际衡夫妇帮助我搜集、整理图片资料、制作表格；新天老朋友"会务组"成员为我采集了200多份情况调查表，很多新天人提供了珍贵的老照片资料，原上海光学仪器厂赖颖先生也提供了相关资料，在此一并表示谢意。

　　我还要感谢中国社科院中国当代史专家陈东林先生给予的指导，他是《中华人民共和国史》的主要撰稿者之一；感谢中国三线建设研究会副会长王春才先生、《三线风云》主编之一的倪同正、上海大学历史系徐有威教授等赠送的资料图书，加深了我对相关背景和史实的了解。感谢上海文史馆馆员、今年105岁的书法家顾振乐先生欣然题写书名，老人家的两个女儿都是新天建设者。

　　最后，感谢吕克勤博士在百忙之中阅读初稿，以新天二代、经济学者和企业家的多重思考提出了宝贵的意见，特别感谢上海文艺出版社陈征社长、感谢责任编辑郑理先生为此书出版付出的辛劳。

　　《归去来兮——一部亲历者的三线建设史》出版后，上榜新浪网2019年10月好书及年度好书、光明日报11月好书、阅文集团书评人2019年度好书非虚构图书榜首。在报社老领导、报告文学家朱大建先生的举荐下,还获得了上海市作家协会2019年度作品奖。

当我修改这篇小文时,接到贵阳新光居委会主任罗大芬的微信,新光厂所在的生活桥小区,被当地区政府作为"三感社区"(安全感、幸福感、获得感)的唯一示范点,政府将投入资金,组织专项小组,对这个厂矿型小区进行环境改造,展示三线建设文化,弘扬建设者艰苦奋斗的历程,让人们不忘历史、不忘三线、不忘三线人。

建设者们注入青春、奉献子孙的土地,终于没有被遗忘和辜负。对于记录者来说,也是莫大的安慰了。

笔者(左二)和受访者合影

(唐宁,高级记者,上海市作家协会会员,毕业于上海戏剧学院戏文系。供职新民晚报社38年,获上海市范长江新闻奖、全国百佳新闻工作者、国务院特殊贡献津贴奖等。上海市第十二届人大代表、第十三届人大常委会委员、第十三届全国政协委员。著有《上海小姐》《喜欢上海的理由》《生逢其时》《谢晋画传》和《日出江花》(合著)等)

永不褪色的那抹军工彩虹
——电影《岜上情天》诞生记

唐 亮

纯属机缘巧合,2017年我带摄制组在沂蒙山拍摄电视连续剧《有房有车》,康辉旅行社刘长军老总帮我找景地时说,蒙阴县有一个特别好的地方,保我看了满意。因他是搞旅游的,所以我相信他的眼光。几天后,他和沂水康辉旅行社张文霞老总带着我和郭郅导演,驱车1.5小时,翻山越岭来到蒙阴县岱崮镇。一到岱崮,9381军工小镇把我震慑了,昔日三线人的痕迹历历在目。

说起三线,我不陌生。1966年,我的姐姐听从党中央号召从济南千里迢迢去了湖北宜昌,这一去就安营扎寨生儿育女,把一生交给了三线,因保密只能以××信箱通信。2007年我借武汉开会专程开车去宜昌看姐姐,姐姐见到我抱头痛哭,说我是第一个从山东老家来看她的人,一大家子八口人囚在大山坳里。我问已经退休的姐姐和姐夫不想回山东吗?他们摇头说:想回,但是回不去了。

当地东蒙企业集团的王吉德老总带我们参观讲解"好人好马上三线"的历史背景和保留遗址现状,听说我是拍电影的,他红扑扑的脸上顿时光芒四射,异常郑重地拿出两本精装书籍《三线军工岁月——山东民丰机械厂(9381)实录》(张志强主编,上海大学出版社2017年版),送给我和郭郅导演,满怀深情地说:如果能到这里来拍电影,我代表三线军工人感谢你。

书很厚,里面也有很多照片,大多是老军工人的回忆录。我只随便翻了几页,放到包里有待闲时再看。当晚住下,宾馆是老办公楼改造的。到大食堂吃饭，食堂也是老石头房改造而成，农家菜十分地道，临沂特产煎饼也原汁原味。饭后，到原厂区溜达，突然看到大礼堂，一下子勾起了我儿时的记忆。再进去细看，20世纪60年代风格建筑和时代的红色烙印依然保留完好，我爬到二层，又去后台，再看老式的门窗，感慨万分，大呼：像这样的老礼堂少见了。因为我是红二代，自幼生长在大院，看电影没票时就藏在大人的大衣里下蒙混过关；有时从厕所的窗户里爬进去，躲在反面看电影；有演出时爬到后台看演员化妆，被大人揪着耳朵出来。旧日时光触景生情。

第二天，刘长军老总和张文霞老总带着我和郭导去岽上草原，重峦叠嶂，特有的岽山地貌与天云交织，仿若天上人间。山下一群孩子在拓展训练。临别，我问王吉德老总，他们东蒙企业集团是怎么想起开发9381军工旧址一事的？他给我讲了这样一个故事：当年，东蒙企业集团赵玉林书记去看望在岱岽镇当书记的老领导，看到岱岽镇依然贫穷，想出钱资助教育事业，但老书记却领着赵书记一行人来到9381军工旧址，说你们如果能把这个地方保护好，就是积了大德喽。9381军工厂是1965年建立的，当时对外称谓是民丰机械厂，属于保密军工企业，繁华时有职工三千多人，比蒙阴县城还繁华，被当地人称为蒙阴的小香港。20世纪80年代后国际形势突变，中国开始搞经济建设，9381军工厂"军转民"，开始生产民用产品。再后来，因深居大山交通不便，工厂自90年代开始陆续搬迁。当赵玉林书记他们看到9381军工厂时，杂草丛生，厂房破旧，一个个山洞被当地村民用来养蘑菇、存牲畜，一片狼藉。后来，他们东蒙集团年复一年开始修复重建，修路、改造、绿化，不但恢复了旧军工厂的原貌，还增加了新的设施，硬是在废墟中建立起了"中国军工文化园"。在9381军工厂建厂50周年大庆之日，东蒙人把老职工都邀请回来了，足足有700多人，盛况空前，白发苍苍的老军工人回到他们曾经战斗和奉献过的地方，激情拥抱，泪流满面……

我离开岱岽，心里是满满的。我突然就想起了我姐姐，也由衷地佩服沂蒙山人不屈不挠的倔劲。赵玉林书记、王吉德老总和他们东蒙人，能把原9381民丰机械厂旧址保存并修缮，发展成为集教育、拓展、观光于一体的旅游胜地，可谓是替文物工作者做了一项伟大的工程。

几个月后，电视剧杀青，我又接了新戏，到江苏张家港市永联村采访大校军官吴惠芳回村当书记的故事。行前特意把《三线军工岁月——山东民丰机械厂(9381)实录》这本书带上了,写累了就翻这本书看,书中老三线军工人回忆他们来到笊篱坪时如何艰苦,到重庆学习时多么兴奋,大会战时多么激情澎湃,不经意间,三线军工人的回忆录像一发发子弹,射入我的心扉。他们满怀豪情奔赴祖国最需要的地方,白手起家,艰苦奋斗,那种对祖国奉献舍我其谁、不求回报的精神,深深地感动了我。不出几天,我认真地看完了这本堪称一个时代烙印的回忆录,字里行间,三线人"献了青春献终身,献了终身献子孙"的那种豪情,虽感苍悲,但却折射出一种只有那个年代才有的精神风范。我姐姐对我说过,他们不后悔,他们现在很幸福,虽然因为儿孙满堂回老家成了一个永远不能实现的梦想,但宜昌也发展得很好了。我就想,像我姐姐、姐夫他们这些老三线人,不应该被社会忘记,往大里说,中华民族不应忘掉那段特殊的历史,因为他们付出的时代符号正是当今需要传承的民族精神?!我心满满,忽然就有了创作的欲望。

电影故事提纲一蹴而就,起名《守望》,当天发给了刘长军老总,让他转王吉德老总。在构架电影故事起始,我只想写三线人。但一方土地养一方人。沂蒙山是革命的山,英雄的山。陈毅元帅曾说:"我陈毅就是进了棺材也忘不了沂蒙人民,他们用小米给养了革命,用小推车把革命推过长江。"20世纪80年代我在做记者时多次采访过沂蒙山老区,对老区有较深的感情。我认为,当年小三线之所以选择在沂蒙山,除去地理原因之外还有更重要的原因,那就是当地的群众基础好,老区人民是革命最坚强的后盾!所以,我就想把沂蒙人对三线建设的贡献也写进去,尤其是后来东蒙人花了那么大的资金和气力重新复原9381军工企业,将一代人的记忆保存下来,这也是传承的故事。

冬天,刘长军老总来电话,说他和王吉德老总都是含着眼泪看完故事提纲的,希望我再去岱崮。我像一个受到表扬的孩子,兴高采烈,二次来到岱崮。用现代人经常用的词来形容,就是我们三人三观一致,情怀相通,拍摄电影的意向就此达成。

回到济南,忙于46集电视连续剧《大校村官》剧本创作,往来于北京、济南之间,可以说三线的故事,已经注入我的血液。我一定要完成这个史无前例的工程!

9381军工厂坐落在蒙阴县岱崮镇笊篱坪村,我就从笊篱坪一个放羊娃二更写起。他16岁进军工厂当伙夫,后来和军工厂来自青岛的小雯姑娘相好,拜了干姐弟，他憨厚耿直，错把姐姐对他的友情当作爱情，为了争夺姐姐制造了一个又一个事端，终酿大祸被工厂开除。而后当兵，转业后他始终没有忘记姐姐，回到笊篱坪发现军工厂搬迁，于是有了重塑9381的动机。这个人物是整个电影故事的中轴，时间跨度是50年，将三线军工从20世纪60年代的兴起，到80、90年代的消失，再到2010年后的恢复。可以说二更这个人物的设置，是对整个沂蒙山人民的一个缩影，将沂蒙山人民浓浓的情浓缩在二更身上了。

在这条主线下，推出诸多当年三线人艰苦创业的事迹。典型人物就是主人公小雯。她来自青岛。"好人好马上三线"，小雯因养父母有"台湾关系"被隔离审查，她欲以自杀告知清白，被二更救起。于是两人拜为姐弟。后查明小雯是烈士的女儿，她为了进步舍弃了爱情。老厂长（她的亲生父亲）牺牲后她继承革命遗志，坚守9381直到最后。

剧本一稿出来后，我发给郭郐导演看，他是国家话剧院国家一级导演，我们合作过十几部电影。他看后十分惊讶，问我哪来的生活基础？这种题材的电影太少见了，非常好！说心里话，我得感谢始作俑者的《三线军工岁月——山东民丰机械厂（9381）实录》。

又过了一段时间，郭郐导演突然电话我，说未经我同意把剧本给柳城老师看了，柳城吩咐，让我速到北京，他要见我，当面谈剧本。

柳城是我国著名的电影艺术家，出版了电影《三字经》，负责创建了中央电视台电影频道。我到北京又见到柳城老师，十分激动："我也很激动，没想到还有这么好的剧本，它是国内第一部真实反映小三线题材的电影作品，填补了中国电影的一项空白，好好改，好好拍，拍好了将具有重要的思想和创作价值。"得到首肯，我信心满满，问柳城老师还有哪些不足？他说他审阅过2万多部电影剧本，亲手批阅的像陈凯歌的《霸王别姬》那样的电影也有两千多部，但《守望》剧本让他震惊，在"文革"初期，竟然还有这么一大批人在大山里默默奉献，没有停止生产。一定要交代时代背景！我提出不想把"文革"写进去，但柳城老师斩钉截铁："这是时代的产物，必须写！"

为了慎重起见，我让王吉德老总帮我约请9381厂老职工，我要对他们尤其是对"文革"期间军工厂的状况做采访。

2018年6月，最后一个采访对象是9381最后一任党委书记邱书记，当然也包括他的爱人——第一批从笊篱坪村进厂的老职工和他们的女儿邱萍——

最后一批进厂的职工,感谢他们和张志强秘书长等三线老军工人提供的大量素材。

剧本八易其稿。柳城老师说,这个剧本填补了中国电影的两项空白:一个是填补了中国电影三线题材的空白,一个是中国电影姐弟恋的空白。其实,从广义上说,姐弟恋是三线军工人和沂蒙山人的恋情,这种情是军民情,这种爱是革命的友谊。而后,柳城老师又约我回北京对剧本进行了两次研讨,为了树立老厂长这个英雄人物形象,我又两次去临沂专门采访邱书记,对建厂初期和"文革"时期的一些事情进行了实证,然后把红嫂的故事巧妙地加进去。

沂蒙山是革命的山,是英雄的山。这里出过红嫂,更有六姐妹。但在我记忆中最深的却是沂水的祖秀莲和郭伍士的故事。1941年,郭伍士在战斗中负伤,祖秀莲将他救起,后来郭伍士为了找到救命恩人走遍沂蒙山,终于在沂水桃棵子村找到祖秀莲大娘,他举家迁到桃棵子村,把祖秀莲大娘当亲娘赡养。这段故事1987年我拍成了"摄影小说"。为了有机地勾连主人公之间的关系,我把这段故事放进了《崮上情天》。因为祖秀莲大娘的故事是沂蒙山红嫂故事中的典型代表。于是,在电影中就有了二更奶奶战争年代救过李厂长——李厂长认二更当干儿子——二更和小雯是干姐弟——李厂长和小雯是亲父女这一看似复杂实则血浓于水的军民关系。可以说电影《崮上情天》中又出现了一个新的"红嫂"故事。

在编剧技巧上,我没有对轰轰烈烈的小三线进行实写,而是将它作为背景,以情感线来叙事,用老厂长和二更奶奶、小雯和二更的情感线编织故事大框,将三线军工事业有机地缝合在段落中;用小雯的身世和爱情悬念当翘板,串联技术员康青山、高干子弟高翔、小雯的竞争对手王云云等人物各自的故事展开;以二更抓特务和制造事端为引子,强化戏剧张力;以二更几十年不忘初心回来重振9381,彰显沂蒙人民的博大胸怀。

湖北宜昌的大姐对我说过:我们现在挺知足的,儿孙们都很好,国家也强大了,一个月国家给几千块钱的工资,够用。这个"够"字,就是福祉——是对过去的肯定——是对我们的共和国无怨无悔的表现。

一部艺术作品,创作者首先要自己感动,才能写出感动别人的剧本。可以说这部电影的人物原型,都是真实的,是共性中的个性。故事的大背景就更加真实了。如果现在不写这部电影,再过几十年想采访老三线军工人恐怕都找不到人了。

在北京我和导演郭郅、衣楠再三商榷,是不是加入商业电影的元素,我又征询了柳城老师,他坚持用老电影的叙事方式。中国电影艺术研究中心研究员连秀凤老师看过剧本做了亲笔修改,希望就在二更和小雯这两个人物身上把戏写足,让人物活起来。因为人物没戏,整个剧就塌了。就从小雯的身份之谜开章,以小雯这个三线军工人写起,直接带入那个年代。整部剧是悲情的,但不做评判,以客观的视角来描述三线人是如何投身军工事业,轰轰烈烈20年,他们奉献了芳华和热情,为国家安宁做出了巨大的贡献。由此展开二更和小雯的情感发展,通过艰苦的创业,建立真实的深厚的姐弟情。

电影《崮上情天》签约仪式

剧本《守望》出炉后,在申报时出了问题,因为有重名的。于是,为了快速申报,我们讨论将岱崮地理地貌的"崮"做片名。就这样,电影《崮》,成为中国电影的一员。为什么后来的电影叫《崮上情天》呢?起源于连秀凤老师来岱崮时,我们站在崮上草原,看着大朵大朵的浮云挂在天边,连秀凤说片名《崮》让人一头雾水,不如改成《崮上情》,我说三线人的情就融化在这湛蓝的蓝天之上,崮上有情天。连秀凤说《崮上情天》好!片名由此而来(影片送审时将《崮》改成《崮上情天》)。

晚上,在研讨剧本时,蒙阴县宣传部吴部长说,如果电影里有首歌就好了。王吉德老总也说,一定给沂蒙山再创作一首好歌曲,成为《沂蒙小调》《谁不说俺家乡好》后的第三首。我当即回答,这首歌已经在我心里了。因为白天,我在崮上草原看到遍地是花,异常美丽,我就想,到底哪一朵最美丽呢?由此想到剧中人物二更,工厂里虽然来了那么多美丽的姑娘,但二更认为姐姐最好看,于是所有的女孩子在他心目中都黯然失色了。这朵花就是三线军工之花,永远地开在了二更心里。它也折射了每个军工男人心里都有自己的那朵花。我当场朗诵:一朵花,开在山上,长在心里,美了一片山……吴部长说这歌词好!

开机前在北京与我国著名作曲家郭晓天老师研讨电影音乐时,我坚持要一首歌,并把歌词给他,但郭晓天老师坚持要到崗上草原上看过后再谱曲。开机时郭晓天老师登临崗上草原,他回来就给了我一个熊抱,兴奋地说:"有了,有了,这首歌不但在你心里,也在我的心里了。"没等剧组杀青,由黑鸭子歌手郭祁演唱的主题歌就传来了,在杀青宴上,郭郅导演播放了这首歌,没想到在场的人都哭了,听了一遍又一遍……我反而笑了。

  一朵花
  长在山上
  开在心里
  美了啊美了一座座山
  风儿醉了
  云儿睡了
  百鸟齐唱
  山里山外都是你芳香
  一年啊又一年
  一年一年又一年
  风儿把云儿沉香
  鸟儿也不再歌唱
  只有啊崗山的花
  在四季开放

记得离电影开机还有五天时,郭郅导演在北京挑选演员遇到困难,饰演李小雯的女一号迟迟定不下来,让我火速赶到北京。对于当下青年演员饰演50年前小三线军工人,的确是有难度的。当时女一号备选演员仅剩三人,因剧本是我创作的,对角色的把握应该更准确一些,郭郅和衣楠导演让我拿主意,我也十分犯难。因为女一号李小雯这个角色是轴,饰演她父亲的李厂长已经定下来,由饰演过《铁人王进喜》的老艺术家张志忠扮演,二更是在《那年花开月正圆》中有出色表演的李启芯扮演,而出演李小雯的角色一旦选不好,整个戏就塌了。看照片,演员苏小妹那冷漠的眼神,让我想起当年所有女孩子谈性色变得严肃状,而且她有铁娘子的傲骨劲。我说可否把宝赌在张艺谋身上?既然艺谋导演在《金陵十三钗》中启用苏小妹,说明苏小妹是有功底的。导演认可,于是苏小妹走进了《崮上情天》剧组。

电影《崮上情天》开机仪式

2018年9月26日,三线军工人和东蒙集团划时代的一天到来了。电影《崮上情天》剧组在山东省临沂市蒙阴县岱崮镇笊篱坪村9381厂军工大礼堂举行了隆重的开机仪式。老三线军工代表来了几百人,据说16个老三线军工企业单位只是来的代表,很多人闻此想来不让来。为了表达对三线人崇高的敬意,我写了朗诵词,由郭郅导演带领摄制组三位老艺人上台朗诵:

日月经天,万象更新,天在歌唱。

江河滚滚,九州生气,地在述说。

五十年过去,这里盎然生机。

在那烧焦的战场上,鲜花一年又一年在默默地开放。

那是新中国还在她童年的时候。

因为祖国的需要,他们离别了家乡。

好人好马上三线。

一代人把青春和生命定格在了崮乡。

他们,在风雨中匍匐前行。

他们,在惊涛骇浪里接受着命运的颠簸。

人生能有多少个五十年。

他们献了青春献终身,献了终身献子孙。

于是,千千万万个笊篱坪。

在共和国贫瘠的土地上,冒出了一个又一个充满生机的枝芽。

谁没有父母?

谁没有爹娘?

三线人问心无愧地用胜利的美酒,祭奠了自己灿烂的一生。

祖国不会忘记你们。

为了祖国最高的利益,你们放弃了自己的所有。

祖国不会遗忘你们。

为了人民的安康和平,你们铸就了不朽的功绩。

没有一个巩固的国防,没有一支强大的军队,实现中国梦就没有保障。

没有你们,就没有改革开放40年举世瞩目的伟大成就。

今天,中国人民的生活实现了由贫穷到温饱,再到实现小康社会的跨越式转变。

一个强大的中国,已经屹立在世界的东方。

安息吧,孟良崮下的英烈们。

自豪吧,献身三线军工事业的一代人。

岱崮的花儿,已经开满了山,成了醉美桃乡。

那是胜利的花,幸福的花,世界上最美的花

与山河长存……

与日月同辉……

　　花儿尽情地怒放吧。

　　牢记人民的嘱托,人民至上,心中永远装着人民。

　　在党的好政策引领下,沂蒙山家乡父老会更加富裕、幸福和安宁。

　　崮上有情天。

　　最美是临沂。

　　祝愿我们的祖国繁荣昌盛。

　　祈福我们的人民安康幸福。

　　崮上有情天——

　　当时,四位艺术家朗诵完毕,三线军工人热泪盈眶,他们给摄制组送上锦旗,赠送《三线军工岁月——山东民丰机械厂(9381)实录》一书,送上拥抱……我在台上,仿佛有马上要上前线的感觉,不由红了眼眶,热泪满盈。

　　我这次见到策划出版《三线军工岁月——山东民丰机械厂(9381)实录》一书的上海大学历史系徐有威教授,我感谢他出版了一本"墓志铭",他感谢我把文字影像化。

　　其实,我们异曲同工,能为三线人写点什么,是荣幸。无论是书还是电影,慰藉那个时代,让更多的年轻人在鲜为人知的故事中寻找中国不灭的道理,这才是真。像小雯这样投入到三线军工事业中再也回不去家乡的人,据说当年中国每6个工人中就有一个是军工工人,比例是十分大的。他们的奉献和付出,不应该被共和国遗忘。包括我的姐姐和姐夫。

　　电影拍摄中,需要几百人的群众演员,老三线军工人听到消息后,从全省各地自发来了500多人。电影片尾中老三线人重逢的场面,是真实的记录,没有摆拍,极为感人。他们都对那个年代无怨无悔,充满了把青春奉献给共和国无比自豪的幸福感。

　　原计划电影分两地拍摄,春、夏、秋三季的镜头在蒙阴拍摄,冬天的雪景戏到东北拍摄。在剧本创作中,有一个非常重要的情节,女主人公突发阑尾炎,弟弟二更为了救姐姐,背着姐姐在雪地里走了几十里路,结果冻伤了腿,无法医治截肢,由此姐姐小雯下决心养活弟弟一辈子。为什么这段镜头没有出现在后面公映的电影中,其原因在我。

我下过乡,当过报社记者编辑,饮食没有规律。开机前我在北京改完最后一稿时感觉胃疼得不像往年,后来胃出血,所以不再饮酒。按照往年的规律吃几片药后,便投入到繁忙的筹拍中。开机当天,胃疼加重,大汗淋漓,我坚持住了。剧组顺利开机后投入正常拍摄,我的胃越发疼痛,便血。于是我决定去医院,自己开车往济南赶,刚离开岱崮不到30分钟,我已是浑身大汗,天旋地转,于是在手机上搜了就近的小医院,让医生给我打止痛针,第一瓶止痛的点滴还没打完,我已经疼痛难忍,昏厥过去。医生见状马上拨打120,救护车将我拉到莱芜中医院。在没有知觉的前提下我居然出现了幻觉,脑子里电影镜头频闪,剧中李小雯得了阑尾炎,二更背着她(我)在雪地上爬。茫茫大雪,冷风嗖嗖,终于到了医院,医生说我有生命危险,胃出血已经三天了,胃穿孔已经两天了,再耽搁半小时就没命了,马上开刀手术……

当我醒来时,已经从医院的手术室出来,到监护室观察。家人说,我被拉进莱芜中医院后,大夫怀疑是胰腺癌。大夫通过我的手机找到我的家人,剧组人员从蒙阴往莱芜赶,我的家人从济南往莱芜赶。我一个人孤零零地躺在急诊室,医生不敢在没有家人的情况下对我进行手术。深夜2点后,我的家人坚持用120救护车拉我回到山东省立医院,第二天又拉到山东省千佛山医院进行手术。我这才知道我竟然跨越四个医院。

后来医生说,胃穿孔已经两天了,再晚小命就没了。我笑着说,我命大,和剧中李小雯一样,不能死,死了戏就没法拍摄了。

我非常遗憾自己没能坚持在《崮上情天》的拍摄现场。后来能下床后,我在医院里的护士站用电脑将这场戏删掉了。所以,《崮上情天》公映后,观众是看不到这场戏的,我替女主角演完了这场戏。两次手术,成功减肥40斤。

杀青时,我坚持到了拍摄现场,尽管刀口尚未愈合,最后一场戏后我和大家合影留念。真的就感觉自己蜕变成伟大的三线战士了。

剪辑大师洪梅老师亲自剪辑了《崮上情天》,我和王吉德老总一同去北京审片,在场的人都热泪盈眶,盛赞这是一部优秀的红色电影。

如何让人多看一遍这部电影呢?我突发奇想,出本画书怎么样?王吉德老总小我几岁,也算同龄人,对小时候看画书的情节记忆犹新。我俩一拍即合。于是,联系出版社。小人书,尤其是电影小人书,已经绝世30年了,当这个提议说出后,山东美术出版社的李伊编辑十分感兴趣,于是我们开始搜罗照

电影《崮上情天》首映式

片。书号下来后,编辑小人书的工作十分有趣,把一个又一个镜头分解、然后组合,每幅照片都标注上文字说明,几乎是和看电影一模一样的,而且比看电影还有乐趣。《崮上情天》同名电影画书出版后,印刷量是1万本,放在崮乡旅游集团所属的9381军工小镇、孟良崮景区、刘洪文化园、椿树沟景区,成为最有特色的旅游商品,深得游客的欢迎。可以这样说,《崮上情天》电影画书,是一代人对小人书的记忆回溯,是这种印刷品隔世30年后又一次归来。

电影主创人员和演员合影

在山东小三线原民丰机械厂大礼堂前的合影
(右一徐有威、右二唐亮、右三王吉德)

2019年5月1日,在岱崮9381军工小镇大礼堂,电影《崮上情天》举行公映式,剧组主创和主要演员都来了,大家好像回到了家一样,来自全国的三线军工人500多人齐聚一堂,看完电影后,几乎都是用眼泪交流,让一部电影把大家的情感融为一体。我也激动异常,在我和王吉德老总拥抱时,我感到我拥抱的是一座山。

尚有遗憾,尚有不完美,还有很多没有表达,在三线军工人面前战战兢兢,生怕对他们不起,感谢他们自己写就了这部电影、演绎了精彩的人生,让我从中受益,更感谢沂蒙山人民。

电影《崮上情天》剧照　　　　　　《崮上情天》电影画书封面

（唐亮，祖籍山东威海，1961年出生。曾在《大众日报》担任编辑、记者，后成立山东唐人影视公司，长年从事影视策划、制片、宣发、导演、编剧工作。主要作品有：电视连续剧《燕子李三》《真假青天现形记1》《大观园》《国家力量》《有房有车》《大校村官》《老兵荣耀》等；电影《冒顿》（获美国好莱坞"世界民族电影节"最佳影片奖）、《永恒的心愿》《中国检察官》《梦之园》《天网狼蛛》《崮上情天》等；纪录片200余部；获奖电影剧本7部）

我在追寻三线历史中的爱与际遇

戴小兵

一、缘起

我出生于20世纪60年代,在那个充满国家记忆的时代,它的印记深深烙入我的生命,驱使我一直关注并试图理解国家历史与个体生命的关系。

半个多世纪以来,随着时代变迁与代际更新,新的层出不穷,老的轰然消逝,一如我的十里钢城,灰烬中飘荡着我从出生到青年时期的所有回忆。但同时,在废墟上竟也复现出父辈开辟天地的最初模样。那些消失的与无法磨灭的,那些变化的与永不改变的,总是一并涌到面前,我想我需要一种更为清晰的视角,才能看到个体生命的瞬间价值与历史的沉默逻辑。

为此我需要继续与历史的遗产活在一起,与他们交谈,为他们记录,为未来交流,为未来记录。作为一名职业摄影师,我希望自己的努力能够为后来人读取当代中国提供多一个现场视角。

自从得知老重钢将拆迁,我用了三年多时间背着一台木制的8×10大画幅胶片相机,游走于熟悉的工厂之中。为这座始于1938年内迁至今已有近一百年历史的老厂记录最后的影像,由此也开启了我对老工业影像关注。这套不成熟的作品,于2016年11月在重钢搬迁后原址重建的重庆工业博物馆展出,竟然受到重庆工业博物馆的重视与关注。2017年接受他们的重托,开始拍摄三线建设亲历者口述历史的专题片《不闻沧桑》。这看似偶然的缘起,却实在地将我和我的团队与共和国历史锚定关联。

戴小兵作品《重钢劳动者》

二、不闻沧桑

我们的创作团队成员大多是80后、90后,除了我接触过一些三线企业,年轻人几乎都不清楚何为"三线"。只能让大家先从《大三线》《三线风云》两部纪录片入手,反复观看。对三线建设有了基本的了解后,为了对这段历史的价值进行深度挖掘以明确专题片的拍摄方向,我们走访了重庆大三线历史研究专家,参阅了重庆党史办研究员及专家们写的所有关于三线研究的论文。尤其得到四川外国语学院教授、三线建设与社会发展研究所所长张勇的学术支持以及在寻找有故事的三线亲历者的工作中的大力帮助。张勇不但帮助团队梳理了三线的历史脉络,也让大家对三线建设概念的理解得到高度提升,使我们从最初设定的以三线军工产品为切入点的拍摄思路,转为以三线人的工作生活经历为拍摄线索,进一步明确了创作方向。记得第一次和张勇开工作会的时候,听了他对三线历史的介绍,执行制片人杜映萱女士激动地说:"三线这段历史太值得铭记,三线的精神也太值得传承,我们以后一定要把关于三线的所有作品摄影、图书、影像都集结起来做一个非常有艺术效果的展览向年轻人

团队策划组第一次去四川外国语学院开工作会（左起张小吧、杜映萱、张勇、戴小兵）

传播。"后来，当初的理想果然实现。

对三线人物的口述史拍摄历时近一年，走访了60余位当年三线建设的直接参与者。摄制组拍摄了几百小时的人物采访视频和厂区、生活区旧址资料，撰稿人员查阅了大量相关题材文字资料。团队成员各展所长，遵循"亲临现场，关注日常"的思路展开创作，深入了解并展现了三线建设人员当年的工作与生活状态。针对重庆118家三线企业的情况，我们梳理出六大类行业：核工业、船舶、冶金、化工、兵器、仪表，按这六个篇章拍摄，每个篇章都独立成片。从微观视角入手，以小见大，拍摄采访中留下了许多难忘记忆。

第一个着手行业是核工业，主要对象是816核工程。这可是一个2002年才由国防科工委解密的地下巨型核工程。816工程位于涪陵白涛镇，是一个当年仅有几千人的乌江河边小镇，当年选址后为了保密，白涛镇随之从地图上消失。作为世界第一大人工洞体工程，由于国际形势变化，工程于1984年停工。通过镜头，我们真诚记录着曾经的故事。当年毛主席的一句"唯有牺牲多壮志，敢叫日月换新天"，不仅仅是热血口号与语录，而是真心实意的行动。至今从老三线人口述中，我们仍能强烈感受到，他们心中依然燃烧着当年的自豪与光荣，他们理所当然的牺牲，是因为他们能为自己的家国去生产——定国安邦的国之重器。

这一代人很难理解上一代人的坚守是怎么回事，也许是时空阻隔时过境迁。在很多时候，我们也都很容易陷入工作惯性，把一次拍摄当作一次任务，去计划,去完成。但是,更多时候,随着镜头的推近,我们能深切地感受到真相对良知的召唤,我们越来越体悟到镜头前一个个老人和他们背后的整个时代。

历史通过画面化为一种巨大的压迫感,使我们不能苟且,我们的工作量在增加,工作预算在超支,大量的口述视频远远超出我们的工作计划,后期工作量无边无际地展开。

在老重钢的高炉前采访当年的高炉设计者项中庸

但是当我们面对珍贵的当事人亲历口述视频,我们仍然觉得工作做得不够,我们常常会从受访者那里得到一些新线索,便顺藤摸瓜,挖掘出更多内容,采访名单越拉越长,随后又一轮的工作扑面而来,我们真切地体会到了前一代人的披星戴月。

在老重庆型钢车间采访何智亚

在望江机械厂车间拍摄

当年816人"抢占取水口"的故事,让我们决心一定要去取水口拍摄,经我们多方努力,终于得到拍摄许可。我们得以带着拍摄设备下到江心巨大的取水口内,据说这里还从来没有准许任何单位或个人进入拍摄。

当年建造地下洞体的8342部队牺牲战士长眠于离洞体工程约3公里左右的一碗水烈士墓园。为了解烈士当年更翔实的情况,我们去陵园周边采访守陵人,可惜当年的守陵人已去世,而他儿子依然守护着。守陵工作工资很低,几乎不能解决一家人的基本生活,儿子还得另外打工来补贴家用。"为什么不放弃这份工作?"我们的问题很残酷,"老一辈交代过,这些解放军是为国家,这么年轻就牺牲在这里了。我们应该帮他们守好这道门,让他们能够在这里安息。不管给多少钱,我们都要信守承诺,世代传下去,给他们守陵。"守陵人的儿子回答得简单明白,他与媳妇将继续守护这片墓地,仿佛这是极简单的道理。我们看到的坚守就是如此的平凡,平凡到像是父亲对儿子的一句嘱托。

在816烈士陵园采访当地百姓

每个受访者的拍摄都是分几次采访完成的,其中初次踩点是最难的,也就是要找到被访对象,了解他在三线建设期间的经历,评估当年的生活工作场景的可拍摄性。在东港船厂选取外景时,我们发现造船车间有人在搬运鞭炮,再一细问,原来第二天就有一艘大船的下水仪式。而今船厂业务不景气,一两年也难得有大船下水。得到这一消息,我们异常兴奋,这可是千载难逢的机会。为了片子里也许只有几秒钟的镜头,我们安排了多机位拍摄。机器不够就租借设备,增聘外援摄影师。四个地面机位,一个高空机位。为了不留遗憾,编导闻聪更是亲自顶上航拍机位。我们的小型拍摄团队人手一台机器,各自分工,严阵以待,忙了一天,终于成功抓取到这一组珍贵镜头。每当看到成片中的这一段几秒钟大船下水的画面,回想当初的机遇及团队成员的协作配合,总是感慨万千。

三线是厂,更是人,无数的孩子直接诞生为"三线人",三线的历史伴随厂址的转迁虽已结束,但"三线人"的故事依然延续。我们听中国三线建设研究会副秘书长何民权老师说,原永进机械厂从大连支援三线迁入重庆江津后在山沟里出生的第一个孩子,被大家取名"永进一号",经多方寻找,终于电话联系到绰号"永进一号"的吴红宇大姐。如今的吴红宇仍然在当年三线工厂里(已转型民用企业)工作,已经走上领导岗位。"永进一号"替代了吴红宇成为她的名字,可以说是大时代对她个人命运的书写。

东风港造船厂拍摄现场

当说起自己是永进厂的第一个孩子、被大家叫了几十年"永进一号"时,她仍然是充满喜悦,回忆起当年厂里放露天电影,她脸上流露出孩童般的兴奋。她的脸上仿佛映射出整个时代,永进厂已然消失,但却在"永进一号"的笑容中继续活着,她续写着历史的新时代,

编导闻聪(左一)采访吴红宇及家人

她叫吴红宇,也叫"永进一号"。

在团队成员通力协作下,我们终于完成了专题片《不闻沧桑》的初访、拍摄、剪辑、制作工作。2018年5月18日国际博物馆日,重庆工业博物馆在老重钢保留下来的钢花影剧院为《不闻沧桑——三线人物口述历史》专题片举办了一场千人点映礼。当天锣鼓喧天,热闹非凡,我们将现场布置成一场当年表彰大会的场景。遗憾的是部分受访老人因身体原因不能到现场,大部分接受采访的三线老同志都如约而至。几十年后的相会,戴红花,披彩带,是这代人给他们迟到的敬礼,老人家的脸上洋溢着幸福的笑容,对现场充满感激。

在片尾我们打上了最后一行文字:"他们历经沧桑,我们却不闻沧桑。"

那天是个大好日子,我将永远铭记于心。

作为《不闻沧桑》的艺术总监,我被安排上台讲述拍摄感言,其实心里非常忐忑,思虑感悟太多,又往往词不达意。可当主持人把话筒交给我的那一刻,我居然由衷地说起了内心真实的感受,在这个信息爆炸的网络时代,大家甘于平庸却不相信英雄,但是此时此刻现场就有一位英雄,他就是816的陈炳章老人。

1969年1月,404厂核反应堆,孔道工艺管发生元件烧结事故。当时作为抢险班长的陈炳章,明知那是生死抉择,却第一个冲进高辐射污染区域。他不

陈炳章(中)在点映礼上发言

假思索地对身后的同志说:"你们还年轻,我已经有两个儿子了,让我去!"万幸,事故排除了,无畏的老人在辐射危害中活了过来,但之后伴随他的是几十年漫长的肉身折磨。

在全场的热烈掌声中,我们的英雄陈炳章被请到主席台,老人说:"抗日战争要不要死人?解放战争要不要死人?我如果害怕死,就不会干这份工作。职责所在,责无旁贷!"说得无怨无悔,很浪漫,做得到的是真英雄。

这个迟到的致敬能献给真英雄,我感到一种圆满。

《不闻沧桑》片头

三、再问沧桑

《不闻沧桑》专题片创作结束,再受重庆工业博物馆委托,我们进一步深入挖掘三线这段历史,创作三线人物口述纪实图书。在该书的立意命名上,我们考虑专题片"闻"突出的是传统的"你说我听"的形式,缺少互动性。图书作为《不闻沧桑》系列专题片的补充,需要有新的立意。"问"作为一种发问形式,更加突出发问方地位。这样,"闻"与"问"有效形成了主、客方的联动。

《再问沧桑》定位写的是人的故事。一个人的故事是可以穿梭时空的,不论时代如何变化,科技怎样进步,人性的很多内容是没有改变的,比如爱,比如恨,比如遗憾,所有的情感都是共通的。但同时,人与时代又是真切发生关系的,这种体验无法复制,当从下一时代回望上一时代时,中间总隔着无法穿越的迷雾。所谓人的故事,就是"人与时代的故事","人与历史的故事"。

在《不闻沧桑》专题片中,主角是历史,人物是配角,这一次,我们想翻转剧本的乾坤,让人物成为主角,历史成为配角。我们要循着亲历者旧时走过的道路,努力还原那个时代的精神。

苏童曾经说过,每个人都必须面对两个时代,一个时代是大时代,窗外的大时代;另外一个时代是小时代,个人窗内的小时代。如今,我们已经了解了三线建设时期的大时代,看到了忠诚、信仰与奉献,现在,我们要打开小窗,看看个人生活的小时代,了解是什么样的人物在撑起一个时代的脊梁。

我们都在歌颂英雄,我们总说英雄不问出处,但英雄有家,英雄的每一次选择也都会给家庭带来震动。这是《再问沧桑——三线人物口述纪实》的写作初心。对日常生活的书写,对普通人命运的关注,以民生视角追溯历史,不去强调时事政治主张,努力还原当时的生活场景与个体家庭风貌,就是我们现在要做的事,因为它代表了正在消失的时代。

金宇澄在谈《繁花》写作时曾说:"实际上人是非常脆弱的。树叶一旦被风吹走,根本找不到它在哪里。你要趁它还在的时候,把它描写好就可以了。"人很小,天很大,河很长,时间很短,却是一生的光阴,趁一切还来得及,趁一切不晚,趁正当时,写一部属于"三线家庭自己的故事。"

2018年5月,项目启动后除了重庆工业博物馆官咏琴馆长带领的团队,还邀请了原国家计委三线办王春才、重庆历史文化名城研究会主任何智亚为顾问,四川美术学院教授、重庆文史研究馆馆员王林担任主编,四川外国语学院教授张勇、巨臣文化负责人杜映萱女士为副主编。

我作为采访拍摄执行人,又开始了近一年的走访工作,我们远赴上海、攀枝花等地,一切都是为了能够走得够近,亲临现场。我们始终抱着一个信念:

主编王林(右二)带团队去816军工小镇调研

三线建设的历史不能被遗忘,更不能被年轻人遗忘。我带领撰稿人重访了三线经历者。每一次采访我都参加并记录拍摄了大量的图片和每个家庭珍贵的文献资料,从而把控了书籍图文的整体性和艺术性,尽可能不留遗憾。

撰稿人分为三组,他们分头采访,全身心投入写作之中,其中有几篇文稿让撰稿人费尽心力,却被团队审稿人推翻重来。我们的装帧排版设计师胡靳一也是三线厂的子弟,从项目策划开始便介入核心工作,对全书视觉风格把握上不断协助我校正拍摄方向。团队成员间更多的是相互激励努力向前,我最喜欢对大家说的一句话便是:我们一定要做一本每一位读者都愿意在自己书架上永久珍藏的书。

在采访的过程中留下了很多故事,这里只能述说部分。我与张小吧去采访原5057厂总工程师陈志强,陈老晚年热爱参加京剧演出,他少年时期家庭生活贫困,酷爱京剧,亲历了当时辽沈战役退下来的国民党伤兵打砸演员、观众。我原来以为国民党伤兵砸抢老百姓是电影情节,不曾想听到亲历者口述,我才相信这些事情真实发生过。他说:"这些伤兵或许是对战争的痛恨,或许是对于自身伤痛的愤怒,才打砸抢劫。"他理解、同情并且原谅他们。从领导岗位退下来后,他偶然接触到重庆老人京剧票友,得以"花脸"身份登台演出《铡美案》,唱的正是包公不畏强权、匡扶正义的故事。我拍摄了陈老化妆准备出演包公的过程,为图书增添更多色彩,我们把那篇写他的文章命名为《我喜欢的是唱戏》。

创作团队工作会

化妆的陈志强

与兰迪一起采访816原三车间主任唐爱怀时,唐老回忆起在三线时期颠沛流离的生活,以及当年相继去世的爱人与儿子,语气平静,但

窗前的唐爱怀

书写三线故事已经成了王春才的日常

当从衣柜里拿出大学时期发放的军装时，老人的手颤抖了。我们请唐老穿上了军装，很慎重地为他拍摄了肖像。在白涛镇麦子坪唐老家中，而今年老的他穿着干净笔挺的军装站在窗边，往事与现实交相辉映，看着老人脸上的笑容我们也仿佛跌入了的那个年代。

在拜访王春才先生之前，我们已读了许多王老所写的关于三线的著作，他是原国家计委三线办主任，同时是三线建设研究、书写者。起初，王老不同意我们从重庆去成都他家中采访，他说，你们看看我写的三线的书，电话采访一下就行了。我告诉王老，我们团队用半年多时间拍摄了一部《不闻沧桑——三线人物口述历史专题片系列》，希望他看后请他给我们关于三线的工作多提意见。在我一再请求下，王老终于答应接受我们的采访。

到成都王老家大院后，在楼下我们和老人家又通了一次电话。王老说："你们在楼下等一会儿好吗？"我们想可能王老家里面不太方便，就在楼下等一会儿。没想到，几分钟后，一位微笑的老人朝我们走来。因为我们都读过许多王老的著作，熟悉他的照片，一见是王老，我们立刻迎了上去。王老微笑着问："你就是小戴同志吧？"我立即向王老问好，他握着我的手说："你们这么远，专程来看我，辛苦了！我一定要下楼来迎接你们！"我随王老上楼时才知道，王老住在没有电梯的老居民楼七层。这可是一位三线德高望重的老领导啊！而且王老出生于1935年，当时已是84岁高龄，竟对我们晚辈如此亲切、重视，真让人感动。

专题片时长80分钟左右，王老竟然认真看完，几个地方还要求回放，对我们的工作大为肯定,并提出建议。我们对王老的采访内容着重于他的三线岁月与写作生涯。我们年轻一辈人对三线历史有探知渴望令王老非常高兴,他说唯有这样,三线精神才会在真正意义上实现薪火永续。他是三线建设者与研究者,在他看来,三线的意义得从宏观层面、战略位置来考虑,不能完全算经济账。他说,虽然我们最终没有和美国、苏联打起来,但如果不搞三线建设,这场战争或许无法避免。

《再问沧桑》成书

同时,三线建设推进了西部地区的经济、科技、文化发展,从大的战略层面来说,它肯定是正确的。他认为,现在有些年轻人不了解三线建设,是因为我们的宣传与传承不够。这一席话使我们汗颜,想到拍摄一路走来,从表象到现场,从碎片到全面,从任务到使命,如果不是众多亲历者的真心托付,如果不是团队不懈的自我进取,又如何能对王老的一席话感触万千呢?传承价值当真不是纸上谈兵台下看戏,而必须是性命的交托与使命的延续。2019年11月《再问沧桑——三线人物口述纪实》一书,历经近两年的时间在创作团队的共同努力下终于出版。

四、见证现实

从一部片子到一本书,从不了解三线到研究三线文化,一直参与创作的90后团队成员张小吧在2017年10月说到这段历史文化的传承问题,提议去申报国家艺术基金资助的展演项目,杜映萱听了以后立刻开始谋划。

我记得很清楚,2018年1月1日,团队去501艺术基地拜访王林教授的时候,向王老师汇报了将三线主题艺术创作作品集结申报国家艺术基金资助展演项目的想法,并邀请王老师作为这个展览的策展人。王老师欣然答应并帮我们联系了四川美术学院实验艺术学院院长(原新媒体艺术系)李川教授。

我们和李川教授一拍即合马上立项,决定李川作为项目负责人,王林作为策展人,杜映萱和张小吧作为项目执行人,由四川美术学院实验艺术学院和重庆巨臣文化传播有限公司联合申报2019年度国家艺术基金资助展演项目。从2018年初开始筹备,经策展团队讨论确定展览主题定位:弘扬工业文化,见证现实主义。以典型案例方式呈现新中国工业发展的历史变迁,通过各种不同的细节和侧面,由不同的人根据自己的理解去解读,没有对错是非,只有见证与记忆,旨在从艺术角度挖掘工业遗产的历史记忆和人文价值,通过不同艺术家的个人创作,结合当时的国家精神,唤起了自强不息的民族记忆和无愧于时代的文化自信。

随后经梳理策划方案、征集作品、创作作品等紧锣密鼓的准备工作,于当年6月网上提交申请,10月去北京国家图书馆复审答辩。很幸运的是2019年初就收到了国家艺术基金办发来的立项通知书。"见证现实——老工业基地及三线建设摄影展"项目就此正式启动。

项目的成功申报既体现国家对这段历史的高度重视,也是我们团队这几年三线创作成果沉淀的转化,但这莫大的殊荣还是显得太突然,也更加使自己感到一种很具体的压力,来自历史托付的沉重。这不是属于团队和我应得到

上海大学吕建昌教授(右一)向策展团队介绍三线工业遗产活化案例

的重视,而是历史早应赋予三线和所有三线人的。

为了更深入全面地了解小三线历史,团队部分成员专程去上海大学,拜访著名三线研究专家上海大学历史系的吕建昌教授和徐有威教授。我作为展览作品统筹负责人,为了丰富展览作品的内容,带着展览介绍PPT开始了全国奔走,首先去沈阳拜访了中国工业摄影家协会主席、中国著名老工业摄影家王玉文,联动东北老工业基地摄影力量。随后去北京、上海、贵州、四川等地拜访各地著名摄影家邀请他们参与展览,同时策展团队还引领实验艺术学院师生到工业遗产现场进行创作,经过种种努力,全国各地的传统纪实摄影家、当代观念摄影家及艺术院校师生的精英作品齐聚项目。

在挑选作品过程中,我发现作为当年三线建设主战场、因三线建设而起的城市攀枝花,竟然没有一幅让我们满意的作品。于是赶紧动员重庆著名摄影家贺兴友、刘进一起自费前往攀枝花钢铁厂,进行补救式的艺术创作。为了攀钢的归队,必须短时间内往返数千公里,但这时候的我已经奇怪地感受到了历史定命的力量,一切困难似乎都会水到渠成地自然化解,果不其然,本应该困难重重的进厂申请流程和捉摸不定的天候变数,都一路顺畅,攀钢仿佛一直等待着我们的到来,为我们展现出她最自己的样子。

为了尽可能地把三线相关题材的作品带到项目中,策展团队联动了重庆

上海大学历史系徐有威教授(左)向策展团队介绍小三线历史

工业博物馆及攀枝花中国三线建设博物馆参展,并向全国征集了三线题材的文学作品、图书、影像等多种创作形式的作品联合展出。

"见证现实——老工业基地及三线建设摄影展"最终于2019年12月10日在重庆美术馆,及2020年5月12日在上海喜玛拉雅美术馆顺利展出。张勇、杜映萱和大家回想起第一次见面时豪言壮语的发愿,都不敢相信竟然得以实现,展览的影响力我不想在此过多言说,仅节选一位观展三线老人、一位媒体人、一位策展人的三段话作个说明。

攀枝花钢铁厂

展览重庆站现场

原青山厂厂长何朝刚观展后给朋友发微信:"戴伶,我们昨天到美术馆去,刚好星期一休息,故今天又去。看了展出,美美地享受了一次精神大会餐。我们几十年都在军工企业奋斗,对相片中的各种场景,似乎是亲力亲为,从解放初期的156个项目建设、三线时期的艰苦创业,和以后的三线调整搬迁,一幕幕在脑海中翻腾闪现,酸甜苦辣,都化为幸福满满的享受,而感到充实与骄傲。那些场景太熟悉了!谢谢你的推荐,给了我们这次欣赏的机会!"

"腾讯大渝网"记者陈媛元观展后感言:"这是我第一次看了三个小时以上的摄影作品展,也是近些年唯一一次看得痛哭流涕的展览,这些影像如此沉重,又如此豁达,这两股劲扭在一起,形成一道穿透平面的力量,将那个我不曾经历的时空,深深地刻在了我的灵魂记忆里。这种纪实和艺术的结合,让我也能与旁边一起观展的老人产生共鸣,仿佛自己也跟着一起经历了那个时代,看到那些为老工业基地和三线建设付出青春的老人,我很想给他们一个拥抱。"

策展人王林老师在前言中讲道:"档案现实主义创作倾向追求作品的真实,不仅是因为创作素材有档案一般可考证、可检验性质,更重要的是艺术家的作品场域,能够让人感受到真相对良知的召唤、真实对历史的见证。档案现实主义既是文本性的,也是实践性的。从档案现实到身体现实,恰恰是通过非语言和图像化的行动性表达,组织公共艺术展,以构成当代艺术创作中一种客观化的言语方式,不为一统化的语言系统所制约,由此获得话语个体表达的某种真实与相对自由。这种案例性陈述和揭示性见证,对中国当代艺术创作来说尤为重要,因为在中国社会进入消费时代之后,现实主义如何抵御自身向消费符号转化,如何保持现实问题针对性和意识形态批判性,成为在中国语境中真正发扬现实主义创作精神的重要方面。《见证现实——老工业基地及三线建设摄影作品展》只是一个开始,我们将会继续努力。"

历史对我而言曾经只意味着传说和故事,是人生之外的一些可有可无的

展览上海站开幕式

碎碎念，图像对我而言也曾经只是光影和趣味，是有闲人生的一种点缀与怡情。三线是我个人历史的开始，它是我生命的背景，也是我远游的参照，它是故乡我却永远不会再回去，它是起源我却从不想去了解……直到它在我面前化为虚空，直到这虚空变成我的图像，我才意识到在这图像中不是我的兴趣与怡情，而是我应该正视的所有——我的故乡、我的来处、我的生命和我的未来。

这看似矫情的文字似乎本不当写出来，而应刻在心底，但这些文字是对三线的感恩，而感恩就必须大声说出来，而且应该干出来。这一刻也许来得不算早，但终究是来了。

（戴小兵，摄影艺术家。20世纪90年代开始摄影创作，早期主要拍摄藏地题材作品，2000年后采用传统大画幅胶片机为主要拍摄工具进行观念性纪实创作。创作了《重钢劳动者》《重钢废墟》等系列作品，参与了三线题材影像作品《不闻沧桑——三线人物口述历史》专题片及图书作品《再问沧桑——三线人物口述纪实》的创作）

心慕笔追：我的三线建设学习之路

方锦波

首先非常感谢上海大学历史系徐有威老师，给我这个机会来总结自己的三线建设的学习历程，同时也是对硕士阶段学习的一个总结。作为一名中国近现代史硕士研究生，能够进入三线建设研究这个大家庭里，虽有一定的机缘巧合，但也离不开众多老师的帮助。

一、缘起

我的家乡在安徽省东至县，曾经是上海小三线企事业单位的所在地。东至县的小三线建设跨越整个香隅镇，其中化工区方圆20多公里，即现在的香隅化工园，成为县城经济的重要支撑。其中的安徽华尔泰化工集团的前身——上海小三线自强化工厂就是上海小三线企业。高中时期我对这一段历史有所耳闻，因而对三线建设了解较早，同时也引起了我极大的兴趣。作为一名"半路出家"的历史学专业硕士研究生，在兰州大学历史系研一上学期确定研究生期间选题方向时颇费周折。在与导师聂红萍教授讨论中，老师建议将我的家乡的小三线建设作为今后的研究方向。经过一番了解，发现由徐有威老师领衔的上海小三线研究团队成果斐然，对东至县小三线企业的研究已经涉及了。因而研究空间较小。于是在导师的建议下，将研究的方向定为甘肃三线建设，"在三线建设之地研究三线建设"。

二、从蹒跚学步到摸着石头过河

甘肃地处我国西北地区,独特的地理区位以及丰富的矿产资源,使之成为三线建设的重点区域。从某种意义上来说,甘肃省三线建设在全国三线建设中具有较强的代表性。在此之前,甘肃三线建设研究已经有一定的基础。汪红娟老师对甘肃三线建设进行了研究,并发表了多篇论文①。此外段伟老师以天水三线建设为研究对象,对天水三线企业的选址进行了探析②。这对于我来说是个挑战,前辈们的研究已经比较深入了,是否还能写出新的东西?带着疑问我立刻前往甘肃省档案馆查询相关档案。甘肃省档案馆位于雁滩,与兰大相距不远。经过询问档案馆相关工作人员,得知关于三线建设的系统档案几乎没有,省国防工办的档案也不对外开放。这让我顿觉心灰意冷。但仍抱着一线希望,觉得可能会有零星档案。经与工作人员协商,同意我进行电子检索。经过检索发现关于甘肃三线建设商业建设方面的档案资料比较集中。在接下来的大半个月中,抄完了这部分档案。虽然比较枯燥,但每当发现有可以利用的史料时,欣喜异常。

这部分档案经过整理,撰写了我的第一篇关于三线建设的论文《甘肃三线建设中的商业建设研究》,作为研一共和国史专题课程期末论文。张克非老师对该文进行了详细的修改,提出了不少宝贵修改意见,并鼓励我发表。这对于我来说是莫大的鼓励。2019年4月,在一次偶然的机会下得知安徽大学将举办研究生论坛。于是抱着试一试的心态将这篇文章修改以后投了过去,没想到有幸参会,并被评为优秀论文。参会期间,安徽大学历史系贾艳敏老师和黄文治老师对文章提出了宝贵的修改意见。之后这篇文章又经过多次修改,发表在了《陇东学院学报》2020年第3期。

随着学习的不断深入,越来越觉得自己的论文多是档案的堆砌,理论性不强,论述不够有力。这时在知网上检索徐有威老师有关小三线的论文,发现徐

---

① 汪红娟:《甘肃三线建设原因初探》,《陇东学院学报(社会科学版)》2006年第1期;汪红娟:《甘肃三线建设论述》,《河西学院学报》2008年第3期。
② 段伟:《甘肃天水三线建设初探》,《中国经济史研究》2012年第3期;段伟:《甘肃天水三线企业的选址探析》,《开发研究》2014年第6期。

笔者关于甘肃三线建设研究的获奖证书

老师多是从微观的角度和社会生活史的角度出发来研究的,这给了我极大的启发,于是一直在想如何把微观视角下的甘肃三线建设呈现出来。此外,徐老师作为国家社科基金重大项目"小三线建设资料的整理与研究"的首席专家,其团队成果斐然。但是在知网上只能看到一部分发表的论文,其指导的学生的学位论文在知网上也无法检索到。于是想方设法联系徐老师,希望得到其指导。

也正是在安徽大学研究生论坛上机缘巧合下与徐有威老师取得了联系。具体来说是学术论坛中另外一篇关于三线建设论文引起了我的极大兴趣,一看作者单位是上海大学,

《甘肃三线建设中的商业建设研究》发表于《陇东学院学报》2020年第3期

觉得极有可能是徐老师的学生。遂与论文作者曹芯同学取得了联系,在交流中了解到其正是徐老师的硕士研究生。于是通过曹同学联系上了徐老师。会后第二天徐老师就电话联系了我,并邀请我去上海,这让我十分欣喜。刚好当时在安徽家中,于是连夜坐了十几个小时的火车硬座第二天就到了上海。

徐老师在家里盛情接待了我,鼓励我继续把研究视角放在甘肃三线建设研究,并对研究方法、视角和档案资料的搜集方法给了中肯且操作性极强的建议。作为一名硕士研究生,能得到三线建设领域的权威专家徐老师的指导,这让我十分感动。临别前,徐老师还赠予了不少相关研究资料。回到兰州后,也

一直和徐老师保持着联系。在学习的过程中每遇问题,便会电话或者微信请教徐老师,老师总是会耐心解惑。

  此外,在平时的学习和研究中,徐老师多次把我推荐给相关老师。2019年6月,经徐老师引荐认识了四川大学李德英老师。李老师作为教育部哲学社会科学研究重大课题攻关项目"三线建设历史资料搜集整理与研究"的首席专家,其项目覆盖西南和西北两大区域,与甘肃三线建设有所重合。2019年7月,我赴成都向李老师请教问题。李老师平易近人,指出三线建设研究不能走同质化研究路径,研究要有问题意识。同时不能将视野局限在一个区域内,应该放在全局背景下来研究。此外李老师对毕业论文的选题方向也进行了指导,并邀请我加入其赴甘肃三线资料搜集和口述采访团队。在口述采访的过程中和志同道合的四川大学吴牟江南、蔡艺雯、郭嘉、黄俊林等同学一起在兰州接触到了不少当年三线建设的参与者。在这期间,更加深了对三线建设这段历史的直接认识。同时对口述史的方法也有所了解,为之后毕业论文的口述奠定了一定的基础。

  经过老师们的不断指导,至此才真正摸到三线建设的门槛。于是开始模仿前辈们的思路和范式来撰写相关论文。之前阅读过崔一楠老师的《嵌入与互助:三线建设中工农关系的微观审视》(《华南农业大学学报》2016年第1期),以及陈熙老师关于上海小三线厂地关系论文《三线厂与农村的互动关系——以上海小三线建设为中心》(《二十一世纪》2019年2月号)。想到在甘肃三线建设的过程中同样也会出现厂地关系等方面的利益冲突问题。与此同时,在甘肃省档案馆也发现不少这方面的档案史料。于是开始着手写了我的第二篇关于三线建设的论文《互利与共生:甘肃三线建设工农关系构建》。文章经过修改以后发表在了《济宁学院学报》2020年第1期。同样在对天水三线建设档案的梳理过程中发现,有部分关于三线企业调整改造方面的档案,以及之前甘肃省三线调整办公室出版的《甘肃三线建设调整改造总结文集》,系统地介绍了甘肃三线建设调整的总体情况[①],因而觉得尚有研究的空间。于是以天水的三线企业调整改造为研究对象,从调整改造的背景、改造措施以及

[①] 甘肃省三线调整办公室编、刘克贵主编:《甘肃省三线调整改造总结文集》,甘肃省三线调整办公室,2008年。

改造效果等方面进行了论述，撰写了我的第三篇关于三线建设的论文《20世纪80—90年代天水三线企业的调整改造》。导师聂红萍老师对文章进行了详细的修改，之后经过不断地完善，文章投稿《开发研究》杂志，随即就收到了主编王旭东老师的回复。王老师本着对三线建设深厚的感情，对文章提出了宝贵的修改意见，在两次审稿会议上力荐发表。文章发表在《开发研究》2020年第1期。这篇文章后被人大复印资料《经济史》分册2020年第4期转载，更令人激动。在此，特别感谢王老师在论文发表过程中提供的帮助。作为一名硕士研究生，能够在以上刊物发表文章。这是对我的肯定，也是鞭策。正是各位编辑老师们的鼓励，让我有动力继续从事三线建设相关学习与研究。目前还有一篇关于天水职工的问题论文《天水三线企业内迁职工社会生活问题探析（1965—1975）》，正在投稿中。

《互利与共生：甘肃三线建设工农关系构建》发表于《济宁学院学报》2020年第1期　《20世纪80—90年代天水三线企业的调整改造》发表于《开发研究》2020年第1期

三、毕业论文选题与写作

由于兰大研究生毕业论文开题较早，一般在研二上学期开学不久就要开题。因此研一暑假就一直在寻找毕业论文方向。在此过程中，徐有威老师提供不少论文选题的方向，李德英老师也给予了不少建议。后将毕业论文题目暂定为《天水三线建设职工社会生活问题研究》。但在档案资料的整理过程中发现这个选题存在诸多问题。一是档案不够细化，具体问题涉及较少；二是由于新冠疫情的影响，赴天水田野调查甚是不便，导致口述史料缺失。经与导师聂老师的多次讨论以及和徐老师的电话沟通，最终决定换题。经过一段时间的思考，决定以环境问题为切入点，对兰州三线建设企业环境污染问题进行研究。因为之前在资料的搜集和整理过程中，在甘肃省档案馆、兰州市档案馆和甘肃省图书馆西北地方文献室接触到了不少关于三线企业环境污染方面的资料。另外关于20世纪70—80年代环境问题的论著中，多是宏观政策的梳理和技术层面的研究，很少以具体的污染企业为对象的人文学科角度的考察。

毕业论文题目重新确定以后，于是开始搜集整理兰州三线企业环境方面的资料。在兰州市档案馆抄了大半个月的档案，在此感谢兰州市档案馆汪云梅老师提供的帮助。有时遇到比较长的卷宗档案时，汪老师便让我复印，这使我省了不少时间与精力。在甘肃省图书馆查找地方报纸中有关三线建设史料时，由于《甘肃日报》是胶片缩印，从1964年到1990年史料十分广泛。目不转睛盯着放映机看了一个星期，虽是大致检索，但也颇费周折。此时，加上之前搜集的档案资料和厂志，资料已经不少。但是这么多资料的整理单靠打字录入的话太费时间。于是想出了一个"投机取巧"的办法：对于清晰的文字档案，则用图片软件识别的办法；手写的或者不清晰的档案，则用语音输入。经过将近一个月的整理和录入，保留下大概有17万字的文字资料，这为毕业论文的写作提供了史料支撑。

甘肃省图书馆西北地方文献室所藏连城铝厂厂志

对于中国当代史的研究，仅靠档案资料还远远不够，亲历者的口述史料也是重要的史料来源，让公众参与历史书写，做到与档案互证。我于是从2020年5月开始做口述史采访，赴兰州永登县河桥镇连城铝厂（国营306厂）进行田野调查。

由于人生地不熟,加上语言不通,多次被拒之门外。后来通过本地同学才联系到相关的口述对象。在此感谢李健慧师妹在口述过程中提供的帮助。接下来的采访也不是很顺利。由于环境污染问题比较敏感,当地村民和村干部三缄其口,都不愿多

连城铝厂(国营306厂)大门(笔者摄于2020年5月)

说,遇到了瓶颈。于是打电话向徐有威老师求救。在徐老师的建议下,我改变了策略,获得了不少口述史料。

在与三线企业连城铝厂的接触过程中更是一波三折。厂方以档案不开放为由拒绝了查档,此外在环境污染问题上闭口不谈。此刻又陷入了僵局。有了之前的经验,于是找到厂家属区所在的居委会退休科,借此联系环境科退休的老同志。第一次去连铝社区居委会,工作人员看我是学生,以工作繁忙为由直接拒绝了。当时的心情十分低落。就想着下午再去试试,吃过午饭以后就一直在居委会门口等着。到了上班时间,工作人员来了以后被我的耐心感动了。刚好此时办公室打印机坏了,在帮助其修打印机的过程中拉近了距离,取得了好感。工作人员答应给我退休老同志的联系方式,让我自己试着联系。这才联系上了口述采访对象。在一周的口述采访中收获颇多,同时也了解到许多档案资料中没有记录的历史。

在毕业论文的写作过程中发现,拥有了丰富的史料远远不够,据此写出来的论文也只是资料的汇编,还需从社会学等其他学科领域中寻找相关理论与方法。比如三线企业环境污染问题不单单是技术层面的问题,背后涉及群体、制度和利益等多方面因素。污染不仅仅造成环境问题,而且还会引发一系列的社会问题。不同的群体由于身份、利益等方面的不同而表现各异。从多学科的角度来思考环境问题,让我有了更深刻的思考。对此,徐老师还引荐了环境史领域专家东南大学房小捷老师。房老师在宏观理论层面高屋建瓴的指导,让我启发深刻。目前毕业论文初稿《兰州三线企业的环境问题与治理研

连城铝厂家属区所在居委会(笔者摄于2020年5月)

究(1964—1990)》已经完成。

四、结语

一路走来,在三线建设的学习过程中磕磕绊绊,幸而得到了众多老师和同学们的支持与帮助。这是在三线建设研究过程中最大的收获。

首先我要感谢我的导师聂红萍教授,从一开始在学术选题上就营造了宽松自由的氛围,让我结合自己的兴趣点选题,之后对三线建设选题给予了大力支持,这是我在三线建设学习和研究过程中的支撑与动力。

其次,我要感谢上海大学历史系徐有威老师和四川大学李德英老师。徐老师作为三线建设研究的开拓者,在学术研究之外,还谋划全国三线建设研究的协同发展。在徐老师的不断激励和奔走联系下,众多历史学领域及其他学科青年学者和研究生投入到三线建设的学习与研究中,三线建设研究由此得以开枝散叶,遍地开花,硕果累累,开创了三线建设研究的新局面。李老师也多次给予帮助,她邀请我加入其项目课题团队,在论文的写作中给予指导,并鼓励我继续深造读博,联系相关学校老师。徐老师和李老师甘为人梯、奖掖后学的品格,让我十分感动。此外还有许多老师与同学们也给予了很多帮助,在此一并感谢。

最后，我要感谢三线建设者们。他们响应祖国与人民的号召，将宝贵的青春年华奉献给了国家工业建设，"献了青春献子孙"。随着时代的不断发展，三线建设职工群体"一代"正在逐渐退出历史舞台。但是，任何以人为动作所构建的历史事件，最终必定会还原其本身。就"三线人"群体自身而言，我们更要面对的是他们真实存在着的现实。对三线建设的研究，是对历史的尊重。就像徐有威老师经常说的："希望我们目前的三线建设研究能够成为我们这个时代对'三线人'的一种社会评价和认可。"这也许正是历史学研究的人文关怀所在。

（方锦波，兰州大学历史文化学院近代中国研究所2018级硕士研究生）

蹒跚学步：我的江西小三线建设学习与研究

朱 焘

首先感谢上海大学历史系徐有威老师提供机会，让我能够总结从本科以来在江西小三线建设学习与研究方面的历程。

在阅读一些学位论文和论著时，我总爱阅其"后记"，这往往能看到作者学术写作背后的辛劳与反思。王雨磊教授创办的"学术与社会"微信公众号有一个"博士论文"栏目，这主要是请作者回忆自己的学习与研究之路，后来结集出版为《博士与论文》（新世纪出版社2019年版），每篇对我影响都极大。没想到自己现在也能够模仿，这与我的三线建设研究一样，皆谓"蹒跚学步"。当然，我尚未发表任何与三线建设有关的文论，明显不能"高谈阔论"，但想起一位老师对我的鼓励："你不仅在学习知识，更在生产知识。"于是，我开始尝试回忆2017年的夏天……

我的三线建设直接研究缘起，是在2017年7月参加华东师范大学优秀大学生夏令营暨第九届全国本科生论坛时，向冯筱才教授请教一些学术写作的问题。当时冯老师说可以陈述一下你未来想研究的题目，当时我回答了"南昌汪山土库程氏家族研究、八路军第115师与山东纵队关系研究、江西省永新县的第二机床厂（我们平时称之为'二机厂'）外来职工与本地人口研究"三项。冯老师认为第二机床厂的研究可以尝试。受到鼓励后，我一直将此记在心里。半个月后，我有幸参加了华东师范大学民间记忆与地方文献研究中心的"2017浙南田野调查班"，到浙江省遂昌县等地区进行了近20天的田野调查训练，这对一名本科生固有的史学理论、方法与实践产生了巨大冲击。浙南之行也是笔者随后研究江西小三线的直接方法论来源,因此非常感谢冯筱才老师、李世众老师和陈明华老师、王磊师兄等的帮助。

从浙江回到江西家里后,我便在思考:二机厂的研究能不能也走向田野与社会?随后我立即到网络上查找相关文献,如果直接搜索该厂名字"江西省第二机床厂",基本找不到什么信息。事实上,我是在该厂的遗弃厂房内出生的,我的外公、外婆历经了该厂的选址、迁入、基建与迁出,母亲、舅舅们也曾都在该厂迁走后的旧厂区度过青春岁月。然而,我以前听到过最多的是这些亲人们讲"二机厂职工吃商品粮,孩子都能穿裙子,二机厂电影院的电影很好看"类似记忆。而当我准备深入了解该厂后所提出的一些问题,他们基本都难以回答,他们对于该厂的来龙去脉,也了解极少。而我对于二机厂最深的记忆,是我在三年级时就读的永新县希望小学解散,与二机厂子弟小学合并为子珍小学。那一年我近距离地看到了毛泽东与贺子珍的女儿李敏同志,也接触到了很多讲普通话的二机厂子弟小学的小朋友,并在随后三年里与他们是同班同学。

直至现在,我还记着与二机厂子弟小学同学肖义华、李咪雯、孙雨初次见面的时候,他们衣服整洁漂亮,即便我们讲着永新话与他们交流,他们依然用普通话回答,直至六年级毕业,仍然如此。时隔近半个世纪,我的记忆与前两代人竟如此相似。但我们却从未想过,为什么他们能操一口流利的普通话?诚然,即便是亲历者,很多人都不了解这段历史。带着这样的疑惑,我试图走进小三线建设研究。

关于走入的方式,还是需要回到地方文献。我在永新县图书馆查阅地方志、县情书籍后,仍然没有收获,二机厂仿佛在出版文献中销声匿迹,只在读秀搜索中,搜索"江西第二机床厂"时,才发现两则简短的文字:"本厂是1965年由重庆、上海、江西抽调技术力量组成的军工企业,是江西省国防科工办所属机械厂,已有21年的生产历史。现有技术人员120余人,各种金切、热表加工设备600余台,具有门类齐全的金属切削加工能力和先进的表面处理生产线。有取得省计量局二级计量合格证书的气热、力、电、化等计量检测中心,有对液压件和深孔加工的特种加工工艺和能力。"[①]"江西第二机床厂(国营九七四厂)

---

① 中国汽车工业销售服务公司主编:《中国汽车配件生产企业名录》,机械工业出版社1986年版,第492页。

20世纪60年代的国营九七四厂

是隶属于江西省国防科工办的骨干军工企业之一,也是国家汽车转向器行业协会成员单位。"①这让我对该厂有了基本的了解,至少知道了它的起源与另外

① 李明主编:《中国汽车、摩托车及零部件营销指南》,中国物价出版社1997年版,第69页。

国营九七四厂选址地现状（笔者摄于2018年2月17日）

一个名字。

　　为了寻找到更多的信息，于是我奔赴永新县档案馆。然而，档案馆需要介绍信，我一时半会儿无法开具，档案馆一位稍年长的工作人员说："你没有介绍信，而且这里只有零星资料，你早点回家吧。"即便我软磨硬泡或苦苦乞求，他仍然坚持原则。尽管碰壁，但我在等待着学校的介绍信的同时，第二天、第三天还去档案馆，不过工作人员表示近期工作事务太忙，希望我缓几天再说。周末过后，我继续来到档案馆，开始改变策略，尝试与一位稍年长的工作人员聊天，并向他请教问题，慢慢地他骄傲地告诉我，20世纪末他毕业于某重点大学历史系，自称近年来主攻党史和永新民俗，并且试图与我讨论王佐、袁文才案，卢德铭牺牲之谜等。我从小耳濡目染"红色永新故事"，对此正好也有兴趣，与他畅聊一上午，但下午还是没能看上档案。令人始料未及的是，我的坚持与陪聊没有感动这位长者，却打动了一位刚从江西师范大学计算机专业毕业入职档案馆的年轻人，由于当时档案没有数字化，只能调纸质档，快下班的时候，

江西永新档案馆办公室一角

他试图给我调档,但由于没有找到库房钥匙而作罢。

晚上到家后,我在想自己是不是已经陷入绝境,但我不甘心,并努力回忆在浙南田野班遇到这样的情况时老师们是怎么办的。我想起了和李世众老师去访问一位老人,尽管我们是由村委会主任介绍并带去的,但他对我们的访问一点兴趣没有,很不想回答问题。但是他作为当年历史事件的亲历者,其口述至关重要,并有助于我们理解区域社会。李老师见陷入僵局后,赶忙帮他做农活,并连忙致歉耽误其时间,我们这些学生也帮他夫人摘豆角,很快这位老人就敞开了心扉。事后,李老师说起他的经验源于他在美国达特茅斯学院访学期间。

因此,我再去档案馆的时候,对工作人员表示我非常理解他们整档的忙碌,以及下乡扶贫的艰辛,愿意帮档案局做些力所能及的事情,分担他们的辛劳,办公室主任表示没有必要,让我过几天再来看档案。可我并没有走,我注意到档案馆坐落于县委大院内,是一栋建于20世纪五六十年代的独栋二层红砖房,室内看起来也不是特别干净,并打听到该单位在编人员共5人,局长去南昌治病,一位休产假,一位被借调至县委,实际上当时档案馆只有这位长者和一位刚入职的技术人员,他俩还经常要轮流下乡扶贫。永新县为了完成脱贫摘帽任务,周末也常加班,因此这两位常处于疲劳状态。于是我拿起扫把帮忙扫地,并整理了一下较为凌乱的办公室,还给饮水机换了一桶新水,又和那位年轻人交流怎么写公文。当永新县纪委一位文员来档案馆学习文件整理时,见到我在闷头干活,误以为我是档案馆职工。

突然,办公室主任和我说起,他也对二机厂感兴趣,还访问过不少老职工,他开始问我一些问题,试探我是不是真的要研究二机厂。见我基本都能回答,他才开始告诉我该厂建立的大背景是三线建设,并从档案库拿出一份20世纪90年代的文件给我看,这份文件是该厂"军转民"后的1997年工作计划,正好是我出生那年。不知他是有意为之,还是随手拿的,他让我读懂这份文件后再去找他。这份文件并没有太多的信息量,我很快向他释读。可我并不满足于只看这一份文件,这种如饥似渴的状态让他直言:"我接待过湖南大学的教授、复旦大学的研究生,你这孩子与以往的查档者不同啊!"天色已晚,又到了档案馆的下班时间,记忆中那天回家路上的晚霞很美,我暗暗告诉自己:"本科毕业论文,就是它了!"

第二天再去档案馆时,尽管他俩还是很忙,但这位长者开始愿意多给我几份档案阅读,我试图通过目录调档,但他找了很久说没有全宗目录,也没有文件目录和档号。为了不破坏刚建立的信任,我不好意思过于麻烦别人,只是默默地读着他随机给我的纸质档案。偶尔他还过来与我一起解读,比如一份1966年二机厂的工资表,这是那时候我读到的该厂年代最早的档案,他分享了他访问老职工时亲口说的工资与该表的出入,告诉我使用档案写文章应该要多用旁证,他突如其来的指导,令我感觉到十分温暖。在档案馆的这段时间,我大概知道了二机厂的基本情况:该厂旧址位于江西省吉安市永新县龙源口镇秋溪大队耙陂村五里排地区,经纬度大概为(N26°49′47.68″,E114°05′33.40″),军番名为国营九七四厂,是根据国家1964年和原中共中央华东局小三线建设规划兴建的第一批半自动步枪厂,于1965年3月7日开始基建。建厂时位于江西省永新县秋溪大队,即井冈山山脉七溪岭之下,隶属于江西省国防工办领导。1976年6月遭遇特大山洪,损失惨重。1984年完成搬迁至永新县火车站旁边。职工最多时有6000余人。20世纪80年代末逐渐完成"军转民",2005年7月破产改制,现在仅有十几个员工。

由于我那年参加了华东师范大学和重庆大学等大学的夏令营,还参加了浙南田野班。回到永新时,距离大四开学报到只剩下半个月左右。除周末无法查档,我其余时间基本是在档案馆度过的,但其实我只看到了不到20份档案。我向档案馆告别时,这位向来严肃的主任露出了难得的笑容。

2017年9月,我回到山东师范大学后,便开始广泛阅读三线建设研究相关的论著和资料。在准备研究江西小三线建设前,我只在当当网购书推荐页面上看到过徐有威老师主编的《口述上海:小三线建设》,因为我每日晚饭后都会从图书馆一楼东边书架走到顶楼西边书架,在二楼西看到过徐老师《民国时期的土匪》和《近代中国的犯罪、惩罚与监狱》的译著,当时心想,这位老师的研究很特别啊。认识徐老师后,发现他的微信个人签名赫然注明"特务、土匪、小三……线"。事实上,徐老师是在民国史研究领域取得成就后,又开辟了一项新的研究。尽管研究前景未知,但却投入了所有精力,这需要有极大的勇气和魄力。另外,我还在五楼东浏览过陈东林老师主编的《中国共产党与三线建设》,但我知道,这些远远不够。

因为背景知识的匮乏,我决定系统地阅读相关研究。第一是对中华人民共和国史再学习,尽可能找到多版本的国史教材或通史性论著,对我影响比较大的是郭德宏、王海光和韩钢老师主编的《中华人民共和国专题史稿》、香港中文大学版《中华人民共和国史》。第二是精读以徐有威老师团队为主的论著,并从其参考文献中整理可以进一步阅读的研究成果,也在知网、读秀等数据库搜索相关的研究,将所有目力所及的研究成果整理成学术编年。第三是试图读一些原始资料,比如《建国以来重要文献选编》等。第四是阅读一些和江西地方史有关的论著。在本科期间,我的学年论文写的是中共与青岛传染病防治问题,我自认为对山东地方史的了解远远多于江西,所以当时也泛读了一些江西区域史的书籍,包括《江西通史》、部分民国至当代的方志,即使是与三线建设不太相关的黄道炫、梁洪生、罗艳春等老师的研究也都在我的涉猎范围。第五是王保宁老师建议我不能"就厂论厂",学术写作往往是要有鲜明的问题意识,所以我试图去阅读一些社会人类学出身学者的书籍,尤其是"关系研究"相关的,直至现在,我仍深受林耀华、阎云翔、项飙等前辈的研究影响,这些书都极具有方法论意义。大概一个月后,我初步掌握了国内三线建设研究的动态。但在2017年10月初,我没有获得本校保研资格,原先的研究计划被打乱了,这意味着我无法如愿去华东师范大学历史系或重庆大学人文社会科学高等研究院读硕士研究生。在老师们的建议下,我立刻停下了江西小三线建设研究,从10月中旬至12月24日,全身心备考。因为考研准备时间太短,那段时间里,我换上了诺基亚老人机,希望心无旁骛,但偶尔总会浮想起1300公里外的二机厂。得益于对三线建设研究的梳理,关于中华人民共和国史的备考,最令人轻松,也考得最为理想。

2017年12月25日,考研结束后的第一天,我并没有像高考结束一样如释重负,或狂欢几日,而是重新回到了三线建设研究的阅读和梳理中,并很快联系本科导师王林教授,表示自己希望重拾遗落的岁月。在山东师范大学历史与社会发展学院王林、田海林、王保宁、刘本森等老师的指导和关心下,我决定尽快去搜集更多一手资料,并试图做一些与二机厂有关的访谈。考研结束不到一周,我和杨洋从济南飞往南昌,在江西省档案馆、江西省图书馆、江西省方志馆查阅资料,其中花时间最长的是在档案馆。

江西省档案馆、方志馆和吉安市档案馆

江西省档案馆档案只能用纸笔或电脑抄录,并只提供有限的复印服务,严禁摄像,而且2017年底数字化还很不理想,档案馆的电脑只能提供目录检索,通过该系统申请调卷。由于国营九七四厂系军工企业在当时的文件中都盖有"绝密"或"保密"的章,即便这些文件是20世纪60年代的,早过了《档案法》规定的保密期,但档案馆工作人员仍认为我们没有权限阅读。根据检索系统,与小三线建设相关的文件目录可能有几千条,但与国营九七四厂直接相关的却只有几十条,我认为历史研究不是"大家来找茬",更像是"拼图游戏",需要从海量的文件中寻找蛛丝马迹。所以我是先看目录,寻找它们之间的逻辑,然后尽可能全部调卷,本想看完这几千份文件,但现实是残酷的,很多都是所谓"涉密文件"无法调阅。所以我能看的可能只有三分之一不到。由于每个档案馆文件整理分类不同,我所调阅的档案基本都是装订好了的一大卷,但是能看的可能只有几页纸,档案馆工作人员为了不让我看到几页纸之外的材料,每一卷不能看的部分都会用旧报纸夹起来。

从江西省档案馆的资料中,我开始逐渐感触到江西省小三线建设的历程,江西省是重要的小三线建设承载地,仅吉安市就有许多家小三线企业,如位于永新县的江西第二机床厂、赣江化肥厂和永新汽车修配厂,位于吉安县的江西电工厂、吉安化工厂、江西机械化工厂,位于泰和县的庆江化工厂、经纬化工厂,位于安福县的江西连胜机械厂、江西钢丝厂、江西量具厂、江西立新机修厂、江西锻压厂……

实话说,江西省档案馆的服务质量远超很多同级单位。在馆内的十几天里，我一人就申请调阅了几百卷档案，因为每卷只能阅读那么几页，我经常在几分钟内就换下一卷，而调卷需要从四楼库房调至一楼，这给档案馆工作人员造成了很大不便，但他们毫无怨言。我内心十分愧疚，但又没有办法，因为在南昌吃住的每一天都需要几百块钱，而且临近毕业，时间紧迫。此时我又想起了李世众老师，我希望能够帮档案馆的老师们做些事情。我注意到江西省档案馆干净得可怕，无须我像在县档案馆一样打扫卫生，但档案馆的人很少，大部分时间里偌大的查档室只有我和杨洋两位查档者。档案馆的工作可能比较乏味，一位中年工作人员总过来打量着我，从他的眼神里我看到了渴望唠嗑的欲望，于是我决定边抄档案边陪他聊天解乏。我们相谈甚欢，接下来的时间里，他不仅帮忙协调每次多调些卷，而且常授予我查档的技巧，还开玩笑说到如果我有空可以帮忙辅导一下他小孩的功课。正是由于这样的友谊，我在江西省查档非常顺利。不过江西省档案馆开放时间极短，每天9点半开门，11点半就闭馆，15点再开门，17点左右又闭馆。在最后几天，我预感到档案可能抄不完了，便在与这些档案馆工作人员聊天中表达了自己的困难，没想到他们决定中午在阅档室给我留个门，让我上午多调些卷，可以利用中午的时间看档案，并且有几次中午还问我吃不吃便当？我想，学术研究的乐趣不正体现在这种人性的细节之中吗？

江西省档案馆旁边就是省方志馆，它下班的时间似乎总比档案馆晚一些，所以我是利用下午17点后的时间去方志馆，方志馆藏的资料大部分已做成了数据库。我在济南阅读前人研究时，注意到有学者引用了江西省国防工办编纂的内部文稿《江西省国防工业志》，当时在学校图书馆和网络上都无法见到全文，这果然藏在方志馆里，但工作人员却说涉密无法查看，令人遗憾！我试图与当时负责方志的老师沟通，但她仍坚持不能开放阅览。以前有老师教过我，任何访谈最好都留下联系方式，我也将每个工作人员都视为"一座博物馆"，他们可能会传授与我不一样的知识。正是由于留下了联系方式，而后在方志馆查询资料就更为方便了。

在南昌的这段时间，白天我在查档，晚上我继续梳理三线建设的学术史，那时候遇到一个困难，我发现徐有威老师指导的学生的学位论文都无法看到全文，甚至无法看到题目，只能通过徐老师撰写出版的《中国地方档案馆和企业档案馆小三线建设藏档的状况与价值》一个注释，大概了解到上海大学近年来培养了多少研究三线建设的学生。当时我认为如果不知道这些论文的具体情况,显然不能贸然研究三线建设,极有撞题风险。我立即联系在上海大学读书的高中同学,他也帮我查了自建学位论文库,没有任何收获,甚至去图书馆找,也没有看到纸本。

我又想办法联系山东师范大学历史与社会发展学院的一些青年教师,希望他们能帮忙联系上徐有威老师的学生。幸运的是陈静老师说她在香港中文大学的博士同学李辉曾经是上海大学历史系的硕士研究生,李辉老师很快给我推送过来上海大学历史系硕士研究生霍亚平师姐的微信。这位霍师姐是李辉老师在山西师范大学历史系的学妹,当时她已经是徐有威老师的硕士研究生。加上霍师姐微信后,她非常热情,解释了可能看不到全文的原因,将上海大学的三线建设研究情况悉数告知,并详细陈述了徐老师指导的这些学位论文的选题、内容与进展。我也冒昧将霍师姐当作访谈人,请教了她许多问题。霍师姐对我的帮助不仅是学术史,她作为一个前辈研究者,分享了她许多的经验教训,还给予了我极大的鼓励,使我少走了很多弯路。

结束在江西省档案馆查档后,我并没有直接回永新县,而是去了吉安市档案馆。由于有了一些与档案馆打交道的经验,我认为建立信任并与工作人员搭上生命史的联系,是顺利查档的重要前提。因此,去吉安市的火车上,我就在努力做功课,主要是再次泛读了一些利用过吉安市档案馆资料的学位论文,尤其重点读了我所认识的杨芳师姐的《经历、身份与地方秩序重建:赣西南地区"苏区老干部"研究(1949—1958)》和王才友老师的《"赤"、"白"之间:赣西地区的中共革命、"围剿"与地方因应》,并记下他们在"后记"中是如何感谢吉安市档案馆的。到吉安市档案馆后,工作人员说:"很不幸,档案正在由外包公司扫描,进行数字化工作,所以历史文件一般不能查阅。"还好来之前我做了准备,一方面叙述自己毕业论文撰写的不易,此行我只查和国营九七四厂相关的档案,另一方面提到了杨芳、王才友等前辈曾来馆查资料,他们特别感谢陈小武、罗小刚、刘远春等老师。这位接待我的工作人员喜出望外地说他就是罗小刚!随后他夸赞了杨芳师姐和王才友老师的努力,并表示既然我是他们的师弟辈,现在就带我去和外包公司沟通一下,看能不能查阅档案。可想而知,如果一个查档者给档案馆带来了良好印象,这对他的朋友们有多大的帮助。

随罗老师来到四楼后,我看见了大量的工作人员正在扫描档案,罗老师与一个负责人沟通后,带我去使用一台试运行的电脑,在这个系统中查到了不少与小三线建设相关的档案,其中与国营九七四厂有关的大概有五十几条。由于我查档妨碍了外包公司的扫描进度,罗老师提出这五十几条中凡是已扫描好的,可以按照流程打印给我,这极大地缩短了我的抄录时间,也让我对赣西的小三线建设有了更深的认知。我只在吉安市档案馆待了一天半,把能看到的档案基本都抄录或复印好了,令人遗憾的是没有将小三线建设相关的资料一网打尽。

回到永新后,我又第一时间奔赴永新县档案馆,原以为这次查档可能会比较顺利,没想到还是有不少曲折。档案馆工作人员以"永新县脱贫摘帽到了攻坚期,太忙"为由,建议我过段时间再来。我在想既然档案馆这么忙,我能不能帮他们做些事情,从而换来他们的空闲时间调档,因此我晚上在家整理消化省市档案馆藏资料,白天基本都去县档案馆打杂做事。然而档案馆一次次地让我下次再来,和曾经的暑期一样,我选择了坚持一次次地再去。而后档案馆的工作人员也颇为体谅学生的不易,在他们不那么忙的时候,让我能看一些是一些。

年关将近,档案局的工作也开始没有那么忙碌了,档案馆的老师开始实话告诉我,我想查阅的二机厂档案大多比较"敏感",他们误以为我想看一些设计图纸,这可能会给他们带来风险。我随即表示,只看允许看的,并仅供学术研究。

最为幸运的是,那天永新县档案馆的局长回到了工作岗位,他竟然是我初中同学的父亲、也是我高中地理老师的丈夫。我向局长说明,自己是为了学术研究来依法查档的,他表示理解并支持。即便过程是较为曲折的,可能还存在一些误会,但我非常感谢永新县档案馆的老师们,他们严于律己而宽厚待人。相比省市档案馆,这里才是我核心史料的保存地,是

笔者第三次实地调查的一些感悟

永新县档案馆惊人的馆藏支撑起我的本科毕业论文。

同时,我利用周末档案馆不开门的时间,试图去联系一些村民和老职工做访谈。首先,我是回到了我母亲的老家,也是国营九七四厂的选址地,向一些村民请教当时的一些事情。由于我和很多村民是亲戚关系,访谈起来非常顺利。但我也知道,很多老人的记忆不太准确,尤其我想研究职工与村民的关系问题,往往听到的只是村民的一面之词。所以我也设法去联系一些老职工。这个过程相对而言较为艰难,因为该厂在20世纪80年代初期就从这里搬迁至几十分公里外的县郊,在随后的破产改制后,很多职工都回到了重庆、上海、南昌等地,所以我很难找到第一代职工,只能找到一些在七八十年代入厂的本地人。在众多亲戚的打听下,我很快联系上曾经一位做过副厂长的老人,去他家拜访时,他不太愿意回忆过往,也不愿介绍其他职工给我认识,只是一直在抱怨该厂倒闭后职工们的生活待遇每况愈下,并希望我能够报道出去。学术伦理在我的脑袋中不断萦绕,我试图帮助他,但又那么地无能为力。

有一天,我在"掌上永新"微信公众号上看到一篇名为《难忘五里排》的文章,这是一位曾经上过二机厂子弟学校的学生回忆,五里排就是该厂20世纪60—80年代初期所在地,里面介绍了很多当时的情况。我迅速留言希望能够联系上作者,没有想到很快就获得了回应,作者还建立了一个八人的微信群,这些都是留言表示怀念五里排的读者,当然只有我一个是希望研究国营九七四厂的。这些群友都是与该厂有联系的人,如曾经的职工、子弟学校老

国营九七四厂礼堂、电影院外景今昔对比
(笔者摄于2018年2月17日)

师、附近村民、民工,他们都给我提供了很多帮助。尤其是子弟学校的史老师写过很多相关的回忆作品,知道我欲研究该厂时,非常高兴并主动地向我讲述了许多曾经的故事,也将他在博客上撰写的相关诗文转发与我,这也给了我很大启发。我看到他博客文字后,心想会不会有其他人也会在博客上抒发情感,便立即进行相关检索,果然又联系上了几位老职工,并且看到了很多他们近年聚会的照片,也有一些通讯录,这都极为宝贵。根据通讯录,我备注自己是"二机厂历史研究者"顺利加入了"永新二机人"QQ群,该群有近百位老职工及其家属,这对我接下来的口述访谈提供了极多线索。

在徐师傅和刘师傅的引荐下,我又得以联络到其他籍贯的老职工,这使得我的访谈样本进一步扩大。因此,非常感谢接受我访问并不断帮助我的这些职工和村民!其实从我加入这些QQ群和微信群以来,鲜有群聊时刻,看到最多的是讣告,令人悲恸。从某种程度上也说明,三线建设研究非常紧迫,这是抢救性的学术工程!

寒假很快就结束了,回到济南后,我一边准备考研复试,一边开始写毕业论文。在家的时候,我基本整理归纳了国内的三线建设研究情况,所以回到学校后首先是准备写三线建设的研究综述。其实以前已经有不少包括徐有威老师在内的前辈先进写过相关研究综述,当时我觉得好像港澳台地区与国外的研究介绍的不是很多,于是利用学校购买的数据库jstor、Elsevier、springerlink、ProQuest检索了英文的相关研究,我注意到ZouBen和Jingting Fan不仅发表了三线建设研究相关的论文,还将于5月在密歇根大学召开相关的学术讨论。当时我想我对于西方的研究还是很不了解,也许请教一下他们可以有更多的线索,我鼓起勇气给Zou Ben老师写了一封信,没想到他在一天内就回复了,并且附上了他最新录用还没上数据库的论文。这是我首次给国外教授写信,获得了极大的鼓励。同时,我也在想,既然英文学界有相关研究,那日文、法文、俄文、韩文学界呢?当时我并不知道如何获取这些信息,我试着在百度搜索了一下"日本有没有类似于知网的数据库",果然出现了"百度知道"和"知乎"的页面,里面详细说明了CiNii、国立国会图书馆等数据库的使用。同理,我继续搜索了"法国、俄国、韩国、德国有没有类似于知网的数据库",基本掌握了这些国家常用学术文献数据库的使用。令人吃惊的是这些国家竟然都有三线建设相关的研究论著,将这些研究整理出来后,

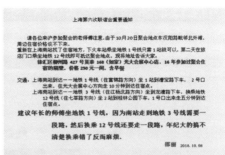

国营九七四厂部分职工聚会照片

极大地丰富了我的学术综述。在好友王磊的邀请下,我还以《近三十年国内外三线建设研究述评》投稿参加了第一届兰州大学本科生史学论坛,遗憾的是因为时间冲突而未成行。

由于前期史料搜集较为完备,正文的写作也开始有条不紊地进行。在与指导老师王林教授讨论后,我初步确定了题目为《"土""客"之间:赣西小三线建设研究(1965—1968)——以国营九七四厂为个案的考察》,在章节的安排上,正文准备写四章,即:小三线在赣西:1965年前后的地方社会与建设筹划;客从何处来:小三线企业的迁入与发展;土客三线:冲突与合作的多重关系;天降大灾:突发性公共事件与地方小三线。

冥冥之中,江西小三线建设的研究也帮助了我研究生复试,因为研究的是军工企业,在面试中国科学院大学历史系科技史专业的时候,所有的面试者中只有我一个是文科生,并且将我录取,面试老师直言是因为我的毕业论文符合科技史的选题。不过最终由于种种原因,我选择了上海社会科学院历史研究所,而我研究的国营九七四厂的母厂就在上海,它也是从上海搬迁至江西山区的。

考研事宜尘埃落定后,我继续在撰写毕业论文,那个时候的写作状态非常好，我现在正在硕士论文的准备阶段，却怎么也回不到当年的亢奋状态。那时候正是毕业季，好朋友们经常约我聚会吃饭，我也没有去，有同学每次晚饭后都希望我能够一起散步，我也都是表示没有时间，甚至晚饭都常是在图书馆休息区啃面包。那时候虽然得罪了不少老友，但却让我在答辩前夕如愿完成了近10万字的毕业论文。如今回想，是该后悔没有珍惜泉城最后的青春年华呢，还是庆幸给本科学业有个较好的交代呢？

2018年6月，论文完成后，我顺利通过了毕业答辩，其中田海林、王林、刘本森、王德硕、陈静、张登德等老师提出了很多善意而精准的修改意见。当晚，我也在回忆本科期间老师们对自己的帮助。实话说，自入学起我就总是打扰很多老师，虽实行本科导师制，实际上我仿佛在"吃百家饭"，常受教于诸位恩师，甚至古代史和世界史领域的赵树国、尹承、赵文亮、孙超老师都曾关心过我的江西小三线建设研究毕业论文。可想而知，在整个本科求学期间，如果我取得了任何一些微小的进步，都得益于老师们的批评和指教。我曾做过统计，从大二至毕业论文答辩前夕，我竟与王林老师邮件往来60余封，我写过的不管多么幼稚多么差劲的文章，王老师都会仔细批改并鼓励我，关于小三线建设研究的毕业论文，我常在半夜一点发给王老师，清晨7点多就收到老师批改回复。

也是在这个时候，邦栋等希望我能够在"麒麟讲坛"给师弟师妹做个"讲座"。这是学院的惯例，每年都会请几个大四毕业生讲一讲。我想我何德何能，只是个不起眼的学生而已。由于我曾经是麒麟学社社长，该活动就是由麒麟学社承办，那年大家都很忙，能请到的人极少，我只能答应。我以《一名地方师范院校历史系学生的反思——兼谈本科生视野下的史学基本功》为主题与师弟师妹们交流。很快讲座的"纪要"出来了，可能里面对我的简介有我的本科毕业论文题目，我当时所在的山东师范大学历史与社会发展学院毛锐院长很快联系我，说他的老朋友、上海大学历史系徐有威老师看了这篇纪要，他建议我与徐有威教授取得联系。正是毛老师的引荐，我得以向徐老师请教。徐老师作为国家社科基金重大项目的首席专家，竟然愿意帮助指点我这个从未谋面的本科生，令人感动！

在以后的日子里，徐老师还曾多次指点，甚至将研究团队收集到的动态分享给我。可以说正是在徐老师这样德高望重的前辈不断激励下，很多年轻学生越来越有激情投入到三线建设的学习与研究中。

本科毕业后,我回到了江西,然后又到上海求学。我并没有放下江西小三线建设研究,我鼓起勇气将论文发给上海的老师审阅,其中华东师范大学和上海社会科学院的很多老师给予我建设性的修改意见。在论文修改过程中,我也将学位论

笔者关于江西小三线建设研究的获奖证书

文拆成单篇论文投给了一些会议接受批评,我陆续参加了华东师范大学思勉人文高等研究院当代史研究中心"社会主义建设:技术工程与制度"学术研讨会(2018年9月15—16日)、华东师范大学民间记忆与地方文献研究中心和香港中文大学主办"城市的历史人类学"工作坊(2018年11月6日)、华东师范大学·上海社会科学院第十四届青年学术论坛(2019年5月9日),以及山东大学第二届中国史研究生论坛(2019年5月17—19日),得到了许多老师和同学的批评,尤其非常感谢徐有威、王海光、张济顺、科大卫、冯筱才、马军、刘永华、张侃、高明、白红义等老师的修改意见,令我一度有推倒重写的想法。

现在回想,那时候的研究非常幼稚,研究方法也存在问题,甚至完成的本科论文只不过是类似于"新编二机厂志",或者说这根本谈不上是"学术研究"。但那时候的坚持,一直影响着自己现在和未来的路。

记得我曾在本科毕业论文后记写下四年最想说的一句话,现在我同样想用这句话作为本篇文章的结尾:"当你心里埋下一颗种子,总有一天会发芽;当你懈怠某一刻,时间总有一天会教训你。"

(朱焘,山东师范大学历史与社会发展学院2014级本科生,上海社会科学院历史研究所2018级硕士研究生)

皖南上海小三线寻访日记选编

杨华国

作为家住安徽南陵的硕士研究生，2012年9月起我有幸参加上海大学历史系徐有威教授的上海小三线建设研究团队，逐渐对上海小三线有所认识。在这一年间，上海小三线对我而言由一个很陌生的名词逐渐转变为清晰的画面。

古人云，读万卷书行万里路。研读文献档案是对上海小三线了解的一个很重要环节，而我更加认识过去那段三线历史则是来自对上海小三线厂址的一次又一次的实地采访。在对皖南小三线旧址的查看、知情者的交流以及实地资料的收集都给我很多认识与启发，每次到实地旧址去也都有不同的收获。

2012年9月以来，我曾经三次实地采访上海小三线旧址。第一次是在2012年国庆期间，去了安徽泾县所属的三个小三线旧厂址；第二次是在2013年寒假期间，去了安徽宁国、旌德等地，此次既有实地采访又有档案查询；第三次是在2013年暑假期间，此次以查询、记录有关档案为主，去了安徽黄山、歙县、黟县、旌德、休宁、屯溪、祁门和绩溪等地的档案馆。

每次实地采访后我都将当天的经过大致记录下来，在此就将以原来的日记形式公布出来，希望能够对大家更加具体的了解小三线有所帮助。

2012年10月1日　　星期一　　晴

第一次去小三线采访，起来得很早。吃过早饭后，父亲陪着我一起出发了。由于昨天在网上对泾县小三线厂的具体地址做了比较细致调查，所以在路线上还比较顺利，对几个厂址大致方位已有了解。途中，我是既兴奋又担忧。兴奋的是我之前对小三线厂的了解完全都是来自有关小三线资料的阅读,而今天能亲自去那里实地采访,不免有点激动。担忧的是我去村里是否能找到厂的旧址,是否能采访到当地的知情人。

大约8点半驱车来到了泾县县城,我们采访的第一站在乌溪村。泾县通往乌溪村需要经过一条河流,然而河上的唯一一座石桥却因为一个月前的洪水给冲坍塌了,让原本很小的村落分成了两个部分。断桥的旁边聚集了很多这个村子的村民。原本应该为断桥而交通瘫痪苦恼的村民,这期间却因为此事而高兴。原来这里还有一条小路能绕过这座桥,来往的司机只要给他们二十块钱,他们就愿意随车指引你绕过这座桥。同样我们也雇了一村民随车指路,用了大约半个小时的山间泥路,绕过这座桥。绕完后,车正好停在桥的那头,带路的村民又可以从断桥边缘回去继续他们的"生意"。

过完桥父亲对我说:"这里的人并没有因为桥断了,与外界交流困难而难受,反而是高兴那20块钱。"村民们也许根本没想过通往外界的路才是他们的真正财富,得到了20块,损失却是更多的。其实,桥断了真正的受害者是他们,而并非是过往的游客。为什么小三线工厂建在此处,从此件事不难看出,都已经是40年后的今天了,这里因为位置相对较偏,当地的人们仍没有看到便利交通的重要性。这也正是当时小三线建于此处的原因,不仅在地理位置上是隐蔽的,在信息流通上也是闭塞的。这样的布局万一有战争,这里的军工厂,敌方是很难深入的,生活在这样闭塞环境中的人们,也不会将此处的信息很快外传出去。

过了桥后,我们的车来到了乌溪村。村子有一条一两百米长的小街,我们停了车后,就在村里一一询问了。在问过好几个沿街居民后,他们对312电厂都是知道一点但又不是很了解。最后有幸问到一位老伯,他叫叶建明,是原来312厂所在村的村书记。在他的指引下,我们一起去了原312电厂旧址。那里是一条很窄很窄的山路,宽度也就是一辆货车的宽度,山路大约有十几里,路的两边都是很高的山。叶伯伯说这路都是原来312电厂开的,都是用火药炸开的。我们的车大约开了半个小时,路的两边一户人家都没有,我们也很少碰到其他的车。然而大约半个小时后,突然有几栋老房子出现在我们的视野中,那些老房子一栋栋整齐地排列着,上面还标有栋号。我们继续往里开,乖乖!这里面是一个村子呀。里面的房子好多,都是20世纪六七十年代的风格,大多数都是两层楼。很难想到深山密林中竟藏有如此之多的建筑!最后我们在厂门前停了下来,在叶伯伯以及这里原生产组组长汪有根同志的介绍下我们来到了原312电厂厂区里面,现在这个厂已经被改造成宣纸厂了。

一走进这个厂里,是一个很大的大礼堂。礼堂很高、很深,并且墙上有很多那时候留下来的标语,如"备战、备荒、为人民"。往后走就是一栋栋仓库,仓库很大而且之间都是连着的,听两位伯伯说那时候这些仓库都是装煤的。往后走就是一些厂房,现在这些厂房都已经用作生产宣纸了。这些当年应该是很漂亮的徽派风格厂房现在很多竟成残垣断壁,四周杂草丛生,令人伤感。因厂区太大,我们又驱车进厂了。途中,我看到厂里的建筑鳞次栉比,其作用也各不相同。有的是原化验室,有的是原办公室,有的是原商场、浴室。最后,我们大约驱车六七分钟来到厂里最重要的地方——主机房。曾经,皖南很多军工厂的电就是从这里输出去的。机房前面有一根很高的烟囱,69米高。进入主机房里,能感觉规模的宏大。机房分两层,每层都有两三丈高。现在整个机房里空空荡荡,四面墙壁也是凋敝不堪,但是墙上仍然挂着一些电线设备,几个墙壁的拐角处也都堆放了一些废铁废铜。厂房中间还有一些破机组。厂房很大,我们在里面讲话都是有回音的。因为宣纸生产的保密性,厂里还有很多地方我们就没有进去。

参观完312电厂,我和叶伯伯、汪伯伯聊了许久。从他们的口中得知该厂建于1969年,生产开始于1971年。上海人走后,设备都被河南登封人搬走了。作为辱华,上海政府给了泾县政府40万元。也正是因为这笔钱,泾县红星宣纸厂才得以发展。电厂的建设,才让这深山之中开辟了新村,修建了山路。这里的经济也因为是这条山路得以与外界沟通,这里美丽的风景才得以开发,现在这个生产组有着泾县乃至皖南最出名的景点——江南第一漂。

交通是一个地方经济发展的关键因素。原312电厂后期发展滞后正是交通闭塞的原因。现在"江南第一漂"正是有着原来开山修路的基础,比当地其他地方交通便利才得以发展。希望通往乌溪那座桥能尽快修好,路修好了经济才能搞上去,人们的视野也会更加开阔。

2012年10月2日　　星期二　　晴

今天第二次和父亲一起去泾县,有昨天的经验加上昨天312电厂附近有人告诉我683运输队的确切地址,所以今天出行很顺畅。7点出发,大约8点

15分就到了原七里店村,不过,村边的公路就是那么一小段,在路上开车兜了好几圈都没能找到通往厂里的路。问了不少人他们都不知道683厂。后来我们在一个年纪很大的老奶奶那里打听到了683厂的确切方向。在她的帮助下我们找到了去厂里的路——一个太不起眼的小坡,路面很窄,只能容下一部车。其实我们已经在这个坡前来回了几趟,都因为它太不起眼,所以次次都错过了。我们大约在这小坡上开了十几分钟,坡的两旁零零散散地分布些房屋。坡下两边的村子只有一些老人,很少看到年轻人。我们的车直接开到厂门前,现在已是一个私人缫丝厂。我们向门卫打听,他推荐我们去采访原来缫丝厂的车队队长王队长。经过打听,找到了王队长的家。王队长是个很热心的人,他知道我们的来意后便很热情地招呼我们,讲述了这个厂里的前前后后。他是1990年来泾县的,来的时候这个厂已经变成一个国营的缫丝厂,他是这个缫丝厂的车队队长,在他的介绍下我们得以进入原683车队总厂。

这个厂占地150亩,后面的生活区占地100多亩。厂的规模很大,一进去就是行政楼,行政楼是建在一个三四米高的大坡上。楼不是很高,只有两层,但是行政楼很长,约有一百米长。以当时的眼光看,是很气派的建筑,但是现在楼前已是杂草丛生,很多地方杂草长得一人多高了。此楼空了好多年,墙上的白漆很多都已经掉落,露出墙里的红砖来。墙上的窗户都已经破碎。行政楼前就是一个大广场,广场是用水泥铺砌的。广场前是一排宣传栏。现在那上面都是缫丝厂的一些宣传内容,我想当时一定是后方宣传的主要地方。广场四周的墙上还能很清楚地看到那时候"备战、备荒、为人民""坚定正确的政治方向"等标语。再往里走就是厂房了,绝大多数的厂房的墙壁已经倒塌,屋顶都是钢筋了,但是这些钢筋依然是结实的,这也说明了那时候三线厂建筑用料的确是很好的。因为时间太长了,很多墙壁上都长有植物了。有的厂房不是很破就被利用起来。因为整个地区都是丘陵,所以整个厂的地形也是坡形的。厂房都是建在一个大坡上。坡的最上面,就是以前整个683厂的核心地区——大修理厂、总停车仓库。在修理厂附近还有一个小型加油站,是原五连车队加油用的。当时整个工厂规模很大,总的有1 500人。这在当时也只有国家才能投入如此之大的人力物力的,而且这样一个大厂建在这样一个穷乡僻壤的乡村更是难上加难啊。听这里的村民讲,原来这里都是荒山,都是683厂里的建筑队一锹一锹开出来的。

参观过生产区，我和王队长来到生活区。说到生活区，我不禁想起陶渊明写的《桃花源记》中的"其中往来种作，男女衣着，悉如外人。黄发垂髫，并怡然自乐"用在这里真是太恰当了。这里现在的居民全都是原缫丝厂的职工，方圆几里内并无其他村落，就如一个世外桃源一般。原来都是同事，关系非常亲密。走在路上大家相互之间都是非常融洽，遇到熟人都礼貌问候。陪同我们一起的王队长因年纪较大，格外受到尊重，大家见他都是很有礼貌的与其打招呼。说到生活区的建筑也都是683厂那时候建的。生活区很大，最里面是干部楼，王队长就是住在那里，我去过王队长家，整个干部楼只有一幢，三个单元。整体结构像是现在的商品房，但是你进去后又知道，其实并不是的。因为它的楼道很宽，家家户户都在楼道里烧饭，所以家家户户联系仍然是密切的。王队长家是两室一厅，屋里也并没怎么装修，其装饰仍保留了20世纪六七十年代的样子。墙上下部分，有一层绿漆刷了，这是很多那个年代房屋的特有标志。干部楼的外面是职工楼，职工楼是一栋连着一栋，墙上还都保留原来的标语。整个生活区都有院墙围着，这些院墙已有四五十年，但院墙仍然保存得非常完好。当地的居民都说那时候的房子质量好，住到现在没什么质量问题。

在厂区与生活区之间，还有很多娱乐场所，中间就有一个很大的用泥土铺就的篮球场，听说以前683厂经常在此处放电影，来看电影的人每次都有好几百人。在篮球场前有一个大礼堂，那时很多活动都是在此举办。职工宿舍的后面还有一个游泳池，现在仍然保存完好，只是现在那里面不再是清澈的水了，而是一些废水和垃圾。

参观完整个厂区后，王队长又介绍向我了一些了解实情的居民给我，我和他们又聊了许久。在与原缫丝厂行政科科长汪业富的交流中就得知很多原来683厂的一些情况。他说："1987年来的时候这里还有几个上海人，是留下来办理交接手续的。我到厂里的时候，厂里还有好多生产手枪模具，这里原来也生产军火的。"

今天能来到原683厂也是很值得庆幸的事，这对我以后研究小三线加深不少实际感受。

2012年10月5日　　星期五　　晴

今天是国庆假期的第五天了，明后天就得回上海了。所以在回去之前打算再去一趟泾县，前两次去了一个电厂、一个运输厂，在泾县还有一个红波设备厂。之前老师说有红波设备厂，但是在泾县地方志里好像并没有提及过此厂，所以我就不是很确定它是否真的存在过。不过前两天在采访312电厂的时候，听村民说红波厂是有的。我和父亲一起开车按村民说的地址来到了三口村。向附近的村民多方打听得知红波厂是在西康村民组。这个村组并不大，大约有三四十户人家。

我和父亲在村民的指引下来到了一个养老院。村民说这个养老院就是在原来红波厂的基础上改建的。村民还说，在村头有个桃花潭酒厂也是在原来的厂基础上改造的。村下面现在有一小半的居住房屋都是在原厂建筑基础上改造的。听说因为这里生产的都是无线电设备，为各个配件搬运方便，所以厂房都是分开建的。而且为了隐蔽，所以这里的厂房好多都建成民房一样，来到这里根本没有感觉到以前还有这个厂。这个厂的每间厂房都不是很大，而且大多数是一层楼。

后来我采访了对这个厂比较了解的查佩荣阿姨。她说这个厂原来的职工和当地村民的关系都是很好的，村民有什么忙他们都是愿意帮的。他们帮这个村修了路，开通了自来水。村民想买什么他们是愿意从上海带的。那些职工也是很怀恋这里的，他们经常会包车来到这里怀怀旧。今年五六月份还来了一次。

采访完红波厂，因为时间还早，我们又去683厂附近的村子采访了。在开了一个小时后我们第二次来到了683运输厂。因为厂我们已经去过了，所以我们就直接去采访了这个村的村民。我们来到村子里打听，去找村子里的老年人。在多次询问中我们找到了对这个运输厂比较熟悉的李家财老同志。他家就在683厂下面，他上学时代和厂里的小年轻职工很熟悉，经常和他们的车子一起出去拉煤，因为他和厂里面的人比较熟悉，所以厂里那时候他是可以出入的。据他介绍，那时厂里的职工和村民的关系是很好的。厂里特地送了一辆12马力的拖拉机给村里，用来帮助村民"双抢"，这给当地带来了很大的帮助。让他最感谢的是当地的水原来一直由683厂供应，水管一直用到去年，去年他们才用县里的自来水。

后来村民介绍说他们这里还有一个留下来的上海人，她的父母亲都是683厂的职工。我们最后找到了这位阿姨。她的父亲是原683厂的汽车检测负责人,主要管理汽车能否发车。他回去后在上海长途汽车运输公司工作。这位阿姨是18岁那年来的,来了几年后就和当地的一位供销社职工结婚了,所以她的父母走后她就没有回上海了。这位阿姨现在在泾县七里店街上的几间老供销社的旧门面里居住。那个地方现在在泾县已经算是很郊区的地方了。家里装饰与这里的其他村民家没有任何不同。我没去她家里屋了,不过从外面就能看见她家的基本布局,大厅就是一张桌子和几把椅子,墙上的粉漆好多都已经掉落了。交谈中发现袁阿姨现在说的话也是很正宗的泾县话,并无上海口音。她的老伴说她现在所有的生活方式都已经是这里的了,和上海一点都不一样。我想这恐怕就是同化的力量吧。这位阿姨的老伴今年60岁,原来是泾县供销社的,和他交流中,发现他本人对以前的政策也都是很了解的,对现在的政策也是有着自己的看法的。其实他本人以前在供销社的工作也是非常体面的,在以前可以算是非常好的工作了,这位老伴身高有一米七左右,现在看来在同年人中还是很精神的,从他的长相来看年轻的时候应该是个帅哥啊。阿姨那时也是年轻漂亮,再加上是上海大都市的,父母都是小三线职工,父亲还是厂里的干部,这样的一对人,当时在泾县一定生活得很不错。也许就是时代造弄人啊,一个上海小姑娘已经变成一个地地道道的安徽农村妇女了。

2013年1月16日　　星期三　　晴

今年寒假我再一次去了小三线的厂址,这次我和师姐李云一起,中午从上海出发,乘车去了宁国。宁国这座小城位于皖东南,与浙江接壤,与上海、江苏也都不远。这里典型的丘陵地形正是三线厂此处的重要原因。当汽车接近宁国的地界时,我感受到这里丘陵的连绵,一个个不高的土丘紧紧挨在公路的两边。高的有一两百米,低的只有十几米。那些稍许平坦的地方,便形成一个个不大的集镇,放眼望去都是两层小楼,典型的徽派民居,青砖小瓦,雕花瓦当,整个楼身更有琉璃瓦片装饰,很是好看。

四个小时的车程我们到达了宁国,虽是皖南人,宁国我却是第一次来,这个依山傍水的皖南小城在我去的几日里,空气并没有我想象的那般好。那几天,宁国的上午都是被大雾笼罩着,空气中也弥漫着灰尘,我和师姐开玩笑说:也许这就是宁国是亚洲最大的水泥厂——海螺水泥厂发源地的原因吧!

到达后，我们便在宁国市区找了家旅馆，简单地安顿下来，为后几天的行程稍作准备。

2013年1月17日　　　星期四　　晴

今天和师姐去宁国档案馆查找资料，早上7点半我们打车去了档案馆。宁国不愧是历史文化名城，这个档案馆比我们想象的要宏伟得多。四层办公大楼，正正方方，楼身的大理石在太阳照耀下显得格外庄重。一进去，是一个环形大厅，大厅四周布置了供查阅者就座的圆形桌子和供人休息的真皮沙发，大厅的最里面是一个接待查阅服务台。

我和师姐7点50分就到了，在等待了十几分钟后，工作人员陆续到来，在和接待员交代了我们的来意后，又经过熟人简单的介绍，我们便开始查阅资料。听接待员说有关"小三线"的档案有600多本，我和师姐当时就傻眼了，像我们查阅收集的速度一天最多能查40本，得半个月时间啊！一上午我和师姐就查阅了18本。中午吃饭的时候，我算了算，加上周末休息，我们等到过年的时候也查不完啊！啊呀！这得怎么办啊！在师姐鼓励下，最后我们做好长线准备。

下午我们又接着查，大厅太大，又没有暖气，时间一长冻得手脚不灵活了，下午我们只查阅了17本。

听说我们这里的资料很多，胡静师姐准备过来帮忙，多个人多份力，我相信我们还是能快点查完的。

2013年1月18日　　　星期五　　阴

上午8点我和师姐再次来到档案馆，在查阅的过程中，接待员说我们查了一大半了，我和师姐都很吃惊，不是600本的吗？我们查阅了四十几本啊！"不是600本，是600条，总共就五十几本。"听了这句话我们当时就傻了，既高兴又失望。高兴的是不用在这待上十几天了，失望的是资料没有那么多了。中午11点多，我们就把50卷资料都查阅整理了一遍。

下午，我们便开始去厂址实地看看。虽说宁国我是第一次来，但是宁国的小三线我并不感到陌生，这些厂和我前几次去过的泾县小三线厂一样都是在崎岖的山沟里，都建在很小的集镇上，有一条很不起眼的小土路或者小土坡，这正是通向小三线的最后一段。弯弯曲曲土路有的长、有的短,像通向电厂、军工厂这类三线厂土路窄了很多、长了很多。有的只有一辆中型货车那般宽的土路连绵曲折十几里。而像水泥厂这样的并不直接与军用挂钩的小三线厂,土路便换成柏油路,也宽阔了许多。我们第一站去的就是号称亚洲最大水泥厂的源头——上海胜利水泥厂。

我和师姐大约下午3点多钟才来到厂里,所以我们下午去了并没能采访些人,只是简单看看厂里建筑。不过我们在别人的介绍下,认识了几个老厂的老工人。并且定好明天对他们采访的时间与地点。

2013年1月19日　　星期六　　晴

早上6点半我们就从宁国出发,赶往十几里之外的原上海胜利水泥厂。元月的清晨一片大雾,白茫茫的,从车内看远处,只露出些隐隐约约的轮廓。离水泥厂越近,空气中的粉尘越发厚重,粉尘与这浓雾混合在一起,使得这里越发朦胧,车还没到就能感受到水泥厂就在附近。大约7点半我们到达了水泥厂,这个水泥厂和我以前去过的小三线厂址一样,都是宁静、冷清的,而冬天的清晨又使得这份静添加了稍许的寒冷和萧条。我们约好8点在朱师傅家集合的,因为提前半个小时到达,所以我和师姐在这个老厂转了转。当我们走在这个建于20世纪六七十年代的建筑群中,依然能找到当年历史留下的痕迹。墙上的标语、大字隐约还是能看得见。也许这正是历史的魅力,一样的标语,一样的建筑,一样的树木,却是不一样的人。那些当年一砖一瓦建起整个工厂的年轻人,现在都已年迈,有的都已不在人世。正是小三线让这块贫瘠的稻田变成养活几千人的工厂。

我去过不少小三线工厂,小三线厂里的建筑没有什么独特之处,那些房屋的建造技术、风格、用材和20世纪80年代的安徽差不多,每个三线厂里也都有些八九十年代安徽人接管后造的房屋,一眼望去,能很明显地感觉出哪些是当年三线厂建造的,哪些是后来安徽人建造的。小三线——那个独特的年代,建筑也带有那独特的味道。那时小三线厂里的建筑都是很浑厚的、庄重的,没有多少装饰但却是整齐划一的,也许这正和当年革命时代社会风气是一致的,人们的思想也是保守的、稳重的。

生产区和生活区是分开的,住宅楼每栋都标有栋数,每户门前都有铁板刻的门牌号,很正规,并不像我们现在商品房每家门前只是在墙上印个门牌号。大约8点左右,我们来到朱师傅家,他家是10栋301室。70多岁的朱明玉师傅很热情地接待了我们。大约到了8点半,要采访的其他师傅也都来到了朱师傅家,我们便慢慢地谈了起来。

  他们有的是上海人,但是后来因为家庭等原因,留下来了。正是他们留了下来,为我们了解这样的小三线提供了答案。在与他们的聊天中得知,当今亚洲最大的水泥厂——海螺水泥,就是原上海小三线胜利水泥厂的子公司生产的海螺牌水泥发展而来。海螺的名称也是来自胜利水泥厂附近的一座海螺山。正是这座小三线的水泥厂后来发展成为一个国内水泥行业的龙头企业,上市公司,一座当时如此不起眼的厂为何一跃能发展如此之快呢?历史是连续发展的、有着因果关系的。天上是不会掉下馅饼的。今天海螺的辉煌正是从昨日胜利水泥厂的艰辛奋斗得来的。有人也许会质疑,小小的胜利厂真有这样大的作用吗?是的,正是胜利厂那代人的艰苦奋斗,让海螺牌水泥被上海乃至全国人所知。一谈到老厂水泥的质量,那些老师傅都显出一副很自豪的表情,他们用激动的声音对我们讲了厂里那些值得铭记的骄傲。其中就有一个事例,大概是在20世纪70年代末80年代初,当时中国南极考察队正在南极建造考察站,但是所带去的水泥在那酷寒的天气里都不成型或者裂开,后来国家又运了几批水泥过去,还是不行,有的水泥一到那里一建就粉了。最后从上海运了一批水泥过去,在那一建就成功了,过了冬季,考察站还是很完好。回来后一查得知,这批水泥正是胜利水泥厂生产的。这样的事例便让胜利水泥厂名声在外,这件事还得到国家的特别奖励。为何当时不大的水泥厂能生产出如此高标准的水泥呢?听那些老师傅说当时像胜利厂这样的规模、技术能生产出那样的水泥的确是一种奇迹。后来在采访中得知,那样的成绩是出自比别人多付出几倍的劳力而获得的。大家都知道,水泥的主要原料是石灰石,石灰石的好坏直接影响着水泥的好坏,一般上水泥厂都会对石灰石分等级的,好的石灰石将用作生产质量高的水泥。而对石灰石的分类一般都是根据矿区好坏来分等级的,最复杂的不外乎在好等级的水泥中再用机器筛选一遍。一般像这样的水泥已经是最高标准了,也自称是最高级别的水泥了。而胜利水泥厂的职工却并不满足于此,对于国家下给厂里的任务,全厂上上下下都不马虎,厂里选择一批职工推着小车对那些已经筛选好的水泥人工再筛选一次,正是这样的干法才有了那样的成绩。我们在采访期间就有一位闵师傅以前在厂里从事过这项工作。已经74岁高龄的闵师傅在谈及此事的时候,表情虽然很淡定但微微颤抖的声音是掩饰不住内心激动的,他说:"那时候厂里出来的水泥都是我们这几百个人用手一个一个拣出来的,时间一长我们的手经常磨得流血,但是我们没有一个人叫苦叫累,最后才生产出这一批批高标准的水泥。"正是小三线人对工作认真负责的态度,赢得了全国的好评,后来上海东方明珠等大型工程都指名要胜利水泥厂的水泥。历史有时就是这么简单,接管上海三线厂后,正是这份声誉让宁国水泥厂和后来的海螺集团在这份前人的努力中更加壮大。

小三线人对待工作是认真的,对待生活也是积极的。如同胜利水泥厂一样,所有的小三线后方厂都是建在大山深处,刚刚去的时候这里都是深山野林,很多厂进去的时候,山路都没有,就更谈不上用电、用水。然而,1965年到1970年这五年期间,三线人硬是在这片荒山野岭中建起一座座现代化工厂,其中所经历的艰苦只有那些三线人自己知道。"苦,我们吃尽了。那时候进厂的路我们修,厂里要通电,电线杆我们自己扛,一扛就是十几里,每次回家后我的肩都淤血了。累,那时候真累,不过我们真的没有怨言,我们觉得那些是应该做的,那时候能做点事,心里是真的高兴。"这是一位已过花甲的丁师傅的真情吐露。工作上小三线人是辛苦的,而生活上他们是单调却又是丰富的。单调,固然是他们在生活物资方面很缺乏,在业余生活上他们只有每周一两次的电影,没有什么娱乐项目。丰富,正如我采访很多小三线工人所说:我们虽然没有什么娱乐活动,不过我们没事打打扑克、隔三岔五看看电影,感觉也还行,就算没事我们几个在田里烤烤地瓜,感觉也是很高兴的。

在和这些老师傅交谈中感觉时间过得很快。不一会儿,就到了11点多了。看时间不早了,我和师姐也不好再打扰他们。和这些老三线人交谈我感触很深。是的,小三线人正是那个时代人们的代表,那是一个勤劳的、知足的时代。虽是物资上缺乏,却不能阻止人们对那个年代的思念和回忆。在我所采访的所有三线厂中,每个厂现在每年都有原来小三线工人包着大巴过来到原来他们待了几十年、奉献了他们青春的三线厂址再看一看,再回忆那段美好的时光。

2013年1月20日　　　星期日　　晴

昨天在与胜利水泥厂老师傅聊天中得知宁国366电厂的确切位置和行车路线，所以今天一早，我和师姐便从宁国西站出发去了366电厂的旧厂址。电厂在三门桥乡，从宁国乘车40分钟。与去水泥厂的路不同，虽也是水泥路，但去那里是弯弯曲曲的盘山公路，没有多宽。三门桥也只是一个非常小的乡镇，整个街道也只有一百多米长。我们到了三门桥找到了当地老居民袁宏业，60多岁的他对366电厂很熟悉。听他说，他家原来隔壁邻居都是366电厂的上海职工。与他交谈了一个多小时，听他聊了366电厂和上海工人的点点滴滴，总的来说是这个电厂让他们在那个时代了解到了外面的世界。

在与袁师傅交谈后，他向我们指引了去往366电厂的路。电厂还在三门桥乡的一个山坡上，从乡镇街道上到厂址大约需要步行15分钟。整个电厂都是在一个大山坡上，道路现在都已是水泥路了，那时候这里还都是土路。到了那里后，我和师姐都很失望，几乎百分之八九十的厂房、宿舍楼都已经拆除了，唯有几间还留下来的平房也成为堆些木料的破仓库。不过电厂以前建造的高压电线杆都还在。整个厂区并不大，都布局在一条几百米长的水泥路一边。366电厂因为地理位置太偏，小三线撤回后，几乎都已荒废了。

考察完366电厂，下午我们又约了原胜利水泥厂老职工杨浦师傅，杨师傅的父亲就是胜利水泥厂的老职工，后来杨师傅也在水泥厂工作，因为家庭原因后来杨师傅留了下来，虽没能在大城市生活，杨师傅并不后悔，温馨的家庭，不菲的股份，良好的居住环境，让杨师傅与那些回去的老同事们找到了知足，找到了幸福。

2013年1月28日　　　星期一　　晴

今天和父亲一起驱车去了泾县档案馆，准备查阅些有关小三线的资料，找到了之前就联系好的李主任，不过到泾县档案馆一查才知道，泾县有关三线资料都没有。那时候交接，泾县的三线厂档案都没有存放在泾县档案馆。哎！白忙了一场。

后来，我们又去了红波设备厂想去采访一下国庆期间因为生病没有采访到的晏公村张老书记,不过这次仍不巧,老书记的病还没有好,还去县医院住院了。今天真是白跑了一场!

2013年2月4日　　星期一　　雨

在我采访这么多的小三线厂中印象最深的是312电厂,一是因为它离城镇最远,真正地在大山的最深处,电厂离最近的集镇都有十来里山路,离泾县县城得有30里路程。二是电厂附近的村民离城镇很远,他们格外朴实,不管你采访什么人,他们都十分热情。你有什么困难,他们也都愿意帮忙。真是大山里的人淳朴很多。

今天上午我和父亲再次去了312电厂。离过年只有几天了,不过村里的年轻人大多数仍在外务工,村里绝大多数都是老人,不大的村子显得格外宁静。这次我好好地在村子转了转。说是一个村庄,但整个村庄的房屋绝大多数都是三线厂留下来的宿舍楼,真正的平民房屋只有几十来户。十里弯弯曲曲的山路边并没有其他村庄,唯独在山路的尽头有了这一个村庄。实际上,没有三线厂也就没有这条山路,没有现在利用旧厂址的宣纸厂,更没有那些现在还住着村民的宿舍楼。是的,正是小三线让这里的村民可以便捷地出行,更让这里变成了一个村庄。

在采访了当地居民后,我又去了离厂址有3里多路的抽水房,那时候正是这个水房提供了电厂及当地几个村的用水。现在抽水房依然在运转,接手的正是利用原来电厂厂址的宣纸厂,这个有半个世纪的水房给居民用水带来了很大便捷。

在结束312电厂行程后,我再一次去了国庆期间采访过的一对年过花甲老夫妻,而这个妻子就是上海职工留下来的子女,20世纪70年代随父下放来到安徽,后来就和当地供销社一位职员结婚生子了,最后因为家庭她留了下来。90年代供销社的倒闭,让他们的日子过得并不富裕,但是家庭的温暖让这对老夫妻幸福地生活。这次寒假我又去了他们家,不过这次她刚刚过完60岁生日的丈夫因脑出血而瘫痪,几个月前还健康、好客的老人没过几个月有如此变故,让我们心里也感到丝丝灼痛。

小三线,一代人为之付出青春,一代人为之奋斗梦想。作为三线的重要组成部分,上海小三线在特定的历史条件做出了不可磨灭的贡献。在科学技术落后的情形下,小三线所取得的成绩正是那代人为之不断奋斗、拼搏的结果,正是有着这样的三线精神,让我们国家的国防事业一天天进步、国家一天天强大。小三线精神我们这代人不能忘却,小三线人我们更不能忘记。

2013年7月3日　　　星期三　　　晴

早上5点出发,四个多小时的车程后,来到了祁门县。县城不大,典型的小山城。有幸联系到了祁门县委有关领导,在他的介绍下去了祁门档案馆,几经交涉,最后拍到了祁门有关小三线厂的档案资料近十卷。

下午去了黟县,黟县与祁门不远,相距约二十几公里,在询问中找到了黟县档案馆,档案馆不大,就几间办公室。在与领导交谈中得知黟县档案馆并未收集小三线档案,只是在地方县志中简单介绍了祁门小三线厂。

下午4点多离开黟县,到了邻近县城休宁县。

2013年7月4日　　　星期四　　　晴

上午去了休宁档案馆并未找到有关小三线档案资料,在档案馆工作人员的指引下,去了休宁经贸委,可惜的是经贸委也没有任何有关小三线的档案资料。

从经贸委出来后直接去了徽州区档案馆,因为得到了吴静老师朋友的帮助,所以比较顺利,去了后档案馆很配合,把所有有关小三线的档案都拿了出来,我们把能照相的都照了。还复制了部分电子版档案。

下午,去了歙县档案馆,可惜的是这里没有任何小三线档案。

2013年7月5日　　　星期五　　　晴

上午去了屯溪区档案馆,档案馆藏小三线资料约有十一二卷,几经恳求,让我们拍了五六卷中的部分。

下午去了黄山市档案馆,因为档案馆正在搬迁,所以档案馆比较乱,又因没能联系到有关领导,所以并未找到有关资料。

2013年7月11日　　　星期四　　　晴

一早上从家出发,大约8点到旌德档案馆。旌德档案馆是所有县城中藏有小三线档案最丰富的一家,共有档案85卷。因为导师提前联系了,所以到了档案馆还是比较顺利,与管理员协商好中午不休息,正好一天全都拍完。

2013年7月30日　　　星期二　　　晴

今天上午去了黄山市档案馆,这次直接去了新馆,黄山市档案馆有关小三线档案并未集中成卷,而是分布在各卷之中。有关小三线电子条目大约有一两百条,多为交接档案,也有部分20世纪70年代的档案资料,但是档案馆不准照相,只给复印,并且对复印内容检查得也很严格,最后我们只复印到有关档案39张。

2013年8月7日　　　星期三　　　晴

今天去了绩溪档案馆,共藏有小三线资料大概五十多卷,绝大多数是移交清册,但管理员最后只允许我们拍小部分,约8卷。

(杨华国,上海大学历史系硕士研究生)

勿忘种树人：我心中的小三线今昔

张雪怡

2018年夏天，参加上海大学历史系的硕士研究生复试结束，我第一次接触到小三线建设——这对当时的我来说完全是一个陌生的名词——并有幸加入上海大学历史系徐有威老师的小三线建设研究团队之中，开启了我的研究生学习之旅。此后两年，我更是经历了更多的第一次，第一次去档案馆查档、第一次做口述访谈、第一次参加老职工聚会、第一次运营公众号……回想起来，这两年的学习生活，不仅是在学术上教会我做研究的方法理论，更多的是当我面对小三线职工及职工家属们各样的人生，给我所带来的心灵上的触动。

20世纪60年代，为满足新中国备战需要，改变经济发展战略布局，在"好人好马上三线"的号召下，一场轰轰烈烈的三线建设运动开始了。提到三线建设，一般人都会想到四川、重庆，想到攀枝花。我在进校之前，也从不知道上海也与三线建设有关。

收到上海大学历史系硕士研究生复试通知后，我接到了来自本科老师的电话，向我推荐公众号"小三线今昔"，这是我第一次接触到小三线，浏览过公众号内的文章后，我对小三线有了一定的了解，并决定加入徐老师的研究团队。

复试后我回到南京，着手准备去江苏省档案馆查看江苏小三线的军工档案。南京的五台山附近是我曾经上学的地方，但我也是第一次知道原来在离我母校的不远处，还有一个江苏省档案馆。我在江苏省档案馆抄录了近一个月的江苏小三线的档案，对于当时没有任何学术经历的我来说，抄录档案是很磨炼人的事情。没有手机,没有网络,从早上9点坐到下午5点,一开始,面对着繁多、复杂的手写稿,我是绝望且无从下手的。巧合的是,每一天坐在我对面的都是一位香港中文大学的外籍教授,总是在专心致志地翻阅和摘抄,我从未与他对话过,但每当我感到松懈或想要抱怨的时候,只要看到他还在坚持,我就也能坚持下来。

每一天,我把不认识的字依葫芦画瓢地抄在小纸条上带出档案馆,回家后与父辈一同研究琢磨,再对一天抄录的档案做检查和补充。后来才知道,这是当年短暂的汉字化简运动带来的结果,我在家人的帮助下,连蒙带猜,竟也认识了不少所谓的简化字。来到上海后,我的"据点"也从江苏省档案馆转移到了上海市档案馆,比起江苏省档案馆工作人员要推车下到仓库调档,上海市档案馆已经完全实现了档案数字化。这简直是研究者的福音,唯一的挑战就是看完缩微档案后短暂的眩晕感。

在江苏省档案馆的一个月是我学习小三线建设的开始,让我对军工史有了一个大体的、简单的了解,虽然时不时会感到疲惫,但在后来的研究学习中,我惊讶地发现,正因为有这一个月抄录档案的基础,以及我认识的那些所谓的简化字,对于我之后翻阅企业档案有极大的帮助。

正如上文所提到的,企业档案也是做小三线建设研究的重要来源。刚进校时,就常常听师姐们说一起去各地工厂拍档案的故事,我也心生向往。2019年,我和师姐、师弟、师妹们去了原上海八五钢厂、现上钢五厂和原上海协作机械厂、现上海柴油机股份有限公司拍摄企业档案,收获颇丰。纸质档案的质感是电子版无法代替的,当自己真实触摸到这些跨越数十年的过往,便有了更深的触动。就像师姐们在整理完《八五通讯》和《八五团讯》后对八五钢厂特殊的熟悉感一样,我在整理完协作厂档案后,对协作厂的情况也如数家珍,这让我走进上海柴油机厂后更是有一种神奇的感觉。去年,我在大量阅读江西小三线新民机械厂的档案的基础上,完成了文章《江西小三线新民机械厂档案资料简介》,透过档案,熟悉了该厂生产、生活的方方面面,因此对新民机械厂也感到格外的亲切。王小帅的《地久天长》上映时,徐老师曾说,我们去看这部电影,也一定会有与别人不同的感触,因为我们已然成为另一种"三线二代"。是的,我与小三线和"三线人"的过去和现在,正是在这几年的学习中,产生了特殊的联结。

做历史研究,史料永远是最重要的敲门砖,史料的搜集整理是历史研究的一大难题。非常感谢、也感动于我的导师徐有威老师及师兄、师姐们多年来的共同努力,搜集、整理到了各省市档案馆及各地小三线工厂所收藏的珍贵史料。记得第一次与师兄见面时,他便拷贝给了我近100 GB的档案资料,令我非常震惊。师兄笑着提醒我,可以多备一个硬盘,硬盘是我们的生命之源。面对海量的档案资料,当我尝试自己对其做研读与爬梳时,更是遇到了多种多样的难题,如何对档案分门别类,如何快速提取有效信息,如何在论文中合理运用档案资料并与口述资料相结合。在我们每周的会面上,老师、师兄师姐们也给了我很大的帮助,这些正是我所需要学习的。后来,我也把这新整理过的近100 GB的档案资料拷贝给了新入学的师妹,并叮嘱她多备一个硬盘,这仿佛也成为一种传统,我们站在前人的肩膀上,又成为了后人的肩膀。

第一次做口述是在刚入学没多久,与同门一起采访上海小三线宁国的胜利水泥厂的吴安行老师。吴老师已经77岁了,曾是胜利水泥厂的一名六级看火工,15岁便从上海走向宁国,一待就是17年。那天我们围坐在吴老师家的客厅里,他热情地给我们泡茶、洗水果,随后拿出一份口述提纲,一点点讲给我们听,从响应号召来到宁国,讲到在水泥厂的生产生活,回忆总是快乐的,去宁国的路弯曲坎坷,但他们一路上开心地作诗,"窗外雪花纷飞,我们内心热火腾腾",甚至小老鼠偷吃核桃,把行李包咬出洞来,现在想来也忍俊不禁。1985年,按照国家政策,胜利水泥厂移交安徽宁国水泥厂,改名安徽宁国水泥厂胜利分厂,在胜利水泥厂的生产基础上,该厂经过多年发展,成为安徽海螺水泥,打入中国品牌五百强。

访谈最后,吴安行老师哽咽了。他对我们说,我为什么要提这些呢,就是希望大家不要忘记我们这些种树人。回到学校后,我重听录音,这短短的两个小时内,我数次被吴老师在宁国的17年而感动。我

任光淼主编:《追忆胜泥足迹 难忘辛勤耕耘》(自印本,2019年1月)

想,勿忘种树人,我们不能忘记小三线的这段历史,和这些共和国最伟大的人,这也是我们所在做的事情最大的意义。

之后没有多久,胜利水泥厂的回忆录《追忆胜泥足迹 难忘辛勤耕耘》编辑成书了。为了庆祝成书和建厂50周年,该厂编委会组织了一场庆祝大会,也邀请了我们前往参加,这是我第一次参加上海小三线职工聚会,虽然上海的冬天湿润寒冷,但我们"内心热火腾腾"。

后来我亦做过数次口述访谈,听过不同三线工厂回沪工人的人生经历,上海小三线、江西小三线、大三线的同志,访谈总是在一个轻松的氛围里进行,更像是一场家长里短的聊天,在客厅里听老一辈讲过去的故事。老同志们侃侃而谈,谈到自己的青年生活总是带着一丝雀跃。曾经有一位老师回忆自己少年时期的贫困生活,每天上学之余要送牛奶、打家具,但也正是这种艰苦的生活锻炼了他,去往安徽之后,他比其他工人更加吃苦耐劳,也因此获得了更多的机会。虽然以我们的视角来看,这近20年里有着我们无法想象的艰辛,但他的语气诙谐幽默,这也感染了我们,每每想起他送牛奶的故事,我们也一齐笑起来。

在动笔写这篇文章前不久,我有幸参观了上海参加三线建设的老同志们自发筹备的"上海三线文化展陈馆",目前,展馆虽尚未做成,但文物资料已收集很多。老同志们把旧物分类打包,放在办公室里,小心翼翼地打开给我们陈列展示。那天,我们还遇见了王小帅电影《青红》女主角青红的原型卞老师,让我们激动不已,原来这正是她提供的办公室,成为文化展陈馆筹建的大本营。

在这里,我们看到了大量珍贵的物品,厂迁建竣工纪念陶瓷杯、煤油供应证、献身国防事业奖章、乒乓球赛奖杯,甚至还有他们在山里打发时间所织的枕巾……小三线是一个自成在深山里的小世界,当近60年前的物品一样样摆在面前时,这个小世界好像也逐渐浮现在眼前了,年轻的男男女女下了工约会看电影,家里的男主人排队领煤油,开放荤菜时大家举着荤菜券在食堂拥挤着,夏天如火的骄阳下召开热火朝天的运动会,女职工们和当地人一起坐在厂宿舍门口聊着天儿织着枕巾。这些亲历者已然老去,这一切却在他们不懈的努力下,从档案中走出来,亦是从文字中活过来。回首往事,20岁的青年人离开了富裕舒适的家乡来到这深山之中,克服了无数难以想象的困难,用青春和血汗奋斗、书写了一段激情燃烧的岁月,他们"献了青春献终身,献了终身献子孙"的家国情怀和坚定执着的理想信念,深深地感动了我们所有人。

我们都知道,口述访谈的运用在历史学研究写作中,往往能起到画龙点睛的作用,用当事人的经历来反映和构筑历史,对当代史研究来说更是如此。于我,这两年的口述经历,更给我带来了很珍贵的情感,因为这些访谈经历,我的微信好友里多了不少来自各个小三线工厂的老同志,他们乐观、热情、坚韧不拔。

笔者(中)采访三线建设亲历者

2020年年初,一场突如其来的疫情席卷了全国的大部分地区,把大家都关在家中,惴惴不安,而有一位小三线老师竟一天不落地与我分享全国各地的疫情情况,这个习惯一直延续到今天,让我十分感动。我毕业论文的写作过程中,他也给我提供了很大的帮助,不仅给我展示他珍藏的军工实品,也为我介绍引见了其工厂内其他的老同志。疫情期间,有一次由于我无法理解新40火箭弹精度考核的数据,便向他致电询问,他详细地对我做了科普,还给我发来他当年所做的大量的笔记——我仿佛收获了一位"忘年之交"。这些老人的儿女也许并不会像我们这般听他们讲述支内往事,正是这一次次的访谈,使故事有了传承,历史也有了温度。

2019年,我从师姐手中接过,负责运营我们团队的公众号"小三线今昔",在这大半年的时间内,我推送了数十篇公众号文章,每一篇都令我印象深刻。特别是一篇题为《落叶归根:返沪三线人生活状况调查》的文章,直到今天,这篇文章的阅读量已经达到5.8万次。之所以引发读者大量的传播和讨论,正是因为这篇文章关注了今天的三线人的生活。我们总是把眼光聚焦在小三线的"昔",那么三线人的"今"又如何呢?

60年前,个体的命运被历史洪流和时代变革所裹挟;60年后,我们作为三线建设的研究者,是否能为他们再争取些什么呢?我想起两年前刚刚入校的我对小三线建设一无所知,生活中还有更多对它一无所知的人。近年来,小三线研究系列书目的出版、上海书展的参展、小三线摄影展的举办、纪录片的拍摄等等,唐宁老师为"新光人"撰写的大作《归去来兮——一部亲历者的三线建设史》(上海文艺出版社2019年版),记录上海光学仪器厂拆分援建的三线企业贵州新天光学仪器厂从创业、发展、辉煌乃至衰退的历史。她说,"越了解他们,祈望他们能得到温良对待的想法,就越强烈。这也是萌发写作这本书的原因。"那时,每一个三线建设亲历者,作为好人好马,都带着强烈的国家使命奔赴后方基地,"三线建设搞不好,毛主席睡不好觉",而60年过去,对于如今的每一个三线建设研究者来说,一定也都怀有另一份使命:为三线人发声,为无名者立传,"为历史留一群三线人的生命故事"。三线人无私的奉献和付出,是不该被忘记的,这也正是我心目中的"小三线今昔"。

非常幸运,我能接触到并加入上海大学历史系小三线建设的研究团队。这三年的学习,让我深刻感受到了三线人的精神,也有了一份为他们、也为历史留下一点什么的责任感。2021年我将毕业,结束我三年的小三线建设研究之旅,但是这份艰苦岁月中磨炼出的"艰苦创业、无私奉献、团结协作、勇于创新"的三线精神将成为我人生最宝贵的财富之一,激励着我未来也不断前行。但很遗憾的是,我还没有能参加过三线厂的实地调研,没能前往参观过浙江、安徽的上海小三线军工厂旧址。如果以后还能有机会,我想和共同学习、奋斗过的同门们——作为特殊的"三线二代"——一起走在昔日的工厂,感受时光的流转,也许我们会看到协作厂的大门、八五钢厂的路灯,然后再一起感慨曾经知道的关于它们的一件件往事……

(张雪怡,上海大学历史系2018级硕士研究生)

跟着徐有威老师从事小三线研究的"四个一工程"

张程程

回想起来,不知不觉间与我的上海大学历史系硕士研究生导师徐有威老师相识已近二年,正式步入硕士研究生学习阶段也已一年半有余。回顾过去的这段小三线学习经历,自认为是一次奇妙的旅行,许多画面仍在我的脑海中不时闪现,记忆犹新。一直想有这样的一次机会来向各位师友汇报一下截至目前我的小三线学习情况,既是对自己的一种勉励,同时希望在之后的学习过程中会有更多的发现、认识与收获。因此诚挚感谢徐老师给予的这样一个约稿回顾我这段经历的"surprise",能够让我在这段旅行途中丈量一下过往的足迹。我的这段经历,大致可以归纳为"四个一工程":一本书,一篇论文,一次查档,一批口述采访。

一、"半路出家"

熟悉我的同学和朋友都知道我的本科就读于上海海洋大学(老一辈上海人所熟知的上海水产大学)公共管理专业,这么一看似乎和历史学没有太多的联系,所以每当我向他人介绍我的学习经历时,总有一个问题我是无法回避的,那就是"你怎么会选择报考历史学研究生?"我通常会说因为这是我的兴趣所在,所以我会报考。这的确是我的真心话,因为再往前翻一下我的高中阶段,我的高考加一学科就是历史,而且也算是我的"强势学科"之一。但是,这只是一半,另一半一直没有机会说,因此借此机会也向各位坦白交代。因为我的本科专业是公共管理,因此对当代中国政府的国家治理与政策应对是一个贯穿学习始终的主题,而在这些问题的探讨过程中,往往就需要去回溯这些现实问题的历史由来,因而我逐渐地开始对中国当代史产生了浓厚的兴趣与热情,因此从这个角度来说,我对中国当代史的学习热情是促使我选择跨专业考研的主导因素。

那么相应的在选择导师方面我并没有太多的犹豫和困惑,当我在上海大学文学院官网上浏览到徐老师的个人主页时,看到徐老师的研究方向是中国当代史领域中的小三线建设时,我就基本上确定了我的选择和方向了,当然那时候我对小三线建设是一无所知的,但时至今日当我回想起自己的这一选择时,十分庆幸自己能够抓住这样一个机会能够跟着徐老师这样一位三线建设研究领域中的开拓者与领跑者学习小三线。这一路走来,虽有磕磕绊绊,但却收益良多。

二、我的小三线研学之旅

考研的过程是艰难的,但是结果也是比较理想的,在经历初试和复试两个阶段的考验后,如愿考取了上海大学历史系的中国史专业。

在顺利录取后,我很快通过邮件的形式向徐老师表达了我想要拜师求学的意向。因为据我所知,徐老师在历史系的人气一直是比较高的,想要跟着徐老师求学的同学也不在少数,所以还是要先下手为强。邮件发送之后就进入了"审核时间"。

出乎我意料的是,徐老师在第二天就给我回复了邮件,并且主动告知了微信联系方式,没想到我的"审核时间"是如此的短暂,真是令我惊喜不已。之后就和徐老师有了进一步的沟通和交流,直到今天,我还清楚地记得与徐老师初次电话沟通的经历。在电话中,徐老师热情地问了我的一些基本情况,"哪里人啊","本科在什么学校学习啊","怎么会想到学习小三线啊",等等。

我如实地告知徐老师我的这些情况,又令我惊喜的是,当徐老师得知我是上海崇明人,转而就用亲切的上海话同我交流,一下子就消除了我的紧张与胆怯。其实上海话我说得一般,肯定不如徐老师说得地道,所以我在跟着徐老师学习小三线的同时,顺便也来补习一下我的上海话,真是一举两得!在电话沟通的最后,徐老师还热情地邀请我去家中做客,这又是一个意外之喜,我也感到荣幸之至。

第一次上门拜访徐老师的经历我仍记忆犹新,虽有些许紧张,但更多的还是喜悦,毕竟在此之前"只闻其声,未见其人"。当我的敲门声刚落,徐老师就打开门热情地欢迎我进去,进门之后满屋满桌的书籍一下子就对我产生了强烈的视觉冲击。我在感叹徐老师学识渊博的同时,也感叹于自己还处于"井底之蛙"的阶段,今后的学习还有非常漫长的道路要走。这当然只能是算作是一个花絮,之后徐老师同我之间的交流才是正题,徐老师饶有兴致地询问我在本科阶段的学习情况,同时也向我简要介绍了目前小三线建设研究的开展过程,我也请教了徐老师在小三线建设研究方面的一些学习方法。徐老师告诉我前提还是要对这方面的内容进行大量的阅读,这样才能为之后的学习打下良好的基础。

徐老师建议我买个硬盘因为需要拷贝一些资料,我问徐老师要多大的硬盘,500 GB的够不够,徐老师说先买个2 T的吧。我再次被震撼到了,我在脑海中迅速地加以换算,1 T等于1 024 G,2 T就是2 048 G,与我所想的500 G完全不是一个等量级的,我在惊讶于资料如此丰富的同时,也在默默地敬佩徐老师在这条研究道路上的付出与坚守。临别前,徐老师还赠送了几本小三线方面的书籍,也算是对我的一种鼓励与鞭策吧。经过这次拜访之后,我算是真正地踏上了我的小三线研学之旅。

一本书:参与《小三线建设研究论丛(第五辑)》的编写

《小三线建设研究论丛》是徐老师和中国社会科学院当代中国研究所陈东林研究员共同主编的一套旨在对小三线建设研究成果进行系统收集、整理的重要出版物。截至目前,该论丛已由上海大学出版社出版至第五辑,第六辑也将于2021年初出版。可以说《小三线建设研究论丛》是我学习小三线建设历史的"入门指南"。

我在2019年入学之前,该论丛已正式出版发行四辑,第五辑也在策划酝酿之中,因此也可以说是"生逢其时",与本论丛的第五辑结下了不解之缘。

记得在去年暑假,我还在家中"漫游"于那个2 T大硬盘时,徐老师在电话中就给我和我的同门屈晨熙同学交代了一项任务,那就是由我们两个人共同完成对上海小三线协作机械厂部分企业档案的文字录入工作。

刚接到这一任务时,我并没有感到有太大的压力和困难,因为打字这件事几乎可以说是当代所有大学生的基本功,对我来说也不存在什么技术障碍,于是我满怀信心地接受了这项任务。但是当我打开徐老师给我发过来的档案照片时,我脸上的笑容也在逐渐地消失,倒不是说照片的清晰度不够,而是许多档案上的手写文字难以辨别。这难以辨别的原因既有字迹潦草的因素,还有和当时文字的写法也有直接的关系。

这如果让年龄稍长的长辈来辨认可能难度并不大,但对我而言,这是一次新的学习。因此辨字识字就成了我文字录入工作中的最重要的步骤,这直接决定了文字录入的准确率。

图为笔者在部分档案文字录入过程中的照片截图

就以图片中的第三行文字"我厂在改建或扩建生产和生活设施中……"为例,图片中的这个"占"不像"占"、"造"不像"造"的字就曾一度困扰着我,我在脑海中曾努力尝试去搜寻它的踪影,但是始终无法确认其"身份"。这时曾与我经常打交道的高考英语完形填空给了我新的启发,那就是通过前后文的文意来推断字词。因此我左看右看,思来想去觉得"建"这个字最符合我的推断,后来在得到徐老师的确认之后,证实了我的推断是正确的。当然这仅仅是一个个例而已。

总之在遇到这类问题时,我基本上是采取"一看二猜三确认"的办法来确定这些文字的"身份"。如果确实一时难以辨认,那就加以标注,待后续进一步核查。在这一办法的执行下,很多难以辨认的文字最终得以识别和确认,当然也有一小部分内容留待进一步"考证",这样在暑假期间基本上算是完成了老师交代的这项任务。

去年9月份开学之后,我就开始满心期待着这本论丛的出版,但是任何一本书的出版必然要经过三审三校这一严谨的过程,自然本论丛亦是如此。后面经徐老师的安排,我开始协助本论丛的责任编辑上海大学出版社常务副总编傅玉芳老师进行本书的校对工作。

在傅老师的指导和帮助下,校对工作得以顺利地开展下去,我也算是体验了一把当编辑的经历。在这一过程中,傅老师严谨的工作态度、勤勉的工作精神给我留下了深刻的印象。就这样,在徐老师和傅老师的周密安排下,在各位师姐和同门的共同参与下,还有在我的上海崇明的同乡门卫郭师傅的帮助下,以及在傅老师每天一杯咖啡的鼓舞下,经过反复校对和审稿后的书稿于2019年12月份最终付梓出版,同时也非常有幸能够担任这一辑的执行副主编。

参与该论丛的编写工作是一段非常难忘的经历。在这一过程中,我体会着多重角色,首先站在编者的视角需要对

《小三线建设研究论丛(第五辑)——上海小三线上海市协作机械厂专辑》的封面照片

全书的内容有一个合理的设计与布局,既要突出重点,又要涵盖其他,使其特色性与全面性都能够得到体现。其次是站在作者的视角,在徐老师的帮助和指导下,我撰写的《上海市协作机械厂档案资料概述》与《努力打造小三线建设研究的基石——读〈小三线建设研究论丛〉(第1—5辑)有感》两篇文章被收录于论丛中。在深感荣幸的同时,我在文章撰写过程中力求与本书的主题相贴合,再结合徐老师提出的修改意见进行补充完善,使文章主题与论丛主题之间存有内在关联性。还有站在编辑的角度,不仅仅要对全书的文字语句进行疏通厘清,使其符合当下语言文字表达的规范,同时还要对论丛中的档案内容、参考注释、文献引用等内容都要找到原始材料加以比对验证,确保论丛的规范性与严谨性。因此能够参与本论丛的编写可以说是对我的一次全方位的

锻炼,也算是我在小三线学习过程中迈出的重要一步。虽说与师门中的师兄师姐比起来还有很大的差距,但于我而言的确是一次历练和成长。

一篇论文:参与撰写《2019年三线建设研究述评》

对于任何一位研究生而言,撰写论文都是提升其学术水平的一条重要途径,这当然并不意味着写完一篇论文,其学术能力就能有突飞猛进的上升,只是说撰写论文对于学术规范和学术思维的培养能够起到一定的促进作用。因此在2020年初,当徐老师提到有这样的一个机会可以共同发表一篇有关三线建设研究方面的论文时,虽然感到自己能力有所欠缺,但我也想通过这样一个机会来挑战一下自己,因此我十分感谢徐老师提供的这样一个宝贵的机会。

徐老师在和我的沟通中告诉我论文的主题是写一篇有关2019年三线建设研究综述的文章,在文章中既要包含大三线建设方面的研究成果,同时也要关注小三线建设方面的具体成果。

在初步的沟通之后,根据徐老师提出的指导意见,我开始了论文材料的搜集工作,主要就是在中国知网上根据三线建设这一关键词来检索在2019年这一整年内发表的有关研究论文,并在此基础上按照主题词进行分类整理,这样就对论文成果这一部分就有了初步的梳理。之后在徐老师家中就这篇论文的构思与内容再次进行了深入的探讨与交流,徐老师对我提出的想法表示基本肯定,同时也提出了很多针对性的意见,又提供了多本著作供我学习参考。在这次交流之后,由徐老师最终确定了论文大纲。在论文写作过程中,徐老师会不时询问论文撰写的进度,有没有遇到什么困难,我也就我的想法及时和徐老师进行沟通,这个过程就使我少走了许多弯路。

在徐老师这样手把手的指导下,我

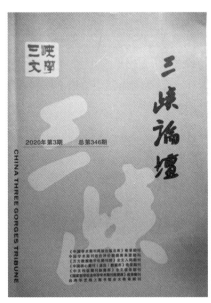

笔者文章《2019年三线建设研究书评》发表于《三峡论坛》2020年第3期

也还算比较顺利地完成了我的撰写部分。就在我以为即将大功告成之际，徐老师很快对文章提出了修改意见，这些意见中既有对文章内容的调整，也有对引用格式的修正，还有对语句字词方面的精炼，这也让我意识到一篇论文的发表并不是一蹴而就的，而是要经过反复打磨和修改才能使文章彰显其价值和意义。因此从某种意义上来说，修改文章或许比撰写文章更有难度，因为这需要与原先的自己进行思想上的碰撞，有时还要否定先前的自己。这是我在论文撰写和修改过程中有所感触的地方。

就这样等于是在徐老师的指引和带领下，最终共同完成了这一篇论文的撰写，虽名曰共同完成，但实际上我深知徐老师才是"主厨"，而我主要做的是"配菜""装盘"的工作。尽管说在这一过程中还有许多有待提升和学习的地方，但是毕竟也算是完成了我的期刊论文处女作，因此对我而言是具有特殊意义的一件大事。而徐老师在这一过程中所展现出的求真务实、严谨细致的治学精神更是值得我去学习和追求的宝贵品质。

一次查档：上海档案馆查档经历

如果说理工科同学的标配是实验室的话，那么历史系同学的标配应该就是档案馆了。在这一问题上，徐老师总是对我们强调史料收集和整理的重要性，否则即便题目再好，立意再高，那也不得不面临巧妇难为无米之炊的窘境。

在小三线建设研究开展过程中，主要涉及政府档案、企业档案、报刊资料、民间文献和口述史等史料，其中企业档案目前在这个学术环境下，其中起到了主力军的作用。在我们上海大学历史系徐老师的小三线研究的大家庭中，由于上海小三线这一主题经常会在毕业论文中有所涉及，因此几乎每位同学都曾有过赴上海档案馆工作的经历，我也同样如此。在2020年7月的时候，我用了将近一个月的时间赴上海档案馆查档，而且我的查档经历与之前其他师兄师姐的查档还有一些不同之处。

首先一个不同就是查档内容的不同。2020年上半年，上海档案馆陆续公布了一批有关20世纪60—90年代上海小三线的新档案。当我们发现这批档案信息后就在徐老师的安排下进行相关的搜集整理工作。

最终呈现在我们眼前的这些新的档案约有1356卷，具体涉及党政工团、生产生活、工资福利、质量管理和后勤保障等25类的内容，看到后深感如获至宝。在前期的整理工作完成后，根据徐老师的安排，我就开始了我的暑期查档之旅。我所做的主要内容就是根据先前整理好的档案目录，按照类别去查阅相关的档案资料，同时将其中的部分重要内容向档案馆方面提出复制申请，因此可以说这次查档对我从宏观上来把握上海小三线建设的历史进程无疑具有重要帮助。同时考虑到我们师门各位同学的毕业论文选题，在搜集材料时也有意关注到了相关主题的内容，希望能够或多或少地给正在撰写毕业论文的各位师姐输送一些"弹药"。

  第二个不同就是查档方式的不同。由于今年疫情的原因，在疫情防控常态化管理的要求下，上海档案馆的查档方式也发生了一些变化。最主要的变化就是采取实名预约制，同时在入馆时间、入馆名额方面都做出了一定的调整。我记得我第一次进行电话预约的时候，工作人员告诉我已经排到一周以后了，这着实让我大吃一惊，虽然我想到过可能会延迟几天，但推后一周我还是始料未及的，要知道在以前上海档案馆可是一个来去自由、畅通无阻的地方。

  因此这也给我提了个醒，后面我要及时预约。从2020年7月第一次进上海档案馆查档到倒数第二天为止，我每天进上海档案馆的第一件事不是去开电脑查档，而是去办公室预约后一天的查档时间，因为一旦预约晚了就意味着某一天就去不成了。从这一点来看，这可比在中秋节排队买杏花楼的月饼都要难，因为人家是市场经济，今天卖得好，明天可以增加产量的，但是档案馆就不一样，他们实行的是位置的计划供应，一共就这么多位置，每天都是定量的，所以必须赶早。

  他们的计划供应不仅体现在这方面，在档案查阅时同样如此，上海档案馆规定每天申请复制的档案卷数不能超过10卷，每卷申请复制的页数不能超过该卷总页数的1/3，同时每天申请复制的总页数不能超过50页。如果你认为每天去能申请50页，一周也有250页的档案，那也很不错了，这当然是一种理想化的状态。通常情况是拿不满50页的，因为申请复制的档案需要经过审核，某些不符合档案复制要求的内容是无法进行复制的，因此这一定程度上也需要一定的运气，在我查档的这段时间里，我记得拿满50页档案的经历只有一次，一般都是在20—40页的数量，最后我一共搜集到了大约有400多页的档案内容，虽然没有预想的那么多，但是也算是一笔可观的"财富"了。

除了上述所提到的不同之外,还有于我个人而言也算是一次别样的查档。这里主要说的是交通问题。暑假期间,因为疫情我不可以居住在上海宝山区的上海大学宿舍中,只能住在我自己的家中。我家在上海市崇明区,尽管从行政区划来看的确隶属于上海市,但是毕竟隔江相望,因此在交通上没有市区那样便捷。就以我家至上海市档案馆的单向车程来说大约需要1小时40分钟左右的时间。因此每天在市区与远郊之间来回奔波说不疲惫那是不符合实际的,但是疲惫之余我其实也有一丝庆幸,因为这里面还有个小故事。

在上海档案馆查档的这段时间里,我认识了一位上海师范大学马克思主义学院的博士三年级学长。由于疫情的原因,上师大采取了校园封闭管理的措施,因此他无法返校。但是博士毕业论文这件大事可是迫在眉睫的,因此他不得不选择在上海租房以便看上海档案馆的档案。这么一看,我自认为的困难在和别人的情况比较下,还是非常幸运的,这么一想我的这点来回的路程算什么呢!求学的道路上,困难是一定会有的,但是要相信办法总比困难多,一定要保持乐观的心态去面对。现在回过头来一想,这些问题并没有自己想象的这么困难。

一批口述:每个人的人生都是一部历史

口述史是在历史学研究中一项重要而独特的研究方法,特别是在中国当代史研究范围内,其价值体现得更加明显。在我们这个小三线大家庭中,口述采访可以说是每位同学的基本功,特别是在查阅档案遇到困难时,往往就是通过口述史来寻求突破口。之于我个人而言,口述采访是我学习过程中最感兴趣的内容之一,因为口述采访往往能够获得一些意料之外的惊喜,通过这些老同志的叙述,从中抽丝剥茧,再结合档案加以对比,往往就会有一种"山重水复疑无路,柳暗花明又一村"的欣喜。

截至目前,我共进行过四次口述采访。每位老同志都给我留下了深刻的印象,他们的人生经历各有不同,但是三线建设是属于他们这一批人的集体记忆。如今青春的岁月早已远去,但是当谈起三线建设这段往事时,他们却娓娓道来,如数家珍,就好像是昨天刚经历过的事情一样。他们当年奋战在三线建设的不同岗位上,尽管分工不同,但是大家所怀有的理想却是惊人的一致。我在同这些老同志的沟通交流中,总有一种"似是故人来"的亲切感,仿佛我也置身于当年的三线建设,体验着他们在大山深处的工作与生活。

不得不说,三线建设对这些亲历者的人生或多或少都产生了一定的影响,有些影响还延续至今。因此他们对于三线建设的态度各不相同,有的为之扼腕叹息,有的为之自豪骄傲,也有的为之上下求索。无论是何种态度,那都是经过岁月沉淀之后的思考,没有高下对错之分。因此在我这个后辈的眼中,他们每个人的人生都是一部无法复制的历史,我们在关注三线建设宏观层面内容的同时,也应当关注到这些普通个体的命运,这样我们才能对三线建设会有更加立体、全面的认识和思考。

2020年8月9日笔者采访四川三线建设亲历者倪同正老师(笔者以采访倪老师的口述史采访稿为基础,参加2020年度上海大学校级和上海大学文学院院级口述史比赛,均获得一等奖)

小三线建设研究是我研究生三年期间学习和研究的主题,如今回顾一下之前的学习经历,要感谢的人实在太多太多。当然最重要的毫无疑问是徐老师,当徐老师提到让我写这样一篇文章时,我脑海中立马闪现出了另一篇文章,是徐老师的儿子徐其立同学撰写的《跟着爸爸走小三线》,这篇文章被《小三线建设研究论丛(第一辑)》收录。当时还是上海高三学生的95后的小徐同学,在文章中,描述了他跟随父亲,走南闯北,去北京、安徽、江苏和山东考察小三线的经历和感受。一方面是父子,一方面是师生,虽然说从本质上来看两者是完全不同的关系,但是这种长辈对晚辈的关心和关切我觉得应该是能够感同身受的。

当然除了徐老师以外,还有许多老师、同学、朋友,包括家人同样给予了很多的帮助与支持,我的小三线研学之旅只能说是画了一个逗号。在未来的日子里可能还会劳烦诸君。等我毕业的时候,我再整理出一张完整详细的致谢名单,表达我由衷的谢意。

　　行文至此,即将画上一个句号,而我的小三线建设研学之旅还在途中,在今后的学习过程中,除了要进一步拓展和延伸前文中所说的"四个一工程"外,还有另一个"一"也将成为我学习中的主题,也可以说是最重要的主题,那就是毕业论文。我也在此勉励自己"而困而知,而勉而行",期待在"五个一工程"的新阶段能够有新的收获与感悟。

(张程程,上海大学历史系2019级硕士研究生)

历史无声处：师门小三线挖掘记

周升起

记得在上海大学读硕士研究生期间，课堂内外，耳濡目染，受到徐有威老师小三线研究的很多影响。那时对于徐老师的研究，留下两点很深的印象：

其一是他毫不夸张的"上穷碧落下黄泉，动手动脚找史料"精神。囿于小三线资料的特殊性，省、区、市、县级档案馆获取资料非常有限，徐老师带领他的团队深入小三线企业，挖掘到企业档案馆的"宝藏"。当时我正在跟随我的硕士研究生导师吴静老师参与上海大学历史系忻平老师主持的上海卫星城建设资料收集课题。在徐老师的启发下，我们多次前往位于上海郊区的闵行区的上海汽轮机厂、上海锅炉厂、吴泾化工厂等企业档案室查找资料，大有所获。

其二是口述史的方法。徐老师踏入小三线领域，即是通过采访小三线职工，进而开启一连串精彩研究。记得当时忻老师特意邀请徐老师团队给我们传授了许多口述史的经验和方法。那是我第一次接触口述史，真是大开眼界。之后不久，我和几位同学就揣着刚取来的经，到曾经的上海闵行区卫星城工人新村蹲点口述去了。

2017年5月博士入学考试面试完，我正式拜入徐有威老师门下。一入师门，徐老师即照例赠送我一份"开学礼物"——装满各类小三线资料的近千GB的移动硬盘。硬盘里装满了徐老师及团队这些年辛苦收集的各种各样的史料：省、区、市、县档案、小三线企业档案、口述材料、厂史厂志、报纸杂志、日记、回忆录和照片……收到移动硬盘的时候真觉得怕是永远读不完这些资料了。转念一想，看到这么丰富多元的史料，又充满了激动和期待，史料是历史的基石呀。

不久,徐老师即吩咐我系统学习已有三线建设研究成果,老师已将既有研究成果按研究内容、研究区域、发表时间等不同的类别仔细整理分类。我集中时间学习了这些著作和论文,然后给徐老师汇报了读后感。此后我又结合读后感拟定论文的框架,在此基础上徐老师指导我完成了一篇三线建设研究述评的初稿。此后老师多次给我提出修改意见,并补充、完善了最后的定稿。适逢《开放时代》杂志邀请徐老师组稿一批三线建设研究的专题论文,徐老师和我一起合作撰写了一篇《近五年来三线建设研究述评》,在《开放时代》2018年第2期出版后此文曾被《新华文摘》杂志的网络版转发。

2017年6月,我开始加入小三线档案收集者的队伍。2017年徐老师与山东临沂张志强老师合作出版过山东小三线民丰机械厂的回忆录,当时徐老师了解到我假期将在临沂市,就介绍我认识了张志强老师。徐老师此前已经去临沂考察过山东小三线情况,知道一些小三线企业档案至今仍保存完好,因此希望我借暑假的时间去收集这批档案。通过张志强老师的热心帮忙,我联系到了位于山东临沂的山东小三线企业原山东机械修理厂(简称山东机修厂)的王际铭老师。王老师和张老师同为山东军工文化研究室成员,他们都热心于山东三线建设历史与文化研究。一通电话简要介绍我们团队研究情况之后,王际铭老师爽快地同意我去厂查阅档案。

山东机械修理厂的小三线档案保存相对完整。我有幸被允许每天去查档。因为档案室太闷热,为了方便查档,王际铭老师特意为我在厂财务室安排了一套桌椅。此后每周一到周五工作日,我即去厂财务室查档。刚开始,看到满满一屋子的档案堆积如山,真是不知如何下手。后来通过厂档案室的目录捋清楚了档案的编号规律,才逐渐进入"宝山"。

每天早上8点半左右到厂之后,我先去档案室抱一摞档案,一般都是预估当天可以看完的量,然后就开始一天的"埋头苦拍"。为了尽可能充分利用查档时间,每天早上我都从家里带好午饭。大概此前缺乏锻炼又太心急加上没有注意劳逸结合,大概拍了两周档案后,我手臂酸疼竟然出现静脉曲张的症状。徐老师得知后马上叮嘱我在家休息,等症状缓解之后再继续去查档。

感谢财务室的两位姐姐,让我蹭了一个多月的办公室,而且经常帮我一起清理落满了"历史的尘埃"的档案盒。在山东机修厂查档的这段时间,徐老师经常"线上教学",指导我查档的各种注意事项并关心查档进展,让我在查档过程中少走了许多弯路。这次查档让我比较深切地体验到了收集企业档案的不易,此后阅读档案时候也多了一份珍惜。

2017年11月,徐老师带领我们去查阅现存于上海柴油机股份有限公司档案室的上海小三线企业原协作机械厂档案。此次查档因为是我们师门集体出动,相对快速和有趣得多。大概两周左右的时间里,我和师弟师妹们每日一起搭地铁换公交去查档。在来回路上和查档的过程中,我们会交换看到的有趣档案或者遇到的疑惑,一起讨论和闲聊。我想这些琐碎的交流多多少少对我们每个人的论文选题有些影响,也加深了我们对小三线的理解。

2018年4月,徐老师又联系到了上海小三线原培新汽车厂,我们这个团队一起去培新汽车厂查档。培新汽车厂地处上海西南角闵行的江川路,路途遥远,离位于上海西北角宝山的上海大学校区,单程行车距离就超过两个小时。为了节约我们的体力,挤出查档时间,徐老师细心安排我们这些同学入住培新汽车厂附近的一家宾馆,距离培新汽车厂一刻钟时间的公交车距离。在上海查档案,不住大学的宿舍,还要另外住旅馆,一般人听上去会一愣吧。

记得那段时间,我们师门团队,每日早出晚归,与工人"上下班"作息时间

2018年4月在上海小三线原培新汽车厂查档留影(右一为笔者)

相同，早午饭也与职工一起在工厂食堂解决。徐老师打趣说："你们也算是体验了一把上海工人阶级的日常生活，看看在上海做一名普通工人，不容易吧。"

除了尽一切可能收集企业档案等文献材料之外，徐老师也非常注重口述史资料的收集和整理。经过多年的研究积累，徐老师联系到了许多上海小三线职工，因此能为我们的口述提供诸多便利。我们团队每个人都会在徐老师的帮助下，找到合适的采访对象。在档案阅读过程中，如遇到了问题和困惑，徐老师总会适时提醒我们可以去口述访谈一下老同志，听听他们的声音。每一次口述访谈都是一次学习的机会，许多时候我们的访谈对象不仅解答我们带去的问题，还会"附赠"许多关于小三线的故事，更能让我们体会到许多生动的历史片段。除了有针对性地口述访谈，徐老师多次邀请小三线老职工来校给我们开座谈会，尽量"制造"更多机会让我们与小三线老职工接触和

2018—2019年采访原上海小三线老职工部分留影

2019年12月,上海小三线原八五钢厂倪国钧、史志定、谈雄欣和张锡清等先生来上海大学座谈合影

交谈。

2018年1月,徐老师参与策划的"尘封记忆:安徽小三线摄影展"在上海陆家嘴美术馆展出。我们团队轮流去值班,接待了大量小三线职工,遇到许多有趣的故事,也趁机短暂访谈了不少老职工,同时积累了好多可以进一步采访的候选人。通过参加这次摄影展,加深了我们对小三线职工群体的认识和理解。我们要特别感谢小三线的老职工,他们总是热情地接待我们,耐心解答我们的问题。

在校期间,徐老师只要在上海,每周都安排一次见面会,询问每位同学的研究近况,督促进度,答疑解惑。同时徐老师通过微信以及电邮,经常随时联系我们。

在徐老师的影响下,我们团队保持着协作和共享的精神。在我们的研究过程中,第一要紧的是阅读档案,一旦选定题目之后,我们团队的成员会在阅读档案中彼此留意、收集与同门论题相关的档案文献,这样不仅提高了档案阅读和筛选的速度,也尽量减少了相关材料的遗漏。口述访谈也是如此,在上海的口述访谈中,我们一般结伴同去,方便补充提问和记录。即便不是同样的毕业论文研究课题,大家只要有时间,也会一起去学习感受一下。

在有针对性的访谈中,我们也尽量帮团队其他成员询问一些相关问题。

记得王来东师弟去江苏淮安口述江苏小三线企业之前，仔细记下我们其他人的问题，他一个人带了我们一群人的问题去口述访谈，大大提高了我们的效率。也正因为这种共享精神，我们彼此熟悉对方的研究内容和进度，进而更利于互相帮助和沟通交流。

徐老师平时非常关注三线研究动态，经常与我们分享最新研究信息，这也促使了我们团队创办了自己的微信公众号。2017年底在一次见面会上，我偶然提到山东小三线职工创办了微信公众号，时常在上面推送老职工的回忆文章，这些回忆文章很有趣也是很珍贵的历史记忆。徐老师听后立即和大家商量我们是否也可以创办一个公众号，推送小三线研究相关的内容。在此提议下大家讨论了各种方案，徐老师很快定了公众号名字——小三线今昔，寓意"追忆往昔峥嵘岁月，情系今朝小三线研究"。师妹们发挥各自特长，迅速注册账号、设计Logo、学习公众号的排版和运营。很快，"小三线今昔"成立并发布了第一篇文章，现在已成为发布全国乃至全世界有兴趣小三线建设研究的朋友交流学习的重要平台。内蒙古乌海市也是因为小三线设市的地方，据说那里就有几百位固定的读者。

徐老师经常说："全国小三线从业人数30万人左右，在14亿人口的中国，是可以忽略不计的零头，沧海一粟罢了。但是，在30多年时间以及28个省区市这两个时间和空间维度中，发生过多少人间故事啊！我们现在既然有这个条件，一定要牢牢把握住这个千载难逢的机会。"另外，我们所有的同学都清清楚楚记得徐老师告诫我们频率最高的一句成语："夜长梦多。"

我们在徐老师的指导下，一点点探寻这些故事以及故事背后的历史场景和逻辑。这是一个看似微小却能无限延展的研究领域，希望我们都能在这段历史中寻找到我们自己的研究价值和意义。

（周升起，上海大学历史系2017级博士研究生）

曲折中前进：我的广东小三线建设研究

周晨阳

我和小三线结缘始于2018年4月。时值广东省哲学社会科学"十三五"规划课题申报，我的导师周云老师经过慎重考虑后选择了"广东'小三线'建设研究"这一课题，并将这一课题交由我主要负责。我通过各种途径搜寻有关广东小三线建设的线索，并查阅了大量的文献。通过这些珍贵的资料，我对广东小三线建设这一研究领域有了初步的认识。作为地方小三线建设的排头兵，广东小三线具有很高的研究价值，但是仅有杨汉卿[1]、朱彩云[2]、刘晖[3]、姚昱[4]四位学者从决策与实施过程、工业遗产、"支前"经验等角度对广东小三线进行了直接或间接的考察。对比其他地区尤其是上海地区的小三线研究，广东还相当薄弱。

在周老师的指导下，我将研究重心锁定在了广东小三线中地方国防工业建设和小三线亲历者两个方面。该课题最终顺利通过申请，同时也成为我硕士学位论文的研究方向。但问题接踵而至，作为一个初出茅庐、从未接触过小三线研究的新手，我能否将这项课题完成好？档案资料是否足够？如何做好

---

[1] 杨汉卿、梁向阳：《20世纪六七十年代广东的"小三线"建设》，《红广角》2015年第7期。
[2] 朱彩云：《韶关"小三线"建设述评》，《红广角》2016年第9期。
[3] 刘晖：《广东省连阳地区的"小三线"工业遗产初探》，《工业建筑》2018年第8期。
[4] 姚昱、万金金：《1962年广东省"支援前线"运动研究》，《华东师范大学学报（哲学社会科学版）》2018年第5期。

口述研究？带着对这些问题的思考，我进入了前期探索阶段。

一、启蒙：川大研讨会

2019年1月，刚刚结束了硕士学位论文的开题答辩，一个机缘让我了解到四川大学历史文化学院正在举办"共和国史暨三线建设研究"系列学术讲座以及"三线建设历史资料搜集整理与研究"学术研讨会。在周老师的大力支持下，我有幸前往四川成都参会。

这次会议邀请到了许多在三线研究领域极有建树的知名专家学者，包括中国社会科学院当代中国研究所第二研究室（经济史研究室）主任郑有贵研究员，原国家计委三线建设调整办主任王春才同志，四川省中共党史学会常务副会长、省委党史研究室原副巡视员宁志一同志，2013年度国家社科基金重大项目"'小三线'建设资料的整理与研究"首席专家、上海大学中国三线建设研究中心副主任徐有威教授，2017年国家社科基金重大项目"三线建设工业遗产保护与创新利用的路径研究"首席专家、上海大学中国三线建设研究中心主任吕建昌教授，等等。

在学术交流环节，学者们就如何看待三线建设和三线调整之间的关系、如何评价三线建设、如何解决资料搜集中存在的困难、特别是档案未解密等问题进行了探讨。透过学者们精彩的汇报，我发现三线建设研究如同一个亟待开发的宝藏，有许许多多领域等待着人们去探索、去挖掘。短短两天时间，我仿佛经历了一场头脑风暴，巨大的收获也让我彻底摆脱了前半年闭门造车的苦恼。思路的开阔激起了我更深层次的思考，进而诱发出一连串疑问：广东小三线建设同大三线建设的关系是怎样的？同其他地区的小三线建设相比，广东小三线建设有何特殊性？整个小三线建设对我们今天而言有哪些借鉴之处？

2019年1月4日晚，上海大学历史系徐有威教授作了题为"开拓中国当代史新领域：以小三线建设为例"的学术报告。作为小三线研究领域的权威，徐教授成果丰硕。在很早之前我就拜读过徐教授和陈东林老师主编的《小三线建设研究论丛》和《口述上海：小三线建设》，以及他发表的诸多相关论文。这次见到徐教授本人，心情不亚于小粉丝遇到了偶像，内心激动不已。

徐教授在报告上分享了他首次接触小三线时,在上海市档案馆查找档案、采访老同志做口述史、实地考察小三线厂等亲身经历。徐教授反复强调"开展三线建设研究是大大的正能量,对三线建设亲历者是安慰,对三线建设研究者是机会,对年轻人是前途",我听完很受鼓舞。在徐教授的讲座答疑环节,我向他反映了我目前的研究情况,并提出了如何鉴别口述资料的真实性、如何解决档案资料不够等疑惑。当徐教授得知我的研究方向为广东小三线时,不假思索地指出了当年广东小三线建设的区域范围,并给我提供了很多有价值的线索。他说企业档案是最主要的研究对象,并承诺将他手头上的广东小三线企业档案无偿赠予我。这样慷慨的举动顿时让我"受宠若惊",很是感动。在返回广州后,徐教授仍不时关心我的研究情况,并组织他的学生分头将广东小三线企业的档案,整整26个压缩文件、19.7 GB的档案资料发到了我的电子邮箱。我如获至宝,并将这些档案分门别类地整理出来,反复浏览。我将这段时期的收获汇报给了周老师,很快徐教授与周老师便建立起了联系。

2019年1月,徐有威教授在四川成都四川大学作《开拓中国当代史新领域:以小三线建设为例》学术报告

二、路遇"瓶颈":困难重重的查档之路

我的资料查找工作进行得并不顺利,甚至可以说是十分坎坷的。我先后跑遍了广东省档案馆、广州市档案馆和中山图书馆。在中山图书馆有了些许收获,包括地方志、党史文献、回忆录等,但大部分是对广东小三线决策与实施过程的描述,许多内容都有重复。在广东省档案馆内并没有专门的小三线档案目录,小三线企业档案仅有岭南机械厂的一本目录,其中二十余条都是人事任免相关的公文。当时我翻阅了小三线建设时期包括广东省计划战线委员会、广东省"革命委员会"、广东省第二机械工业局、广东省军区在内的所有目录,把认为相关的档案名称输入系统进行检索。除此之外,我还检索了广东小

三线建设相关的人员、机构、企业名称,只要是有一丁点线索,我绝不放过,这样的过程无异于大海捞针。更艰难的是,由于小三线建设正处于"文革"时期,小三线企业又大部分属军工性质,很多与小三线建设有关的档案被标上了"机密""绝密"的字样,虽然改革开放后呼吁开放档案,但大多数地方关于三线建设档案仍处于谢绝阅读状态。并且后期三线企业"关、停、并、转",企业档案不知流向何处,需要一一去寻找。我向档案馆管理员反复说明我的用途,但是能开放给我看的档案仍少之又少。

那段日子,心里非常急躁,越急越往档案馆跑。每逢周一、二、五档案馆中午闭馆,我只能在附近的快餐店解决午饭,躺在档案馆门口的石椅上休憩片刻。两个月下来收获渺渺,头发却掉了不少。当时我已收集一百多条相关档案,但主要集中在三线建设中民兵的组织工作和后勤保障上,其他多是一些"边角料",连不成一条完整的线索,如何将这些零散的信息整合到一起也成了难题。

我把手头上的档案资料整理成电子文档后跟周老师作了汇报,并向他反映了我所面临的查档难题。为了摆脱困境,周老师当机立断带我去实地调研。他提前联系好了清远市史志办公室的莫祖扬科长,在他的指引下,我们乘坐高铁和大巴分别去到了清远市区、阳山县、连州市。在清远市史志办,我们在馆藏的地方志中或多或少找到了有关小三线的记载,但清远市档案馆没有我们需要的小三线档案。离开清远市区前往阳山县途中,望着一望无际的高山,仿佛自己就置身在那个"备战、备荒、为人民"的特殊年代,才真正体会到当时小三线人来到这里,按照"靠山、分散、隐蔽"的原则,回到"原始社会"生活是什么感觉。这趟旅途并不顺利,在阳山县还未等档案局开门,我和周老师便早早地在门口等着,我们出示了立项通知书和介绍信,档案局工作人员纷纷问什么是小三线,我列举了两个位于阳山县的小三线企业名称,他们才恍然大悟"噢,原来你说的是军工厂啊,我们这里所有军工厂的档案都移交了"。再三追问

广东阳山县档案局大门

下,他们才拿出了一本档案目录让我们翻阅,但每当我跟周老师提出需要调阅某条档案时,工作人员确认后都摇了摇头示意没有阅览权限,这趟造访让我们吃了个闭门羹。

我们又跑去了广东连州市档案馆,忐忑地询问管理员是否有小三线建设或小三线企业的档案,他便让我们自己翻目录,"有就有,没有就没有了"。于是我跟周老师开始分头翻箱倒柜,一本一本地查看,没想到还真发现了不少"惊喜"。我们将有用的信息集合在一起交给工作人员调阅,这里的工作人员态度与阳山县截然不同,耐心地将档案一车一车推过来。在我和周老师的配合下,档案的搜集工作效率很高。此时,我们眉头才逐渐舒展开,一扫前几日的阴霾。在连州的这几天,我如饥似渴地浏览和记录档案,一遍遍地核对档号和抄写内容,生怕漏掉了哪条关键信息。走出档案馆那一刻我如释重负,周老师还即兴作了一首诗:"兰台访文深似海,史馆迟语颜难开。莫道连州秋风紧,苍翠满目似春来。"短短两行字涵盖了两天的不易和心酸,又有"柳暗花明又一村"的感慨。

广东连州市档案馆外貌

手头上的档案资料终于有保障了,通过这些档案,我也更加细致地解了广东小三线建设前期劳动力的招收和组织工作,还发现了小三线企业的征地问题。也就是从这时开始,我的小三线研究之路才逐步踏上正轨,对于近现代史这个专业来说,档案对于我们的意义,大概就如同"手中有粮,心中不慌"这般吧。

三、再出发:做有声有色的口述史

我在报社实习时常常需要外出采访,积攒了一些经验,但口述史料的采集与新闻素材的采集有着完全不同的规范和要求。直到后来有幸聆听左玉河教授的讲座《中国口述历史的规范化操作问题》,我才建立起了对口述历史最基本的认识。左教授提出"口述历史应该是口述者和访谈者共同完成的历史书写,两者皆是主体,相当于导演与主演的位置",他还谈了许多关于口述历史的基本程序与方法,让我受到了很大的启发。由于我是首次策划和参与口述调查的,在摸着石头过河的过程中难免碰壁。万幸的是,在小三线口述调查方面有着丰富经验的徐有威教授向我们无偿提供了他的采访大纲,在充分参考的基础上,我详细拟定了一份采访问题汇总,经由周老师反复修改后最终成型。

徐教授又向周老师提供了王茂刚老师的联系方式。王茂刚老师是南江机械厂子弟,退休前是广东省国防科技工业办公室干部,对南江机械厂及广东省国防工业建设的很多情况都熟悉。在王老师的引荐下,我们相继结识了多位三线后代。2019年11月,我们与定居在广州和佛山一带的三线子弟举行了首次座谈。在座谈会上,三线子弟们纷纷踊跃发言,积极分享他们父辈筚路蓝缕的建设历程和自身的童年经历。由于大家谈兴都很浓,座谈会便从早上9点开到了下午4点,但大家丝毫没有倦意,我也饶有兴致地倾听和记录。在王茂刚老师的全力配合下,我们将去海口举办南江机械厂部分老职工座谈会和南江机械厂子弟座谈会提上日程。除了王茂刚老师之外,原南江机械厂技术科副科长、副厂长张德福的女儿张丽颖女士也作为特别顾问随我们调研团队前往海南。在整个调研活动期间,王茂刚老师和张丽颖女士在调研路线规划、人员组织协调等方面提供了大量帮助。

2019年12月3日,我们调研团队正式起程前往海南。调研团成员包括我、周云老师、王茂刚老师、张丽颖女士以及我的两个师弟黄贻凯和王良圣,还有中山大学研究生邓海。一抵达海口,我们就举办了三线老职工座谈会。王茂刚老师向我们一一介绍了当时出席会议的九位南江机械厂老职工的身份。老同志们怀着激动的心情回顾了工厂从选址到建厂再到工厂新产品科研等艰苦发展历程。当他们说到工厂取得的辉煌成就时,禁不住眉飞色舞充满了朝气,仿佛又回到了那个火红的年代,脸色流露出自豪的喜悦。王茂刚老师:"老职工他们的感情世界是与工厂的命运紧密相连的,因为他们去工厂时都是二三十岁的年轻人,怀着一腔爱国热情投身国防建设,他们把一生最美好的青春献给了我国的国防事业,他们是国防三线建设的亲历者和优秀代表,他们是海南三线建设的开荒牛,他们都是无名英雄!"

下午我们分成三组,对老职工们进行了一对一的单独访谈,当时我负责的对接是翁克海、许位三、杜家帮这三位老同志。三位老人各自谈了自己的进厂

笔者(中)与周云老师(右一)在对原南江机械厂三线子弟许和平(左一)进行访谈

参与访谈的嘉宾与师生(前排左起许和平、周云、王茂刚、邹海兵,后排左起周晨阳、张丽颖、王全秀、刘小玲)

小三线调研团队与原南江机械厂小三线亲历者合影

经历,其中杜家帮伯伯提到"当年虽然工厂的职工来自全国各地五湖四海,但大家都非常团结,也特别有战斗力。大家都抱着响应毛主席'加强防卫,巩固海南'的伟大号召,为了祖国的国防建设贡献一分力量的信念而努力奋斗"[1]。透过这番话,我被小三线人不畏艰辛、无私奉献的精神所震撼,对他们投身国

---

[1] 根据原南江机械厂四车间主任杜家帮口述整理。杜家帮,1966年以学生身份招进南江机械厂办的海南重工业技术学校,后任南江机械厂四车间主任。采访人:周晨阳、王良圣,采访时间:2019年12月3日。

防建设的使命感、自豪感和荣誉感有了切身的体会。

2019年12月5日,我们又举办了三线子弟座谈会,这次徐有威教授特地从上海飞来海口赶来参加我们的座谈会,他在会议上号召所有亲历者尽可能多地提供当年有价值的老照片、文字资料。会上,子弟们回忆父辈的工作情况、回忆自己的成长经历。张丽颖女士指出:"三线子女最大的遗憾是没有归属感,跟随父母来到了一个陌生的地方,很难跟当地融入,并且大多数子女在厂里没有受到好的教育,难有好的出路。"[1] "献了青春献终身,献了终身献子孙"这句口号或多或少地表达了小三线人最内心深处的感受。

小三线调研团队与原南江机械厂三线子弟合影

之后的两天,我们分别前往南江机械厂搬迁前和搬迁后的厂址。搬迁前的厂址位于海南省琼中县毛阳镇的海渝中线185公里处,这里还能依稀看到当年工厂生产的痕迹。时过境迁,南江机械厂搬迁后,该厂址现变更为华润水泥(五指山)有限公司生产基地。

由于地处偏僻、隐蔽的乡镇深山,加之地方政府未能对小三线工业遗产加以充分保护和利用,导致很多厂房、仓库、职工宿舍等资源被空置、遗弃。目之

---

[1] 根据原南江机械厂子弟张丽颖口述整理。张丽颖,原南江机械厂技术科副科长、副厂长张德福的子女。采访人:周云、黄贻凯,采访时间:2019年12月5日。

原南江机械厂生产区（笔者摄于2019年12月4日）

原南江机械厂职工生活住宅区（笔者摄于2019年12月4日）

调研团队与原南江机械厂小三线亲历者合影

所及的颓废、残败的景象,让我们很是惋惜。

  1971年南江机械厂五车间发生了一次意外的爆炸事故,三位来自海口女知青不幸遇难。在事故善后过程中,她们的遗体被草草埋葬在毛阳河边的一处山坡上。在离开南江厂旧址之际,王茂刚老师试图带领我们前去祭拜。但由于年代实在过于久远,无法辨别准确的方位,我们这一众人只能朝着大概的方向集体默哀。

  南江机械厂搬迁后的厂址,位于海南省海口市美兰区灵山镇。1991年的时候南江机械厂完全停工停产,工人被迫下岗。由于很多复杂的原因,当地政府只按照20世纪50年代的最低标准建房,每人一间进行安置,南江机械厂子弟董建华介绍说他们住的房子"现在就相当于贫民窟一样,周围都是水泥楼房了,但是那里还有很多瓦房,连厕所都没有,里面道路都还是坑坑洼洼的泥土道路,下雨已经冲得沟沟壑壑的"①。我们调研团队到这里进行考察,南江机械厂职工退休后的住宅区,与周围的高楼相比显得格外突兀。

搬迁后的原南江机械厂大门

---

  ① 根据南江机械厂子弟董建华口述整理。采访人:周晨阳、王良圣,采访时间:2019年12月5日。

原南江机械厂职工退休后的住宅区(笔者摄于2019年12月6日)

我们随机采访了几位生活在这里的退休职工。在访谈过程中,一位大伯说:"我们印象最深的就是军工企业每一个来到这里当工人,这种自豪感这种荣誉感就特别的强烈,成为军工工人要三代成分好,政治上要求很高,但是现在落差太大了。"从最开始带着自豪和荣誉感走进军工厂,到最后基本生活都得不到保障,给了小三线职工很大的心理落差。广东小三线建设对建设者们生活的忽视,也是各地小三线建设共同存在的问题。

调研团队对原南江机械厂退休工人进行访谈

也正是这次调研,让我对小三线有了更全面更深刻的理解,我也产生了想把这些历史故事写出来的迫切愿望。我才明白原来历史研究也可以做得有声有色,只有将理论和实际紧密地结合起来,研究的价值才能得到彰显,写出来的文章才会"有血有肉"。

四、采摘成果：资料汇编与论文撰写

2020年上半年，我开始专心整理前阶段所收集的各类档案、文献、口述和回忆录资料。整理材料是一份磨炼耐心和意志的工作，需标注好每一条档案责任者、馆藏地、题名、日期、档号，并按照时间排好序。录音文件整理的工作量也不小，对于模糊的地方还需反复听取录音并对照当时的笔记。幸运的是，在黄贻凯和王良圣两位师弟以及中山大学邓海同学的协助下，我们将来之不易的第一手口述史料整理成文字材料（14万字），加上收集的当事人回忆录资料（4万字），共计18万字。这些也为我之后的论文撰写打下了基础。

一场突如其来的新冠肺炎疫情阻断了我的回家路，听从父母的意见，我决定退掉返回湖北黄石的火车票留守学校。也正是这次留守，让我有机会在宿舍闭关撰写硕士论文。学校出于安全考虑，作出在校学生出宿舍楼不能超过1小时的规定，于是大部分时间我都潜心于论文撰写。这三个月，我可以说是心无旁骛，进步神速。有时候兴致上来，又怕思绪断掉，竟然连续错过了食堂午饭和晚饭时间。在前期工作的基础上，我从大量的文献、档案和口述资料中不断抽丝剥茧、筛查、分类和整合，使其有机地融入了我的毕业论文，形成了一篇10万余字的初稿。当我将这份内容翔实的论文提交给周老师的时候，周老师对我的工作给予了充分的肯定和很高的评价，并且提出了很多有建设性的修改意见。经过不断地打磨，我将论文进一步压缩精炼至8万余字。最终，我的心血受到了答辩组老师和外审专家们的肯定，也提出了许多精准的意见。

我的导师周云老师说，做历史研究就是要甘于坐冷板凳，起初我对"冷板凳"这个词并不十分理解，直到跑到各地方档案馆、图书馆，每每坐上一整天被冻得手脚冰凉浑身发抖，才真真有了"冷"的切身体会。我理解的"冷"的另外一层含义是冷静，当研究遇到瓶颈时，我们要始终保持头脑的冷静，要耐受寂寞，更要坚定信念，因为阳光总在风雨后，寒冬耗尽迎暖春。

我的广东小三线研究之路并不顺畅，但一路走来幸得良师益友的帮助。首先要感谢我的导师周云老师。周老师充分尊重学生的想法，给了学生很多的思考空间。当得知我的研究停滞不前时，周老师不辞辛劳地带着我辗转各地查档和调研。周老师认真严谨的治学态度值得我终身学习。

其次要感谢徐有威教授,感谢他提供这次机会,让所有三线研究者畅谈个人研究感悟,更感谢他在我研究广东小三线建设期间提供的无私帮助。感谢王茂刚老师,他是一名很有情怀的三线人,每每听他谈起过去的经历,我心中的敬意便油然而生。感谢我的两位师弟黄贻凯和王良圣,在口述资料整理阶段帮我分担了许多压力。感谢所有接受采访的三线亲历者,是你们让我有了坚持小三线研究的动力,谢谢大家!

(周晨阳,广东轻工职业技术学院马克思主义学院教师)

从无到有：小三线记录者在路上

周曼琳

对于小三线我原本是一无所知的。2017年10月以前，我从未想过，未来的三年我都将与小三线这一陌生的词汇有着千丝万缕的关联。2017年的秋天，我与一位同学谈论着本科毕业论文的选题，他说起小三线的建设原因与过程，细细聆听他说出的一字一句，这次谈话使我对小三线建设有了初步印象。此后我开始查阅关于三线建设的相关书籍，其中徐有威老师的《小三线建设研究论丛》深深地吸引了我，书中绘声绘色的语句静静叙述着当年三线建设者们在绵绵山区的苦难与辉煌。我暗自决定要考取上海大学的硕士研究生，跟随徐有威老师一起研究小三线建设。

2018年4月我接到了上海大学历史系的复试通知，开始紧张地复习，我不能让这次机会白白溜走。在面试现场我第一次见到徐有威老师，面试现场蔓延着紧张压抑的气氛，徐老师用他幽默诙谐的话语打破了现场的尴尬，气氛开始活跃起来，我内心的紧张得到了缓解。复试成绩出来之后，我知道自己已被上海大学录取，遂立即联系徐有威老师，也幸运地成为一位小三线建设研究者。在这两年多的研究岁月中，我在徐有威老师的指导下查阅整理档案、采访三线亲历者、撰写论文等一系列研究活动，对小三线建设的认识经历了从无到有的过程。

一、在档案室的愉快时光

在得到录取消息之后,我把这个好消息告诉了我的本科老师——江西科技师范大学历史文化学院张志军老师。张志军老师是江西小三线的研究者之一,他毫不吝啬地将他收集到的有关江西小三线的资料送给了我,并教导我如何使用这批资料,我为之深深感动。

江西小三线现有的开放资料较少,很多资料还未公开,不仅如此,很多档案管理单位仍不允许馆藏资料被任意查阅,这大大增加了档案查阅的难度。在入学上海大学前,我就有幸参加了张老师的江西小三线建设研究社会实践。其中最令我记忆犹新的是去新余的江西钢丝厂查阅档案的经历。

2018年5月的某一天晚上,我接到了张老师的通知,我们将在两天后前往新余的一家小三线工厂查阅档案。那一晚我久久不能入睡,脑海中全部都是对即将到来的查档的期待,默默为自己能直接接触到小三线厂而感到激动。

两天后,我们一行五个人浩浩荡荡地开车前往江西钢丝厂。一路上张老师耐心地向我这个初学者解说着此行的目的、具体工作以及江西钢丝厂的背景。江西钢丝厂的工厂代号为9394,是一家生产引信、底火、曳光管的小三线军工厂。这家小三线厂原建于江西省安福县彭坊地区,后经过调整搬迁之后在新余建立新的工厂厂址。而我们所前往的就是工厂搬迁后的新厂址。汽车飞驰在新余郊区的道路上,卷起滚滚黄土,车窗外能看见不远处的火车轨道,黑色的火车整齐排列,呼啸而过。工厂的大门经过风雨的消磨已成了暗淡的红色,我们的车缓缓开进工厂,郁郁葱葱的大树在道路两旁延

江西钢丝厂档案室外貌

伸开来，为炎热的天气带来丝丝凉意。汽车继续往里行驶进入一片生活区域，一排排整齐的房子原本是职工的宿舍，路边的小门前陈列着一箱箱的生活用品、水果、蔬菜等，来来往往的人互相打着招呼，人们谈论着、欢笑着，似乎厂区内的生活与厂外萧条的景象并没有太多的联系。

汽车穿过林区、生活区到达工厂档案管理处的门前，门口的石碑上赫然印着"江西钢丝厂"五个大字，院内的落叶残枝散落，像是许久都未有人来往的样子。一位50多岁的老师热情地接待了我们，并带领我们前往档案管理室。

只见档案管理室内满是灰尘，房间里七八个高达接近房顶的高大铁皮柜子，里面陈列着江西钢丝厂这几十年的档案记录。我们五个人三三两两地分工，两人先把需要的档案堆放在一起，逐张翻阅档案的内容，对于有用的内容做好标记并整理好，然后发给另外三个人快速打字抄写档案的内容。炎热的暑气从窗外压进来，档案室里的我们个个汗流浃背，没有风扇，没有空调，我们就这样静静地站着，一页一页地翻看档案，等待一阵难得的凉风。

我作为小三线档案收集的初体验者，我认真地思考目光所及的每一行字，也许是阅读的书籍仍旧不足的原因，有一些事情和问题我一直想不明白。于是我向张老师求助，张老师用通俗的语言和形象的比喻向我解释这些现象和问题，我忽然明白一切事情的发生与发展好像看似在意料之外，其实却在情理之中。小三线的建设时期经历过"文革"和改革开放，从档案来看，革命性的活动围绕着职工的生产和生活的方方面面，但通过档案，能看到的是职工过着平凡而普通的每一天，工厂所经历的也只是简单的生产，普通工厂所能出现的事情在这些文档中都能清晰地找到。我不禁开始思考在这一时期的工人们的生活状况是怎样的？小三线工厂与普通工厂到底有何不同？

当我第二次来到这个档案室查档案时，张老师告诉我们，这是我们最后一次到这里查档案。我们快速地放下背包，拿出电脑开始了飞快的记录工作。相比上一次来档案室，我已经更加熟练，更加熟悉这个档案室。另外，相比上一次的状态，这一次我可以跟其他同学边说笑、边聊天、边查档，而不是像之前那样，因为是第一次没有什么经验，不知道如何动手，边说边做可能会使我分心产生失误。临走的时候，之前那位老师出来送我们，虽然我只来了两次，还不认识这位老师，但是对于张老师和其他同学来说他们已经来了很多次了，大家和这位老师都比较熟络。我们在小院的大门前一同合影留念，大家在多年

江西钢丝厂查档期间师生合影

之内可能不会再有机会相见,但是大家因为小三线这个机缘相识相知,共度一段愉快的时光。

我想,多年之后我可能仍会想起那天的午后阳光,透过老旧木窗倾洒在泛黄的纸张之上。这段查档经历对于我来说是具有特别意义的,这是我第一次接触小三线的档案资料,第一次在小三线档案资料里发现小三线工人的生产生活、了解小三线工厂的运作形式,我也第一次开始思考关于小三线的不同意义。此后,我也曾多次去往江西省图书馆、江西省档案馆、上海市档案馆等查阅小三线的档案资料,继续解答我之前的问题,也不断形成新的思考、新的问题。作为门外汉的我,从原先对于小三线建设的一无所知,到开始接触到第一手有关小三线建设的史料,我开始了从无到有的突破。

二、校对《八五团讯》和《八五通讯》

硕士研究生入学后,我的硕士研究生导师徐有威老师给我和曹芯、张雪怡同学布置了一项任务——校对上海小三线原八五钢厂主编的《八五团讯》《八五通讯》。这两本书因体量太大,被各拆分成三个部分,我们每人各自校对两本,我拿到的是《八五团讯》《八五通讯》各一本。《八五通讯》和《八五团讯》是八五钢厂的两份企业报,《八五通讯》由钢厂党委主办,主要报道政治指示、思想,企业的生产和职工的生活情况;《八五团讯》则是由钢厂团委主办的,主要报道青年团员的生产生活、业余活动、先进思想等方面的事情。由于之前师姐们的努力,《八五通讯》和《八五团讯》的初稿已经完成,我们需要在此基础上校对文字、语句上的错误。

每天我们都是背着厚厚的两本书和电脑到图书馆,翻开打印稿,里面是八五钢厂的职工们生产和生活的记录。一开始面对厚厚的两本书稿,不知道该如何下手,每阅读一行字凭借感觉来判断这句话是否有错误。经过一段时间的校对开始发现问题,如果不按照原稿逐一校对,是很难判断哪些字眼是错误的,有些语句乍一看是通顺的,但是经过仔细推敲会发现意思完全两样。因此,我决定按照原有的文本,一字一句一标点,重新校对,尽管校对工作会与之前的有重复,但只有这样才能确保历史文本的正确性。

《八五通讯》和《八五团讯》第二个校对阶段,是前往这些出版物收藏地的原上钢五厂档案室,进一步核对《八五通讯》和《八五团讯》资料。2019年的3月,上海还带着冬天的寒意,我和曹芯、张雪怡三人早晨6点出发,到达原上钢五厂档案室已经是8点。

徐有威老师带领我们三人进入原上钢五厂的厂区,档案室的老师向我们介绍,上海小三线的八五钢厂在撤回上海后,大部分职工都到了上钢五厂,而八五钢厂的档案文件也都存在上钢五厂。档案室的龚老师招呼我们进去,根据我们事先标注的查找内容,她帮我们找到需要的档案。此次到上钢五厂查询的目的是,补充之前所查档案的遗漏欠缺之处,我们根据以往的查档记录,飞快定位到具体的文件中,然后在电脑上记录下缺失的文字。

龚老师的话不多,安静熟练地帮我们搬运着档案。最令我感动的是,有时因为我们三人查询的年份重复,同一批档案可能会搬进搬出好几次,但是她并没有因此感到生气或者不耐烦,她只是笑着安慰我们说着"没关系",然后帮我们把档案再一次拿出来。档案室开放时间有限,我们只能匆匆将所有文件拍照打包,回到学校再逐一补充。离开前,龚老师还带我们去工厂食堂吃了一顿饭。在窗口打菜完毕寻找位子坐下，我们也算是吃过国营企业工人阶级食堂的人了。

修改《八五通讯》和《八五团讯》共历时三个月，我们将纸质校对稿在电脑上将电子稿又重新修改一遍之后，交给出版社的老师。数日后，上海大学出版社的傅玉芳老师通知我们在学校出版社四楼的会议室碰面。傅老师告诉我们，我们所要做的最后一件事就是二次校对。当文稿再次出现在我们面前时，能够明显看出，这一次的文稿和上次校对的文稿比起来，错别字、语句不通等问题大大减少。我们这次所要做的就是，以读者身份快速阅读，找出之前遗漏未改的错别字，将有歧义的句子和不通顺的地方标出，通过原文件进行比对修改。我们都很认真，即使是一个标点的问题，我们都全部标注清楚。当我们把整理好的所有文稿交给傅老师的时候，心中成就感满满，这是我们耗费三个月整理出来的"作品"，这也许是我们为小三线建设填筑的一片"砖瓦"吧！

三、采访小三线建设者

第一次采访小三线职工是2018年9月，徐老师与上海小三线胜利水泥厂职工联系，胜利水泥厂的职工希望我们小三线课题组能够协助他们出版胜利水泥厂的口述书籍。这次的采访分两批，第一批是张雪怡和曹芯一组，第二批是我和曹芯一组，那是我第一次采访小三线的老职工。胜利水泥厂编委会的一位老同志将我和曹芯载往两名老工人的寓所附近，我们在一家咖啡厅里碰

笔者采访原上海小三线胜利水泥厂职工（左起：曹芯、周曼琳、刘志余、蔡金根）

笔者采访原上海小三线协作机械厂职工徐梦梅

面。两位受采访的工人都是第一批援建上海小三线的老职工,他们用略带上海口音的话语同我们交谈。老工人在采访的前一天已经拿到我们的提问大纲,所以对于谈话内容事先有所准备。在这一次的采访过程中,我了解到小三线最早一批的职工在建设工厂时面临的困难与挑战,他们用一砖一石让小三线工厂平地而起,他们的每一次辛劳都可以为工厂的兴荣发展更进一步。

两年来,跟着徐有威老师研究小三线建设,前前后后总共采访了11位小三线老同志,涉及厂办公室、质检科、五七联队、生产科、供运科、后方医院等多个部门。其中采访人数最多的一次是采访后方医院的五位医护人员。这件事说来十分有趣,我接到陈莹颖师姐的通知,我们将在一周后采访后方医院的职工。接到任务我十分开心,毕竟距离上次采访已经过去半年之久,我很期待这次的采访。我和陈莹颖师姐乘车一小时来到浦东新区的浦南医院,这次采访的对象是后方医院中的长江医院医护人员,他们撤回上海后被安排进浦南医院工作。

进门后,五位老师站起来亲切地同我们打招呼,这是意料之外的事情,原本告知我们今天是要采访一位老职工的,忽然多了四位。浦南医院在今天举行一个活动,原先的老职工们都回来参加这次活动,听说我们要来采访,想着能为我们多提供点信息,这也算是"意外之喜"。他们之中有科室主治医生、护士和医院后勤人员,采访过程中,我与旁边的一位老先生相谈甚欢,他为我们提供了很多关于长江医院的详细信息。临走前老先生看着我们惋惜地说:"你们来得还是太晚了……"这句话深深地印在我的脑海里,挥之不去。20世纪80年代中后期小三线结束距今已有30余年,最早的支内职工已是蹒跚老人,或许有些人在多年前已离开人世,他们的故事长埋在于黄土之下,再无人倾听那段属于他们激情燃烧的岁月。

由此我忽然明白,小三线建设的记忆可能会如档案一样尘封在某一间档案室中,而无人知晓,但小三线建设研究者们在做的就是尽自己所能抢救这段记忆,让后世知晓当年小三线建设的这段苦难而辉煌的岁月,让后世感知那些艰难却无畏的青春,这是"从无到有"的意义所在。

(周曼琳,上海大学历史系2018级研究生)

从不甚了了到心领神会：
奇妙的"小三线今昔"运营之旅

屈晨熙

回想起来接手上海大学历史系徐有威老师研究团队"小三线今昔"这个微信公众号已一年了。还记得前年张雪怡师姐在上海大学食堂之一的益新楼，手把手地教我公众号文章的排版，怎样和徐老师对接，以及把我们公众号的账号、密码交托给我的那神圣一刻。现在，把徐老师发我的文章排好版，然后给老师审核再发送已经变成了一件再平常不过的小事。直到老师让我写一篇关于运营这个小三线微信公众号"小三线今昔"的感悟文章时，我才发现，原来在过去的一年多的时间里，这段经历是这么的奇妙。

一、初识"小三线今昔"

第一次知道上海大学历史系徐有威教授主办的小三线的微信公众号应该还是2019年1月，那个嘈杂的下午，那天我正在医院陪大姨化疗，因为床位紧张我们就被安排在了走廊上，耳边伴着病人家属"医生、医生……护士，要换药了"的叫喊声，以及对面产科病房里新生儿的哭声和家属聊天的吵闹声，两方势力混合在一起，此起彼伏。

就在这时，我接到了来自曹芯师姐的电话，她问我愿不愿意跟着徐有威老师研究小三线建设，我小心翼翼地问学姐小三线是什么。师姐答道："你先去百度上查一查，大致了解一下，很有意思的。"也许是受本科学校的影响，彼时的我还是一个铁了心要学明清史方向的学生,对三线建设的印象还停留在最浅显的"名词解释"的阶段,更别提小三线了。

那就先听学姐的!挂了电话之后我找了一个安静的楼梯间,先百度了解看看。还没关上网页,徐老师的电话就打进来了,可以说,就是这通电话,架起了我和"小三线今昔"之间的缘分。

"小屈啊,我们有一个公众号,你可以看看里面的文章。"虽然这是一个研究性质的公众号,但是内容却十分有趣,我往前翻了翻,被一个文章的标题吸引——《张海华:星夜追火车》,好奇心驱使着我点了进去,这是一篇讲述自己曾经在江西小三线人民厂运输队做安全员执行炮弹发运任

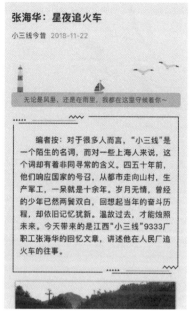

《张海华:星夜追火车》微信截图

务时,因为搞错了夏令时和冬令时的发车时间而迫不得已去追火车的事情。放到现在,我们真的很难想象这位老同志是怎么追上火车的。但他的这篇回忆小文写得生动形象,这件发生在20世纪80年代末的事情仿佛就在我眼前重现。

时间一天一天地过去,我按部就班地完成了本科的毕业论文,顺利毕业,投入了小三线建设研究的怀抱。从本科毕业到硕士研究生正式入学的这段时间,在导师的督促下看了一些小三线的资料,收到了师门传承下来的"至宝"——师兄师姐们不辞辛苦拍来的将近2 TB的档案,也和同门一起完成了上海小三线协作机械厂部分企业档案的文字录入工作,收获颇丰。

二、运营"小三线今昔"

研究生入学以后,接手公众号的事情也就被提上了日程,从2019年9月师姐跟我说了这件事到11月正式上手,中间这两个月算是"实习期",有时师姐会把老师发过来的文章转发给我让我练练手、熟悉熟悉"业务",但回忆

唐宁所著的《归去来兮》的封面（上海文艺出版社2019年版）

起来好像也不记得是哪个时间点师姐就"退休"了。总之，我就这样慢慢地成为了师门新一任的公众号"管理员"。

那些印象深刻的文章

刚刚接手的时候，公众号正在发一些关于唐宁老师的新书——《归去来兮》的书评。这本书的封面上赫然写着"一部亲历者的三线建设史"几个字，这是一部非虚构作品，也可以说是另一种形式的口述史，作者采写后记的题目叫作"为无名者立传"，称其无意、也没有能力去书写新光厂的历史[①]。虽然作者只以贵阳新天光学仪器制造厂的工人、家属为口述对象，将他们写进书里，只涉及一个厂的生产、生活的景象，但谁能说这不是那个热火朝天的大生产、大建设的后方的缩影呢？吴基民老师将其称为"另一种面貌的记忆史"，她以女性作家特有的细腻，选择上海光学仪器厂来"解剖麻雀"式的书写，《归去来兮》直面人生，敢于担当，深刻而又真实地表现了这一段沉甸甸的历史[②]。

2020年8月初，有幸拜读了这本记录了普通人生命故事的著作，给我的第一感受就是唐宁老师的这本《归去来兮》带有无尽的人文关怀，将这些20世纪60年代中后期去支援三线建设的青年人的生活图景活生生地展现在我们面前。与用一些伟大华丽的辞藻堆积的单纯去歌颂这段历史的一些文章不同，这本书一开始就让我感受到三线建设关系到的不仅仅是大家，还有十几万

---

① 唐宁：《为无名者立传》，《新民晚报》2019年10月27日，"小三线今昔"2019年10月28日转载。
② 吴基民：《另一种面貌的记忆史》，原载"上观新闻"，"小三线今昔"2019年11月5日转载。

人、几万个小家,也许在"大家"面前的他们只能跟随着岁月的洪流起起伏伏,但在某一天他们通过这本书讲述了新天人的"生命史"。

一天在整理公众号文章之时,突然看到了杨健老师关于《归去来兮》的书评——《作家唐宁笔下的"大三线":岁月就是回家的路》[①],也是《归去来兮》书中结尾处的一句话,原文中是这么写的:"从前的人和事在老洪的记忆中依然鲜活,那些岁月就是他回家的路"。当年背井离乡去建设三线的人们在几十年后回到自己的故乡,但到底哪里才是自己的真正的家乡呢,这不是单单只有"贵阳新天厂"出现的个案,在读到一些老同志的回忆录时,他们或是怀念自己当年激情燃烧的岁月,或是抒发一下心中的不满,但心中无不存在着对当时的"家"的怀念,而《归去来兮》则将他们的心中所念"汇编"成册,将回忆串联,给我们留下了专属于那个时代、那批人的记忆。

与我们这些关注小三线建设的"新时代后生"一样,从过去走来的老同志们也希望能够拯救并让时代记住这段在20世纪盛大开幕却又"潦草收场"的历史。潘修范老师在自己编写出版《我们人民厂》这本江西小三线9333厂实录时,眼底出血,几近失明,最终做了眼科大手术"玻璃体切割术"才得以保全视力。文章中潘老师将其从征集文稿到联系出版再到编辑过程,写得十分详细,可以说是"字字泣血",尤其是在编辑过程中,他"七审七校"、实地校排,做到精益求精,无不体现着"三线精神"。

这些老同志作为三线建设的亲历者,在从后方回到城市之后也逐渐变成这段历史的记录者,上海小三线协作机械厂的老同志高球根老师在2015年将自己的回忆录《勤奋·和善——五十年往事纪实》完稿[②],并节选了部分在徐有威老师主编的《小三线建设研究论丛》第三辑和第五辑中出版。他在文中提到了自己撰写回忆录的原因,之前他看到的有关小三线建设研究的文章中,基本都以三线人的生活、婚姻等为重点,但生活条件并不是当时三线人的主题,三线工人为了国家军工生产如何奋斗和建设才是应该反映的内容。并且这段记忆是一份无形的资产,将这段记忆保存、记录下来留给子孙,让他们对

---

① 杨健:《作家唐宁笔下的"大三线":岁月就是回家的路》,原载"澎湃新闻","小三线今昔"2019年11月11日转载。

② 高球根:《撰写回忆录,抢救小三线的历史》,原载徐有威、陈东林主编:《小三线建设研究论丛》(第五辑),"小三线今昔"2020年3月4日转载。

自己先辈生活的时代中的社会、历史有所了解,从而增长他们的见识,这也是高老师撰写回忆录的原因之一。后来他和徐梦梅召集了当时上海协作机械厂的一些老职工们撰写的文章,被收入《小三线建设研究论丛》第五辑中,他认为这件事情是很值得的,让大家知道了我们上海小三线协作机械厂的故事。

在这些三线建设亲历者当中,还有一大批随迁家属和"迁二代",与职工不同,他们大多都是为了避免两地分居而跟随子女或者配偶来到后方的,一些"迁二代"也生在后方长在后方,拥有着与农村和城市的小朋友们不同的童年、少年甚至青年的时光。许多三线建设随迁家属、二代从后方回到城市之后也开始用自己的方式记录和保存这段历史,他们更多的是想要找寻一种对家的归属感,正如前文提到的《归去来兮》中采访的一些职工"不知何处才是吾乡",大多数"迁二代"或许都有这个困扰,在发布一些公众号文章时经常会出现一个人的名字——王小帅,他便是贵州新添光学仪器厂的"迁二代",在三线工厂长大的他,后来拍摄了许多三线题材的电影,比如《青红》《闯入者》《我十一》等,有的是以三线建设为背景,有的则是发生在厂里的故事,情节还原度之高无不体现着这位电影工作者对三线厂的特殊感情。

三线建设的研究者们也正在急切的挖掘、保存这段历史,他们或探索三线工业遗产的保护与利用,或为三线建设著书写文,从档案中、从亲历者们的口述访谈中找寻历史的细节。为了保存三线建设的音乐记忆,苏世奇老师通过深入调研、采访、查档,将三线建设音乐研究系列著作的第一部《六盘水三线建设音乐口述史》一书出版。"好人好马上三线",三线建设中的音乐工作者在完成建设任务的同时用自己的聪明才智,创作、传播了大量紧扣时代脉搏的文艺作品,充分调动了音乐审美鼓舞人心的功能,彰显了英雄主义精神的时代意义,但时至今日,三线建设者创造出的艺术文化尤其是能够表达人们丰富情感的音乐文化却逐渐消失在人们的记忆中[1]。作者对三线建设的音乐创作者进行访谈,查找档案、搜集日记,将本已模糊的音乐记忆渐渐擦拭清晰,带领着更多人伴着高昂的音乐,重回那个热火朝天、大干三线建设的时代。段伟的三线建设研究始于对家乡安徽宁国的上海小三线,后扩展至全国的大三线研究,他认为自己

---

[1] 苏世奇:《寻找那些即将消失的三线建设音乐记忆》,原载"澎湃号·湃客·小三线建设口述史","小三线今昔"2020年7月29日转载。

这种研究也是"恋地情节"的一种体现,他提道:"如果我们用这种恋地情结的感悟去考察三线建设者以及他们的第二代、第三代,让他们能在'献了青春献终身,献了终身献子孙'的奉献中得到价值体现,也不失为一种可行的研究视角。"①

《寻找那些即将消失的三线建设音乐记忆》微信截图　　《我的三线建设研究始于我的家乡安徽宁国》微信截图

那些高阅读量的文章

截至2020年8月31日,在"小三线今昔"所推文章中,阅读量最高的是《落叶归根:返沪"三线人"生活状况调查》一文,达到5万多次,评论上百条。本文以何为返沪"三线人"、为何返沪、返沪后过着怎样的生活、他们有什么诉求为线索展开,文中开头说道:"它们就仿若一粒沙,被装进盒子,由时间套上枷锁,倏尔丢进岁月长河中,变成沧海一粟。若非仔细探寻,自此,便无人问

---

① 段伟:《我的三线建设研究始于我的家乡安徽宁国》,原载澎湃号·湃客·小三线建设口述史,"小三线今昔"2019年8月24日转载。

津"①。这些返沪"三线人"便是沧海一粟,作者对这一群体的生活状况进行实地调研、口述采访、深入交流并将相关信息记录下来,整理成档。这篇文章不仅从标题引起了众多"三线人"的共鸣,并且内容主要以作者实地调研的人物展开,更多地反映了大部分的"三线人"目前的生活状况,虽然标题是"落叶归根",但其实文章里写到的是这些返沪三线人"落叶无法归根"的无奈。

图文并茂总是能更吸引人,读者可以在碎片化的时间中利用图片更加清晰地获取到这篇文章的主要内容,尤其我们三线厂生产的产品主要是以军工产品为主,在介绍相关产品之时,展示一些20世纪厂里生产相关军品的老照片,不仅能勾起老同志们的回忆,也可以让从没有见过这些产品的我们有一些概念。近几年,一些以三线建设时期为题材的影视剧层出不穷,2020年4月"小三线今昔"转发了一篇整合了近年来的电影、电视剧和话剧的推文,看到这些作品的名字和简介,突然给我一种似曾相识的感觉,有几部都在小时候看过,我不禁发出了"又可以将和小三线建设相遇的时间往前提一提"的强行感叹。而且,这篇影视剧整合的推文或许也更方便一部分老同志们点开这些有他们那个年代记忆的视频片段进行回忆吧。

总的来说,阅读量是衡量微信公众号影响力大小的重要指标,影响一篇文章阅读量的因素有很多,好的标题能够迅速抓住读者的眼球,不同的主题内容的文章的阅读量也有显著差异,当然文章内容的精彩与否是这篇文章阅读量高低的决定因素,除此之外影响因素还包括文章推送的时间、推文的排版布局

《落叶归根:返沪"三线人"生活状况调查》微信截图

---

① 傅晓莲:《落叶归根:返沪"三线人"生活状况调查》,原载张勇主编《多维视野中的三线建设亲历者》(上海大学出版社2019年版),"小三线今昔"2019年9月6日转载。

等,它们都对阅读量产生一定的影响。但我们小三线公众号与一般新媒体运营的公众号不同的是,我们具有较高的用户黏性,并且与排版是否精美相比,主题与内容似乎更加重要。

徐有威老师和陈东林老师主编的《小三线建设研究论丛》第六辑的副标题叫作《三线建设研究者自述》,为了让读者先睹为快,我们首先在上海的澎湃新闻上上线这些文章,"小三线今昔"从2020年8月开始,进行了有计划的连续转载。

《讴歌三线人的影视剧——关于三线建设的电影和电视剧(戏剧)介绍》微信截图

在这一专辑中,凡是和三线建设研究有关的,都是这本专辑的关注对象:学者、亲历者转化为研究者、摄影家、电影和电视纪录片的从业人员、博物馆和党校的从业人员、作家、编辑和学生等,他们将自己接触三线建设或长或短的日子记录下来,汇编成文,这好似一个节点,让大家记录一下这段与三线建设研究相伴的旅程,未来依旧会不忘三线精神,在书写三线建设这段历史中继续前行。

其实"小三线今昔"更像是一个小三线研究团队的"收藏展示中心",有关小三线建设(包括部分大三线建设)口述访谈、学术论文、新闻报道的文章都被徐老师整理搜集过来,由我们排版推送,在这个公众号上我们保存着一些"三线人"的记忆,同时也保存着我们这些研究者的记忆。我们是那些全世界范围内,有兴趣三线建设研究的朋友。我们更加希望三线研究能有新的突破,希望这段历史不再被尘封,希望时代能够永远铭记这段轰轰烈烈的关于青春的三线建设史。

(屈晨熙,上海大学历史系2019级研究生)

"跨界"的我：从身份探寻，到使命担当

袁世超

"跨界"这个时髦的词，从一开始就降临在了我的身上。出生在银川，户口簿的籍贯一栏却填着沈阳；出生在西北的回族自治区，却是在东北主要聚集的满族的一员；从小长在银川，却生活在一群大连人中间。

身份的跨界带来了语言和饮食的跨界。沈阳话、大连话、银川话、普通话，从"都能听懂"逐渐演练到"自由切换"。一碗拉面端上来，和其他小朋友说"劲道"，和家里人说"哏揪"；对同学说"不许碰我"，对表弟表妹讲"不兴捆我"；既爱吃夜市里卖的羊蹄子，也可以熟练地肢解虾爬子。

追其原因，所有的这些跨界，都源于我的爷爷辈1965年的那次"跨界"。

我出生在一个大连人的家庭，除了爷爷一人来自沈阳，奶奶、姥爷姥姥都来自大连，父母也都出生在大连。他们1965年随大连起重机器厂搬迁到了银川，成立银川起重机器厂。然后爷爷辈在这里工作、退休直至去世；父母则在这里学习、下乡、工作、成家，然后有了我。也正因为这样的家庭背景，为我在银川构建起了一个小小的"大连圈"。辽宁与宁夏，自此在我的身份认同中反复切换。

1959年父亲出生时，爷爷奶奶在大连拍摄的家庭合影

其实，在银川这样一个移民城市中，"跨界"的孩子大有人在，只是

很多人的父母至少一方是宁夏人，从而宁夏的因素占据了大半；而另一部分人则是父母双方分别来自不同的区域，一跨再跨，就把原有的身份涤荡得一干二净。像我这样面临家庭与社会二分的情况的确不多。现在看来，这种特质很大程度上造就了今天的我，不过在我读博士之前，这种特质也仅仅就是一个故事。

2015年，我考入大连理工大学马克思主义学院马克思主义中国化专业，攻读博士学位。在这个涵盖面非常广的专业里，我却意想不到地遇到了选题的困难。我硕士的专业是国际政治，因此我原本想在马克思主义中国化的视域下继续研究我国的对外政策，可是历史学出身的导师却执意要我选择一个历史学方向的题目。坦诚地讲我其实抵制了很久，因为虽说人文社科彼此相通，但是历史学叙述性的话语体系和严谨的考据对我来讲都是陌生的，想要据此来支撑庞大的博士论文，难度可想而知。但挣扎只能浪费时间，接下来我必须试图在马克思主义中国化、中国近现代史问题和国际关系三者中寻找重叠，一场全新的"跨界"势在必行。

正当我为选题而苦苦思索之时，一次无意的探访为我打开了灵感的大门。

位于旅顺的苏军烈士陵园是我国最大的外籍公墓，墓园门前一座苏联士兵雕像，承载着很多老大连人熟悉的记忆，因为它曾经矗立在这座城市的中心广场，见证了苏联将大连的实际控制权归还中国的历史时刻。今天仍然会有人来这里参观，找寻曾经的城市印迹。而我比其他游客还多了一层身份，我是雕像铸造者的外孙。

来到现场，一位当地的老者向游人热情讲述当年苏联空降兵是如何同日军抢夺周水子机场的，周总理是如何同苏联方面协商大连接管事宜的以及这座雕像是如何从市中心的人民广场迁移到这里的。我默默地听着，内心充满感慨，想不到历史书中简单的一句话背后，竟有这么多鲜为人知的故事；想不到大连这座城市竟然这么深入地参与了国际历史；更想不到自己最熟悉的亲人就是这段历史的剧中人。这种跨越时空的连线跟随着姥爷的足迹继续延伸，产生了一连串的疑问：一个承建了如此重要项目的工匠为什么在1965年会迁往银川？我耳熟能详的那些词"支援大西北""三线""支内"背后也有很多故事么？这些看似远离海岸线的概念和当时的国际政治环境有关系么？祖辈们的足迹，父辈们的经历，我的身世都因为"支援三线"而改变，那么我可能

位于大连旅顺口区苏军烈士陵园的苏军纪念雕像,原址位于大连市人民广场

探寻的,已经不再是我的身世之谜,而是一个时代之谜了。

经过一番查阅,才发现自己一直口口声声讲的"三线"岂止是"跨界"那么简单?它始于我国历史上长久以来形成的生产力不平衡问题;发端于冷战白热化阶段我国面临的严峻国际局势;它以战备为主要目的,以迁建结合为主要方式;它调动了全国上百万人,迁移的工厂多达五百家;它历经"三五""四五""五五"三个五年计划,累计投入了2 000亿元资金;它修筑的成昆、川黔、贵昆三条铁路干线形成了西南地区最早的现代化交通网;它让攀枝花、六盘水这样的城市从无到有,让银川、贵阳这样的城市从小到大,让成都、重庆这样的城市从弱变强;它的搬迁规模之大、搬迁人数之众、搬迁距离之远、动员时间之短、持续时间之长都是我国建设史上罕见的。将如此壮丽的诗篇作为博士选题,大有可为。而我,生在三线,长在三线,对于"三线人"身份认同的困境深有体会,对于三线工厂里的一切耳濡目染,对于三线建设为西部带来的变化倍感自豪;家里人"三线一代""三线二代""三线三代"一应俱全;我现在的学校就在这次迁移的起点,而我的家却在这次迁移的终点;我拥有三线建设研究所需要的国际政治、地缘政治、政治动员和马克思主义中国化等知识基础,这所有的一切似乎都在静候着我博士选题的到来,可谓天时、地利占尽。唯一遗憾的,是我的姥爷已经去世,他不能够帮助我了,我所做的,他也无法看到。

所以有些时候,即便某种特质与生俱来,却也浑然不知。

导师同意了我的选题,研究工作随即展开。当时研究三线建设的文章并不算多,林林总总三四百篇,涵盖的领域倒是相当广阔,除去历史学、社会学两大主阵地,还有政治学、经济学、建筑学和20世纪80年代的政策研究。研究的地域主要是上海、贵州、重庆、四川、云南、甘肃和陕西,我所在的宁夏和辽宁两地均属空白地带,这给了我很大的希望。

可是困难也接踵而至。首当其冲的是文献的匮乏。导师告诉我,历史学研究一定要掌握一手文献,如果能有独家史料更好。于是档案馆成了我那一段时间最常去的地方。大连市档案馆、大连市图书馆、宁夏回族自治区档案馆、宁夏回族自治区图书馆、银川市档案馆、西安市图书馆、上海市档案馆,以及我能想到的一些三线工厂都成为我的目标。一年忙活下来,收获不能说没有,但想想自己万里的奔波,似乎还是有一些不尽如人意。档案馆开放的档案极为有限,有一些档案只允许浏览不允许拍照和引用,我只能手抄,费时费力。而当年的三线工厂大部分已经物是人非,倒闭的、改制的、废弃的,档案主管部门人去楼空,三线的历史在这个飞速发展的时代似乎了无踪迹。

此外口述史的采访也不能令人满意。很多三线亲历者已近古稀之年,身体虚弱,意识模糊,零散的记忆和只言片语难以形成有效的逻辑链条。还有

笔者与湖南大学的王寄新学长(左)合影(王寄新大学毕业后便从长沙来银川参加三线建设,历任吴忠材料试验机厂、银川银河仪表厂两个三线厂的厂长)

笔者随身携带的用于三线调研的采访证件和主要城市的交通卡

一些人对此三缄其口,有的人对我的身份不信任;有的人对这样的采访不感兴趣;也有的人微微一笑,说都是平凡的工作,没什么好讲述的。

一年时间过去了,资料收集工作成绩有限,文献综述写得也并不能被导师认可,还被指出了"混乱"和"假、大、空"的缺点,我的三线研究"跨界"之路似乎同当年那些前往三线的工人一样,面对荒烟蔓草,也只能砥砺前行。

在学习和借鉴了陈东林、徐有威、张勇、周明长几位老师的优秀成果之后,我开始构思自己的专题文章,首先就要写我最熟悉的宁夏三线建设。宁夏这个地方不大,但很多东西都非常有特点,三线建设也不例外。第一个特点就是迁移来的企业多。宁夏小,但是中央为宁夏安排的三线建设项目可并不少。陕西和甘肃在人口和面积上分别是宁夏的6倍,但1965年的国家计划中落户甘肃有13个项目6677人,落户陕西的有17个项目6940人,落户宁夏10个项目6022人,这种密度上的优势带来了显著的效果,直接造成自治区非农业人口中每七个人就有一位是三线移民,银川市总人口中每八个人中就有一位来自沿海发达地区。这样就造成了宁夏三线建设的另一个特点,三线移民同当地融合的效果非常好。面积小,密度大,搬迁来的三线企业都扎堆布局,银川新市区的三线企业更是一家挨着一家,工厂的工人彼此联系,并不孤独,"文化孤岛"现象很少,工人与工厂都自觉地同银川市的发展融为了一体。而且在这一点上,我更深的感触来自我的家庭。我姥爷一共有五个女儿,只有我妈妈嫁给了同是辽宁人的爸爸,其他的四个姨夫有三个都是宁夏人,另一个则是甘肃人。而我爷爷一共有四个孩子,我的婶婶来自甘肃,我的两个姑父分别来自天津和河南。虽然一家人来自五湖四海,但却都是扎根宁夏的建设者。有切身体会,也有两年来的一点积淀,这个文章总算有了结果。2019年9月末,《宁夏社会科学》杂志刊登了这篇题为《迁移、融合与发展:宁夏三线建设历史考察》的文章,打响了我三线建设研究的第一枪。

而后,更加幸运的是,这篇文章引起了上海大学历史系徐有威老师的注意,他主动联系到我,鼓励我继续开发宁夏三线建设这片独特的宝地,我深受鼓舞也倍感荣幸。日后徐老师时常打电话叮嘱、关心、指导和激励我的研究工作,为我查找档案积极牵线搭桥,还分享一些学术动态和最新成果给我,并询问我的看法和意见。作为一名三线研究者,可以得到权威专家的指导与鼓励,本就是一种荣耀。何况我并非徐老师的学生,却得到徐老师如此关怀,让我更感自身使命重大,万万不可辜负了老师的一片苦心。本人自知身无长物,又何德何能受此抬爱?答案只能是,徐老师对于后辈都很关怀,对于三线研究的每一项工作都很关心,勤恳无私,细致亲切。在此,要再次诚挚地感谢徐老师为我及三线建设研究工作所做的一切。

在徐老师的引领和指导下,我"跨界"的研究终于走上了正轨,档案收集、口述史和我的毕业论文三方面也均有斩获。相信随着我研究进程的不断推进,会有更多的成果回馈给养育我的"三线"。

当然这些成绩也是在社会各界朋友的大力支持下取得的,因此也要特别感谢湖南大学宁夏校友会、宁夏历史研究院、宁夏地方志编审委员会、宁夏图书馆、银川胜利阀门厂、宁夏巨能机器人股份有限公司以及石嘴山市长城街道办事处和朝阳街道办事处等单位的大力协助;感谢我的导师马万利教授,评审组的洪晓楠教授、魏晓文教授、戴艳军教授、荆蕙兰教授、刘贵祥教授和王

笔者于2019年冬前往调研的位于贺兰山下的胜利阀门厂,是宁夏唯一的小三线军工厂

新影副教授；三线建设研究的前辈周明长老师、张勇老师、张万静老师和贾虎林老师；以及我的父母，我的朋友马东尧、蒋沁志、贾磊、刘荷、皋媛、王占芳；我的同学张存达、张志臣、隋林宁、杨番、戢虹雨、王坤平、刘媛媛、徐敬涵和刘东；我湖南大学的五位老学长雷顺京、孔胜杰、孙文靖、王寄新、潘拱义和我曾经的学生韩钰崧、蔡兆涵、孟京京对我研究的帮助。

"跨界"的三线研究，让我启封了那一份尚未启封的血脉遗产，让我在历史的倒影中找到了自己的身份认同。56年前，我的祖辈们听到祖国的召唤，来到三线，没有离去，而是扎下根来，成为建设者；56年后，他们的子孙，"跨界"来到三线研究的阵地，也不会成为一名过客，也一样会是建设者。

（袁世超，大连理工大学马克思主义学院博士研究生，主要研究方向为三线建设。曾参与国家社科基金重点项目"中国城市化过程与区域协调发展问题研究"（12AGL010）、大连理工大学马克思主义理论研究名家培育项目"中国工厂制度研究"（MLMJ17A07）、宁夏社会科学院"当代宁夏口述历史"等课题6项，曾获2019年四川大学口述历史实践活动优秀奖）

从相遇到相知：我与小三线的情缘

窦育瑶

2020年10月，我从上海大学历史系硕士研究生毕业两个月之后，收到导师徐有威老师的邀请，写一写我在上海大学历史系学习小三线的经历。和徐老师结束聊天后，我的记忆阀门瞬间开启。我想，我的三年研究生学习经历就是一场和小三线相遇、相识、相知的过程。

一、与小三线相遇

第一次听到小三线，是在山西大学历史系本科四年级的时候。那时我正在准备硕士研究生入学考试。有一次，在和本科论文指导教师常利兵老师聊天的时候，他问我要报考哪所学校。我说："上海大学吧，想去大城市看看。"常老师当即说："上海大学这两年历史系发展势头很好，徐有威教授的小三线研究现在在学界影响很大。"我当时没有听明白，还反问了一句："小三？"这个教授在研究"小三"的历史？常老师笑着说："哈哈，不是小三，是小三线，但是我们学界都称徐老师是'小三专家'。"

和常老师结束聊天的当天，我就到知网上搜索，输入小三线以后，发现出现了很多关于三线建设、大三线之类的文章，于是我就有选择性地下载了两篇论文：一篇是《三线建设对中国工业经济及城市化的影响》，一篇是《落地不生根：上海皖南小三线人口迁移研究》，这两篇文章都是徐有威老师和复旦大学博士后陈熙合作完成的。读完以后，我对这一段历史有了一个宏观的了解，也搞懂了大三线、小三线的关系。

后面的日子,我继续全身心地投入到研究生考试的准备中,没有对未来有太多的规划。幸运的是,我顺利地通过了上海大学历史系硕士研究生考试的笔试和面试。于是,常老师就把我引荐给徐老师,我也有幸成为小三线研究这个大师门中的一员。

二、与小三线相识

和小三线相识,要从五本日记本和一个移动硬盘谈起。2017年3月底硕士研究生入学考试面试完,我正式拜入徐有威老师门下。一入师门,徐老师赠送了我两份礼物:第一份是五本厚厚的日记本。这些日记是一位名叫孟繁德的小三线职工在小三线建设时期记录的,里面包含了他在皖南地区的生活和工作经历。徐老师让我利用暑假把它整理成电子版。我接过日记本以后脑袋涌出的第一个想法就是这个暑假不能无忧无虑地玩耍了⋯⋯徐老师仿佛看出了我的小心思,意味深长地对我说:"研究生三年过得很快的,要把时间充分利用起来,你打字的过程就是学习的过程,打完也就大致明白了小三线是在说什么。要早做准备,提前进入状态,把有限的青春投入到无限的奋斗之中。"2017年的那个暑假,我就是在每天的打字中度过的。假期快结束的时候,我也整理完了这五本厚厚的日记,一共二十余万字。

第二份是一个装满各类小三线资料的近千GB的移动硬盘,里面有各种各样的史料:企业档案、厂史、厂志、地方志、企业报、口述资料、回忆录和照片⋯⋯拿到这些资料的时候我感觉很懵,之前从来没有接触过这么多史料,这要到什么时候才能读完啊?后来,在老师和博士师姐周升起的帮助下,我逐渐理清了这些资料,并按照自己的阅读习惯把它们分门别类地整理到不同的文件夹里,给自己定下每天看两个小时资料的计划,渐渐地进入了状态。

徐老师送我的这两份礼物,为我打开了全面认识小三线的一扇大门。从宏观到微观,从整体到细节,我对小三线认识得更加清楚了。如果说与小三线相遇是一种偶然,与小三线相识是一种幸运,那么与小三线相知就是一个享受的过程。

三、上穷碧落下黄泉,动手动脚找史料

由于小三线的特殊性和保密性,从档案馆获取相关档案资料就非常有限。徐老师天生就有一种革命乐观主义精神,他不辞辛劳,经常全国各地地追寻有小三线的足迹,或旧厂房遗址,或深入企业挖掘企业档案资料。

老师常常跟我们说没有条件要创造条件,没有资料要找寻资料。2017年11月和2018年4月,徐老师两次带领师门深入上海小三线原协作机械厂和原培新汽车厂查阅档案。查档过程是一次深入了解小三线的过程,也是师门感情急速升温的过程。在此期间,师门同学相互交流,遇到困惑就随时讨论、及时解决。这些琐碎的交流和查档经历为我硕士毕业论文的选题和写作奠定了坚实的史料基础,也对其他同学的论文写作产生了良好的影响。

除了和师门同学集体出动查阅档案,我在确定论文选题之后,一个人"蹲守"上海档案馆一个多月,希望能在上海档案馆找寻些蛛丝马迹。记得那段时间,除档案馆闭馆以外,我每天早上8点乘坐地铁赶往档案馆查找档案。为了节约时间,我会带一些零食中午充饥,下午4点左右离开档案馆。我每天抄录一些档案,复印一些档案,这个过程让我的论文选题更加清晰,论文框架也慢慢构建起来。现在回想起来,那段时间虽然孤独,却很充实。

徐老师常常和我们说要只争朝夕,养成每天看资料的习惯,边看边整理,看资料的过程就是写论文的过程,资料看完了,论文也就写得差不多了。当时我们都不以为然,后来慢慢意识到老师的良苦用心。2020年初,受新冠肺炎疫情影响,大家被迫在家"隔离",很多毕业班的同学无法到校收集资料,论文写作陷入了困境。而我们师门同学由于前期资料收集整理工作做得比较充分,论文写作也相对顺利。

四、倾听当事人声音:采访小三线职工

除了查阅档案找寻史料,徐老师也鼓励我们和历史亲历者面对面交流。徐老师在师门见面会上曾经谈道:"研究当代史不但要研究文献、档案资料。因为很多当事人还健在,如果我们的研究可以得到他们的支持和帮助,对我们

的研究是非常有价值的。"

经过多年的研究积累,徐老师和很多小三线职工都建立了长期的联系。师门每位同学在老师的帮助下都找到了合适的采访对象。我的论文选题是上海小三线建设交通安全问题研究,在老师的帮助下,我先后采访了上海小三线原光辉器械厂驾驶员黄章利、原协作机械厂驾驶员孙胜利、原八五钢厂运输部党总支书记冯岳宏和原后方基地仪电工业公司劳资科专职安全员毛嘉义。与这些小三线亲历者的交流,解答了许多我在看档案过程中遇到的问题,让我受益匪浅。同时,这些老职工会延伸讲很多真实发生的故事,为我的论文写作提供了丰富的口述史资料。

采访上海小三线老职工部分留影与感悟

五、追忆往昔,情系今朝——"小三线今昔"微信公众号成立

徐老师每周和师门同学见一次面,询问大家的学习和生活情况。在每次的师门见面会上,徐老师都会和我们分享最近的三线研究动态。

在2017年底的一次见面会中,徐老师谈到我们团队的研究受众比较窄,希望通过自己团队的研究可以将这段激情燃烧的岁月展现给更多的人,让全国各地的小三线职工知道我们在关注这段历史。那么如何将我们的研究推广出去,如何搭建起小三线职工联系的一个平台,大家纷纷各抒己见。周师姐谈到,现在新媒体发展日新月异,人们喜欢关注一些感兴趣的微信公众号,利用闲散时间进行碎片化阅读。我们是否也可以创办一个关于"小三线"的公众号,进行宣传。

周师姐的想法得到了大家的一致认可。随后,大家齐心协力,发挥所长,共同为小三线公众号的诞生贡献自己的力量。徐老师为公众号起名为"小三线今昔",意在追忆往昔峥嵘岁月,情系今朝小三线研究;我运用自己在学院新闻中心工作的经历,查阅相关资料,申请账号,注册信息;宣海霞同学发挥技术特长,为公众号设计了图标;其他同学也纷纷为公众号的诞生和之后的运营建言献策……

"小三线今昔"微信公号封面图标

2018年2月4日,徐老师为公众号撰写第一篇文章《我们的小三线》,标志着"小三线今昔"微信公众号的正式成立。截至2020年底,共有200余条相关图文在此推出,包括学术论文、职工回忆录、手稿、老相片等,吸引受众2 000余人,其中既有小三线的亲历者、参与者,也有小三线的研究者和感兴趣者,产生了巨大的影响。

于我而言,"小三线今昔"公众号的成立促使我拓展边界,去系统学习图文编辑和新媒体运营,也使我与小三线有了更深入的交流。记得公众号刚创建的时候,恰逢春节,师门同学又都不太熟悉如何操作,我主动承担起春节独自运营"小三线今昔"的重任。那段时间,我每天都会读邮箱里的投稿,编辑老师发来的素材,这让我对小三线的认识不再仅仅停留在论文和专著上面。与此同时,很多小三线亲历者会在后台与我们互动,或分享他们的经历,或指出我们文中的不当之处,或感谢我们关注这段历史,或鼓励我们继续书写这段历史……

春节结束后,我教师门同学如何运营公众号,并将自己在操作过程中的心得体会分享给大家。每年新的师弟师妹加入徐门,一件重要的事情就是学习如何编辑图文、运营公众号。一代又一代,我们的小三线微信公众号运营团队在不断地壮大。现在,我虽然已经毕业走上了工作岗位,这个工作已经移交给屈晨熙学妹,但我还是会坚持每天去阅读我们公众号的推文,这是一种习惯,也是一种回忆。

六、芳华已逝,岁月如歌:参与安徽小三线摄影展活动

2018年1月13—22日,徐老师参与策划的"尘封记忆:安徽小三线纪实摄影展"在上海陆家嘴美术馆进行展览,我们团队轮流去美术馆值班。

1月18日和1月19日,我在美术馆做接待工作。两天的值班工作,让我有机会近距离地和很多小三线职工交谈,这些老职工的情怀深深感动着我,每个

上海小三线职工参观安徽小三线纪实摄影展留影、留言

人心中都有一段属于自己的芳华，每个人心中都有一段刻骨铭心的青春。在小三线厂的这段岁月是小三线人共同的青春回忆，虽然芳华已逝，但岁月依旧如歌。通过这次摄影展，我深切地领悟到历史不仅仅是古籍文献上那些冷冰冰的记录，还可以通过多种丰富的形式展现出来。历史应该是鲜活的，是"人"的历史。这次摄影展也进一步加深了我对小三线群体的认识和理解。

徐有威小三线团队参观"尘封记忆：安徽小三线纪实摄影展"留影（左四为笔者）

岁月不居，时节如流。三年的研究生学习与生活转瞬即逝，我很荣幸加入小三线研究这个大家庭，和一群可爱的人并肩作战。大家一起为小三线奔波的日子将会永远铭记在我的心头。希望小三线研究越来越好，成为共和国史上精彩的篇章！

（窦育瑶，上海大学历史系2020届硕士生）

从旁观者到探索者：
一位社会学本科生参与的三线建设研究

蔡茂竹

每一段历史都是特定时空内不同个体所共同经历的故事，每当独立的个体产生关系汇聚成群后，他们总是可以共享独一无二的记忆。浩如烟海的历史长河里有太多被淹没的故事，有时越是埋藏在深处的记忆，越是令人动容。离开各种历史文献，我不知道该如何描述20世纪声势浩大的三线建设，因为我并不曾经历其繁荣，也无法设身处地体会三线建设亲历者们的艰难。但我有幸去到三线建设亲历者们曾经工作、生活的地方，有幸聆听他们当年的故事，有幸从三线建设研究旁观者变成参与者，有幸分享我的经历。

一、三线建设调研初启蒙

我出生于20世纪末，赶上了长辈口里的和平年代，身为从小在城市温馨家庭中长大的孩子，我的生活甚至一直未经历过太大的波动，直到高考这一个人生的转折点，高中阶段学习理科的我最后被四川外国语大学社会学专业录取了。实话说，我的确对自己的学业没有特定的规划，以至于学习社会学也被当时的我所坦然接受，但我一直难以找到自己在专业内的容身之处，这种不知所措大多来自我当时对人文社会科学的认知误差以及我本身人文素养的匮乏。此时的我就像一个异乡漂泊者，并不排斥生活在一个陌生的地方，但我无法在此建立认同与信任，也难以与身处此地的人产生共鸣。

我内心难以立足的漂泊感大约持续了整整一年,直至我在大二的时候遇到了教我们"文化人类学"的任课老师——张勇教授。张老师是我校三线建设与社会发展研究所所长,他在课程结束的时候向我们介绍了他的国家社科基金项目"西南地区三线建设单位的社会文化变迁研究",并让有意向参与调研的同学联系他。坦白来讲,我当时没有特别深入地了解这个项目,甚至连三线建设这场运动都没有完全明白,只是内心评估了一下,觉得自己平时有剩余的时间,可以去尝试一下专业调研,于是我就报名了。但令我没想到的是,三线建设这个项目完全改变了我对人文社会科学的看法,也由此改变了我的人生轨迹。

2018年4月27日,这是我大学阶段第一次接触真正意义上的实地调研,此次调研的目的地是重庆市巴南区晋江机械厂(代码5057厂,以下简称"晋江厂")。我与雷明锋同学在调查前期通过资料了解到,晋江厂是典型的为三线建设而设计建造的,经历了曲折的选址与艰苦的建设过程,其主要是以铸造高射炮弹、榴弹炮、各种军用弹与装备为主的军工厂。晋江厂最初的地址在重庆市江津区,后来于2000年进行调整改造,搬迁至重庆市巴南区,与其余八个搬迁的军工厂共同纳入大江工业集团有限公司的管理范围,厂内员工将此过程称为"九九归一"。

我当时对三线建设企业调整改造后的情况了解并不深入,以己之力所找

晋江厂内堆积的落叶

到的视频资料大多都是讲述三线建设鼎盛的生产时期,所以凭借文本与视频资料,我难以想象如今的三线建设企业是何种模样。

张勇老师开车带我们前往晋江厂,在半路接上了此次陪同参观厂区的吴学辉老师,他是晋江厂的原厂办主任。当吴老师带着我们迈入晋江厂时,即刻就能感受到老厂才独有的那种沧桑,我才意识到晋江厂并不是我脑海中工人各自忙碌、欣欣向荣的模样,而是沉寂萧条到了极点:泛黄的翻皮墙壁、罕见的破败汽车、堆积的满地落叶、悬挂的生锈挂钩、车间内散落的半成品木块、透过阳光可见的尘埃,这个厂里的每一个物件无一不透露着这个破旧废厂的沧桑。

吴老师带领我们往里走,详细地介绍着路过的每一个房间,并回忆着当年工人们不辞辛苦、克服重重苦难工作的场景,他笑得满脸皱纹的脸上,挂着自豪,也带着留恋。吴老师带着我们走进了工厂一个存放旧物的储藏室,他打开了一个柜子,我发现里面是一排布满灰尘的奖杯。他拿着其中的一个奖杯,告诉我们,因为当时他们做的是厂里最累的活,力气大,拔河拿了一等奖。他轻轻地叫了我一声,问我是否愿意为他们的奖杯拍照,我立马答应了,并和同学一起用纸巾不停地来回擦拭着布满灰尘的奖杯铭牌。紧张和酸涩充斥着我的内心,我端着相机的手都在发抖,因为我想拍好这堆布满灰尘却又承载着他们热血回忆的奖杯。

晋江厂内堆砌木块的车间

吴老师告诉我们,厂里只剩下30个人了,其他人都嫌工资少而另寻生路,每天厂里最多只有7个人守厂,其他人都属于离职状态。虽然工资低到大家伙儿已经快养不活家了,但余下的人对这个厂有太深的感情,实在舍不得离开。昔日的大厂,如今逛上一圈都难以碰上一人,我们走在布满尘埃且空旷寂寥的厂里,破旧的墙上布满了散落的阳光的余晖,这个厂让我感受不到春天里应该有的生机盎然。

如今,我已回忆不起第一次真正意义上实地调研后的直接感受,但那种实地调研后的冲击感实在令人难以忘怀,还有那种与个人预期猜测不符合的惊讶感,那是一种需要自己消化的矛盾情绪。在消化的过程中,第一次体悟到人文社会科学的情怀感的我开始愿意花时间去思考问题,去静下心来真真切切地分析问题,然后尝试去解释这种现象。

二、从实地调研到专业认同

第一次实地调研带来的现实冲击总归是最大的,但那种冲击力还不足以使我坚定地走上研究的道路,因为难以实现自身专业认同始终是一个问题。我反复地询问自己:"我如果真的做研究,那研究成果又有何用呢?"

第二次实地调研接踵而至,2018年5月张勇老师带着我和张宗友同学驱车前往另一个具有特色的三线建设企业旧址——重庆市綦江区双溪机械厂(代码147。以下简称"双溪厂")。根据已有厂史资料,我们了解到,双溪厂位于洋渡河和石龙河两条小溪交汇的山谷中,因此得名"双溪",双溪厂是由东北齐齐哈尔和平机械厂、太原晋西机械厂承建的。三线建设的选址原则遵循"靠山、分散、隐蔽",所以双溪厂选择了三个天然溶洞作为隐蔽保密的生产车间,洞内皆被用于生产当时所需的军工设备。双溪厂在建厂之初,职工就有一千多人,在最鼎盛的时候职工近四千人,工厂建有厂区、家属区、自来水厂以及幼儿园、子弟小学校、子弟中学校、技工学校、附属医院、大集体电影院等工作与生活的配套设施。

张勇老师驱车带着我们进入綦江区赶水镇后,长期居住在城市里的我们感叹着群山环绕的好风景,却难以想象到当初在此奉献青春的三线建设移民的艰难与无奈。到达双溪厂大门前,远远就可以看见耸立着的巨大烟囱和依靠溪流而建的一排泛灰的居民楼。走进双溪厂大门,昔日的大门已被风雨抹去了原本属于军工厂的辉煌,我们发现大门旁还挂着"大山深处的休闲山庄——国家'三线建设'兵工厂旧址欢迎您"的横幅招牌。哪怕是原先以军工产业为主的双溪厂,如今也难以逃脱消费时代的洪流,农家乐老板利用"三线军工天然溶洞"为旅游消费增添了与众不同的符号和色彩,从前辉煌的军工厂,如今休闲的农家乐,独特又鲜明的变化契合了时代的潮流,但却令人唏嘘。

双溪厂大门旧址

双溪厂副厂长王书杰在农家乐钓鱼

参观的过程中张老师一直和不同的群体交流着,看似轻松愉快地聊天,却已经搜集到了一些口述资料。我们中午的用餐地是一个农家乐,老板梁龙田是双溪厂退休后的留守职工,同时与我们用餐的还有双溪厂搬迁后的副厂长王书杰,他也是三线建设移民二代。我们一边吃着农家自种的可口饭菜,一遍听着王厂长讲述他与三线的故事。我从移民的角度了解到他作为北方人一下子难以适应重庆的地形、气候、饮食与交往时的语言,当我们问到他对于自己的身份认同时,他却表示不知道自己到底是东北人还是重庆人,他笑着说在重庆的时候大家都觉得他是北方人,但回到北方后却又不被认可,而我更多感受到的是他内心深处的酸楚。

日落时分,我们结束了一天的实地调研。在驱车回到学校的途中,我陷入了沉思:在两次实地调查过程中所遇到的三线建设的亲历者们,他们奋斗了半辈子,他们为中西部地区的发展奠定了良好的基础,他们为国家奉献青春、挥洒汗水,但在最后却依然难以获得同等价值的回报,三线建设改变了他们的一生,也由此改变了他们后代的命运。

我内心被酸涩与矛盾所充斥着,酸涩当然是为了三线建设亲历者们,而矛盾则是觉得我自己了解了这一切之后,却无能为力。正巧张老师询问我们今天的收获与感想,我如实说出了内心的想法。张老师当时对我们说道:"我们来这里所做的一切,可能最后对他们的生活形成不了多大影响,但我们能做的,除了丰富这一领域的研究内容外,还可以通过各种媒介让更多的人了解到这段历史以及这些独特的群体,这对我们来说,就已经具有价值了。"说来也奇怪,当时的我好像就找到了连接个人价值与社会学专业价值的平衡点,我突然明白了个人能力虽然有限,但也要尽力发挥自己的价值。

三、从调研中累积感悟与经验

2019年4月,张勇老师决定带我们去四川省广安市调研,我当时特别兴奋,因为这是我第一次跨省调研,难免会有与之前不同的新鲜感。我们的调研内容主要是参观广安市三线工业遗产陈列馆和考察广安市典型的三线建设旧址——华光仪器厂(代码308,以下简称"华光厂")与永光仪器厂(代码398,以下简称"永光厂")。

4月29日上午,我们顺利到达广安市博物馆,前来与我们会面的是博物馆的工作人员,他们将为我们进行博物馆的解说。博物馆内存放的都是广安市内所有三线企业的代表生产物,所以又被称为三线工业遗产陈列馆。整个展厅分为两楼,在一楼可以看到中国最早自制的一批相机:明光厂的明佳反光照相机、永光厂的双镜头照相机、珠江牌照相机、珠江牌的不同倍数的望远镜等等,还能看见生产相机镜片和枪支瞄准镜的抛光水洗槽;二楼则更多陈放一些重要的历史文件,其他还有手枪弹、射击子弹、装甲车玻璃。广安市中的三线企业分为民用品和军用品,民用品一般是照相机等数码产品,而军用品则多是一些枪支的瞄准镜和机动车辆的零件,这些军用品也为20世纪的军工武器生产提供了坚实的基础。

简单用过午餐,我们于下午2点到达了广安市永光厂旧址。一下车我们

调研小组在广安市三线工业遗产陈列馆前合影

就在旧居民楼碰见了三名当地农民,都是70岁左右的老奶奶。在与她们简单的聊天中得知,永光厂搬迁后当地没有以前热闹了,搬迁还给当地居民带来了很多的不便,最大的不方便则是用水用电,因为永光厂建厂的时候占了当地农民的土地,所以光华厂为被占地农民免费提供水电,但自从永光厂搬迁后,当地农民的水电供应就成了很大的问题。

我们接着往厂区方向走,走到永光厂大门的时候,我一开始还未发现那里躺着一块写有"永光仪器厂旧址"字样的残缺石碑。这块石碑已经破碎成石块,随意地丢弃在乡野的草丛里,当地农民甚至直接将右侧大门圈入自己院内饲养鸡鸭。

再继续往里面走,路两旁的植被开始逐渐增多,也愈显茂盛。透过繁杂的树枝,一栋略显破败的砖房映入了我们的眼帘,屋顶已经消失,仍然伫立的发锈钢筋支架毫不掩饰地彰显着房屋的沧桑,这是一间巨大的厂房。一直往深处走,越来越多的厂房出现在我们的视线内,昔日厂房外的大坝子已经长满了密密麻麻的野草野花,甚至有农民圈地种植的莴笋,这里长满了生机盎然的植被,但却因为空无一人而显得格外荒凉。我们随意走进了一间厂房,里面阴暗又潮湿,令人惊讶的是居然住满了蝙蝠,有的倒挂在天花板上,有的在屋里来回盘旋。这可是以前的生产车间啊,如今竟成为了蝙蝠栖息地,甚是令人惊讶!

被丢弃在草堆里的永光仪器厂石碑

在绕过了全是野草的树林后,我们终于来到了该厂曾经最大的生产车间。如今里面两个蓄水池中已经长满了不明物体,地上堆满了不成形的生锈铁架,阳光透过空隙照进来,如果不曾目睹过生产时期车间内部的忙碌,谁能凭此萧条景象联想到昔日这里的高昂士气?

永光厂曾经最大的生产车间

休整一番之后我们又继续前行,前往华蓥山华光厂。轿车行驶在华蓥山中,从小生活在山城的我对山自然是不陌生,可我目光能及之处皆是被绿植覆盖的大山,崎岖而蜿蜒的公路是进出大山最方便的途径,眼前一个弯接着一个弯的盘山公路不知道什么时候可以到头,我不禁体会到当年山里三线建设企业内职工的不易。

我们于下午4点到达了华光厂。一下车,便看见了一排居民楼,居民楼虽然有些陈旧,但窗户外面摆放了许多盆栽,挂满了晾晒的衣服,俨然已经形成了一个小社区。社区旁的幼儿园里面有很多小朋友正在上课,再往前面就是当年的电影放映厂,如今已略显破败。

由原华光厂家属区形成的社区

华光社区居民委员会的工作人员告诉我们,因为华光集团搬迁的时候将产权卖给了当地的广能集团,所以华光社区现在的居民大多为广能集团的职工和职工家属,整个社区内大约居住了2 000多户人家,总人数共约5 000人。工作人员还告诉我们,华光厂的车间现在已经成为广能集团的堆纳车间,里面堆放着广能集团的一些器材和零件,房子的使用率不是特别高。

我们决定去华光厂的车间看一看。在社区工作人员的帮助下,我们获得了车间的进入许可。进入车间区域,迎面是一条笔直的小公路,两旁的树虽然并不粗壮但却十分高耸,整个车间区透露着一股浓浓的历史感:镂空的车间屋顶，生锈的车间铁门，堆满了的铁桶和挖煤机，难以从此刻的景中想象出当时华光厂兴盛时候的场景。同行的同学不禁感慨："这里真是鸟语花香，工作累了出来呼吸一下新鲜空气，听听鸟儿唱歌，也是一种惬意啊！"但我们都知道，他们总是在忙碌地从事生产，比起山清水秀，我觉得他们可能更向往城市里的车水马龙。当然，我们不是他们，彼此之间隔了时代变迁的差异，也从来都谈不上感同身受，于是只能站在他们曾经挥汗工作的旧址上，感受他们那个年代的世界。

累积的调研经历使得我慢慢发生了变化，我从最开始单纯对调研的过程感兴趣逐渐转变到关注三线建设移民群体，以及会思考结构转型对这个群体产生的影响。越是多看书越是觉得自己的知识储备不够，调研从正面引发了我的思考，同时从侧面激励我去积累更多相关领域的知识，我从一个什么都不懂的"旁观者"，逐渐变成了"参与者"。在老师的帮助下，我渐渐懂得了如何做好一次实地调研，包括前期如何搜集资料、中期如何开展调研并灵活变通、后期如何整理并补充资料等等，实践所得来的经验远比教材中学术化的解释更令人深刻。

四、团队合作共战挑战杯

每年的上半年是大学中学术类竞赛与创新创业类比赛最密集的时刻，我们刚好在最适合参加比赛的时候碰上了"挑战杯"，即全国大学生系列科技学术竞赛，这是国内最具有代表性的竞赛之一。"挑战杯"又分为"大挑"与"小挑"，"大挑"是"挑战杯"全国大学生课外学术科技作品竞赛，"小挑"则为"挑战杯"全国大学生创业计划竞赛，每个项目每两年举办一次，我们碰上的正好是"大挑"。

我们共有六个同学跟着张勇老师做三线建设的调研，团队内部自称为"三线小分队"，每个成员都有外出实地调研的经历，也都有做过三线建设移民的口述访谈，所以我们三线小分队决定利用已有的一手材料撰写论文去参加"挑战杯"竞赛。拍手参加比赛的决定总是轻松的，而整理资料、撰写并修改论文的过程总是漫长的。张老师对待学术很严谨，所以对待这次挑战杯项目格外严格，我们既要以扎实材料为基础进行文章撰写，同时也要兼顾创新，这对我们来说，既是压力，也是挑战。我们经常需要讨论，所以撰写论文、准备材料的那段时间里，我们在课余时间里几乎都待在学校快递部楼上一个临时用木板搭建的自习室。有的时候连吃饭都是打包盒饭，在木板自习室里边吃饭边看文献，如果完不成任务就面临着熬夜的风险，所以小组成员都十分认真努力。

  我们的论文题目最终确定为"我是谁？——三线建设移民的身份认同与社会变迁"，主要是将研究视角放在三线建设这场运动所产生的三线建设移民身上。他们为巩固战略后方、促进中西部地区的社会经济发展奉献了自己的力量，在三线建设结束后，仍有众多移民定居在了他们为之奋斗一生，付出了整个青春的城市，但伴随着社会变迁与国家转型，单位制解体后的三线建设移民面临着许多困境，种种矛盾使得他们的身份认同发生了转变与分化。身份认同是对"我是谁？我从何处来？要到何处去？"的追问，所以身份认同可以分为群体身份认同与地域身份认同。我们选取了曾实地调查过的、位于川渝地区的五家典型的三建设企业，将五家企业中的一二代三线移民群体作为研究对象，对他们进行口述访谈。最后我们发现，三线建设移民的身份认同经历了建构、转变与重构，他们首先是在三线建设兴盛时期由单位建构出了集体自豪感，然后又在单位制解体后经历了集体迷失，最后在新时代下他们又经历了身份认同的重构。而三线建设移民的地域身份认同分化成了四种类型，分别是认同自己是家乡那边的人、认同自己是三线企业这边的人同时认同自己是家乡的人与三线企业的人、不知道自己是哪里的人。在社会变迁的背景下，对三线移民身份认同的考察不仅是对历史的回溯，更是具有现实性、社会性的研究。

  2019年6月17日，一个很普通的周一，已经晚上10点有余，我们还在木板自习室内修改论文。突然，我觉得桌子在震动，以为是有小组成员在抖腿，就随口问了一句："谁在抖腿呀？能不能别抖了！好好改文章吧！"但震动还是没有停止，我有点恼怒了，于是又重复了一遍刚才的话。所有人都停下了手里的事情，两眼相望，大家发现没人抖腿。一个同学打开了手机，告诉我们是宜宾市发生了5.8级地震，然后我们又相互望了望，谁也没有起身，又继续在抖动中开始忙碌。现在回忆起这件事会觉得我们特别荒唐，地震来了的第一反应居然不是跑下楼，而是继续改"挑战杯"论文，不知道是因为我们所有人觉

团队成员参加"挑战杯"重庆市选拔赛决赛合影

得重庆的地基太安全,还是因为我们当时在离地面很近的二楼,抑或是真的是沉迷于改论文而无法自拔,但这种行为都是不提倡的,比赛诚可贵,生命价更高!

人的潜力在压力下就如同弹簧一样,有的时候不压一下都不知道能弹多高。我们三线小分队在"压力就是动力"的口号下,冲到了重庆市决赛。巧合的是,决赛答辩的时候居然碰到了一位三线建设移民二代出身的评委,他对我们的调查特别感兴趣,并且特别能感同身受,在点评时提出了很多良好的建议。

机会总留给准备好了的人,我们成功地拿到了全国赛的入场券!国赛要求提供精美的调研图片集和介绍视频,所以整个团队兴奋之后又面临着新一轮精益求精的修改。时间紧迫,记得那时我们每天白天上课,晚上熬夜修改,但直到网上提

笔者所在的团队获第16届"挑战杯"全国竞赛三等奖(2019年)

交资料的最后那天晚上,我们的图片集与视频都还没有如期呈现出来。当晚10点过后,张老师从山下开车到山上来"监督"我们,在他严格的"陪伴"下,最终我们在网络提交截止前两分钟成功上传了资料!大家终于可以好好坐下来歇一口气!此时已经是午夜12点,但我们的神经刚刚结束紧绷,毫无睡意,于是一起又看了一遍为项目制作的介绍视频,那一刻大家心中涌起各种感慨。我们的作品最终取得了全国三等奖的成绩,我不否认我们的成功中包含着一部分的运气,但我们的确竭尽全力做到了当时的最好。

五、毕业论文与三线新探索

对三线建设企业的实地调研和对三线建设移民的口述访谈,是我本科阶段做得最深入的研究,从研究的时长来看,它的确是跨越了我的半个本科生涯。随着研究的深入,我越来越了解三线建设这段历史以及三线建设亲历者,但对这一方面的了解却加强了我对另一方面的探索。在"挑战杯"竞赛的时候,我们曾做过有关三线移民身份认同的调查与研究,这在某种程度上扩充了我对社会认同领域的专业知识,同时也引发了我新的思考,所以在选择本科毕业论文的研究方向时,我选择了研究三线建设移民的社区认同。在三线建设研究领域内,三线建设移民的身份认同是一个较新的研究视角,我难以找到专门研究三线移民社区认同的文献进行学习,也不清楚他们社区认同的现状。在我跟张勇老师讨论后,他决定带我去实地调研,初步了解一下三线移民所居住的单位型社区的情况。

我们选择了重庆市沙坪坝区康明斯厂所在的五灵观社区与重庆市巴南区晋江厂所在的广益街社区为调研地点。我在调研前已经阅读过一些关于典型单位制企业员工社区认同的调查,希望能从前人的研究里挖掘出可行性经验以用于我自己的调研,但因为三线建设企业大多选址偏僻且单位管理特殊,所以有别于普通的单位型企业,对三线建设移民这类典型单位人的研究也与普通单位人有所不同。在调研前我猜测三线移民很难实现社区认同,可是通过深度访谈社区工作人员与三线移民,我发现有的三线移民可以形成部分的社区认同,且作为单位的三线企业在三线移民形成社区认同的过程中发挥着很大的影响,所以我又将三线移民现时的单位认同纳入了访谈范围之内。然而这些都只是初步的调查,还需要更多的深度访谈进行佐证。

我与另外两个同学的论文都选择了将三线建设移民作为我们的调查对象,所以我们三人总是一起外出调研,一起聆听调对象讲述当年的故事。2020年1月20日,我们结束了春节前最后一次深度访谈,离别之余还在商量着春节后的调查如何开展,殊不知一场席卷全球的新冠肺炎疫情正在悄然滋生。这场疫情,不仅打乱了所有人的计划,也让我们所有人度过了一个充满复杂情绪的春节,我们的实地调研也被迫停止,好在之前搜集到了较充足的资料,足以支撑我们写完毕业论文,但未能收集到更丰富的资料仍一直是我的遗憾,这也导致我毕业论文中关于三线建设移民社区认同的分类可能并不完善。有了遗憾也才有动力,适时地退出与消停,可以让我有更多独自思考与自我沉淀的空间,明白目前研究的不足也才能更好地开展下一次调查。

我本科阶段的社会学调研是从三线建设开始的,所以我想用三线移民研究作为本科毕业论文,用跨越我半个本科阶段的调查与研究来结束我的本科生涯。但这并不代表着我对三线建设的研究会停止,希望我能保持对田野的热情,同时也能有致力于学术研究的精神。以前的调研经历,现在回忆起来难免会显得稚嫩,也会有很多明显的失误,但那的确是我真真实实经历过的。每次调研都能给予我不同的启示,少了哪一段经历都不行,因为成长的过程是需要连接的,是那一段段鲜明的调研经历,造就了今天的我,一个还不断在调研中积累经验的我。

(蔡茂竹,四川外国语大学社会与法学院2016级本科生,华东师范大学社会发展学院2020级硕士研究生)

《口述上海：小三线建设》后记[①]

徐有威

第一版后记

1988年4月,上海后方基地管理局所辖的81家企事业单位中的7万多名职工和家属静悄悄地回到了阔别多年的黄浦江畔的故乡上海,结束了他们在安徽和浙江长达24年的小三线建设生涯。

21年后的2009年11月,我们开始了一项名为"上海小三线建设口述史料"的研究课题。

4年半后的今天,这本包含43位上海小三线建设参与者的口述史,放在了各位读者的面前。

在这4年的采访、整理和研究过程中,我们得到了各位被采访者的全力支持,在接受采访之余,他们还提供珍藏多年的各类文献资料和照片等。最令人难忘的是,75岁高龄的赵嘉龄先生为了避免邮寄有误,深夜冒雨坐地铁横穿上海,将修改好的口述史文稿亲自投入编者寓所的邮箱中!朱国勇同志则多次帮助仔细校对清样,尽心尽力。在由衷感谢各位被采访者之余,我们还要对以下朋友表示深深的感谢:

在这张长长的名单中,我们首先要感谢中共上海市委党史研究室副主任

[①] 《口述上海：小三线建设》是由中共上海市委党史研究室主持出版的有关上海的口述史系列出版物之一。本辑由徐有威主编。第一版于2013年出版,2014年和2015年分别出版第二、第三版。本文系三个版本的三个后记。原书的后记在出版时有删节。

徐建刚、严爱云和吴祥华同志,没有他们的慧眼,我们就不可能关注此课题。在本书的编写、出版过程中,徐建刚、严爱云两位副主任给予大力指导、支持并审阅了全书,提出了很多有益的建设性意见与建议。同时,市委党史研究室的唐旻红、郭炜、徐平和张丽燕等同志或直接参与我们的采访,或给予我们资料收集和整理的便利。

我们要感谢上海小三线所在地安徽的各位朋友。中共安徽省委党校胡忠明教授,安徽省国防科技工业办公室副巡视员董恒山先生,中共安徽省委党史研究室施昌旺、研究二处徐京处长以及他们的老同事、我的老学长童志强研究员,安徽省池州市驻上海联络处主任王良玉。

我们要感谢原国家计委三线建设调整办公室主任王春才,中国社科院当代中国研究所陈东林研究员,华东师大历史系李丹慧教授,北京《中国经济时报》理论部主任柏晶伟女士,中共北京市委党史研究室第二研究处韩勤英处长,陈锦华同志的秘书闫卫东先生和阮崇武同志的秘书冯江涛先生。

我们要感谢上海市国防科技工业协会秘书长俞雄先生,上海仪电控股(集团)公司组织部部长徐国全,接受我们采访的老同志的家属和朋友许刚、黄晓力、郑晨、邱俭、云安、王彩华和商忠民,尤其是宝钢集团上海五钢有限公司党委书记邱三龙、纪委书记兼工会主席蒋庆弟以及原上海小三线职工王铭远的大力支持。

我们要感谢上海大学党委副书记忻平教授、文学院院长陶飞亚教授、研究生部主任王光东教授和人文社会科学处处长郭长刚教授。在他们自始至终一贯的支持下,编者2012年5月在上海大学历史系主办了全国第一届三线建设学术研讨会,使得三线建设和上海小三线建设第一次进入中国当代史研究的视野。2012年9月《东方早报》的"上海经济评论版"的编辑吴英燕女士主动约稿,连续三周用六个整版刊登我们小三线建设口述史的初步成果,扩大了我们研究的影响。

在我们的采访过程中,王中平同志在接受我们采访的三个月后溘然去世,郑子虎同志也于2012年12月永远地离开了我们。在深感悲痛的同时,也使我们再次领悟到了我们这一工作的意义所在。

上海教育出版社领导和编辑为本书的编辑出版付出了辛勤的劳动。在此,向为本书的编辑出版付出辛勤努力的同志一并表示衷心的感谢。

最后,我们要感谢参与此书工作的上海大学历史系的同学。几年来他们不避寒暑,栉风沐雨地奔走在上海、安徽和浙江等地,发扬当年上海小三线建设者前辈的精神和干劲,克服重重困难,认真细致不厌其烦地做了大量采访和整理的具体工作。

在本书的采访、编写过程中,由于老同志的记忆力各不相同,回忆内容也有一定的局限性,小三线建设研究的基础极为薄弱。更由于我们水平有限,不当之处在所难免。希望广大读者给予帮助、批评和指正。

2013 年 6 月

第二版后记

在距离本书2013年7月初版10个月后,笔者欣闻初版书籍已经售罄,上海教育出版社计划再版。在对第一版书稿稍作修订之余,笔者愿在此简短回顾这10个月间令人难忘的经历。

在这10个月中,《人民日报》《光明日报》《中国社科报》《中国经济时报》《东方早报》《新民晚报》《劳动报》《党史信息报》《上海滩》和《档案春秋》等报刊,以及"人民网"等新媒体,或刊登本书的书评文章,或以各种形式转载和选载本书的内容。在去年12月在上海大学召开的全国第二届三线建设学术研讨会,和今年3月在北京召开的中华人民共和国国史学会三线建设研究分会的成立大会上,本书受到与会者的高度关注和好评。小三线建设和三线建设的亲历者和知情者对以往经历强烈的怀念之情,给我们留下了难以忘怀的印象。

在这10个月中,上海电视台纪实频道《往事》栏目制片人陈菱女士欣然伸出援手,依据本书内容,拍摄了46分钟的纪录片《那时,阿拉在小三线》,2014年5月18日在上海电视台纪实频道首播。香港的凤凰卫视也参阅本书,计划拍摄五集以上海小三线建设为主的全国小三线建设的纪录片。利用各种新媒体,将小三线建设的研究成果广为宣传,将是我们日后工作的重点。

在这10个月中,笔者的研究课题"'小三线'建设资料的整理与研究"于2012年11月成功申请2013年度国家社科基金重大项目,这是目前中国哲学社会科学研究界最大也是最重要的研究基金项目。这一申报成功,意味着小三线建设的研究进入了国家队,得到了国家的认可。

在这10个月中,中华人民共和国国史学会三线建设研究分会、中共上海市委党史研究室、上海大学和上海市国防科技工业协会等给予了一如既往的帮助和支持。此情此谊,令人感动。

借此第二版出版的机会,笔者对上述领导、前辈和朋友,以及广大的读者致以由衷的谢意。你们的热情期待,将转化为激励笔者为你们再做多些、再做好些的无穷动力!

2014年5月于上海

第三版后记

2015年5月10日下午,罕见的狂风暴雨光临北京。此时此刻,在北京东城区美术馆后街77文创园的77剧场,由北京市永原基金会等"我的历史"公益计划联合发起主办的首届"家春秋"——大学生口述历史影像记录计划的颁奖典礼在此隆重举办。

在这个典礼上,笔者指导的上海大学历史系硕士研究生陈和丰团队制作的《凡人歌》,在78个参赛节目中脱颖而出,荣获最具人气奖。因为指导这个节目以及同时指导由中国人民大学历史文化学院硕士研究生白晓璇团队的《三线记忆——家国五十年》,笔者荣获最佳导师奖。而这个荣誉,完全基于笔者多年来有关三线建设的研究,尤其是小三线建设的研究。其中陈和丰团队的节目的脚本,直接源于《口述上海:小三线建设》。

在距离本书2014年5月第二版出版的12个月后,笔者欣闻上海教育出版社计划出版其第三版。在对第二版书稿修订之余,笔者愿在此简短回顾这12个月间若干点滴。

2014年9月15日,笔者和陈东林先生主编的"在等待战争爆发的岁月中"栏目,推出6篇文章,由《国家人文历史》2014年第18期出版。其中陈东林的《50年后的回眸:三线建设的决策与价值》一文为《新华文摘》2014年第24期(2015年12月20日出版)全文转载。

在2014年的最后一个月,南京的解放军政治学院《军事历史研究》以"三线建设个案研究"为栏目,兰州的甘肃省社科院的《开发研究》以"三线建设理论与实践研究——纪念党中央三线建设决策50周年"为栏目,推出了由笔者主持的一组有关三线建设以及小三线建设的论文,引起学术界的关注。

也就是在去年年底,陈和丰团队的《凡人歌》和白晓璇团队的《三线记忆——家国五十年》开始制作时,得到包括上海的澎湃新闻以及《东方早报》《新民晚报》《中国青年报》和《现代快报》的跟踪报道。随后,2015年4月11日和18日,上海电视台新闻综合频道《上海故事》连续两周,播放由张云骅先生制作的上下集文献纪录片《情洒小三线》,介绍上海皖南小三线故事。此纪录片的历史背景,也依托了《口述上海:小三线建设》。

2015年3月3日,四川攀枝花中国三线建设博物馆开馆。在笔者的建议和帮助下,该馆专门设立了小三线建设陈列室,以实物和照片等方式,重点介绍了上海和江西小三线的情况,开了全国三线建设博物馆的先河。随即笔者还应贵州省社科院之邀,担任贵州省三线建设遗产保护与利用专家委员会专家。

2015年4月,本书编委会主编的《我们人民厂——江西"小三线"9333厂实录》(上下卷)由上海人民出版社出版,这是江西小三线人民厂干部职工的回忆录,此书可谓在全国范围内第一本讲述某个三线建设企业发展全过程的书稿,在全国小三线企业中具有示范作用。此书在编辑整理过程中,得到了笔者的指导。笔者以《小三线建设研究的重要文献》为题,为该书作序,对它的价值和开拓精神予以了高度的肯定。

在过去的12个月中,中华人民共和国国史学会三线建设研究分会、中共上海市委党史研究室、上海教育出版社和上海大学等给予了一如既往的帮助和支持。借此第三版出版的机会,笔者对上述领导、前辈和朋友致以由衷的谢意。多维度,多视角,利用传统媒体和新媒体,呈现小三线建设的研究成果,将是我们日后工作的重点。

最后,还是一句老话,你们的热情期待,将转化为激励笔者为你们再做多些、再做好些的无穷动力!

2015年5月于上海

(徐有威,上海大学历史系教授、博士生导师)

《三线军工岁月——山东民丰机械厂(9381)实录》序[①]

徐有威

我和山东小三线民丰机械厂的结缘,要从2013年12月的一个陌生人的电话说起。

2013年12月19—20日,由上海大学、中共上海市委党史研究室和中国三线建设研究会(筹)主办、上海大学历史系承办、上海社科院历史研究所和上海教育出版社协办的全国第二届三线建设研讨会,在上海大学举行。会议结束后,作为主办者的我接到一个上海大学的校内电话,这位打来电话者自称是上海大学管理学院刘寅斌副教授。他告诉我,他意外看到悬挂在上海大学校内的我们这次会议的横幅广告,惊喜地发现,这个世界上居然还有人记得小三线。而他,就是山东小三线建设者的第三代、这个共和国重大经济建设的目击者。到我的办公室细聊后,我才知道这位年轻有为的刘老师来自山东蒙阴县境内的一家小三线企业,名字叫民丰机械厂。1966年,他的外公作为重庆嘉陵机器厂生产骨干的员工,支援山东小三线的民丰机械厂建设。从此来自重庆嘉陵江畔他的家族,和山东蒙阴孟良崮脚下的小三线血脉相连梦牵魂绕。这是我第一次听说民丰机械厂的名字。

寅斌兄激动人心的故事,旋即变成了他的有关民丰厂的回忆录《一个山

[①] 本文为张志强主编的《三线军工岁月——山东民丰机械厂(9381)实录》一书的序言,该书2017年由上海大学出版社出版。

东小三线家庭变迁史》，并收录在2015年12月出版的由我主编的《小三线建设研究论丛》第一辑中，上海的"澎湃新闻"予以转发，得到广泛的点赞。随后，在他的热情介绍下，2015年9月11—13日，我的来自山东的博士生王其科代表我，去参加了民丰厂建厂50年隆重的纪念活动。其科回沪后，非常兴奋地传达了他的亲眼目睹。我特别注意到他转发了一位穿着红色上衣的中年妇女背影的照片。事后才知道，这位中年妇女看到旧居废墟般的破败，趴在昔日家的窗台上潸然泪下。

旋即寅斌兄和其科帮助我联系上了民丰厂旧址开发利用的保护者——山东崮乡旅游集团股份有限公司董事长兼总经理王吉德。2015年10月3日，应吉德兄之邀，我参加了山东原小三线山东工模具厂50年厂庆活动。这是我第一次目睹山东蒙阴县境内的山东小三线企业的旧址，也就是民丰机械厂的旧址。吉德兄主持下的小三线旧址的利用改造，给我留下了极其深刻的印象，如果可以用两个字总结的话，那肯定就是"震撼"！

2016年4月18—19日，我陪同工信部工业文化发展中心主任助理、北京三达经济技术开发中心副主任韩强，工信部工业文化发展中心智能制造大讲堂课题组组长、及时雨（北京）信息咨询中心主任姜延宾以及中国社科院当代中国研究所陈东林研究员，再次来到蒙阴考察民丰厂旧址利用改造情况。随后，在陈东林研究员的推荐下，以国务院参事室参事徐嵩龄和蒋明麟带队的国务院参事室三线遗产调研组前往蒙阴，对蒙阴的三线遗产进行了全面的调研。民丰厂的旧址利用改造的成就，一步步进入从中央到地方各界人士的视野，赢得了极大的关注和赞誉，他们正昂首阔步走在了全国小三线旧址利用改造的前列。

也就是在第一次蒙阴游期间，我第一次见到民丰厂的张志强先生，也就是本书的主编。志强先生告诉我，他们民丰厂有意组织撰写和出版回忆录，我当然非常乐意参与此事。2016年4月23日，志强先生召集部分老同事在青岛举办一次回忆录的座谈会。我特地从上海飞去青岛参加，目睹了他们认真仔细的工作精神。之后我们一直有密切的联系与沟通，直到今天该书有幸在上海大学出版社正式出版。真是一件令人非常高兴的事情！

据我所知，山东的小三线企业主要分布在沂蒙山区的沂源、蒙阴和沂水县境内。1966—1986年，这些小三线企业主要包括山东第一机械修配厂、山东第二机械修配厂、山东前进配件厂、山东机械修理厂、山东工模具厂、山东光明机器厂、山东化工厂、山东机器厂、山东红旗机械厂、山东民丰机械厂、山东新华翻砂厂、山东裕华修配厂、山东鲁光化工厂、山东红光化工厂、泰山厂、军工医院和山东国防工业计量站等。从1966年至今，这51年里发生在中国大地上的故事，可以用毛泽东的"四海翻腾云水怒，五洲震荡风雷激"加以概括。而在这个四海五洲的大时代下面的小人物的命运，则可以在这本呈现在读者面前的回忆录中得以展现，可谓字字情、声声谊。这本回忆录的每篇文章，都努力再现着那个时代中国老百姓生活的方方面面，都是再塑共和国史的一份努力。上面提及的趴在窗台上潸然泪下的那位红衣女同志，名叫邹培华，1968年17岁时从青岛调到民丰厂工作，1988年才回到青岛。她的四篇青春回忆的文章和诗歌，也收入本书中。"拎起封尘的岁月，都是和你一起度过，拍拍封尘的记忆，都是伴你一起成长。"邹培华写道。

我曾经带着我高二的儿子一起去安徽和山东考察小三线旧址，目的是给他了解中国、特别是了解中国农村的机会。儿子回到上海后，写过一篇题目为《跟着爸爸走小三线》的文章，他看到的民丰厂是这样的：

> 在我看来，安徽和山东，虽然都有过小三线建设，但因为历史背景、地理环境和风土人情等原因，还是有些不同……山东蒙阴可就大不同了，南北方的地理与社会发展差异随处可见。我们住的地方属于岱崮地貌，四周的丛山就像一座座高山城堡，带着平顶帽子，成群耸立，雄伟峻拔，构成一幅奇异的景色。更奇特的是，这里还是一如既往的热闹非凡，当地一家收入颇丰的国企在政府的全力支持下，把原来的三线建设基地打造成爱国主义教育基地和工业遗址游的乐园。我们看到了从济南和济宁来参观的熙熙攘攘的学生，旧时的工人宿舍经过精心的修复，成了古朴典雅的招待所。当地人别具匠心地在这些房间的墙上糊着1978年出版的《人民日报》和《北京日报》，华国锋主席的照片也多次出现在墙壁上。现在与过去完美地交织在一起，黑白的报纸也更加鲜活了。
>
> 现代化的设施也披上了古朴的外衣，安徽小三线的员工食堂被彻底废了，而这里却是一片欣欣向荣。当地人重建了巨大的食堂，还取名为"人民公社食堂"，几百个人齐聚一堂重温那段光辉历史。即使岁月已经

无法挽回,但通过旧址的重建与装饰,总能激起我们对小三线建设的认同之意……接待我们的叔叔伯伯们都很热情,他们和爸爸沟通有关小三线的各种问题。我虽然没有全部听明白,但清清楚楚地知道,他们的目标是坚定的:不要让这段往事付诸东流,要让更多的人铭记缅怀这段艰辛又光荣的岁月。

儿子的文字虽然稚嫩,但是毕竟是一位95后的心声。小三线亲历者现在争分夺秒地撰写回忆录,不仅仅是要过把瘾,更是要给我的儿子这样的年轻一代留下历史的痕迹。从某种意义上讲,如果年轻一代还记得小三线,前辈含辛茹苦的过去才更有价值。

2014年12月20日我曾第一次为江西小三线9333厂的回忆录《我们人民厂:江西"小三线"9333厂实录》(上海人民出版社2015年版)撰写序言,2015年12月30日我又为江西小三线9304厂的回忆录《征程:前进中的江西9304厂》(上海大学出版社2016年版)撰写序言,本文是我为小三线企业职工回忆录撰写的第三篇序言。每次撰写序言,都是一次很好的学习和感动的机会。借此机会,我衷心希望本书的出版,会激励全国各地小三线建设的亲历者,投入到撰写出版小三线回忆录的行列中;衷心希望全国各地从事当代史研究和出版的相关机构和人员,会投入更加多的关注。

最后,我要向出版该书的上海大学出版社以及予以出版资助的2013年度国家社科基金重大项目"'小三线建设'资料的整理与研究",表示由衷的谢意。

2017年7月24日于上海

(徐有威,上海大学历史系教授、博士生导师)

《征程——前进中的江西9404厂》序[①]

徐有威

一

小三线建设是中共中央和毛泽东关于三线建设战略决策的重要组成部分,是以地方军工为主体的省区市后方基地建设。为了应付美苏可能发动的侵略战争,1964年起,毛泽东和中共中央对三线建设进行了统一的部署,建设地方军事工业是中共中央和毛泽东的战略决策。1964年5月中央工作会议期间以及之后,毛泽东对地方军工建设问题作了多次重要讲话,大致内容为:要准备打仗。打仗,还是寄希望搞步兵。以大区或省为单位搞点军事工业,准备游击战争有根据地。"最基本的是每省要搞一个兵工厂";"准备游击战争有根据地,有了那个东西,我就放心了";"先搞修理,再搞制造"。沿海各省要搞些手榴弹、炸药厂、步枪、冲锋枪、轻重机枪、迫击炮。有事不能靠中央,不要靠几百万解放军。各省自己管自己,那时中央顾不了。

根据毛泽东有关讲话精神,中共中央决定首先集中力量建设内地,在人力、财力、物力上给予保证。1964年底,解放军总参提出将一、二线地区的21块地区定为小三线地区(简称小三线),建设地方军工厂及其配套服务项目,为小三线后方基地。

---

① 本文为《征程——前进中的江西9404厂》一书的序言,该书2016年由上海大学出版社2016年出版。

按照中央的部署,小三线建设在行业管理方面由国务院第五机械工业部(简称五机部,后改为兵器工业部)业务归口。其主要任务是生产团以下的轻型武器和弹药,装备民兵和地方部队,战时配合野战部队。小三线建设与发展,经历了第一批规划项目建设、补充项目建设、调整与改革三个阶段。

二

根据国家三线建设的整体布局,全国各省区市本着"将来帝国主义一旦侵略我们的时候能够以省为单位各自为战"的备战原则,将整合人力、物力和财力进行三线建设。上海市作为经济力量和科学技术水平均较为发达的直辖市,在根据全国三线建设统筹任务支援国家大三线建设项目的同时,还形成了在华东地区建立后方基地的小三线建设思路。经过前后六次规划研讨之后,上海市小三线建设方案最终成型,而其中江西即被列为上海市后方基地建设的重点地区之一。

江西省位于长江中下游南岸,东邻浙江、福建,南嵌广东,西连湖南,北毗湖北、安徽而共接长江,具有十分重要的战略意义。江西在全国三线建设整体规划中不是大三线建设的重点地区,却是华东局小三线建设的重点规划地区。中共中央华东局确定江西为华东区的战略后方,是小三线建设的重点决策。1964年11月13日江西省委召开会议,决定把"江西建设成为拖不垮打不烂的华东战略后方"作为全省动员的口号。从1964年11月25日起,江西省委国防工业领导小组组织江西省有关厅局的领导干部,会同国家计委、华东局计委、福州军区、五机部和化工部的同志共一百多人,成立小三线建设项目选点工作组,由江西省委书记白栋材等率领,初步选择25处作为建设小三线企业的厂址。

1965年7月5日,中共中央华东局正式确定江西小三线建设项目为67项,总投资30 115万元,其中军事工业工程23项,军工后方服务工程44项。7月13日,由中共中央华东局书记韩哲一主持,在上海召开上海和江西两省市领导参加的专门会议,确定了上海支援江西小三线建设的一系列规划。至此上海市支援江西小三线建设的思路完全成熟。为了按时完成江西小三线各项目的包建任务，上海市在结合本市工业状况基础上，将包建任务在本市工业系统内做了更加细致的划分和布置。上海市包建江西小三线的20个建设项目分别由上海市机电一局、化工局、仪表局和冶金局等8个单位负责。

1969年6月，974厂等6家江西小三线企业经国家批准，首批投入生产。1970年4月，江西省革命委员会国防工业领导小组在江西宜春召开江西省小三线抓革命、促生产、促战备誓师大会。至此，江西省小三线由基本建设转入全面正式生产，综合规模已超过或基本达到能独立装配团级以下部队所需常规武器的原设计生产能力。

从全国范围看，小三线建设改善了中国兵器工业的生产布局；为野战军、地方部队和民兵提供了大量武器装备；为发展地方工业，逐步缩小城乡差别和工农差别，改变江西老区的面貌，支援地方经济建设，发展商品经济创造了有利条件。当然，由于当时受"左"的思想影响和缺乏山区建设经验，它的建设也有失误和挫折。比如，在确定产品方案时，只考虑战争时期军品的需要，而忽视了和平时期生产民品和工厂的发展，导致产品品种单一；再加上部分工厂进山太深，工厂布局过于分散，交通运输和厂际间的协作非常困难，直接造成所生产的产品成本过高，经济效益差；而且因为工厂建在远离小城镇的山区，生产、生活条件差，再加上建设标准过低，生活福利设施未配套建设等问题，导致职工子女升学、就业困难，职工不能安心工作等问题。

时至20世纪70年代末，随着中国走上了改革开放的大道，小三线建设也迎来它的新局面，江西的小三线建设也不例外。江西国防工业认真贯彻中央"军民结合，平战结合，军品优先，以民养军"的方针，积极调整产品结构，开发国内外市场适销对路的民用产品，以弥补工厂因军品任务严重不足而造成的停工损失，减少亏损，提高经济效益。

1980年3月，江西省人民政府批准召开江西省地方军工企事业单位领导干部会议，讨论小三线厂在军品任务减少后如何生存和发展的问题。这次会议决定，以开发自行车等5种主要产品作为江西省小三线厂民品开发的主攻方向，改变了生产被动局面。1985年4月和1987年11月，江西省政府根据江西小三线厂搬迁调整和民品开发的实际困难，分两次将包干期延长至1990年，并规定从1985年开始，实现利润的20%上交江西省财政，其余包干政策不变。至1987年，江西省小三线盈利总额达7 784万元。但是事实上，由于江西小三线建设企业涉及面宽,问题复杂,因此全面彻底解决江西小三线企业的困境,还是在21世纪的第一个十年期间。

三

此时此刻放在我面前的这本《征程——前进中的江西9304厂》,是我看到的全国范围原小三线企事业单位正式出版第二本回忆录。

记得12个月之前的2014年12月20日,我有幸为江西省原小三线企业人民机械厂(9333厂)的回忆录《我们人民厂》(上下卷)(上海人民出版社2015年版)撰写序言《小三线建设研究的重要文献》,此时此刻我又有机会为江西原小三线企业新民机械厂(9304厂)(今江西新明机械有限公司)回忆录《征程》作序,惊喜之余,深感到真是何其幸也!

据原小三线建设的最高领导机构的中国兵器工业总公司1992年编写的《地方军事工业》显示,时至1985年末,全国小三线企事业单位229家,职工总数25.65万人,固定资产31.5亿元,建筑总面积1 377万平方米,工业总产值17.2亿元。这里的江西小三线新民机械厂(9304厂),无疑就是其中的一家。

2015年8月初,我有幸去江西庐山脚下的九江,拜访这家现名为江西新明机械有限公司的原小三线企业,得到了陈志跃总经理等同志的热情款待。第二天上午,在江西新明机械有限公司高伏林兄的陪同下,驱车前往位于江西瑞昌横港镇红星村新民机械厂的旧址考察。短短的两个半天行程中,我仿佛穿越了50年的时光隧道,既看到了昔日辉煌的小三线生产车间现在成为猪圈的惨状,又惊喜地看到了时下已经复兴的现代化企业紧张有序生产蒸蒸日上的气象,可谓心情逐浪高。而就在撰写这篇序言的时候,我还高兴地得知,2015年12月26日江西新明机械有限公司获得3.5亿元投资的"国科军工九江科研生产基地",在江西九江市经济技术开发区开工奠基,它被视为9304厂历史上一次更为重要的新飞跃。

和上述228家小三线企事业单位不同的是,当年的绝大部分企事业单位往往烟消云散,只留下了一个保密军工厂的神秘厂名和代码,一堆残缺不全的档案,一处看了令人心碎的遗址,一段日渐凋零的当事人渐行渐远的记忆。而9304厂经过半个世纪的风雨砥砺,不但顽强地生存了下来,而且为自己的50岁诞辰送上了这份沉甸甸的生日礼物。看看这本回忆录的四个分类标题,就一清二楚了:三线岁月、改革发展、科技创新、激情放歌。绝大部分的小三线企事业单位,往往止步于由盛至衰的第一乐章,后面的三个乐章根本无从谈起。由此看来,9304厂在全国原小三线企事业单位中,绝对是凤凰涅槃的典范。

《征程》一书内容翔实,文字流畅,可歌可泣,在图文并茂方面尤其突出。它描写的小三线时代的往事是我最熟悉的故事,在全国其他小三线企事业单位的回忆录中,都可以找到它的影子。而在它如何经过不懈努力,使得9304厂发展到今天的规模,尤其值得研究者和读者高度关注。这将成为后人研究小三线建设起死回生迈出新步伐的一个样板。正如江西国科军工集团公司总经理毛勇先生在本书序言中说的:"一个企业的成功,不在于须臾的辉煌,而在于持续的闪亮。"

我曾经在《我们人民厂》序言中写道:"我梦想有一天,各地小三线建设者的各类回忆录,如雨后春笋般地纷至沓来。这些回忆录,在留下建设者生命痕迹的同时,也为共和国史研究者提供第一手生动鲜活真实的文字记忆。我们这些研究者会将此作为研究小三线的线索,结合相关的档案资料和其他文献资料,由此将小三线建设的研究,推向一个崭新的高潮。"看来这个梦想实现的时间,远远超过了我的预料。而且他们留存历史的努力,已经得到了社会广泛的充分肯定。

也就在几天前的2015年12月18日,9304厂昔日上级主管部门的江西省国防科技工业办公室党组宣布,正式启动江西三线建设研究项目,旨在"对江西三线建设进行抢救性发掘,传承三线军工精神,弘扬军工文化。"2013年以来我相继获悉,复旦大学中国经济研究中心博士后陈熙同学的上海小三线建设研究获得中国博士后科学基金资助;江西宜春学院葛维春老师的江西小三线建设研究团队,获得了江西省社科基金的项目资助;我的在职博士生李云同学的上海皖南小三线建设获得安徽省高校人文社科研究项目资助;贵州理工学院刘瑞老师的贵州三线建设研究团队和四川外国语大学张勇教授的西南三线建设研究团队,也在近期连续获得了国家社科基金项目的资助。笔者在2013年获得国家社科基金重大项目资助后,今年又获得这一重大项目的滚动资助及另一项上海市级项目资助;各地高校和社科院系统的有关资助项目也时有耳闻。在刚刚公布的2016年度国家社科基金项目指南中,三线建设再度榜上有名,这意味着国家有意继续资助三线建设的研究。三线建设研究近年来如此密集地获得国家和省级等各类研究基金的资助,这在过去是不可想象的。这些都预示着三线建设包括小三线建设的研究,会迎来一个高潮。

回顾历史是为了展望未来。衷心希望江西新明机械公司百尺竿头更进一步,发扬小三线建设前辈的干劲,为小三线建设历史再创辉煌,让绽放在庐山脚下的这朵奇葩越开越靓丽。

谨为序。

2015年12月30日于上海

(徐有威,上海大学历史系教授、博士生导师)

《尘封记忆》序[①]

徐有威

上海小三线系上海在20世纪60年代中期开始建设于安徽南部和浙江西部的一个以军工生产为主的综合性后方业基地。它是上海政治和经济生活的一个重要组成部分,也是国际冷战背景下中共中央采取的重大应对举措之一,具有深远的现实意义和历史意义。

1965年5月,根据中共中央关于加强战备工作的指示精神,上海开始着手在安徽南部和浙江西部建设后方小三线。1984年决定将后方小三线无偿移交给安徽省,1988年完成移交工作。上海小三线建设历经24年,先后在安徽南部的徽州、安庆和宣城三个专区和浙江临安等13个县(市)境内建成81家全民所有制企事业单位,上海市对此先后共投资6.4亿元,拥有全民所有制单位职工57 000人、集体所有制单位职工1 500人、职工家属16 000余人。

1988年之后,上海将安徽的80家小三线企事业单位全部移交安徽地方管辖和经营。时至30年之后的今天,白云苍狗,除去极少数凤凰涅槃的厂家,这些昔日的国有军工企事业单位都成为荒无人烟的废墟,令曾经在这里生息近30年的小三线员工和知情人欲哭无泪,也给中国当代史的研究者留下视觉上的空白。

安徽摄影家协会副主席刘洪先生以及团队,在这个时刻义无反顾地挺身而出,主动承担了留下小三线影像这个历史性的工作,做了一件非常有意义的

[①] 本文为刘洪主编的《尘封记忆》一书的序言,该书2017年由团结出版社出版。

事情。

  据我所知,从2015年起,刘洪先生以及团队不避艰辛,多次走遍了皖南和浙西上海小三线81家企事业旧址,运用各种摄影手法,精心拍摄,精心处理了两千多张照片,为留下上海小三线的影像作了极大的努力。他们的努力定会在小三线建设史上、在中国当代史上,留下作为摄影家的浓重一笔。在中国近代史上,这么有意识的专题拍摄,非常罕见。作为一位中国当代史的研究者,我要向他们致以最崇高的敬礼!我相信,这组摄影作品的刊登,一定会引起轰动效应。因为小三线建设遍布中国的28个省区市的各个角落,涉及人群不计其数。我还坚信,随着岁月的流逝,若干年后,当这些上海小三线旧址在地球上彻底不复存在时,我的后人,当他们要了解20世纪60年代到90年代中国社会时,他们会一边看上海小三线的有关史书,一边翻阅着刘先生以及团队的摄影作品。这场景,我绝对可以想象!

  这,就是刘洪先生以及团队的摄影作品的贡献!

2017年8月2日

(徐有威,上海大学历史系教授、博士生导师)

《上海小三线在贵池》序[①]

徐有威

经同济大学校史馆馆长章华明兄的热情介绍,2017年4月清明节后的第一个工作日,我应邀来到安徽池州市,面见安徽省池州市委党史研究室吴少华主任和他的同事,商谈合作研究上海小三线在池州的资料整理和研究项目。

1965年开始,按照中央的指示,上海开始了轰轰烈烈小三线建设。上海的小三线布局在安徽皖南这块热土上,先后有80家企事业单位,在这里披荆斩棘含辛茹苦24年,直到1988年遇逢政策调整,才回到上海故乡。其中上海小三线在安徽池州这块土地上,就曾有过17家大型企事业单位的奋斗痕迹。

安徽省池州市委党史研究室在市委的指导下,从2015年底开始,有计划地开展"上海小三线在池州"课题的研究,旨在为发掘池州地方文化、讲好池州故事、宣传推介池州做出贡献。得知池州市委党史研究室进行这个课题的研究,我感到非常的意外,同时也是非常的高兴。

全国小三线鼎盛时期,256家企事业单位分布全国28个省区市,在这个范围内再细分,据不完全统计分布在136个县(区)级区域中。按照20世纪60年代池州的行政区域,下属贵池和东至这两个县级区域。在距离小三线1988年调整回去上海的27年后,136个县中的这两个县,有意识地全面收集整理小三线建设的研究,这是何等令人感动、令人感慨的事情!

[①] 本文系贵池区委党史研究室、贵池区地方志办公室编的《上海小三线在贵池》一书的序言,该书2018年由团结出版社出版。

时至2017年12月,由中共池州市委党史研究室和我所服务的上海大学文学院合作主编的《安徽池州地区上海小三线档案报刊资料选编》和《安徽池州地区上海小三线口述史资料汇编》印就出版,两册共1104页73万字,可谓皇皇巨著。

按照池州市委党史研究室的安排,他们下属的贵池区党史研究室,也有组织整理出版上海小三线在贵池区的活动的资料的任务。而就在和池州市委党史研究室合作过程中,我认识了贵池区党史研究室余顺生主任等朋友,在他们的陪同下,第一次来到贵池区所在的原上海小三线的企事业单位的旧址参观。同时在原上海小三线八五钢厂旧址的梅村,参加由他们支持的"上海小三线在贵池"的座谈会,获益匪浅。

在上海小三线建设历史上,安徽贵池县(现为池州市贵池区)曾经有过八五钢厂等8家大型企事业单位,同时还有507码头等6家机构。其中八五钢厂,以其企业规模和员工人数,雄踞全国所有256家小三线企事业单位之首。在一个县级区域内,拥有如此规模和数量的小三线企业,贵池县算得位居全国前茅,尤其是因为拥有八五钢厂这个全国小三线首屈一指的大型企业,因此收集整理贵池的小三线历史资料,具有特别重要的意义。现在放在我面前的这本362页的由贵池区党史研究室主编的《上海小三线在贵池》,就是他们努力工作的结晶。仔细翻阅这本大作,我感到很有价值。

首先,这是全国小三线以县级为区域的第一本著作,填补了这方面的空白。正如上述,全国小三线鼎盛时期,256家企事业单位分布在全国28个省区市,在这个范围内再细分,则大致分布在136个县(区)级区域中。据我所知,已经出版的小三线各类著作,如果分类,按照企业则有山东民丰机械厂,按照市级或地区的有上海小三线口述史池州小三线资料选编等,这样的著作已经不胜枚举,但是把一个县级区域内的小三线活动作为研究对象,进行深入的收集整理和出版,该书当之无愧为全国第一。

其次,体例完备。此书既有主题性的"往事回眸"栏目,收集上海小三线员工追忆,特别收集了贵池地区的当地干部农民眼中的小三线;还开设"调研文苑"栏目,组织当下的贵池区的专家对上海小三线进行回顾总结;同时还开设"活动纪实"栏目,收集各类时下采访研究小三线同志的活动情况。为了便于读者阅读理解,同时也是为了保存史料,此书还开设"厂史概览"以及内容丰富多彩的"附录"。这一"附录"包括贵池境内的小三线企事业单位的各种重要信息,特别罕见的有《上海八五钢厂大事记》,全面反映这个厂的情况,有助于读者一目了然地了解贵池境内小三线的情况。

最后,内容翔实角度独特。几年前,在由我主编的《口述上海:小三线建设》(上海教育出版社2015年版)中,已经收录了一些安徽当地干部群众眼中的上海小三线的口述文章。而《上海小三线在贵池》书中,用大量篇幅,采访整理了贵池当地干部群众眼中的上海小三线的情况,显得尤为珍贵。这也是此书最有价值的部分。在这些生动鲜活的文章中,您可以全面了解到上海小三线在安徽24年间对当地社会产生的巨大影响,这些回忆的细节和角度是在其他同类出版物中看不到的。

2014年以来,我已经有幸为江西小三线人民机械厂(9333厂)、新民机械厂(9304厂)和山东小三线民丰机械厂(9381厂)的回忆录撰写序言。每次撰写的过程,就是学习的过程,也是心潮澎湃的过程。因为从2014年以来,在这短短的4年时间中,小三线建设历史的研究,已经取得了骄人的成绩,成为中国当代史研究中一支异军突起的奇葩。取得这些成绩的原因之一,就是有大量的小三线亲历者撰写的回忆录和口述史著作得以出版,这些出版物以及由此产生的衍生品,在各类现代化媒体手段特别是网络世界的协作下,在全国乃至全世界范围得以传播,小三线建设这个被人遗忘的往事,受到了广泛的关注。同时为小三线建设历史的研究提供的丰富多彩的第一手珍贵史料。而《上海小三线在贵池》则是这方面的最新贡献,由此我得深深感谢为此书做出贡献的贵池区党史研究室的所有相关同志,在人员缺乏经费紧张的情况下,正是他们的辛劳付出,为复原小三线建设的方方面面,做出了巨大的贡献。

"乘风破浪会有时,直挂云帆济沧海。"我衷心希望,《上海小三线在贵池》的出版,会激励全国各地小三线建设的亲历者,特别是全国小三线所在地的亲历者,投入到撰写出版小三线回忆录的行列中;衷心希望,全国各地从事中国当代史研究和出版的相关机构和人员,会投入更加多的关注。

2018年10月28日于上海

(徐有威,上海大学历史系教授、博士生导师)

档案资料与
研究

湖北省十堰市档案馆三线建设藏档状况及保护利用

计毅波　刘明辉　马保青

湖北省十堰市由原郧阳地区(辖郧县、郧西县、竹山县、竹溪县、房县、均县)和原十堰市(辖张湾区、茅箭区)于1994年10月22日合并而成,地处鄂渝陕豫四省交界的鄂西北地区,是国家三线建设的重点区域之一,三线建设项目居湖北省首位,包括1958年开工的丹江口汉江水利枢纽工程和汉丹铁路、20世纪60年代后期开始动工兴建的第二汽车制造厂(1992年9月4日更名为东风汽车公司,下文简称"二汽")、东风轮胎厂、黄龙滩水电站、襄渝铁路(十堰段)、总后所属7家军工单位、迁建的605工厂、"五七干校"丹江口分校以及地方的7家汽车配套厂、1家风动工具厂等。其中,"二汽"建设是十堰三线建设的核心项目。

十堰市档案馆作为"湖北省一级档案馆",多年来秉承"为党管档、为国守史、厚德善学、追求卓越"的工作理念,在三线建设特别是"二汽"建设的档案资料征集、整理方面做了大量工作,取得了显著成绩。

一、馆藏"二汽"(1964—1978)建设档案

1952年,在"一汽"建设方案确定之后,毛泽东主席就作出了"要建设第二个汽车厂"指示,但相关部门对厂址和规模方面一直未达成共识。1958年6月下旬,第二汽车制造厂的建设又重新提了出来,可是由于国家当时正处于

经济困难时期,二次上马仍然停留在纸上谈兵阶段,一直未能付诸实施。1964年,国家明确开始全面开展三线建设,毛泽东主席又一次提到了建设第二汽车制造厂项目。1965年6月,根据周恩来总理的指示,"二汽"厂址确定选在即将铺设的襄渝铁路沿线地带——湖北郧县十堰区。1968年4月1日,"二汽"在十堰大炉子沟召开开工典礼,正式破土动工。1969年9月28日,"二汽"大规模施工建设正式拉开序幕,10万名建设者仅用13亿元的投资,在极其艰苦的条件下,五年就建成了配套齐全、拥有27个专业厂、5万多名职工的现代化汽车厂。

十堰市档案馆馆藏关于"二汽"建设(1964—1978)以文件资料为主,可以查询的目录大概3 400余条,有部分原文缺失,仅剩目录。从分类情况来看,包括通知、请示报告、总结、讲话、办法、批复、意见、会议纪要、规定、决定、汇报、解释、通报、工作职责等,文件单位名称大部分冠以"十堰二汽"几个字,如"十堰二汽革命委员会""中共十堰二汽委员会""十堰二汽粮食局""十堰二汽商业局""十堰二汽计划委员会"……,这在一定程度上反映了"二汽"的厂史及建制沿革。十堰原是郧阳地区郧县西南的一个区,距县城30公里。1966年6月6日,为配合国家筹建第二汽车制造厂,湖北省下发文件(鄂办发字第85号)同意设立郧县十堰办事处,隶属郧阳地委、专署领导。1969年11月24日,国务院批准"撤销郧阳十堰办事处,设立十堰市(县级),由郧阳专区领导"。同年12月1日,湖北省革委会下发文件(鄂革〔69〕第152号),正式通知"决定撤销'郧阳十堰办事处',成立湖北省十堰市。该市为县级单位,归郧阳地区革命委员会领导。"1973年2月17日,经国务院(国发〔1972〕116号)和湖北省革命委员会(鄂革〔1973〕119号)批准,十堰市升格为省辖市。1975年1月4日,中共湖北省委批准十堰市和第二汽车制造厂实行"市厂合一"体制,党政机构名称为"中共十堰市委员会""中共第二汽车制造厂委员会""十堰市革命委员会、第二汽车制造厂革命委员会",实行一个机构两块牌子。11月8日,省委通知十堰市、二汽党政机构名称为"中共十堰二汽委员会""十堰二汽革命委员会",十堰市与二汽此后叫"十堰二汽",厂领导同时也是市领导。1978年12月11日,中共湖北省委通知,十堰二汽党政机构名称为"中国共产党十堰市委员会""中国共产党第二汽车制造厂委员会""湖北省十堰市革命委员会、第二汽车制造厂革命委员会"。十堰档案馆馆藏"二汽"建设档案从内容来看,有机构设置、任职通知、物资供应、思想工作、文化事业、教育卫生、建设征地、基建维修、知识青年上山下乡、大会表彰、会议交流、统计报表等方方面面。从文件形成时间来看，大部分都是1975年"市厂合一"以后的文件，重点体现了地市合并前原十堰市在支持"二汽"建设方面所做的工作和贡献，而庞大的"二汽"建设核心文件档案、产品档案、音像档案等则主要馆藏于东风汽车公司办公室档案馆、十堰管理部档案分馆、技术中心产品档案分馆、东风电视台音像档案分馆，还有东风汽车公司下属各单位档案馆（室），这一部分档案是了解和研究"二汽"建设的重要资料，后续有待深入了解挖掘。

十堰市档案馆"二汽"建设档案除上述文件资料外，还有一批照片、音像和实物资料。为了更好地宣传三线建设成就，十堰市档案馆举行了"回望激情岁月　见证车城崛起""沧桑巨变看十堰珍藏档案展"等网上展览活动，对弘扬爱国主义精神起到了很好作用。

二、馆藏郧阳地区三线建设档案

郧阳地区成立于1965年6—7月间，公署机关驻地郧县，1966年12月23日，经省委批准，郧阳地委、专署机关由郧县城关镇搬迁到郧县十堰区柳林沟。从十堰档案馆现有馆藏总体情况来看，郧阳地区关于三线建设文件资料可以查询的目录共计160余条，其中部分原文也有缺失，仅剩目录。从分类情况来看，90%以上为通知和请示报告，其余还有会议纪要、意见、函、大会发言材料、工作安排、简报、报表等；从内容上看，蔬菜、粮食、油、食糖、粉条、酱油、酱豆、布匹、煤、肥皂、自行车、缝纫机、砖瓦、劳保用品、薄膜、元钉、铁丝等各类物资的供应在郧阳地区三线档案中占据了很大的比例，此外还有抽调干部队伍支援三线建设，交通、邮电、劳动力安排、征地、民兵队伍、投资计划和预算、因公伤亡抚恤、用印、人员编制、家属随迁、过节放假通知、"二汽"配套厂定点、保卫、医疗、思想政治工作等档案，这些档案很大程度上体现了郧阳地区在三线建设上的定位，即为三线建设提供支援、服务和保障。从中可以看出三线建设期间郧阳地区革命委员会支援三线建设领导小组是一支精干有力的领导和指挥机构，在支援三线建设特别是物资供应方面发挥了重要的组织联络、综合平衡、指挥调度作用，很好地保证了三线建设的需要，与设计施工单位一起为三线建设作出了贡献。

三、馆藏东风轮胎厂建设资料

东风轮胎厂成立于1969年，是原化学工业部投资亿元、调集全国轮胎业生产精英组成的业内骨干企业，也是1969年国家"大三线建设"的重点工程。在计划经济时代，东风轮胎厂曾被誉为中国轮胎业"四大天王"之一，年生产能力达300万套，盈利能力过亿元。2005年企业重组并与双星集团签订了战略合作协议，实现了双星重组东风轮胎。2014年11月，原东风轮胎厂改制企业将近2万余卷档案移交十堰市档案馆，从原东风轮胎厂移交的档案情况来看，包括有自1969年至2005年的文书档案、会计档案、科技档案、音像、照片档案等，各门类档案保管较为齐全完整、整理规范，全面完整地记录了企业从建立、到发展的整个历程，反映了国有企业职工的奋斗轨迹。

四、关于十堰市档案馆三线建设资料的保护和利用

十堰市档案馆三线建设资料具有十分珍贵的历史价值、社会价值和科技价值，它真实地记录了十堰三线建设的历史过程，是研究十堰三线建设必不可少的第一手资料。近年来，十堰市档案馆在三线建设档案的保护和利用方面付出了无数心血，不仅接收、征集了大量原始档案，并且严把质量关，加强数据核查，加快数字档案资源积累，开通了"十堰市数字档案信息共享平台"，实现了三线建设档案电子化、共享化，为公众查阅相关档案资料提供了极大方便。当前，十堰市三线建设档案的保护和利用进入到关键阶段，可以考虑从以下方面开展工作：一是进一步加强三线建设资料的搜集和整理，全面、系统梳理十堰市及各县（市、区）档案馆三线建设档案情况，东风汽车公司档案馆、三个分馆及各下属各单位三线建设档案情况，摸清家底，打通壁垒，实现资源共享。此外，还要加强和湖北省档案馆以及其他各地档案馆的联系和沟通，千方百计寻找线索，不断丰富十堰三线建设的档案来源。二是高度关注口述历史、个人信件、日记、工作笔记、手稿、证件、奖杯、奖牌、奖状、照片、录音带、录像带等民间档案，举办一系列档案文化活动，提高群众参与度，组织调动各方力量，多途径、多角度、多层次地加大民间三线建设档案资源的开发利用。三是加强与高

校、科研院所的合作和交流，积极申报《档案文献遗产名录》，同时联合开展课题研究，形成系列高级别成果。这方面，十堰市档案馆已和十堰高校——湖北汽车工业学院武当文化研究与传播中心有成功合作的先例，双方所编《武当山金石碑刻选录》（湖北人民出版社2018年版）受到社会各界广泛好评，对于三线建设的联合研究起到了很好的示范作用，下一步可考虑在资料的搜集与整理特别是口述史的研究、三线建设精神及其当代价值的发掘和研究方面进一步加强合作。四是注重十堰三线建设档案的宣传工作，通过举办档案网下网上展览、印刷宣传资料、档案信息咨询等各种形式，广泛宣传十堰三线建设成就。五是进一步完善和丰富档案信息资源服务平台。十堰市目前已经建立了"十堰市数字档案信息共享平台"，要充分利用大数据，实时感知相关三线建设学习、研究者用户的需求，实现服务的精准化、个性化，如借助网络推送技术把用户需要的资源通过邮件、APP、微信推送出去，运用社交媒体发布相关信息，为用户提供咨询，形成良性互动。

  十堰，一座因车而建、因车而兴的城市。追溯新中国成立以来十堰的发展历史，三线建设是一个绕不开的话题。十堰三线建设档案，反映了这段历史的辉煌成就和历史变迁，留下了珍贵的历史记忆。历史会照见未来，十堰三线建设档案必将成为新时代助推十堰高质量发展的巨大力量。

（计毅波，湖北汽车工业学院党委宣传部部长、教授；刘明辉，湖北汽车工业学院思政课部主任；马保青，湖北汽车工业学院思政课部马克思主义中国化教研室主任）

醉了,又醉了

徐有威

现在具体已经记不清楚第一次与杨老师见面的细节了。我称杨克芝先生为杨老师,是按照我们大学的称呼。老师这个名字在现在的社会上并不怎么样,但是我是按照我理解的老师的本意,自始至终这样毕恭毕敬地称呼他。

2013年12月在上海,我与杨老师第一次见面。随后我曾经多次去湖北襄阳拜访请教杨老师与他的同事,同时还在其他地方举办的三线建设会议上见到他。这里只能写下几个记忆深刻的镜头。

镜头一。

2013年12月19—20日,全国第二届三线建设学术研讨会在上海大学举办。这次会议由我主持的2013年度国家社科基金重大项目"'小三线'建设资料的整理与研究"课题组承办,中共上海市委党史研究室、中国三线建设研究会(筹)主办。来自中共中央党史研究室、中共中央文献研究室、中国社科院、中国科学院和上海市国防科技工业办公室等单位的领导和学者,原国务院三线建设调整改造规划办公室和原中国人民解放军三线人员工作办公室等参与三线建设的有关领导和老同志,以及相关军地企业等80多人参加了会议,提交会议的论文和文章40多篇。

杨老师,就是该次会议的与会者。作为湖北襄阳小三线企业的亲历者和研究者,他提交的文章《湖北的小三线建设——以国营卫东机械厂为例》,详细介绍了卫东厂的建设、生产以及职工生活环境与设施。文章通过对卫东厂几十年经历的描述,使与会者对小三线建设有了具体的感受,给人留下了深刻的印象。三线研究会副会长陈东林非常青睐杨老师的这篇发言稿，随即收录在他任执行主编的《中国共产党与三线建设》一书（中共党史出版社2014年版）。

杨老师不仅自己参加了会议，还出面请来了他昔日的徒弟、现为卫东集团老板顾勇先生。顾总日理万机，参加了开幕式和大半天的会议后，就坐上我给他叫的出租车，匆匆忙忙离开会场。在该次会议上，杨老师不仅自己写文章，帮助邀请顾总参与，还在会议上说要尽最大的努力，研究宣传同时帮助我的小三线研究工作。这是多大的情分啊。于是，他成为小三线建设资料的整理与研究项目组的一员。

镜头二。

2015年9月28日至10月2日，香港凤凰卫视的"凤凰大视野"栏目，首次播放了由罗尘和钟亮制片、徐有威策划的五集纪录片《千山红树万山云——小三线青春记忆》。这是全国范围内第一部以上海在安徽小三线和湖北襄阳小三线为中心的文献纪录片。我和这部纪录片的制片人之一的钟兄素昧平生，仅仅因为看过他几年前拍摄的十集关于大三线建设的纪录片，就设法通过途径联系上了他。记得在北京见面时，我开门见山地建议他再续拍一部反映全国小三线建设的纪录片，作为大三线建设纪录片的姐妹篇。钟兄爽快地一口答应，同意由"凤凰大视野"投资拍摄。表面上看，这是我的运作的结果，其实我明白，这是包括杨老师在内的千千万万的小三线建设亲历者几十年含辛茹苦的贡献，感动了钟兄啊！

我向钟兄建议，小三线建设分布在全国28个省区市，我们只能选择其中有代表性的，不可能面面俱到。我具体建议他拍摄上海在皖南、湖北襄阳这两个地方的小三线故事。因为前者的绝大部分情况我比较熟悉，后者我敢答应，就是因为由杨老师的背景，我坚信，杨老师一定会帮助和支持我的。

事实果真如此。当我陪同"凤凰大视野"摄制组来到襄阳后，在整个摄制过程中，得到了杨老师全程的陪同与无微不至的照顾。从安排生活，到寻找亲历者进行采访，再到提供背景资料，杨老师提供了全方位的帮助。摄制组非常满意。结果自然可想而知。钟兄告诉我，这部纪录片，配发以英文、普通话和粤语，通过凤凰卫视香港台、北美台和欧洲台，在全球中文世界得到了广泛的反响。

我把这部纪录片的全部文字,全部收录在由我主编的《小三线建设研究论丛》第一辑(上海大学出版社2015年版)中,有兴趣的朋友可以看看杨老师和他的老伙伴接受采访的具体细节内容。精彩哦。

镜头三。

杨老师是湖北小三线的亲历者,也是记录者和研究者。看看由他主编的丰富多彩的小三线的书稿、主编的厂报、他的微信,就知道他做了多少事情。"古稀少年"这个他的微信名字,就惟妙惟肖地反映出他此时此刻的心态。我每次去襄阳,杨老师都是全程陪同。无论是找资料、参观旧址,还是参观附近的名胜古迹。这里面的故事,多得根本来不及讲。

在湖北宜城张自忠纪念馆(右起:徐有威、杨克芝、秦光侠)

杨老师不仅是"少年",还是"拼命三郎"——他2002年退休后,被卫东集团公司返聘了将近20年,今年已经75岁了。他告诉我,准备干到2010年底就"金盆洗手"了。他说:"俗话说'新官上任三把火',我杨克芝现在是'旧官卸任三把火'。"第一把火是筹建"卫东厂厂史展览馆",已经征集了4 000余件老物件;第二把火是在他主编的《卫东记忆》基础上,更进一步主编一部《卫东史略》,已经翻阅了1964年卫东厂建厂以来的所有档案,积累了150余万字的历史文字原始资料;第三把火是申报卫东厂大礼堂、毛泽东巨幅油画画像、电影放映场地、红色标语等三线建设遗址的"文物保护单位"和逐步进行"申遗"。了不得哦!

在全国三线建设群里,杨老师另外有一个非常高的知名度,就是他是"酒仙"。不少三线建设老同志会写、会讲、会组织,这些杨老师都没问题。但是杨老师同时还会喝,是一位同时具备会写、会讲、会组织、会喝酒的"老革命",在我的视野中还真是不多见哦。

记得有次去襄阳,在一个月黑风高的晚上,杨老师带着我,在襄阳城里东拐西钻,最后进入了一条黑魆魆的小街,那里开设了一家一个门面不大的酒店。据杨老师热情介绍,这是他成仙的一个据点,那里的老板做的黄酒如何如何的了得,东坡肉烧的如何如何的入味。就在这个晚上,我们两个人,一只什么什么鸡,一碗红烧东坡肉,两大壶烧开水用的那种规模的铜壶的黄酒,喝了大半个晚上。

我的亲朋好友,都知道我在进行小三线建设研究项目之前,是从来不喝酒的,但是他们现在都知道,自从我进行这项研究后,我的酒量有了突飞猛进的进步。我是历史系的博士生导师,但是包括杨老师在内的全国各地无数小三线老同志,都是我喝酒这方面的当之无愧的导师。在短短几年中,他们帮助我速成获得了"酒文化"从本科到博士的所有学历。可惜没有学位证明书。其中在杨老师那里,我学习得最多、最全面。

这不就是这位古道热肠的小三线老同志对我的深情厚意的体现吗?

我期待着,哪天有机会再去襄阳,请教杨老师之余,再醉上几次哦。

(徐有威,上海大学历史系教授、博士生导师)

书 评

东风浩荡，回声嘹亮：
《十堰文史·三线建设专辑》读后感

张程程　计毅波　霍亚平

三线建设是1964年至1980年间中国为应对严峻的国际局势和改善国内工业布局不平衡的现状所开展的一场以战备为指导思想的大规模国防、工业、科技及交通基本设施建设运动。与此同时，小三线建设也在各省区市的后方如火如荼地进行。大小三线建设成为这一时期国家的战略重心所在，对当代中国的工业化、城市化建设产生了广泛而深远的影响。许多城市的发展因三线建设而迅速崛起，位于湖北西北地区的十堰市就是其中的典型代表。

为了系统回顾和总结十堰地区三线建设的经验得失，中国人民政治协商会议湖北省十堰市委员会文史和学习委员会于2015—2018年间，整合各方力量和学术资源，由湖北的长江出版社陆续出版了《十堰文史·三线建设专辑》，这个系列专辑再现了湖北十堰地区三线建设的光辉历史，讴歌了三线建设者不畏艰辛、艰苦创业的伟大精神，为当下十堰在新的历史条件下开启城市建设新篇章注入了强大的精神力量。

一

十堰是一座湖北省地级市，是鄂、豫、陕、渝毗邻区唯一的区域性中心城市，是鄂西生态文化旅游圈的核心城市，素有"川陕咽喉、四省通衢"之称。十堰地区历史悠久，是中国古人类的发祥地之一。但同时也是一个年轻的城市，三线建设的到来使其发展轨迹发生了天翻地覆的变化,十堰建市就与其密不可分,在这座城市留下了不可磨灭的光辉印记。

《十堰文史》是由十堰市政协组织和筹划的一套大型系列文史资料丛书。该书对十堰地区各个历史时期的发展轨迹进行了系统梳理和总结,涉及政治、经济、文化、社会等各领域的内容。自1991年第一辑出版以来,至今已走过了近30个春秋,已成为认识和了解十堰地区历史文化、风土人情、城乡发展的重要图书资料。其中,该书的第14辑至第16辑为三线建设专辑,前两辑由陈家义担任编委会主任,后一辑由张歌莺担任。每一辑由上、下两部分组成,共计6册。三辑共计约226万字,文章共有349篇,照片共计约600余幅,生动再现了十堰三线建设的火热图景。具体而言,第14辑为《三线建设·二汽卷》(上、下),潘彦文担任主编,2015年12月由长江出版社出版发行;第15辑为《三线建设·"102"卷》(上、下),潘彦文担任主编,2016年12月由长江出版社出版发行;第16辑为《三线建设·综合卷》(上、下),王钢担任主编,2018年8月由长江出版社出版发行。

三辑的主题体现了十堰三线建设的重点和特色,即第二汽车制造厂(简称为"二汽")是十堰三线建设的核心项目。而"102"工程指挥部是具体负责筹划建造"二汽"的建设部门。与此同时,如襄渝铁路、黄龙滩水力发电厂、东风轮胎厂等配套工程和服务在这一时期也陆续上马,这些建设项目和"二汽"共同构成了十堰地区三线建设的主体内容,为这座汽车城的诞生和崛起打下了坚实的基础。

"二汽"是十堰地区三线建设的核心项目,设计年产量为10万辆。早在1952年,毛泽东就提出了"要建第二汽车制造厂"的重要指示,但受人力、物力、财力等各方面因素的限制,"二汽"于1969年才正式开工建设。尽管如此,在当时"九山、半水、半分田"的十堰进行这样一个大规模的项目建设难度可想而知。在"先生产后生活"的思想指导下,来自全国各地的建设者汇聚在一起,发扬革命乐观主义精神,将困难化为动力,"逢山开路,遇水搭桥",在荒山峡谷中一座座现代化的工厂拔地而起。在整个三线建设的16年时间里,二汽利用十堰山间谷地共建设成24个专业厂及1个水厂、1个热电厂,依托公路和铁路走向,形成了以总装厂为中心的蜘蛛网式布局。截至1983年底的统计,工业建筑竣工面积125万平方米,已建成厂区铁路专用线74公里、公路144公里,安装设备2万多台,职工有5.3万多人。可以说"二汽"开启并引领了十堰的工业化和城市化进程。"二汽"于1992年更名为东风汽车公司,时至今日已发展成为中国综合实力最强的四大汽车企业集团之一。作为《十堰文史·三线建设专辑》的开篇之作,《三线建设·二汽卷》(上、下)共收录文章144篇91万字,图片150幅,分为东风序曲篇、东风涅槃篇、东风辉煌篇和东风记忆篇4个板块,全景式展现了"二汽"在筹划、建设、发展、改革过程中的重要片段和难忘时刻。从另一个方面来说,也展示了十堰地区工业化和城市化的发展之路。

作为一项工程庞大的建设项目,仅仅依靠十堰地区或者说湖北省内的建设力量显然是不够充分的。因此,为了支援建设二汽,1969年5月,国家建工部从所属的工程八局、六局、北京建工局,调动近4万人奔赴十堰参加"二汽"建设,成立了"102"工程指挥部,作为建设二汽的指挥机构。关于"102"这一名称的由来,《三线建设·"102"卷》(上)中提到有两种说法:一种说法是毛泽东主席在1965年10月1日至3日,连续批准了三个三线大型企业的建设,其中10月2日批准的就是建设"二汽";另一种说法认为"102"是指新中国成立以来国务院批准建设的第102个工程项目。无论是何种说法,都足以说明"二汽"项目的重要性以及"102"工程指挥部所肩负的重大使命和责任。在《三线建设·"102"卷》(上、下)的96篇文章中,许多动人的故事和难忘的经历都在诉说着这段艰难困苦而又激荡人心的岁月。赵献青和其他学徒工每逢春节只能守着空空的宿舍,泪水止不住地往下淌……想家,想父母;周金栋和他的同伴们在凌晨1点的寒风中出发行走到20多公里外的邓湾码头用板车拉钢筋回营地;杨艳霞和其他放映员带着放映设备走遍十堰的各个施工角落,为每个工地送去精神食粮……这样的故事还有很多很多,这些异乡人在鄂西北的山区奏响了一首动人心弦的深山交响曲。尽管"102"的名字在十堰历史上仅存在三年半时间,但"102"人创造的"102"精神却已经深深内化于十堰的城市精神中。

在二汽项目开工建设的同时,大量的配套工程和项目也在十堰地区相继开工建设,在这一过程中不仅深刻改变了十堰地区的发展轨迹,而且也对当地百姓的日常生活、思想观念产生了重要影响。在《三线建设·综合卷》(上、下)中就对除二汽项目以外的十堰地区三线建设重点内容进行了梳理和回顾。综合卷以时间为经、以事件为纬,分为襄渝铁路建设篇、总后军工企业篇、黄龙滩水力发电厂篇、东风轮胎厂篇、医疗卫生篇、地方服务篇等7个板块,较为全面地反映了十堰地区三线建设的整体面貌。可以说,十堰的工业化和城市化在三线建设中一路走来,同样的,当地百姓也为三线建设作出了巨大的牺牲和贡献,三线建设与十堰的城市发展形成了相辅相成的密切联系。

二

本专辑内容丰富,体量较大,视角多元,较好地呈现了十堰地区三线建设的全貌,是了解和研究这段历史不可多得的重要图书资料。具体来说,本专辑呈现出几下几个特点:

第一,政府部门的直接参与和重视。

近年来,三线建设研究开始受到越来越多专家学者的关注和重视,研究成果也日益丰富。在欣喜之余,我们同样还要看到在三线建设研究开展的过程中不仅需要专家学者的努力,同样也需要来自政府和社会的参与和支持。随着三线建设研究的不断升温,政府部门亦开始愈发重视这一领域的研究,在相关研究课题的立项、经费的拨付、会议的举办等各方面都得到了政府部门的支持,这对今后研究的深入开展无疑具有积极意义。但从另一方面来说,这些活动的开展依然是以专家学者为主角,政府部门并未直接参与其中。而《十堰文史·三线建设专辑》则是由十堰市政协牵头和组织筹划的一套文史资料汇编,其重要意义不仅在于系统梳理和总结了十堰地区三线建设的历史脉络,更重要的是体现了当地政府对于保存和研究这段历史的高度重视,对今后开展这段历史的研究无疑具有导向价值。在这过程中,十堰市政协的相关工作人员不辞辛劳,克服种种困难,最终付梓出版,着实不易。在编辑《三线建设·"102"卷》(上、下)时,市政协文史和学习委员会组织采访组分别赴北京、天津、武汉、襄阳等地走访"102"人,将鲜为人知的往事加以记录和整理,最终将其呈现在世人面前,他们以三线精神为三线叙事,将这段历史牢牢地与这座城市结合在一起。

相信在政府的直接参与和带动下,未来会有更多的力量投入到十堰的三线建设历史研究中去,让三线建设的历史深深根植于十堰的城市文化中,永放光芒。此外,本专辑的问世同样会对其他地区的政府部门产生示范效应,推动更多地区的政府部门更加关注和重视本地区的历史文化研究工作。

第二,图文并茂,鲜活生动。

在三线建设研究乃至中国当代史研究的开展过程中,许多留存下来的图像史料是一笔不可多得的宝贵财富。在《十堰文史·三线建设专辑》中共包含有超过600张的珍贵历史照片。其中一部分照片被集中展示于书的正文之前,这些照片主要包括历代领导人的参观与视察、工人群众的生产与劳动、重大工程的开工与建设、重要会议的合影和各型产品、工厂建筑、十堰市容景观等内容,这些照片从宏观层面反映了十堰三线建设的历史进程,具有较高的史料价值。还有一部分照片则是分散于部分文章中,由于这些文章大部分属于回忆录和口述史,因此这些照片的插入将增加文章的客观性和可读性。秘春生在其文章中描述爬电线杆的场景时就配有一张相应的照片,可以直观地感受到这项任务的危险程度(《三线建设·"102"卷》(上),第116页)。而李艳春在其文章中回忆初到十堰的艰苦环境时,附上了一张芦席棚宿舍的照片,艰苦的生活条件可见一斑(《三线建设·二汽卷》(上),第247页)。这部分照片则是从微观的层面对于当时日常的生产生活进行了记录。除了史料价值以外,这些照片同样具有较高的社会价值,它们既是三线建设亲历者的精神寄托,也是鲜活的爱国主义教育素材,如果没有这些照片的说明,青年一辈的读者是难以想象当时的环境和条件是何等艰苦的。

第三,用故事诉说历史,以精神滋润人心。

《十堰文史·三线建设专辑》共计有349篇文章,这其中大部分属于三线建设亲历者的回忆录和口述史。这些亲历者中,有的是在一线工作的普通工人,也有的是担任过领导职务的退休干部,还有的是在后勤方面默默付出的工作人员。他们站在各自不同的视角来回顾自身经历的三线建设,不仅是在诉说往昔的苦难和艰辛,更多的是能够从字里行间看到心中的自豪与欣慰,因为十堰今天的成就和发展与三线建设者的付出与奉献有着密不可分的联系。郭守玉在其文章中谈到当初的十堰流传着一些人们亲身经历的口头语,大家称之为十堰有十怪,尽管说法不一,但总体上相同,即:

一怪　不分城里和城外

二怪　下雨打伞头朝天

三怪　电话没有走得快

四怪　开了石头当煤卖

五怪　客厅摆着木棺材

六怪　小猪系个裤腰带

七怪　鸭子下班飞回来

八怪　牛棚住人不奇怪

九怪　征地如买大白菜

十怪　钢瓶装着电回来

这样一首打油诗用轻松诙谐的语言描述了当年一穷二白的十堰，作者为了使读者能够更好地理解其中的由来，还对这十怪分别加以介绍和阐述（《三线建设·"102"》（上），第222页）。像这样的例子还有许多许多，如果将这300多个故事串联起来，我们会惊喜地看到一幅热火朝天的三线建设画卷仿佛穿越时光，跃然纸上，带我们回到了那段激情燃烧的岁月。三线建设者们以革命乐观主义精神来面对这些不利因素，将最初只有一家打铁店作为全部工业家当的十堰打造成为20世纪80年代湖北省内仅次于武汉、黄石的第三大城市，全国闻名的汽车。真可谓是"其志可嘉，其功乃成"！

除了记录历史，回忆往昔以外，这些故事中所展现的三线精神更是值得去铭记和传承的，三线精神不能仅仅停留于老一辈建设者的心中，更是要将其继承和弘扬。特别是对于青年一代而言，三线建设可能不是一个熟悉的词汇，他们可能无法想象当年三线建设的场景，因此这些故事的叙述是他们了解三线建设最便捷的一种方式，更重要的是，这些故事往往都是以情动人，并没有去刻意地宣传和说教，从这一点上来说，青年人也更容易去接受和内化，从而在他们的精神世界中生根发芽，并且将此一代又一代地传承下去。可以说，有形的三线建设早已结束，而无形的三线精神却能持久地滋润人心，传递力量。

三

十堰从远古走来，又在当代焕发新的生机与活力。今天当我们谈起十堰，"汽车城""东方底特律"等一张张闪亮的名片会在脑海中浮现，但是与之相关的"二汽""102"工程指挥部等往事却逐渐淡出人们的记忆中。而正是这些如今听起来不太熟悉的名字,在当年的三线建设中使十堰旧貌换新颜,开启了十堰的工业化和城市化之路。尽管当年的三线建设已经日渐远去,但是三线建设作为这座城市的重要历史却不应被遗忘,《十堰文史·三线建设专辑》将这段重要的历史用文本的方式加以搜集、整理和保存,使众多鲜为人知的点滴往事能够长留于世,其意义将会随着时间的流逝而显得愈发弥足珍贵。三线建设研究的重要价值不仅是要勾勒和描绘当代中国历史上这段建设事业,更重要的是可以探寻千千万万的个体与这个时代和国家的命运是如何交织连接在一起的,笔者感到本专辑对这一问题提供了思考的方向和指引。

"雄关漫道真如铁,而今迈步从头越。"在我们这个新时代,十堰正以更加开放、包容的姿态推进新的改革和发展。在前行的道路上,三线建设的精神力量就如一盏明灯指引和温暖着这座城市每一代的建设者和奋斗者。

(张程程:上海大学历史系2019级硕士研究生;计毅波:湖北十堰汽车工程学院党委宣传部部长,教授;霍亚平:上海市嘉定区金鹤学校)

《小三线建设研究论丛(第一辑)》目录

(上海大学出版社 2015 年版)

特 稿

宋平谈三线建设及工业布局
　　………… 武力　陈东林　郑有贵　段娟采访整理 （ 3 ）
毛泽东最早做出决策：三线建设的启动和调整改造 ……… 于锡涛 （ 8 ）
我与三线建设 …………………………………………… 王春才 （ 14 ）

专 题 研 究

50 年后的回眸：三线建设的决策与价值 ……………… 陈东林 （ 37 ）
北京市小三线建设初探 ………………… 谢荫明　张惠舰 （ 45 ）
20 世纪六七十年代广东的小三线建设 …… 杨汉卿　梁向阳 （ 55 ）
三线建设对中国工业经济及城市化的影响 ……… 徐有威　陈 熙 （ 63 ）
上海小三线建设在县域分布特点的历史地理考察
　　——以安徽省宁国县为例 …………………… 段 伟 （ 78 ）
三线建设研究的发展趋势与社会学视野 ……………… 张 勇 （ 91 ）
困境与回归：调整时期的上海小三线
　　——以新光金属厂为中心 ………… 徐有威　李 云 （102）

江西小三线专辑

我和江西小三线建设 …………………………………… 钱家铭 （115）
总结经验　开拓进取 …………………………………… 钱家铭 （121）

《江钢志》序	钱家铭	（124）
回忆江西小三线建设	张小华	（127）
他们铸造了光明精神	程渝龙	（133）
我的江西小三线回忆	伏如山	（138）
江西小三线光明机械厂(9334厂)	程渝龙	（147）

手　　稿

三线建设日记选编(1)	宫保军	（165）
上海皖南小三线调整时期工作笔记	王德敏	（223）

口述史和回忆录

调整三线存量，为国家发展出力
　　——回忆甘肃的三线建设和调整 ………… 宫保军 （237）
采访孟繁德 ……………………………………… 徐有威等 （261）
一个山东小三线家庭变迁史 …………………… 刘寅斌 （275）

我和三线建设研究

我所经历的上海小三线田野调查	李　云	（291）
触摸鲜活的历史：我亲历的小三线研究	杨　帅	（298）
五集纪录片《千山红树万山云——"小三线"青春记忆》		（303）
凡人歌	陈和丰等	（347）
三线记忆：家国五十年	白晓璇等	（357）
"小三线"建设50周年 | 一个上海工人家庭的回忆	罗　昕	（368）

一个人　一代人
　　——记大学生口述历史影像记录计划最佳人气奖得主、
　　文学院历史系硕士生陈和丰 ………………… 张瑞敏 （377）
跟着爸爸走小三线 ……………………………… 徐其立 （381）

档案整理和研究

上海档案馆馆藏上海小三线建设资料介绍(上)	霍亚平	（387）
上海档案馆馆藏上海小三线建设资料介绍(下)	杨　帅	（394）

上海小三线八五钢厂《团讯》目录(1) …………………………………（400）

译　　稿

越南战争与"文化大革命"前的三线防卫计划(1964—1966)
　　……………………… 吕德量　著　徐有威　张志军　译 （431）

学 术 动 态

弘扬三线精神　促进经济发展——读《三线建设纵横谈》…… 王春才 （459）
"三线建设学术研讨会暨研究生论坛"会议综述 …… 徐有威　胡　静 （461）
"全国第二届三线建设学术研讨会"会议综述 …… 徐有威　杨华国 （465）
江西三线建设研究正式启动　课题组第一次工作会议
　召开 ………………………………………………………… 张志军 （472）

索引 ……………………………………………………………………（473）
后记 ……………………………………………………………………（476）

《小三线建设研究论丛(第二辑)》目录
(上海大学出版社 2016 年版)

特 稿

三线遗产概念、类型、评价标准的若干问题	徐嵩龄 陈东林	(3)
巴山蜀水三线情	王春才	(26)
20世纪六七十年代中国国防工业布局的调整与完善	姬文波	(33)
20世纪六七十年代中国大战备的基本过程	赤 桦	(45)
安徽旌德历史上的上海小三线	刘四清	(50)

专 题 研 究

皖南上海小三线职工的民生问题研究	张秀莉	(55)
上海皖南小三线东至化工区个案研究	徐锋华	(74)
落地不生根：上海皖南小三线人口迁移研究	陈 熙 徐有威	(90)
上海小三线与皖南地方关系研究	李 云 杨 帅 徐有威	(117)
北京小三线建设研究	李晓宇	(132)
山东原小三线企业民丰机械厂今昔	王吉德	(154)

手 稿

三线建设日记选编(2)
　　(1991年4月22日—11月22日) ……… 宫保军 (161)
上海小三线新光金属厂工作日记(1)

（1982年1—3月）……………………………………… 孟繁德 （212）
上海小三线自强化工厂厂部会议记录(1)
　　（1977年10月13日—12月26日）……………………… 陈耀明 （244）

口述史和回忆录

上海皖南小三线工程勘察内幕 ………………………… 阮仪三 （273）
一位徽州学生记忆中的上海皖南小三线 ………………… 徐国利 （276）
我所知道的上海小三线自强化工厂 ……………………… 陈耀明 （282）
原江西远征机械厂回忆 ……… 倪秀玉口述，沈亦楠、徐有威整理 （297）
遥忆在原江西远征机械厂的少年时光
　　………………………………… 毕蔚华口述，沈亦楠、徐有威整理 （304）
我们是三线人 ……………………………………………… 顾　筝 （309）

我和三线建设研究

上海小三线寻访之旅 ……………………………………… 胡　静 （327）
悠悠岁月三线情（剧本） …………………………………… 李　帆 （342）

档案整理和研究

江苏淮安地区小三线建设史料选编 …… 江苏省淮安市档案馆整理 （355）
北京市档案馆馆藏有关北京小三线建设档案资料
　　概述 …………………………………………… 耿向东　李晓宇 （380）
上海小三线八五钢厂《团讯》目录(2) …………………………… （389）

译　　稿

中国三线建设的展开过程 ……… ［日］丸川知雄　李嘉冬 译 （433）

索　引 ……………………………………………………………… （476）
《小三线建设研究论丛（第一辑）》目录 ………………………… （480）
后　记 ……………………………………………………………… （483）

《小三线建设研究论丛(第三辑)》目录

(上海大学出版社 2017 年版)

专 题 研 究

三线建设与中国内地城市发展(1964—1980) ………… 周明长 (3)
机遇与创新:小三线企业改造与地方经济的腾飞
　——以宁国县企业发展为中心 ………… 段　伟 (20)
为了祖国的青山绿水:小三线企业的环境危机与应对
　………………………………………… 徐有威　杨　帅 (32)

情寄昌北——上海小三线协作机械厂专辑

我的最后一份《工作报告》 …………………… 张章权 (55)
我记忆中的协作机械厂 …………………… 赵岳汀 (68)
我是工厂的生活后勤兵 …………………… 徐绍煊 (79)
建厂中的工农关系 …………………… 赵振江 (91)
我在小三线的日子里 …………………… 曾柏清 (98)
我与协作机械厂财务科 …………………… 唐定发 (108)
我与协作厂 …………………… 高球根 (136)
七律两首·去上海小三线 …………………… 祁学良 (235)
醉太平·赠战友老汤 …………………… 祁学良 (236)
三回故地 …………………… 徐梦梅 (237)

口述史与回忆录

上海后方小三线教育工作点滴 …………………… 陶银福 (319)

宁夏小三线宁夏化工厂（5225厂）筹建始末 …………… 王廷选（323）
我所知道的上海小三线325厂
　　　………………… 钱学勤口述，余顺生、武昌和采访（330）
辽宁小三线新风机械厂（965厂）忆旧 ………… 冯伟口述，黄巍采访（335）

我和三线建设研究

残雪浦东 ………………………………………………… 李　婷（351）
那些上海小三线女职工 …………………………………… 邬晓敏（357）
"难忘的岁月——上海小三线建设图片展"接待日记选
　　　………………………… 李　帆　韩　佳　王来东　耿媛媛（375）

档案整理与研究

中国地方档案馆和企业档案馆小三线建设藏档的状况与价值
　　　………………………………………………………… 徐有威（393）
江西工具厂早期规章制度选编 ………… 葛维春　代　祥　徐占春
　　　　　　　　　　　　　　　　陈荣庆　胡中升　袁小武　辛从江（408）
江西省宜春地区小三线建设及其档案资料 ……………… 张志军（455）
福建三明市档案馆馆藏上海迁三明企业资料介绍 ……… 刘盼红（462）
三线建设研究成果及相关文献目录初编（1）（1975—2013）
　　　………………………………………………… 徐有威　李　婷（468）

索引 …………………………………………………………………（513）
《小三线建设研究论丛（第一辑）》目录 …………………………（518）
《小三线建设研究论丛（第二辑）》目录 …………………………（521）
后记 …………………………………………………………………（523）

《小三线建设研究论丛(第四辑)》目录

(上海大学出版社 2018 年版)

江苏省淮安地区小三线研究专辑

江苏省淮安市档案馆 编

江苏省淮安市档案馆馆藏小三线档案资料简介 …………… 王来东 （ 3 ）
江苏淮安市小三线职工口述史选编 ……………………… 王来东 （ 54 ）
江苏淮安小三线口述采访日记 …………………………… 王来东 （215）

后小三线时代研究

上海小三线企业对安徽贵池工业结构调整和工业经济发展的
 影响 ………………………………………………… 夏天阳 （245）
安徽贵池在上海小三线企事业单位建设生产经营中的作用与
 贡献 ………………………………… 余顺生 武昌和 （250）
改革开放以来河南前进化工科技集团股份有限公司的发展
 纪实 ………………………………………………… 牛建立 （256）

档案资料与研究

湖北省宜都市档案馆藏三线建设档案资料概述 …… 冯 明 袁昌秀 （283）

上海小三线八五钢厂《八五通讯》和《八五团讯》特辑

《八五通讯》简介 ………………………………… 徐有威 陈莹颖 （297）
《八五团讯》简介 ………………………………… 徐有威 耿媛媛 （313）

《八五通讯》编辑历程忆往 ·· 谈雄欣 （334）
难忘的《八五团讯》 ··· 史志定 （340）

我和小三线研究

"尘封记忆——安徽小三线纪实摄影展"值班日记选编
·············· 陈莹颖　宣海霞　王来东　周升起　窦育瑶　耿媛媛 （347）

口述史与回忆录

安徽师范大学新闻学院皖南上海小三线口述史汇编
·································· 马星宇　王　豪　胡银银　汪梦雪 （371）
上海小三线培进中学追忆 ·· 余瑞生 （390）
上海小三线计划生育工作的回忆 ·· 陈金洋 （396）

译　稿

带标签的群体：一个三线企业的社会结构 ······ 陈　超著　周明长译 （405）

研　究　与　回　顾

三线建设研究成果及相关文献目录初编（2）（2014—2018年）
···························· 徐有威　耿媛媛　陈莹颖 （437）

书　评

一部意蕴深厚的口述史著作
——评《口述上海——小三线建设》 ······························ 李卫民 （465）

索引 ··· （476）
《小三线建设研究论丛（第一辑）》目录 ·· （483）
《小三线建设研究论丛（第二辑）》目录 ·· （486）
《小三线建设研究论丛（第三辑）》目录 ·· （488）
后记 ··· （490）

《小三线建设研究论丛(第五辑)》目录

(上海大学出版社2019年版)

上海市协作机械厂专辑

上海市协作机械厂档案资料选编 …………… 徐有威 (3)
为了让毛主席睡好觉
　——我的上海小三线17年生涯 …………… 高球根 (265)
撰写回忆录,抢救小三线的历史 ……………………… (293)
追忆小三线建设者的青春年华
　——主编"情寄昌北"专辑的始末 ……………… (299)
上海市协作机械厂档案资料概述 …………… 张程程 (307)
上海小三线民兵活动档案资料简介:以八五钢厂和协作机械厂等
　为中心 ……………………………………… 宣海霞 (330)
情系仁里:追寻上海小三线印记 …………… 郑　颖 (339)
我眼中的上海市协作机械厂 ………………… 屈晨熙 (345)

我和三线建设研究

上海小三线医务工作者采访日记选 ………… 陈莹颖 (357)
为小三线治安工作研究打底色:我的上海大学保卫处实习
　日记 ………………………………………… 宣海霞 (364)
暑假四川小三线寻访记 ……………………… 曹　芯 (377)

档案资料与研究

四川小三线建设口述史资料概述 …………… 曹　芯 (389)

辽宁省辽阳市档案馆藏小三线建设资料概述 ……… 黄 巍 （395）
江西小三线新民机械厂档案资料简介 ……………… 张雪怡 （403）

研 究 信 息

首届中国三线建设史研究工作坊综述 ……… 张志军 徐有威 （411）
努力打造小三线建设研究的基石：读《小三线建设研究论丛》
　（第1—5辑）有感 ……………………………… 张程程 （414）
"记忆与遗产：三线建设研究"高峰论坛会议综述 ……… 张梦鸽 （423）

索引 ………………………………………………………… （430）
《小三线建设研究论丛（第一辑）》目录 …………………… （446）
《小三线建设研究论丛（第二辑）》目录 …………………… （449）
《小三线建设研究论丛（第三辑）》目录 …………………… （451）
《小三线建设研究论丛（第四辑）》目录 …………………… （453）
后记 ………………………………………………………… （455）

后 记

2017年8月,我有机会去宁夏银川调查宁夏小三线。我的太太也正好在那里出差。那天她开着从朋友那里借来的汽车,和我一起去银川郊区的宁夏唯一的小三线企业的胜利阀门厂(军工企业系统代码9922厂)考察现场。

这个宁夏的小三线企业历经风雨,调整改造之后,改名为兴庆机械厂,现属新疆天河化工有限公司宁夏分公司。从市区开车前往这个位于银川市西郊40公里贺兰山东麓榆树沟的企业,一路上的风光是在大上海看不到的,特别是路过雄伟神秘绵延不断的西夏王陵遗址,令人震撼。

路上有时间和太太聊起2013年以来,我走遍祖国的各个角落寻访小三线企业,北到吉林省吉林市,南抵海南岛五指山市,西去青海省西宁市东郊100公里的地方,东至江苏省淮安市。全国28个省区市256家小三线企业,我大概已经去拜访采风了200家以上,有的企业或遗址去过不止一次。在此期间,听到了无数的令人感动和难忘的故事。甚至在澳大利亚的墨尔本,还巧遇了一位上海小三线的亲历者。同学、同事和朋友说我已经超过明代的本家徐霞客。当然这是戏言而已。

听着我的神聊,太太连声说:你应该写日记,把这些事情记下来,一定精彩。其实我早有这个想法,但是因为工作头绪多,且节奏快,当然关键还是惰性使然,很多故事有的成为碎片,有的随风飘逝。虽然不可能逐日撰写日记,一些印象特别深刻的事情,还是有可能被记载下来的。

这个事情引发了我的另外一个想法。从2013年我开始正式研究小三线建设以来,遇到很多和三线建设研究有关的各种各样同行朋友,他们给了我极大的帮助和支持,他们的故事也很多。我何不请他们把他们的这些与三线建设研究有关的故事写下来,作为我们这个年轻的学术研究共同体的一个共同记忆。于是就有了本书前半部分的57篇三线建设亲历者回忆录。

非常感谢这些朋友的热情帮助和支持。获悉我的这个想法后,他们都热烈响应,认真负责地撰写各自的回忆录。这57篇回忆录的排列顺序,按照三线建设研究者领导、亲历者和企业家、学者、艺术家和作家以及影视家、学生等几大板块。在每个板块中,则按照各位作者的姓氏笔画进行排列。

人民,只有人民才是创造世界历史的真正动力。20世纪60年代中期开始的三线建设,有成千上万名的建设者默默无闻地贡献出他们的血泪青春乃至生命。斗转星移,现在各位读者看到这些朴实无华的文字后,知道在21世纪第二个十年的中国,曾经有这么一些人,为了三线建设研究这个研究课题,用笔墨记录三线建设的点点滴滴,曾经有过默默的含辛茹苦的奋斗,有过含着汗水的笑,我们就心满意足了。因为本书篇幅有限,有不少朋友撰写的自述无法收录,对此我深表歉意,同时期待日后再编续集。

非常感谢湖北十堰的湖北汽车工业学院的计毅波教授,热衷开展十堰地区三线建设研究。2019年11月,我在宜昌三峡大学主办的三线建设研讨会上,有幸结识了湖北汽车工业学院党委宣传部部长计毅波教授。他热情约请2020年6月,我们这个全国性的三线建设研究团队一起去十堰,在那里举办三线建设的学术研讨会。我当然欣然允诺。可惜因新冠肺炎疫情不期而至,会议不得不推迟举办。

2020年10月,我应邀去了一次湖北十堰,和计部长商议十堰三线建设的研究。这是我第一次踏上十堰的土地,目睹了这个以三线建设为背景成长发展壮大城市的前世今生。访问期间,我得到计部长和湖北汽车工业学院校领导、马克思主义学院领导以及老师的热情款待。本书收录的两篇文章,就是我这次十堰行的成果。希望十堰的三线建设研究,在湖北汽车工业学院师生的引领下,取得令人瞩目的成就。

在准备出版这本书时,惊悉湖北襄阳的原湖北小三线卫东机械厂的杨克芝老师于2020年11月24日去世。杨老师是我多年的老朋友,作为小三线的建设者和研究者,他对我们的研究非常支持和帮助。每次我去襄阳,杨老师都是全程陪同。2019年11月我介绍中南财经政法大学杨祖义教授及其湖北小三线建设的团队,前往襄阳拜访杨老师以及湖北卫东控股集团有限公司党委书记秦光侠兄,得到他们的热情款待。我们特别参观了由杨克芝老师主持操办的卫东三线文化博物馆,收获多多。随后杨老师还给杨祖义教授的小三线建设团队非常巨大的帮助。按照原定的计划,本书收录了杨老师的一篇文章《尊崇历史,唯实求是——湖北小三线原卫东机械厂厂史编纂感悟》,现在竟成为他的遗稿。2019年10月,我曾经写过一篇文章《醉了,又醉了》,讲述杨老师支持和帮助我们小三线建设研究的往事。这次我把这篇文章收录出版,作为对杨老师的一种特别纪念。

我在由我和陈东林教授主编的《小三线建设研究论丛》第1—5辑中,特设"我和三线建设研究"这个栏目,出版三线建设研究者的心路历程。其中在第一辑中收有李云的《我所经历的上海小三线田野调查》,杨帅的《触摸鲜活的历史:我亲历的小三线研究》,陈和丰等的《凡人歌》,白晓璇等的《三线记忆:家国五十年》,张瑞敏的《一个人 一代人——记大学生口述历史影像记录计划最佳人气奖得主、文学院历史系硕士生陈和丰》,徐其立的《跟着爸爸走小三线》;第二辑收有胡静的《上海小三线寻访之旅》,李帆的《悠悠岁月三线情(剧本)》;第三辑收有李婷的《残雪浦东》,邬晓敏的《那些上海小三线女职工》,李帆、韩佳、王来东、耿媛媛的《"难忘的岁月——上海小三线建设图片展"接待日记选》;第四辑收有陈莹颖、宣海霞、王来东、周升起、窦玉瑶、耿媛媛的《"尘封记忆——安徽小三线纪实摄影展"值班日记选编》,以及王来东的《江苏淮安小三线口述采访日记》;第五辑收有陈莹颖的《上海小三线医务工作者采访日记选》,宣海霞的《为小三线治安工作研究打底色:我的上海大学保卫处实习日记》,曹芯的《暑假四川小三线寻访记》。因为本书篇幅有限,本辑就不再重复收录。有兴趣的读者,可以按图索骥,去寻找这些文章。

2013—2018年间,我为《口述上海:小三线建设》等五本有关小三线的书稿撰写前言、序言和后记,这些书稿分别在上海和北京出版。为读者检索阅读方便,我此次将它们收入书中,敬读赐教。

2020年,因为年初爆发的新冠疫情,注定在人类历史上是令人难忘的一年。按照常理,我们小三线建设的书斋学者,虽然亲眼看见新冠肺炎疫情横行全球,但是感觉与它毕竟没有直接的关系。但事实证明是有的。其中华中师范大学梅莉教授,成为这个故事的主角。梅教授1982年入学复旦大学历史系读本科,比我低一级。大学读书期间我们没见过。2018年经太原理工大学渠桂萍教授介绍,开始微信联系。我邀请她参加2018年6月我们在江西南昌举办三线建设会议,她最后一分钟微信电话回复身体欠佳不参加。2019年11月我抵达武汉访学,联系见面请教。她说身体欠佳天气冷,不方便出门,但是她主动约稿我组织三线建设笔谈文章一组,约定2020年5月交稿。2020年3月15日,她还和我微信联系进一步确定组稿事宜。不料3月19日,在微信群里看到她突然去世的信息,我完全惊呆了。我虽然与她曾经同学,虽然是作者和编辑的关系,竟然没有见过一面,只听到过她的声音。她约稿我三线建设文章,就是注意到我们的研究有价值。《华中师范大学学报(人文社会科学版)》2021年第1期出版了由梅老师身前约稿由笔者主持的《多维视角下的三线建设研究(笔谈)》四篇笔谈文章。真是一位纯净的学者兼编辑。此时此刻,想起梅学妹,真是黯然神伤。

有神伤的事情,同时也有鼓舞人心的好事情。

李金龙先生是上海皖南贵池八五钢厂的上海小三线二代,而且是一位事业有成的企业家。他创办的上海业浩钢铁有限公司成立于1999年,秉持了上海八五钢厂的产业,是国内长期致力于经营紧固件、纺织器材、汽车配件等行业用钢材的公司之一。这个企业优先服务有三线血统的企业,与东风汽车、宁鑫弹簧、贵绳、韶关钢铁等企业合作。公司本着"沟通、进步、发现、求知"的工作作风,高度重视公司的运营工作,以至高的信誉经营优质产品,强化售前、售中、售后服务,赢得广大客户认可;以不断提升服务质量,最大限度地满足用户需求和期望为己任,使公司在经营中得到稳步的发展;以"好好学习,勇于担当"为理念,建立一个高效、奋进的团队,让公司永葆竞争活力。

在事业有成之余,金龙兄对幼时在皖南贵池的生活,留有深刻而美好的回忆。出于一位成熟企业家的社会责任感,同时对父母辈参加上海小三线建设的感念之情,他多次慷慨地支持我的小三线建设研究工作。这次又承蒙他的慷慨,在此我深表感谢!

在本书的编纂过程中,得到上海大学出版社常务副总编辑傅玉芳老师全力以赴的帮助和支持,同时得到上海大学历史系张程程、屈晨熙、王清华和赵宇清以及澎湃新闻黄芳、俞诗逸和王笛等友人的帮助,在此表示由衷的感谢。

本书的出版,得到2013年度国家社科基金重大项目"小三线建设资料的整理与研究"(批准项目号13&ZD097)和2017年度国家社科基金重大项目"三线建设工业遗产保护与创新利用的路径研究"(17ZDA207)的资助,特此鸣谢。

徐有威

2021年2月22日　上海